Bettina Kruhöffer

Reflexionen über 'das Böse'

Studien zur systematischen Theologie und Ethik

herausgegeben von

Prof. Dr. E. Lessing (Universität Münster),
Prof. Dr. P. Neuner (Universität München) und
Prof. Dr. Dr. h. c. D. Ritschl, D. D. (Universität Heidelberg)

Band 31

LIT

Bettina Kruhöffer

Reflexionen über 'das Böse'

Sprachliche Differenzierungen in Auseinandersetzung mit der Theologie Wolfhart Pannenbergs

LIT

Die Deutsche Bibliothek – CIP-Einheitsaufnahme

Kruhöffer, Bettina:
Reflexionen über 'das Böse' : Sprachliche Differenzierungen in Auseinandersetzung mit der Theologie Wolfhart Pannenbergs / Bettina Kruhöffer. – Münster : LIT, 2002
(Studien zur systematischen Theologie und Ethik ; 31)
Zugl.: Hildesheim, Univ., Diss., 2001 u. d. T.: Theologisches Reden über 'das Böse'. Perspektiven und Grenzen in Auseinandersetzung mit dem theologischen Denken Wolfhart Pannenbergs
ISBN 3-8258-5936-3

Grevener Str. 179 48159 Münster Tel. 0251–23 50 91 Fax 0251–23 19 72
e-Mail: lit@lit-verlag.de http://www.lit-verlag.de

Für
Michael

Vorwort

Die vorliegende Arbeit wurde im Sommersemester 2001 vom Fachbereich Erziehungs- und Sozialwissenschaften der Universität Hildesheim als Dissertation angenommen. Zur Drucklegung wurde die Arbeit geringfügig verändert.
Bei der Entstehung und Fertigstellung dieser Arbeit bin ich von vielen Seiten unterstützt worden. Angeregt wurde die Frage nach der theologische Rede „vom Bösen" und die damit verbundene Auseinandersetzung mit der Theologie Wolfhart Pannenbergs bereits während meines Studiums in Hildesheimer theologischen Seminaren bei Herrn Prof. Dr. Dr. Werner Brändle. Unsere spätere Zusammenarbeit im Institut für Evangelische Theologie hat mein theologisches Denken weiter gefördert und geprägt. Herrn Brändles sorgfältigen Betreuung und unermüdlichen Bereitschaft zum Gespräch habe ich es zu verdanken, dass die Arbeit in einer freundschaftlichen Atmosphäre des gemeinsamen Fragens und Nachdenkens wachsen konnte. Auch für die rasche Erstellung des Erstgutachtens sei ihm ein Dank ausgesprochen.
Herrn Prof. Dr. Martin Schreiner danke ich sowohl für die Erstellung des Zweitgutachtens, besonders aber dafür, dass er durch seine hilfreichen Hinweise stets mein bibliographisch-methodisches Arbeiten gefördert und unterstützt hat. Als Institutsleiter hat er darüber hinaus erheblich dazu beigetragen, dass ich neben meiner Arbeit als Wissenschaftlicher Mitarbeiterin die nötige Zeit hatte, die Dissertation fertig zu stellen.
Für das Erstellen des Drittgutachtens gilt mein Dank Frau Prof. Dr. Ulrike Link-Wieczorek. Ihre sorgfältige Lektüre meiner Arbeit hat mir hilfreiche Denkanstöße für die Weiterarbeit gegeben.
Einen besonderen Dank spreche ich Frau Maike Bochow aus, die sich spontan bereit erklärt hat, die mühselige Arbeit des Korrekturlesens zu übernehmen und mir damit eine große Hilfe erwiesen hat.
Bei der Förderungskommission der Universität Hildesheim möchte ich mich für die Bewilligung eines Promotionsstipendiums nach dem Graduiertenförderungsgesetz, durch welches meine Arbeit in den Anfängen finanziell abgesichert wurde, bedanken.
Gedankt sei ebenso der Evangelisch-lutherischen Landeskirche Hannovers für die großzügige und unproblematische Gewährung eines Druckkostenzuschusses.
Mein Dank gilt auch den Herren Prof. Dr. E. Lessing (Universität Münster), Prof. Dr. P. Neuner (Universität München) und Prof. Dr. Dr. h. c. D. Ritschl, D. D. (Universität Heidelberg) für die Aufnahme der Arbeit in die Reihe „Studien zur systematischen Theologie und Ethik" sowie den Damen und Herren vom LIT Verlag für die freundliche und kompetente Beratung.

Ohne den Rückhalt in der Familie wäre die Arbeit nicht zu ihrem Abschluss gekommen. Bedanken möchte ich mich bei meinen Eltern Barbara und Dr. Gerald Kruhöffer. Durch sie habe ich nicht nur eine stetige Förderung und Befürwortung erhalten, sondern auch die Möglichkeit zur kritischen theologischen Auseinandersetzung. Ein Dank im besonderen Maße gilt meinem Mann Michael Wirries, dessen vielfältige Ermutigungen und Unterstützungen jeglicher Art mir die Kraft zum täglichen arbeiten gaben. Ihm ist diese Arbeit gewidmet.

Inhaltsverzeichnis

Technische Vorbemerkungen

(1) Die Abkürzungen entsprechen dem Internationalen Abkürzungsverzeichnis für Theologie und Grenzgebiete (IATG), hg. von Siegfried Schwertner, Berlin ^{2}1992. Darüber hinaus bzw. abweichend davon werden folgende Abkürzungen verwendet:

A: Pannenberg, Wolfhart, Anthropologie in theologischer Perspektive, Göttingen 1983
AA: Kants Werke. Akademie Textausgabe, Berlin 1968
AM.Ph: Athenäum Monographien Philosophie
CCL: Corpus Christianorum Series Latina
Conf.: Augustinus, Confessiones (397-401)
De Civ. Dei: Augustinus, De civitate Dei (413-426/7)
De ord.: Augustinus, De ordine (386)
EG: Evangelisches Gesangbuch Niedersachsen/ Bremen, Hannover 1994
KSA: Nietzsche, Friedrich, Sämtliche Werke, Kritische Studienausgabe, München, Berlin/New York 1980
MEW: Marx-Engels-Werke, Berlin 1972
SP: Serie Piper
st: Suhrkamp Taschenbuch
STh 1-3: Pannenberg, Wolfhart, Systematische Theologie, Bd. 1-3, Göttingen 1988ff
UBT: Urban Taschenbücher
UB: Reclam Universal-Bibliothek

(2) Jeder Titel wird bei seinem ersten Vorkommen innerhalb der Arbeit mit vollständiger Bibliographie angegeben, bei allen weiteren Belegen nur noch unter Nennung des Verfassers und des Haupttitels.

(3) Bibelstellen werden nach der revidierten Lutherbibelübersetzung von 1984 zitiert.

(4) Aus technischen Gründen werden griechische und hebräische Wörter in deutscher, nicht streng phonetischen Kriterien und Regeln folgender Umschrift wiedergegeben.

Einleitung

1. Problemskizze: Zur Vieldeutigkeit 'des Bösen' in der alltäglichen Sprachpraxis

'Das Böse' hat „Konjunktur"[1]. So wird hinsichtlich Rüdiger Safranskis Buch „Das Böse oder Das Drama der Freiheit" die Aktualität und das fortdauernde (philosophische) Interesse an der Auseinandersetzung mit 'dem Bösen' umschrieben. Es lässt sich jedoch auch beobachten, dass allenfalls die Bezeichnung 'böse' in unserer alltäglichen Sprachpraxis Raum einnimmt, dann allerdings seltsam abgeflacht oder unzeitgemäß erscheinen kann und weniger ein philosophisches Problem als eine überholte Moral repräsentiert.[2] Angesichts dieser Spannung entsteht die Frage, ob es eine 'allgemeine' Verständigung über 'das Böse' (noch) gibt.

Untersucht man bekannte deutsche Wörterbücher[3], die den Wortschatz der Gegenwarts- und Umgangssprache unter dem Anspruch der Vollständigkeit[4] zusammentragen, so findet man in keinem der hier exemplarisch ausgewählten Werke das Stichwort „das Böse". 'Der Böse', als dichterische Form für den Teufel ist dagegen hinlänglich bekannt. Ebenso zählen die 'Bosheit' und 'Boshaftigkeit' zu den aufgeführten Stichpunkten. Demgegenüber scheint es, als sei 'das Böse' kein zeitgemäßer Begriff der Alltagssprache.

Eine semantische Klärung findet dagegen mit dem Adjektiv 'böse' statt. Während bei Küpper selbst hierauf nicht eingegangen wird, kennt 'Das Wörterbuch der deutschen Sprache' verschiedene Bedeutungsebenen von 'böse'. Zunächst wird 'böse' hier als „moralisch schlecht, verwerflich"[5], im Sinn von 'etwas Böses tun' verstanden. Zu diesem Zusammenhang wird dann auch die substantivische Formulierung „das Böse in ihm hat gesiegt" gezählt. Des Weiteren werden die Bedeutungen 'schlimm' und 'übel' aufgeführt, auch kann 'böse' stellvertretend für 'ärgerlich' oder 'zornig' verwendet werden. Man ist auf jemanden 'bö-

---

[1]Safranski, Rüdiger, Das Böse oder Das Drama der Freiheit, München/ Wien 1997 (zit. nach dem Text auf der rückwärtigen Umschlagseite des Buches).

[2]Dieses lässt sich anhand des Titels einer popularwissenschaftlichen Abhandlung, die in den letzten Jahren ihre millionenfache Verbreitung fand, verdeutlichen: Die Psychologin Ute Ehrhardt fasst die Kernthese ihres Buches im Titel zusammen: *Dies.*, Gute Mädchen kommen in den Himmel, böse überall hin. Warum Bravsein uns nicht weiterbringt, Frankfurt/M. 1998.

[3]Vgl. Drosdowski, Günther (Hg.), Duden. Das große Wörterbuch der deutschen Sprache in acht Bänden, Mannheim [3]1993; Küpper, Heinz, Pons-Wörterbuch der deutschen Umgangssprache, Stuttgart 1997; Müller, Wolfgang (Hg.), Duden. Die sinn- und sachverwandten Wörter. Synonymwörterbuch der deutschen Sprache (Duden Bd. 8), Mannheim 1987; Paul, Hermann, Deutsches Wörterbuch, Tübingen [9]1992; Wahrig, Gerhard u.a. (Hg.), Der große Brockhaus in zwölf Bänden. Bockhaus Wahrig Deutsches Wörterbuch, Stuttgart 1980.
Die nachfolgenden Ausführungen zum sprachlichen Umgang mit 'dem Bösen' sollen nicht als empirische Untersuchung verstanden werden. An exemplarischen Beobachtungen können vielmehr gewisse Tendenzen vermutet und aufgezeigt werden.

[4]Vgl. Drosdowski, Duden, S.5.

[5]Drosdowski, Duden, S.574.

se'[6], oder wirft einem Kind vor, 'böse', also unartig zu sein. Eine weitere Bedeutungsebene wird mit 'bösen' Krankheiten aufgezeigt, eine 'böse' Verletzung ist hier eine schwere Verletzung.[7]
Ein ähnliches Bild bietet 'Der große Brockhaus'. Allerdings wird bei der Bedeutung von 'böse' als „sittlich schlecht, sündhaft"[8] der Hinweis 'häufig substantiviert' gemacht und mit Beispielen „sich vom Bösen abwenden; das Gute stets vom Bösen trennen; vom Bösen verführt; jenseits von Gut und Böse"[9] illustriert. Darüber hinaus wird hier noch der 'böse Blick', eine „angebliche Zauberkraft", sowie die 'böse Sieben', eine Unglückszahl, erwähnt.
Auch Hermann Paul verweist innerhalb seines Abschnittes zu 'böse', in dem er eine differenzierte Übersicht über den geschichtlichen Gebrauch des Wortes gibt, auf das Substantiv 'das Böse', wobei er Nietzsches Schrift 'Jenseits von Gut und Böse' (1885) als Beispiel angibt.[10]
Bereits dieser kurze Überblick macht deutlich, dass es nicht selbstverständlich ist, über 'das Böse' zu reden. Aus der Umgangssprache scheint die Rede von 'dem Bösen' - abgesehen von 'dem Bösen' als Teufel - nahezu verdrängt zu sein.[11] Gerade aber die Figur des Teufels und die damit verbundenen Assoziationen verleihen dem schillernden Begriff 'des Bösen' einen Bedeutungsüberschuss, der sich besonders in der medialen Darstellung finden lässt. Dieser Bereich wird von den untersuchten Wörterbüchern nicht erfasst.
Ein erstes Beispiel stellt der Bereich von Horrorfilmen dar. Hier wird ein doppelter Sprachgebrauch bezüglich 'des Bösen' deutlich. Auf der einen Seite wird 'das Böse' bereits in dem Titel der Filme bzw. in deren Ankündigung ausdrücklich als 'Charakterisierung' des Genres bzw. inhaltlicher Elemente genannt.[12] Auf der anderen Seite sprechen Untersuchungen über die latente Inhalts- und Methodenstruktur von Horrorfilmen hinsichtlich der

---

[6]In diesem Zusammenhang weist Ulrich H.J. Körtner darauf hin, dass die Wendung 'auf jemanden böse sein' ein Beispiel dafür darstellt, dass gut und böse eben nicht sich ausschließende Gegensätze darstellen. Wer auf jemanden böse ist aufgrund dessen unmoralischen Verhaltens, sieht das moralische Recht auf seiner Seite. Der Zustand des 'Böse seins' erscheint dann aber gerade nicht moralisch böse, „sondern gerecht, um nicht zu sagen heilig" (Körtner, Ulrich H. J. Wie lange noch, wie lange? Über das Böse, Leid und Tod, Neukirchen-Vluyn 1998, S.11).
[7]Vgl. Drosdowski, Duden, S.574.
[8]Wahrig u.a., Der große Brockhaus, S.758.
[9]Ebd.
[10]Vgl. Paul, Deutsches Wörterbuch, S.140f.
[11]Man könnte fragen ob dieses Phänomen tatsächlich „Verharmlosungen und Marginalisierungen des Bösen" (Adam, Gottfried/ Frey, Christofer, Verwirrende Vielfalt des Bösen, in: GlLern 12(1997), 5-9, S.9) widerspiegeln oder ob die Neutrumverwendung 'des Bösen' ein ausschließlich theologisch-philosophisches Phänomen darstellt, das aufgrund seiner Verschwommenheit keine Übertragung in die Alltagssprache finden kann. Unter Umständen wäre festzustellen, dass beispielsweise die Sprache der Psychologie oder Soziologie eine stärkere Auswirkung auf die Alltagssprache ausüben.
[12]Vgl. Kapferer, Norbert, Das „Böse" in der (post)modernen Kultur. Zur Phänomenologie wissenschaftlicher, politischer, ethischer und ästhetischer Einlassungen, in: Hermanni, Friedrich/ Koslowski, Peter (Hgg.), Die Wirklichkeit des Bösen, München 1998, 185-204, S.186.

Charakterisierung der Täter vom „Typus des Bösen“[13]. Als der verbreiteste Typus des Bösen wird das Halbwesen genannt, das durch einen künstlichen Menschen (Frankensteins Geschöpf), durch Lebend-Tote (Gespenster, Vampire, Zombies), Tiermenschen (z.B. Werwölfe), Doppelgänger oder Hexen, Dämonen und dem Teufel repräsentiert werden.[14] ‘Das Böse’ tritt in vielfältigen Formen auf. Diese Formen der Personifizierung repräsentieren - wenn z.T. auch unausgesprochen - eine Art ‘Machtbereich des Bösen’. Gleichzeitig fällt nicht nur das Neben- und Hintereinander von Horrorszenarien in der ‘Welt des Bösen’ und Reportagen über die realen Grausamkeiten unserer Zeit auf, sondern besonders die wechselseitige Bezugnahme. So benutzen Horrorclips aus Gründen des Effekts das Vokabular der Pathologisierung, während umgekehrt populärwissenschaftliche Magazine auf Sprachformen des Sci-Fi und Phantasy-Genres zur Illustrierung verbrecherischer Charaktere zurückgreifen.[15]
Insgesamt verdeutlichen die kurzen Einblicke die Schwierigkeit, in der alltäglichen Auseinandersetzung mit dem Phänomen des ‘Bösen’ einen einheitlichen Sprachgebrauch aufweisen zu können. Es ist im Gegenteil wahrzunehmen, dass ‘das Böse’ - wenn auch bestimmt durch die adjektivische Form ‘böse’ oder die Figur des Teufels - eine Vielfalt von Bedeutungen hervorruft, welche die Spannbreite von Krankheit, Moral und teuflischem Machtbereich ausfüllen.
Gleichzeitig sind erste moralische bzw. sozialpsychologische Problembereiche angesprochen worden. ‘Das Böse’ kann medienwirksam zur Unterhaltung und Faszination eingesetzt werden. Gemeint ist die Situation, dass populäre Kriminalberichterstattung ein Massenpublikum ‘unterhält’, bzw. das sich das Publikum „aus der Perspektive des Voyeurs“[16]am Leid anderer oder an geschehenen Gewalttaten ergötzt. Ob diese ‘Faszination am Bösen’ eine „archaische, tiefverwurzelte und allgemein-menschliche ist“[17], die der Zuschauer entweder durch leidenschaftliches Interesse oder Erschaudern erlebt, oder ob ‘dem Bösen’ selbst eine Faszination gerade dadurch innewohnt, dass es häufig rational nicht zu erfassen ist[18], kann an dieser Stelle noch nicht weiter vertieft werden.
Blickt man vor dem Hintergrund dieser Beobachtungen auf die anfängliche These zum aktuellen Interesse am ‘Bösen’ zurück, kann zunächst festgehalten werden, dass der Begriff ‘des Bösen’ trotz der Beobachtungen anhand der Wör-

---

[13]Reß, Elmar, Die Faszination Jugendlicher am Grauen. Dargestellt am Beispiel von Horror-Videos, Würzburg 1990.
[14]Vgl. ebd., S.82. Reß macht darauf aufmerksam, dass entgegen älteren Filmen die Eindeutigkeit der Aufteilung in ‘Täter’ und 'Opfer’ nicht mehr aufrecht erhalten wird. Es findet eine Vermischung beider Kreise statt. Aus Opfern werden Täter, die mit den gleichen grausamen Methoden zurückschlagen. „Wer zuerst zuschlägt, bzw. losballert, überlebt. Wer aus moralischen oder ethischen Gründen zögert, der ist verloren.“ (Ebd., S.75). Als ‘der Böse’ gilt daher zunächst der, von dem als erstes die Aggression ausgeht (vgl. ebd., S.77).
[15]Vgl. Kapferer, Das „Böse“ in der (post)modernen Kultur, S.201.
[16]Häring, Hermann, Tracy, David, Faszination des Bösen, in: Conc(D) 34(1998), 1-7, S.3.
[17]Göppel, Rolf, „Horror-Videos“ - Die Schlechte Art, das Fürchten zu lernen, in: Stock, Walter (Hg.), Faszination des Grauens, Frankfurt/M. ^{2}1990, 119-138, S.123.
[18]Vgl. Häring, Hermann, Zwischen Theorie, Praxis und Imagination, in: Conc(D) 34(1998), 21-37, S.25.

terbücher nicht gänzlich als 'unzeitgemäß' abgewertet werden kann, auch wenn längst keine Einigkeit darüber besteht, was denn 'das Böse' ausmacht.

2. Aufbau und Intention der Arbeit

Die in unserer Alltagssprache wahrnehmbare „verwirrende Vielfalt des Bösen"[19] zeigt die Schwierigkeit auf, 'das Böse' allgemeingültig zu bestimmen. Aus diesem Grund wird 'das Böse' innerhalb dieser Arbeit durch einfache Anführungszeichen gekennzeichnet. Damit soll zum Ausdruck gebracht werden, dass die Annahme, dass alle Rezipienten anhand dieser Bezeichnung das gleiche assoziieren, vermutlich nicht zutreffend ist und es daher problematisch ist, von *dem Bösen als solchem* zu sprechen. Die Wahrnehmung der Äquivokation 'des Bösen' soll am Anfang dieser Arbeit bewusst nicht mit einer Definition 'vom Bösen', die in dieser Arbeit als Grundlage dient, zugedeckt werden. Sondern die Vieldeutigkeit 'des Bösen' kann als Ausgangspunkt dienen, über die Perspektivität der Rede 'vom Bösen' nachzudenken.[20]

Gleichzeitig lässt sich die Vermutung aussprechen, dass längst nicht alle (alltäglichen oder medialen) Beschreibungen oder 'Übersetzungen des Bösen' das Phänomen erfassen, um das es geht, wenn Menschen um die Erlösung 'vom Bösen' bitten. Hier kommen existentielle Erfahrungen zur Sprache, die Menschen in ihrem Leben zutiefst berühren, bedrohen oder sie gar zerbrechen lassen. Gleichzeitig kommt die Hoffnung auf Veränderung dieses Zustands zum Ausdruck, die Hoffnung auf Erlösung durch den dreieinigen Gott, zu dem das Gebet gesprochen wird.

Hier zeichnet sich bereits eine Arbeitshypothese ab, auf die im Laufe der Arbeit immer wieder eingegangen wird. Die Hypothese lautet, dass es spezifisch theologisches Reden 'vom Bösen' gibt und dass die Rede 'vom Bösen' aus theologischer Perspektive Momente einschließt, die alltägliches Reden 'vom Bösen' aufnimmt und übersteigt. Um zu untersuchen, wodurch spezifisch theologisches Reden 'vom Bösen' gekennzeichnet ist, ist es wichtig, dieses nicht nur vor dem Hintergrund des alltäglichen Sprachgebrauches zu analysieren, sondern darüber hinaus wahrzunehmen, dass auch in anderen wissenschaftlichen Disziplinen 'vom Bösen' die Rede sein kann. Aus diesem Grund wird auch eine

[19] Adam/ Frey, Verwirrende Vielfalt des Bösen, S.5.

[20] Ein erstes Umreißen der biblisch-theologischen Vorstellung 'vom Bösen' findet sich in Teil I, 2.1., eine Charakterisierung der Vorstellung 'vom Bösen', die den gesamten theologischen zweiten und auch den dritten Teil der Arbeit durchzieht, findet sich hauptsächlich im Teil II, 2.4 und 2.5. Es kann an dieser Stelle aber bereits darauf hingewiesen werden, dass es in dieser Arbeit schwerpunktmäßig nicht um die Figur 'des Teufels' gehen wird. Zur Frage nach dem Teufel vgl. Teil II, 2.1 Exkurs „Abschied vom Teufel?", dort auch weitere Literatur.

Betrachtung des Begriffs 'des Bösen' in sozial- und humanwissenschaftlichen Bereichen von Bedeutung (vgl. Teil I, 1.).[21] Durch eine Gegenüberstellung der sprachlichen Verwendung 'des Bösen' in humanwissenschaftlichem und im biblisch-theologischen Kontext (Teil I, 2.) soll die These von der Perspektivität allen Redens über 'das Böse' erhärtet und die Frage nach der Reichweite, den Geltungsansprüchen und den Aufgaben theologischen Redens über 'das Böse' herausgearbeitet werden. Aus diesem Gedankengang heraus wird dann die methodische Vorgehensweise sowie die Ziele für den theologischen Hauptteil der Arbeit entwickelt (Teil I, 3.).[22]

In dem theologischen Hauptteil (Teil II) der Arbeit soll eine spezifisch theologische Möglichkeit des Redens über 'das Böse' dargestellt und erörtert werden. Dabei geht es nicht darum, einen umfassenden Überblick über das Problem 'des Bösen' in der Theologie[23] oder möglichst viele unterschiedliche Perspektiven humanwissenschaftlichen und theologischen Redens 'vom Bösen' aufzuzeigen.[24] Es soll vielmehr der Versuch unternommen werden, innerhalb eines 'theologischen Modells' nach Bedeutung, Quelle, Richtung, und Ende 'des Bösen' zu fragen und daraus begründete Funktionen theologischen Redens über 'das Böse' zu entwickeln.[25] Hierfür bietet sich besonders die Systematische Theologie Wolfhart Pannenbergs (1988-1993) an. Sein aktuelles, umfangreiches Werk wagt einen Gesamtentwurf theologischen Denkens und bietet sowohl in seinen anthropologischen, wie auch hamartiologischen, soteriologischen und eschatologischen Ausführungen vielfältige Anknüpfungspunkte für eine Erörterung 'des Bösen'. Gleichzeitig repräsentiert es seine theologische Konzeption in ihrer vollen Gestalt, stellt das Ergebnis einer sukzessiven Entwicklung dieser Konzeption dar.[26] Pannenberg scheut nicht die Auseinandersetzung mit vielfältigen philosophischen und anthropologischen Überlegungen, was gerade hinsichtlich der Problematik 'des Bösen' von großem Vorteil ist. Auf der anderen Seite lässt sich Pannenbergs Systematische Theologie insofern als Herausforderung begreifen, da er die Allgemeinheit und Universalität theo-

---

[21] Dieses geschieht im Bewusstsein dessen, dass hier (aus theologischer Perspektive) eine subjektive Auswahl von Texten getroffen wurde. Die Darstellung der jeweiligen Entwürfe ist daher als exemplarisch zu verstehen.

[22] Indem diese methodischen Überlegungen erst am ende des ersten Teils der Arbeit gestellt werden, wird erreicht, dass das Anliegen des theologischen zweiten Teils auf einer breiteren Grundlage (als dieses aufgrund der Komplexität der Thematik zu Beginn der Arbeit möglich wäre) verdeutlicht werden kann.

[23] Für dieses Anliegen steht in jüngerer Zeit z.B. die Arbeit von Hermann Häring, Das Böse in der Welt. Gottes Macht oder Ohnmacht?, Darmstadt 1999.

[24] Einen guten Überblick gibt hier Hans Schwarz, Im Fangnetz des Bösen. Sünde - Übel - Schuld, Göttingen 1993.

[25] Dieses Anliegen ist nicht gänzlich von einer Behandlung der Theodizeefrage zu trennen (vgl. Teil II, 4.4.). Die Theodizeefrage stellt in dieser Arbeit jedoch nicht den Ausgangspunkt dar, da es schwerpunktmäßig darum gehen soll, die sprachliche Verwendung 'des Bösen' - auch in Differenz zur 'Sünde' aus theologischer Perspektive darzustellen und zu erörtern.

[26] Vgl. Schwöbel, Christoph, Wolfhart Pannenberg, in: Ford, David (Hg.), Theologen der Gegenwart. Eine Einführung in die christliche Theologie des zwanzigsten Jahrhunderts („The modern Theologians. An Introduction to Christian theology in the Twentieth Century" 1989), dt. Ausg. ed . u. übers. v. Christoph Schwöbel, Paderborn u.a. 1993, 240-271, S.253.

logischer Aussagen betont bzw. intendiert, die Basis für universale Ansprüche des christlichen Glaubens aus der Perspektive der Vernunft zu begründen (vgl. Teil I, 3.1.). Gerade diese Intention des Entwurfes steht in einer interessanten Spannung zu der vorangestellten These von der Perspektivität des Redens über 'das Böse' sowie der spezifisch theologischen Rede vom 'Bösen' aus der Perspektive des Glaubens heraus. Es bietet sich daher an, anhand Pannenbergs Systematik die aufgestellte These zu überprüfen bzw. kritisch zu hinterfragen, inwieweit sich Universalitätsansprüche theologischen Redens über 'das Böse' bewähren (z.B. Teil II, 3.1.-3.3.). Dazu ist das theologische Denken Dalferths hilfreich, da dieser auf den Anspruch der Allgemeingültigkeit theologischer Aussagen verzichtet und betont, dass die Differenz zwischen theologisch gedeuteter Wirklichkeit und thematisierter Wirklichkeit offen zu halten ist (vgl. Teil I, 2.1.2.2.).

Ziel der Arbeit ist es, anhand der Systematischen Theologie Pannenbergs Kennzeichen, Funktionen und Grenzen theologischen Redens über 'das Böse' herauszuarbeiten und Konsequenzen für die sprachliche Verwendung 'des Bösen' im moralisch-ethischen Kontext zu ziehen (bes. Teil III). Gerade mit der letztgenannten Intention ist der Anspruch verbunden, mit der Arbeit zu einem differenzierteren und reflektierteren Sprachgebrauch anzuregen bzw. die Konsequenzen sprachlicher Verwendung 'des Bösen' in moralisch urteilenden Kontexten, wie z.B. verhärtete Denkmuster von 'gut' und 'böse', wahrzunehmen und kritisch zu befragen.

Teil I:

Aspekte der neuzeitlichen Diskussion um 'das Böse' und die Frage nach dem Beitrag der Theologie

1. Aspekte neuzeitlicher Diskussion um 'das Böse'

1.1. Zur „Renaissance des Bösen" im wissenschaftlichen Diskurs

Es besteht der Anschein, als erlebe 'das Böse' als wissenschaftlicher Begriff seine „Renaissance"[1]. 'Das Böse' ist dieser Meinung nach kein 'vergessener'[2] Begriff mehr, sondern ein Phänomen, über das nach Zeiten der „Verdrängungen"[3] wieder reflektiert wird. Dabei findet diese Reflexion keineswegs auf den theologisch-philosophischen Bereich beschränkt statt. Sammelbände, Publikationen und Tagungsergebnisse zur Thematik könnten als 'Beleg' für das aktuelle wissenschaftliche Interesse 'am Bösen' herangezogen werden.[4]
Der Philosoph Norbert Kapferer äußert sein Erstaunen darüber, dass in der heutigen (wissenschaftlichen) Diskussion die Verwendung des „archaisch anmutenden Wortes 'böse'"[5] noch häufig vorkommt. Der Begriff des 'Bösen' wird besonders dann verwendet, „wenn sich 'höllische Abgründe' auftun, die sich in nüchternen Beschreibungen nicht ausdrücken lassen, oder wenn das Entsetzen wie im Falle des fabrikmäßigen Massenmordes in Auschwitz auch dem Wissenschaftler die Sprache verschlägt und ihn nötigt, den Ausdruck des 'radikal

---

[1]Schuller, Alexander und von Rahden, Wolfgang (Hgg.), Die andere Kraft. Zur Renaissance des Bösen, Berlin 1993.
[2]So konstatiert Odo Marquard, dass in der Neuzeit nach dem Verlust des Teufels als glaubwürdiger Nebenquelle des Malum dieses „zum unausweichlich innerweltlichen Problem" wird. Jedoch - so stellt Marquard fest, entkommt der Teufel ins Detail: „dort, bekanntlich, steckt er auch heute noch und sorgt dafür, daß - etwa - im 'Historischen Wörterbuch der Philosophie' der Artikel 'Böse' 'vergessen' wird, obwohl doch insgesamt für die modernen Menschen gilt: 'den Bösen sind sie los, die Bösen sind geblieben" (*ders.*, Art. Malum I, in: HWP, Bd. 5(1980), 652-656, Sp 654). Für die Erklärung dieses 'Vergessens' des Artikels gibt er in den Anmerkungen drei Versionen der Redaktion an: „These: absichtlich aus redaktionsökonomischen Gründen auf 'M.' verschoben; Antithese: vergessen; Synthese: aus Termingründen absichtlich, aber unfreiwillig verschoben" (vgl. ebd., Sp. 656).
[3]Schuller / Rahden, Die andere Kraft, S.VII. Vgl. dazu Punkt 1.3.1.
[4]Vgl. Schuller/ Rahden, Die andere Kraft; Hermanni, Friedrich/ Koslowski, Peter (Hgg.), Die Wirklichkeit des Bösen, München 1998; Colpe, Carsten/ Schmidt-Brüggemann, Wilhelm (Hgg.), Das Böse. Eine historische Phänomenologie des Unerklärlichen, Frankfurt/M. 1993 [stw; 1078]; Das Böse. Jenseits von Absichten und Tätern oder: Ist der Teufel ins System ausgewandert?, hg. v. der Kunst- und Ausstellungshalle der Bundesrepublik Deutschland GmbH, Red. Florian Rötzer, Göttingen 1995 [Schriftenreihe forum 3]; Viertel, Matthias, Gott und das Böse, Hofgeismar 1996 [Hofgeismarer Protokolle 313]; Schlagheck, Michael (Hg.) Theologie und Psychologie im Dialog über das Böse, Paderborn 1998; Kleer, Martin/ Söling, Caspar (Hgg.), Wie böse ist der Mensch? Paderborn 1999 [Theologie und Biologie im Dialog].
[5]Kapferer, Das „Böse" in der (post)modernen Kultur, S.186.

Bösen' zu Hilfe zu nehmen, um dem Unbegreiflichen einen Namen zu geben."[6] Der Begriff lebt dann von dem Bedeutungsüberschuss, der sich in der langen Sprachgeschichte angehäuft hat.[7]
Findet eine Auseinandersetzung mit 'dem Bösen' statt, fällt dabei auf, dass eine häufige Form der Auseinandersetzung die Herausgabe von Sammelbänden ist, die sich mit 'dem Bösen' befassen. Dort werden dann Versuche unternommen, die traditionelle philosophisch-theologische Auseinandersetzung mit 'dem Bösen' zu systematisieren bzw. unter bestimmten Fragestellungen zu ordnen[8] oder unter dem Anspruch der Interdisziplinarität einen 'neuen Zugang' zum 'Bösen' zu finden.[9]
Die Bereitschaft, sich interdisziplinär auseinander zu setzen lässt sich am Beispiel eines sozialpsychologischen Beitrags 'zum Bösen' erläutern: In ihrem Vortrag „Das Böse als soziale Konstruktion" stellt Margret Wintermantel fest, dass es den „Begriff des Bösen" in der Sozialpsychologie nicht gibt. Trotzdem verwendet sie den Begriff, indem sie „das, was man mit diesem Begriff meint" mit Verhaltensweisen „wie etwa Lüge, antisoziales Verhalten, Vorurteilsbildung, Diskriminierung, Gewalt, Intergruppenkonflikt etc."[10] beschreibt. Wintermantel versucht, den Begriff 'des Bösen' als eine Art übergeordneten Sammelbegriff im sozialpsychologischen Kontext geltend zu machen.[11]
In einem anderen Beitrag wird versucht, durch sozialwissenschaftliche Erkenntnisse eine bisher weniger beachtete Interpretationsmöglichkeit 'des Bösen' zu entwickeln. So wird die Problematik 'des Bösen' mit dem Leben in komplexen Systemen verknüpft. Ins Gespräch kommt so das 'absichtslose Böse', das Böse, „das keiner wirklich will, das trotzdem passiert, das insbesondere auch denen unterläuft, die es gut meinen."[12]

---

[6]ebd. In der SPIEGEL-Ausgabe vom 25.10.1999 schreibt der Historiker Joachim Fest: „Aber das zurückliegende Jahrhundert hat [...] eine Ahnung davon vermittelt, dass es das Böse als reale Macht gibt, wie immer man es nennen mag. Das ist Hitlers noch immer verleugnetes Vermächtnis. Es ist in einer Vielzahl von Erscheinungen sichtbar geworden, und Hitler hat ihm lediglich den einprägsamsten Ausdruck gegeben." (Fest, Joachim, Das Böse als reale Macht. Hitlers noch immer verleugnetes Vermächtnis, in: DER SPIEGEL 43(1999)182-197, S.197).

[7]Kapferer, Norbert, Die Pathologisierung des Bösen. Über die problematische Umsetzung eines moralisch-theologischen Begriffs in den Sozialwissenschaften, in: Schuller, Alexander/ Rahden, Wolfert von, Die andere Kraft. Zur Renaissance des Bösen, Berlin 1993, 95-115, S.96.

[8]Vgl. Schuller/ Rahden, Die andere Kraft; Hermanni/ Koslowski, Die Wirklichkeit des Bösen; Colpe/ Schmidt-Brüggemann, Das Böse.

[9]Vgl. Das Böse. (Red. Florian Rötzer); Auch auf Tagungen, die von theologischer Seite her initiiert sind, wird die Interdisziplinarität gesucht. So setzten sich z.B. auf einer Tagung in Hofgeismar Theologen mit sozialwissenschaftlichen und tiefenpsychologischen Erkenntnissen auseinander (vgl. Viertel, Gott und das Böse).

[10]Wintermantel, Margret, Das Böse als soziale Konstruktion. Sozialpsychologische Überlegungen zum Bösen, in: Viertel, Gott und das Böse, 1996, 33-44, S.37.

[11]Gleichzeitig weist sie an anderer Stelle darauf hin, dass 'das Böse' dem Phänomen der sozialen Konstruktion unterliegt: „Die Qualifizierung der Handlung als etwas Böses findet dabei in den Köpfen der Betrachter statt. Der Betrachter schlußfolgert insbesondere dann auf das Böse, wenn eine Person gegen eine geltende Norm verstößt, deren Inhalt sich auf Handlungen bezieht, die negative Auswirkungen haben."(Ebd, S.38).

[12]Kamper, Dietmar u.a., Das Böse, in: Das Böse. (Red. Florian Rötzer), 1995, 13-14, S.13. Als Beispiel für das absichtslose Böse werden Umweltprobleme, Katastrophen (Tschernobyl) oder Unfälle genannt (vgl. S.20ff).

'Das Böse' ist das, was die postulierte Autonomie und Integrität eines Systems verletzt, es geschieht, da das Verhalten des Systems nicht vorhersagbar ist. Komplexe soziale Systeme können eine Eigenlogik entfalten, so dass die Handlungen, die von ihnen ausgehen, nicht mehr auf Einzelne rückführbar sind. Die Folge dieser Sichtweise heißt, „daß in komplexen Organisationen der moralisch wegen seiner Freiheit in die Pflicht genommene Mensch zu einer fiktionalen Gestalt wird"[13].

Parallel zu diesen Beobachtungen kann jedoch festgestellt werden, dass die Wiederkehr des 'Bösen' als wissenschaftliche Kategorie keineswegs ein grundsätzliches Phänomen, sondern eher die Ausnahme darstellt. Im Zuge der „Entzauberung der Welt" (Max Weber) wurde im Geist der Moderne das Vokabular von 'gut' und 'böse' in den modernen Wissenschaften bis heute vermieden und vielfach durch Sprachformen beispielsweise aus dem Bereich der Soziologie, Politologie oder Geschichtswissenschaft ersetzt. Statt von 'bösen Mächten' spricht man hier z.B. von Tyrannei, Diktatur und Ausbeutung. Auf psychologischer Ebene wird statt vom 'Bösen' eher von der Aggression gesprochen.[14] Dass der Begriff des 'Bösen' im Bereich der Soziologie und Psychologie keine nennenswerte Rolle spielt wird allein daran deutlich, dass ihm in Fachlexika kein Artikel gewidmet wird. Eingegangen wird dagegen auf den Begriff der Aggression.[15] Deutlich formuliert es der Sozialwissenschaftler Claus Leggewie, indem er feststellt: „Die Soziologie kann mit dem Bösen an und für sich nichts anfangen."[16]
Die gesammelten Beobachtungen lassen sich wie folgt zusammenfassen: 'Das Böse' lässt sich nicht als wissenschaftsübergreifender Begriff verstehen. In vielen Bereichen von Humanwissenschaft[17] spielt 'das Böse' als wissenschaftli-

[13]Rötzer, Florian, Reflexionsschleifen über Zumutungen, oder: Was heißt es, sich in komplexen Systemen zu orientieren?, in: Das Böse. (Red. Florian Rötzer), 1995, 15-32, S.17. Systemtheoretische Fragestellungen sind besonders von Niklas Luhmann behandelt worden. Eine ausführliche Darstellung der Grundzüge systemtheoretischer Überlegungen würde an dieser Stelle jedoch zu weit führen. Verwiesen sei deshalb auf folgende Literatur: Luhmann, Niklas, Soziale Systeme, Frankfurt/M. 1984.

[14]Vgl. Kapferer, Das „Böse" in der (post)modernen Kultur., S.186; vgl. auch: Leggewie, Claus, „Das Böse hat sich radikaler erwiesen als vorgesehen" - und was Sozialwissenschaftler damit anfangen, in: Das Böse. (Red. Florian Rötzer), 1995, 116-131, S.117.

[15]Vgl. Fuchs-Heinritz, Werner u.a. (Hg.), Lexikon zur Soziologie, Opladen [3]1995; Reinhold, Gerd (Hg.), Soziologie-Lexikon, München [2]1992; Asanger, Roland/ Wenniger, Gerd (Hgg.), Handwörterbuch der Psychologie, Weinheim [5]1994.

[16]Leggewie, „Das Böse hat sich als radikaler erwiesen als vorgesehen", S.117.

[17]Die Bezeichnung 'Humanwissenschaften steht für die Gesamtheit der wissenschaftlichen Disziplinen, die sich mit dem Menschen beschäftigen. Dazu gehören u.a. Psychologie, Soziologie, Pädagogik, Politologie, Sozialpsychologie, Anthropologie, Humanbiologie und Humanmedizin. Die Schwierigkeit der Abgrenzung des Begriffs von Natur- und Geisteswissenschaften ist vielfach der Grund für eine Ablehnung seiner Verwendung (vgl. Brockhaus. Die Enzyklopädie in vierundzwanzig Bänden, Bd. 10, Leipzig/ Mannheim [20]1997, S. 316). Da die folgenden Ausführungen keinen Anspruch auf objektive wissenschaftstheoretische Gültigkeit erheben, sondern immer schon aus theologischer Perspektive heraus geschehen, verwende ich in diesem Abschnitt die Terminologie 'Humanwissenschaft', um *außertheologische* Wissenschaften, die sich mit 'dem Menschen' befassen, zu kennzeichnen.

cher Begriff keine Rolle. Nach dem neuzeitlichen Verzicht auf 'das Böse' und den sprachlichen Übertragungen in andere humanwissenschaftliche Sprachformen lässt sich jedoch in neuerer Literatur die gegenläufige Tendenz entdecken, dass nämlich der Verzicht auf 'das Böse' wieder rückgängig zu machen versucht wird und dass beispielsweise soziologische Begrifflichkeiten wieder auf den traditionellen Begriff 'des Bösen' bezogen werden. Hier hat die Rede vom aktuellen humanwissenschaftlichen Interesse 'am Bösen' ihren Platz.

Dieses wissenschaftliche Interesse 'am Bösen' wirft nun aber einen weiteren Problemkomplex auf: Es geht um die Übertragung 'des Bösen' in Ersatzbegriffe wie beispielsweise den Begriff der 'Aggression'. Aus theologischer Perspektive erscheint der Verzicht auf 'das Böse' bzw. das Finden von Ersatzbegriffen für 'das Böse' aus moralisch-ethischen Punkten als problematisch (vgl. 1.2.1.). Die oben exemplarisch aufgezeigten neueren interdisziplinären Auseinandersetzungen um 'das Böse', bzw. die erneute Integration 'des Bösen' in die Sozial- und Humanwissenschaften scheint diese Tendenz wieder rückgängig machen zu wollen. Während sich beispielsweise bei Freud der Übergang vom Bösen in Richtung des Ersatzbegriffes 'Aggression' feststellen lässt[18], findet sich in den eben genannten Ansätzen die entgegengesetzte Bewegung. Hier tun sich folgende Fragen auf: Welche sozial- und humanwissenschaftlichen Erkenntnisse sollen mit 'dem Bösen' in Verbindung gebracht werden? Wird 'das Böse' tatsächlich durch Begriffe wie 'Aggression' in den von Theologen als problematisch angesehenen Entwürfen 'ersetzt' und wird offensichtlich, welche Kriterien oder Begründungen für eine solche Übertragung verwendet werden? Die Fragen nach den Kriterien für eine Bezugnahme auf 'das Böse' kann für die Einschätzung von Ansätzen der erneuten 'Gleichsetzung' sozial- und humanwissenschaftlicher Begriffe wie 'Aggression' und 'dem Böse' fruchtbar gemacht werden (vgl. Punkt 1.2.2.).

[18]Sigmund Freud griff den Begriff des Bösen direkt auf und erörterte ihn in seiner symbolischen wie triebspezifischen Dimension. Die Folge davon war, dass sich der für das 20. Jh. maßgebliche Begriff der Aggression herauskristallisierte (vgl. Kapferer, Die Pathologisierung des Bösen, S.102). In seinem Aufsatz „Das Unbehagen in der Kultur“ (1930) (in: Studienausgabe Bd. 9, Frankfurt/M. [7]1974, S.191-270) wird der Übergang vom 'Bösen' zur 'Aggression' besonders deutlich. Freud spricht hier von der angeborenen „Neigung des Menschen zum 'Bösen', zur Aggression, Destruktion und damit auch zur Grausamkeit“ (ebd., S.248).

1.2. Zur Integration 'des Bösen' in die Sozial- und Humanwissenschaften

1.2.1. Tendenzen der „Entbösung des Bösen"

Die Beobachtung des Ersetzens 'des Bösen' in den modernen Wissenschaften durch Ersatzbegriffe weist auf einen neuzeitlichen Wandel der Fragestellung hinsichtlich 'des Bösen'. Das Interesse an der Deutung des metaphysischen Übels tritt zurück, philosophische und wissenschaftliche Bemühungen, das konkret Erfahrbare an Schmerz, Gewalt und Grausamkeit zwischen Menschen auf seine Ursprünge in der menschlichen Konstitution bzw. in der Gesellschaft hin zu befragen, treten in den Vordergrund. Nicht mehr die Rechtfertigung Gottes, sondern die Verantwortung des Menschen steht im Mittelpunkt des Interesses. Es vollzieht sich eine Wendung von der Theodizee zur Anthropodizee.[19]
Der Streit darüber, ob es sich bei der Einbettung 'des Bösen' in den Bereich der Human- und Sozialwissenschaften um eine Präzisierung oder Reduzierung handelt, ob die wissenschaftliche Terminologie den Umgang mit Phänomenen 'des Bösen' erleichtert oder erschwert, hängt damit zusammen, dass die sprachliche Veränderung auch eine Verschiebung bezüglich der Frage nach der Ursächlichkeit 'des Bösen' bzw. die Infragestellung der traditionellen Normen von gut und böse impliziert. Kritisch betrachtet wird diese Tendenz deshalb mit dem Phänomen der „Entbösung des Bösen"[20] (E.L.Marquard) in Verbindung gebracht: Das Böse „wird zunehmend reduziert auf vom Einzelnen nicht verantwortbare Ursachen (die anderen, die Gesellschaft, die Entfremdung, die Verräter) unter der Verschärfung des Streits, ob der Mensch 'von Natur aus' böse oder gut sei"[21].
Als Vorwurf wird die „Entbösung des Bösen" besonders im Blick auf konkrete Entwürfe zum 'Bösen' aus dem Bereich der Psychoanalyse, Verhaltensforschung aber auch in Bezug auf bestimmte Gesellschaftstheorien laut und folgendermaßen formuliert: „Im Zeichen von Nietzsches 'Umwertung aller Werte' haben sich die modernen 'Genealogen der Moral' dazu aufgemacht, das Böse an immer neue Orte hin zu verlegen, möglichst weit ab von der persönlichen Freiheit: in unser 'Triebschicksal', in die Gattungsgeschichte, in die Gesellschaft."[22] Angesprochen werden in diesem Zusammenhang unter anderem die Entwürfe von Konrad Lorenz und in Opposition dazu die Ausführungen von

---

[19]Vgl. Sandkühler, H. J., Art. Anthropodizee, in: HWP, Bd. 1(1971), 360-362.
[20]Marquard, Art. Malum I, Sp. 655.
[21]Ebd. An anderer Stelle spricht Marquard von „Malitätsbonisierung", der beispielsweise von Nietzsche vollzogenen Umwertung aller Werte zur Entlastung der Übel, als einem Theodizeemotiv der neuzeitlichen Philosophie (vgl. Marquard, Odo, Entlastungen, in: *ders.*, Apologie des Zufälligen, Stuttgart 1986 [UB; 8351], 11-32, S.22f).
[22]Hügli, A., Art. Malum VI, in: HWP, Bd 5 (1980), 681- 706, Sp 700.

Arno Plack. Aufgrund ihrer Bedeutung für die Entwicklung der Interpretation des 'Bösen' und der immer wieder aufkommenden Diskussion und theologischen Bezugnahme um diese sehr unterschiedlichen Ansätze, sollen beide in ihren Grundzügen - was den oben formulierten 'Vorwurf' betrifft - kurz kontrastiert werden.[23]

1.2.1.1. „Das sogenannte Böse" (K.Lorenz)

Im Anschluss an Freud sorgte der Verhaltensforscher Konrad Lorenz 1963 mit seinem Buch „Das sogenannte Böse" für Aufsehen. So lehnt er zwar entgegen Freud die Annahme eines Todestriebes ab, „begreift jedoch die Aggression selbst als diejenige unverzichtbare Kraft, die Menschen und Tieren gattungsgeschichtlich im Kampf ums Dasein das Überleben sicherte."[24]
Lorenz gibt in seinem Werk dem Aggressionstrieb „seine Unschuld"[25] wieder zurück. Die Aggression ist für ihn „ein Instinkt wie jeder andere und unter natürlichen Bedingungen auch ebenso lebens- und arterhaltend."[26] Lorenz sieht jedoch, dass er beim Menschen, der seine Lebensbedingungen zu schnell verändert hat, „oft verderbliche Wirkungen"[27] zeige. Nach Lorenz ist es als wahrscheinlich anzusehen, „dass das verderbliche Maß an Aggressionstrieb, das uns Menschen heute noch als böses Erbe in den Knochen sitzt, durch einen Vorgang der intraspezifischen Selektion verursacht wurde"[28]. In der Frühsteinzeit musste, nachdem die Menschen über die Gefahren von außen Herr geworden waren, in Form von Krieg zwischen den Menschenhorden eine „böse"[29] Selektion, eine „extreme Herauszüchtung aller sogenannten 'kriegerischen Tugenden'"[30] stattgefunden haben. Die Spontaneität des Aggressionstriebes als pri-

---

[23]Eine ausführliche Darstellung der genannten Autoren würde den Rahmen dieser Arbeit sprengen. Hier soll es darum gehen, die Problematik der Verquickung der Begriffe 'Aggression' und 'Böse' zu verdeutlichen. Die oben genannten Autoren wurden gerade deshalb gewählt, da sie in ihren Entwürfen auf den Begriff des Bösen nicht gänzlich verzichtet haben und sich hier die Übertrageung 'des Bösen' auf 'Ersatzbegriffe' noch gut verfolgen lässt. Modernere Aggressionstheorien stellen zu dem Begriff 'des Bösen' keinen Bezug mehr her.

[24]Schulte, Christoph, Böses und Psyche. Immoralität in psychologischen Diskursen, in: Colpe, Carsten und Schmidt-Biggemann, Wilhelm, Das Böse, 1993, 300-322, S.316.

[25]Hügli, Art. Malum IV, Sp.701.

[26]Lorenz, Das sogenannte Böse, Zur Naturgeschichte der Aggression (1963), München [20]1995, S.8.

[27]Ebd.

[28]Ebd., S.48.

[29]Ebd.

[30]Ebd., S.49. Diese evolutionstheoretische Begründung wird noch heute aufgegriffen und mit soziobiologischen Erkenntnissen ergänzt. Menschliches Verhalten wie z.B. Durchsetzung gegen Konkurrenten ist in dieser Sichtweise auf genetischer Grundlage erklärbar. Einzelindividuen versuchen, einen möglichst großen Fortpflanzungserfolg zu erzielen. So ist vom „Egoismus" unserer Gene (Wuketis, Franz M., Warum uns das Böse fasziniert. Die Natur des Bösen und die Illusionen der Moral, Stuttgart/ Leipzig 1999, S.94; vgl. auch Wright, Robert, Diesseits von Gut und Böse. Die biologischen Grundlagen unserer Ethik (The moral animal" 1994), München 1996, S. 540) die Rede, wobei aber betont wird, dass Soziobiologie nicht mit deterministischer Verhaltenstheorie verwechselt werden darf. Deutlich wird jedoch, dass diese soziobiologische Sichtweise die The-

mär arterhaltender Instinkt macht ihn dabei gefährlich. Der Aggressionstrieb ist nicht nur eine Reaktion auf bestimmte äußere Reize. Es werden hingegen im menschlichen Organismus ständig aggressive Impulse aufgestaut, bis eine bestimmte Grenze überschritten wird und es zur Entladung des Triebes kommt.[31] In seinem Kapitel „Bekenntnis zur Hoffnung"[32] äußert sich Lorenz jedoch zuversichtlich, dass die Menschen aufgrund der Einsicht in die Triebe der menschlichen Natur lernen können, mit ihnen umzugehen. So erkennt er grundsätzlich die Notwendigkeit einer Moral, die jedoch nicht durch Inanspruchnahme eines freien Willens gegen die Aggression ankommen kann. Es geht darum, den Aggressionstrieb ohne Schädigung anderer abzuleiten. Wichtig ist für ihn die Möglichkeit der „Katharsis, des reinigenden Abreagierens"[33].

1.2.1.2. Die repressive Moral und das Böse (A. Plack)

Entgegen der Meinung von Lorenz führt Arno Plack [34] den Grundgedanken aus, dass die Aggression zwischen den Menschen kein ursprüngliches, sondern ein durch Triebfrustration in der repressiven Gesellschaft angeeignetes, gelerntes Verhalten ist. Dabei ist es der leibes- und sexualfeindlichen Moral selbst zuzuschreiben, dass in einer Gesellschaft Verbrechen begangen werden. „Der Zwang zu einer willkürlich, das heißt nicht anthropologisch begründeten oder begründbaren Form des Gutseins muß ein diesem 'Guten' genau entsprechendes Böses aus den Menschen hervortreiben."[35]

---

se verabschiedet, 'das Böse' habe eine eigene Existenz außerhalb des Menschen (vgl. Söling, Caspar, Wie böse ist der Mensch? Erfahrungen und Entlastungen zwischen Biologie und biblischer Theologie, in: Kleer, Martin/ Söling, Caspar (Hgg.), Wie böse ist der Mensch?, 1999, 9-21, S.15).

[31] Vgl. Lorenz, Das sogenannte Böse, S.55ff.

[32] Ebd., S.248ff.

[33] Ebd., S.249. Dies kann geschehen durch Sport als ritualisierte Kampfform, durch die Begeisterung für positive Werte im Bereich Wissenschaft und Kunst, aber auch durch Begeisterung für gemeinsame Ideale, die Menschen verschiedener Nationen verbinden (vgl. ebd., S.249ff). Lorenz' Theorie ist jedoch aus einem anderen Grund nicht kritiklos akzeptiert worden: Es wurde dagegen protestiert, dass der Mensch vom Tier 'moralisches' Verhalten übernehmen, sich der 'besseren' nichtmenschlichen Ordnung anpassen solle. (Vgl. Haag, Herbert, Teufelsglaube. Mit Beiträgen von Katharina Elliger, Bernhard Lang und Meinrad Limbeck, Tübingen [2]1980, S.17). Differenzierter formuliert bezieht sich dieser Vorwurf auf das methodische Vorgehen von Lorenz, auf die Übertragung der Erkenntnisse tierischer Verhaltensweisen auf den Menschen: „Insgesamt ist bei Lorenz nicht ein einziger stichhaltiger Beleg dafür zu finden, daß das aggresive Verhalten von Menschen nach dem Modell des Buntbarsches zu erklären ist. Die sorgfältige empirische Fundierung, durch die sich LORENZ als Pionier der Tierverhaltensforschung sonst sicherlich auszeichnet, wurde bei seiner Beschäftigung mit der menschlichen Aggression durch voreilige Schlüsse und anekdotenhafte Erläuterungen ersetzt." (Nolte, Hans-Peter, Lernfall Aggression. Wie sie entsteht - Wie sie zu verhindern ist, Reinbek [2]1987, S.54).

[34] Plack, Arno, Die Gesellschaft und das Böse. Eine Kritik der herrschenden Moral (1967), München [9]1970.

[35] Ebd., S.22.

So stellt Plack den Zusammenhang von Sexualverdrängung und mangelnder Mitmenschlichkeit her. Der durch bürgerliche Erziehung sexuell Gehemmte[36] „entwickelt keinen Sinn für das leibhafte Wesen des anderen."[37]
Die sinnenfeindliche Erziehung lenkt die Libido „auf autoerotische Wege"[38], so dass der Betroffene auch in allen anderen Dingen seinem Ich den Vorzug gibt. Das Ergebnis ist der zu einem Egoisten moralisch verstümmelte Mensch.
Plack spricht demnach davon, dass asoziales Verhalten ein Produkt der Verkümmerung oder Verkrüppelung der ursprünglichen Menschennatur ist.[39]
Als 'das Böse' bezeichnet er „Beziehungslosigkeit, Gleichgültigkeit oder Feindseligkeit und Grausamkeit"[40], alles Erscheinungen, die seiner Meinung nach in der Natur des Menschen nicht angelegt sind.
Auch die Ursachen der Kriegsbereitschaft stellt er in den Zusammenhang der Sexualverdrängung. Da er anders als Lorenz einen Aggressionstrieb ablehnt, lautet seine Kausalkette: „Sexualverdrängung - vitaler Unmut - Freiwerden von Aggressivität - Unterdrückung auch dieser - Aufstauen der Aggressivität - Explosion im Krieg."[41]
Die Idee der Willensfreiheit wird von Plack als „weltanschaulicher Köder"[42] bezeichnet und abgelehnt. Infolge dessen bleibt auch der Begriff der Schuld für ihn fiktiv. Seine Konsequenz lautet daher: „Wenn erst dem Menschen von klein auf gestattet würde, mit seiner angeborenen Natur in Einklang zu leben, bedürfte es jenes Zwanges nicht mehr, den Strafgesetze konkretisieren."[43]

1.2.2. Problematische 'Übersetzungen des Bösen'

Abschließend sollen die dargestellten Beobachtungen hinsichtlich der Einbettung des Begriffs des Bösen in den sprachlichen Kontext der humanwissenschaftlichen Entwürfe zusammengefasst werden. Dazu soll noch einmal auf die zu Anfang aufgestellte These Marquards, dass die Entwürfe Lorenz' und Placks Tendenzen der 'Entbösung des Bösen' aufweisen, zurückgeblickt werden. Der

---

[36]Plack nennt z.B. verpönte außereheliche Kontankte (ebd. S.79) und bezeichnet die monogame Ehe als „das Kernproblem unserer Gesellschaft" (ebd. S.183).
[37]Ebd., S.265.
[38]Ebd.
[39]Vgl. ebd., S.266.
[40]Ebd., S.266.
[41]Ebd., S.274.
[42]Ebd.,S.117.
[43]Ebd.,S.118. Er plädiert deshalb an Stelle eines Strafrechtes, welches weder die Funktion der Abschreckung und Besserung erfüllt, noch anders zu legitimieren wäre, für ein reines Maßnahmenrecht, das vor weiteren Schäden schützt (vgl. ebd. S.110ff).
Schulte gibt folgendes zu bedenken: Gibt es keine Schuldfähigkeit mehr, so ist auch die Alternative von Strafe oder Therapie aufgehoben. Es bleibt nur die Therapie. Juristisch und moralisch gesehen wird der Einzelne damit zum unmündigen Objekt (vgl. Schulte, Böses und Psyche, S.321).

Begriff der 'Entbösung' spielt bei Marquard zunächst auf Tendenzen der 'Umwertung des Bösen' an. Was traditionell als 'das Böse' benannt wurde, wird dadurch entschärft, dass es bestimmte Funktionen erfüllt. Als solche Funktionen könnte man bei Lorenz die Erhaltung der Art, bei Plack den Hinweis auf die ursprüngliche, durch die Moral der Gesellschaft unterdrückte Menschennatur nennen. So bekommt die Tendenz der 'Entbösung' im fließenden Übergang den Charakter des Vorwurfs, wenn es um die Frage nach der Verantwortung für 'das Böse' geht. Theologen wittern in der Tradition von Lorenz und Plack noch heute mögliche Entschuldigungsmechanismen und Entlastungsversuche, auch wenn dieses nicht unbedingt in der Intention der oben genannten Wissenschaftler liegt.[44] So spricht Bernd J. Claret in einer Untersuchung über die Diskussion um den Teufel davon, dass die bei Lorenz und Plack aufzuzeigenden „Veränderungen in der Auffassung vom Bösen" den Boden bereite „für alle möglichen 'Verteufelungen'".[45] Des weiteren stellt er fest, dass sich viele Menschen heute mehr als Opfer und nicht als Täter des Bösen sehen. Man ist seiner Meinung nach vorsichtig damit geworden, „alle Schuld auf sich sitzen zu lassen"[46].
Zu einem ähnlichen Ergebnis kommt Christof Gestrich in seinen Ausführungen zur Sünde und zum Bösen.[47] Bezugnehmend auf Plack weist Gestrich darauf hin, dass das Verständnis des Bösen im Zuge der modernen Wirklichkeitsdeutung einer zunehmenden Politisierung unterliegt:
„Immer wieder werden nämlich einzelne fremde Nationen, aber auch Anhänger einer bestimmten Gesellschaftsschicht oder einer bestimmten politisch-ideologischen Richtung in der eigenen Nation, mit dem 'Reich des Bösen' identifiziert. Nicht das eigene Herz und auch nicht das 'Dichten und Trachten' *aller* Menschen 'von Jugend auf' wird als Quelle des Bösen vermutet, sondern der gewalttätige und egoistische Machtanspruch bestimmter Gruppen, denen man selbst nicht angehört oder auf die man keinerlei Einfluß zu haben meint. Wenn ich selbst böse geworden sein sollte, so nur, weil man mich, als ich noch nicht böse war, von Seiten solcher finsteren Gewaltzentren unterdrückt hat (so z.B. A. Plack)."[48]

---

[44]Der Ethologe Eibl-Eibesfeldt weist darauf hin, dass es Lorenz oft zum Vorwurf gemacht wurde, „daß der Hinweis auf das Angeborene im menschlichen Verhalten jenen zur Entschuldigung dienen könnte, die die Unveränderlichkeit der menschlichen Gesellschaft propagieren." (Eibl-Eibesfeldt, Irenäus, Konrad Lorenz. „Das sogenannte Böse", in: Die Psychologie des 20.Jh. Bd. VI: Lorenz und die Folgen, Zürich 1978, 77-80, S.78). Ein ebenso häufig verwendetes Argument gegen Lorenz ist, so Eibl-Eibesfeldt, dass Lorenz Thesen selbst Aggressionen der Vergangenheit und Zukunft entschuldigen würden. Beide Einwände entschärft Eibl-Eibesfeldt jedoch mit dem Hinweis darauf, dass Lorenz selbst dafür plädierte, die Agression nicht „als etwas Metaphysisches und Unabwendbares" (Lorenz, Das sogenannte Böse, S.36) hinzunehmen.
[45]Claret, Bernd, Geheimnis des Bösen. Zur Diskussion um den Teufel, Innsbruck, Wien 1997 [IThS, Bd. 49], zugl: Freiburg i. Br., Univ., Diss., 1994/95, S.31.
[46]Claret, Geheimnis des Bösen, S.31. Claret verweist an dieser Stelle auf die Argumentation von Michael Sievernich (*ders.* Schuld und Sünde in der Theologie der Gegenwart, Frankfurt am Main ^{2}1983, [FTS 29], S.21f.
[47]Gestrich, Christof, Die Wiederkehr des Glanzes in der Welt. Die christliche Lehre von der Sünde und ihrer Vergebung in gegenwärtiger Verantwortung, Tübingen 1989.
[48]Ebd., S.165.

An dieser Gegenüberstellung lassen sich zwei Punkte, die für den weiteren Verlauf der Arbeit zu bedenken sind, verdeutlichen:
Zum einen hat sich gezeigt, dass die Darstellung der unterschiedlichen Interpretationen die Frage nach dem freien Willen und der Verantwortung der Menschen für ihre (als böse bewerteten) Taten heraufbeschwören. Zumindest die Möglichkeit der Rationalisierung des Abschiebens von Verantwortung auf andere mit Hilfe von Aspekten der genannten Entwürfe oder der mögliche Verweis auf eine „naturale Unschuld“[49], kann wahrgenommen werden. Entgegenzuhalten wäre jedoch solchen ‘Entschuldigungs-Mechanismen’, „daß der Mensch zu diesen seinen Bedingtheiten nochmals Stellung nehmen kann und muß“[50] und so die Möglichkeit der Reflexion der eigenen Handlungen erkennen kann.
Zum anderen werden bei genauerer Betrachtung sprachliche Schwierigkeiten hinsichtlich der Begriffe ‘Aggression’ und ‘Böses’ deutlich. In beiden Stellungnahmen der Theologen ist ausschließlich ‘vom Bösen’ die Rede.
Es ist jedoch zu fragen, ob der Begriff des ‘Bösen’ - ohne Erwähnung der Aggression - hinsichtlich einer Stellungnahme zu Lorenz und Plack ausreicht. So stellt Gestrich an anderer Stelle auch heraus, dass für Lorenz Aggression nicht mit dem Bösen identisch ist.[51] Bei einer Beurteilung der genannten Ansätze in Bezug auf ihren Umgang mit ‘dem Bösen’ ist es also wichtig zu überprüfen, ob sich die Erläuterung des Aggressionsbegriffs in den einzelnen Entwürfen überhaupt als Grundlage für eine Kritik am Umgang mit ‘dem Bösen’ eignet.
Konrad Lorenz bewegt sich mit seiner Begrifflichkeit auf zwei verschiedenen Ebenen. Das wird deutlich, wenn er einerseits davon spricht, dass er zunächst den Aggressionstrieb „möglichst unbefangen“[52], also ‘wertneutral’, was dessen natürliche Ursachen und arterhaltende Leistungen betrifft, erforschen möchte. In diesem Zusammenhang wird auch der Terminus des ‘sogenannten Bösen’ verständlich.
Auf der anderen Seite begibt sich Lorenz auch auf eine moralisch-ethische Ebene und definiert das Böse als „dasjenige, was das Gute, also das, was man als Wert empfindet, in Gefahr bringt.“[53] Dieser Äußerung ist die Vorstellung zu

---

[49]Kasper, Walter, Das Böse als theologisches Problem, in: Oeing-Hanhoff, Ludger und Kasper, Walter, Negativität und Böses. Christlicher Glaube in moderner Gesellschaft. Textband 9, Freiburg u.a. 1981, 176-180, S.183.
[50]Vgl. ebd., S.183.
[51]Vgl. Gestrich, Die Wiederkehr des Glanzes, S.125.
[52]Lorenz, Das sogenannte Böse, S.36.
[53]Ebd., S.252. Lorenz führt als Beispiel an, dass für den Wissenschaftler die Erkenntnis den höchsten Wert darstelle. Der tiefste der Unwerte wäre dann dementsprechend das, was sich der Verbreitung von Erkenntnis hindernd in den Weg stelle (vgl. ebd. S.252). Noch deutlicher wird Lorenz' Sprachgebrauch, wenn er gegenüber dem ‘sogenannten Bösen’ die Rückentwicklung des menschlichen Geistes als „das wirklich Böse“ bezeichnet (*Ders.*, Das wirklich Böse. Involutionstendenzen in der modernen Kultur, in: Schatz, Oskar (Hg.), Was wird aus dem Menschen? Analysen und Warnungen bedeutender Denker, Graz/Wien/Köln 1974, 287-

entnehmen, dass die Unterscheidung von 'gut' und 'böse' von einem Wertesystem abhängig ist. Die Konsequenz davon dürfte lauten: Nicht jede Art der Aggression muss von vornherein als 'böse' gelten.
In seiner Einleitung geht Plack auf die häufig gestellte Frage ein, ob der Mensch von Natur 'gut' oder 'böse' sei.[54] Er erklärt diese Frage für hybrid, „weil sie die menschliche Natur unter Kriterien stellt, die nicht aus ihr selber stammen. Sie kommen aus dem Willen, sich über sie hinwegzusetzen."[55]
'Gut' und 'böse' sind nach Plack ebenfalls Begriffe, die nicht die Natur des Menschen betreffen, sondern eine weitere Ebene ansprechen, nämlich die *Bewertung* des Verhaltens, die von bestimmten Kriterien abhängt. Er selbst verwendet vermutlich auch bestimmte Kriterien, wenn er eine Definition vom Bösen als „Beziehungslosigkeit, Gleichgültigkeit oder Feindseligkeit und Grausamkeit"[56] gibt. Diese Kriterien bleiben aber ungenannt.
Die unterschiedlichen Möglichkeiten der Interpretation des Aggressionsbegriffs machen hier bereits deutlich, dass man nicht von einer einfachen 'Übersetzung' des traditionelleren Begriffs des 'Bösen' in die Sprache der Psychologie bzw. Verhaltensforschung oder der Soziologie sprechen kann. Der Vielschichtigkeit des Aggressionsbegriffes würde man bei einer ausschließlichen Zuordnung in den Bereich 'des Bösen' nicht gerecht werden.[57]
Hinsichtlich des Begriffs 'des Bösen' schält sich damit bereits die Problematik heraus, dass es schwierig ist, von 'dem Bösen als solchem' zu sprechen. So

---

305, S.293). Lorenz verharmlost 'das Böse' in keiner Weise, lokalisiert es aber nicht in der Aggression, sondern in der Wertblindheit sowie der Zerstörung der sozialen Banden und der Natur.

[54]Gerade die beiden gegenläufigen Meinungen von Lorenz und Plack lassen sich nach Wolfert von Rahden (Rahden, Wolfert von, Orte des Bösen. Aufstieg und Fall des dämonologischen Dispositivs, in: Schuller, Alexander und Rahden, Wolfert von, Die andere Kraft, 1993, 26-54) als 'Neuauflagen' der traditionellen und ideologisch aufgeladenen Debatte um die Frage, ob der Mensch von Anfang an, von seiner Anlage heraus, böse 'ist' (Hobbes) oder ob er es erst durch die Umwelt bzw. die Gesellschaft böse 'gemacht wird' (Rousseau), bezeichnen (ebd., S. 27). Einen Vergleich zieht von Rahden an dieser Stelle auch zu Drewermanns Werk „Strukturen des Bösen" (1988), in dem der Autor mit der Kernaussage 'Angst macht böse' in psychoanalytischen Kategorien eine Reinterpretation des Bösen vollzieht und damit die klerikalen Institutionen kritisiert, denen er vorwirft, Angst zu produzieren, um daraus dann zu profitieren.

[55]Plack, Die Gesellschaft und das Böse, S.28. Gerade angesichts des immer wieder aufkommenden Streites zwischen Verhaltensgenetikern und Biologen sowie besonders Erziehungswissenschaftlern und Pädagogen müsste die Fragestellung, ob der Mensch von Natur gut oder böse sei, präzisiert werden hinsichtlich der Frage, ob Verhaltensweisen wie Aggressionen gegen andere, die aus bestimmten Wertvorstellungen heraus als böse bezeichnet werden, in den menschlichen Genen bereits 'festgeschrieben' oder ob sie erlernt sind bzw. durch das soziale Umfeld begünstigt werden.

[56]Plack, Die Gesellschaft und das Böse, S.266.

[57]Des Weiteren ist festzuhalten, dass in der heutigen Aggressionsforschung darauf hingewiesen wird, dass bei konkreten aggressiven Handlungen sowohl die Person mit ihren spezifischen Eigenschaften, die als angeboren oder 'gelernt' interpretiert werden können, als auch die jeweilige Situation eine wichtige Rolle spielen. So können beispielsweise Situationen entstehen, in denen die Person in einen Normenkonflikt gerät und diese Situation so interpretiert, dass er sich nicht zwischen 'gut sein' und 'böse sein' entscheidet, sondern für die naheliegendere Norm. Der Einfluss der Situation wird in dem (heute umstrittenden) Milgram-Experiment herausgestellt (vgl. Milgram, Stanley, Das Milgram-Experiment. Zur Gehorsamsbereitschaft gegenüber Autorität, Reinbeck bei Hamburg 1974). Vgl. auch die Hinweise bei Wintermantel, Das Böse als soziale Konstruktion, S.33ff.

hängt beispielsweise der 'Vorwurf' der 'Entbösung des Bösen' bereits von verschiedenen Prämissen ab: Der Erheber des Vorwurfes muss bestimmte Vorstellungen davon haben, was 'das Böse' ausmacht. Er setzt voraus, dass dieses 'Böse' identisch ist mit den Konsequenzen verschiedener aggressiver Handlungen, um deren Erklärung es in den oben genannten Entwürfen geht und dass der Verfasser des kritisierten psychologischen Entwurfs über das gleiche 'Wertesystem' verfügt wie er selbst.
An diesen Ausführungen werden die bereits vorne angedeuteten Schwierigkeiten sichtbar, den Begriff 'des Bösen' als Leitbegriff in die Sozialwissenschaften integrieren zu wollen. Der Begriff erfährt bei seiner 'Transformation' in Ersatzbegriffe eine (subjektive) inhaltliche Festschreibung. Es wird festgeschrieben, welche sozialwissenschaftlich beschreibbare Erfahrungen als 'böse' gelten sollen. Die Kriterien für solch eine Festschreibung bleiben dabei - wie bei Plack aufgezeigt - unter Umständen ungenannt.

Im Folgenden soll auf eine weitere Problematik aufmerksam gemacht werden, die im Zusammenhang mit der Einbettung des Begriffs 'des Bösen' in die Sozial- und Humanwissenschaften entsteht. Diese Verknüpfung gewinnt dann an Gewicht, wenn begonnen wird, das durch Übertragungs- oder Gleichsetzungsversuche vermeintlich geortete Böse zu 'therapieren'. Diese Problematik soll im Folgenden Abschnitt bedacht werden.

1.2.3. Tendenzen der „Pathologisierung des Bösen"[58]

Kapferer nennt eine weitere Tendenz hinsichtlich der Umsetzung des Begriffs des Bösen in den Sozial- und Humanwissenschaften, die er auf eine spätestens seit der Evolutionstheorie Darwins auszumachende Bewegung zurückführt, die grob gezeichnet eine Verschiebung des Begriffspaares 'gut-böse' zu 'normal-anomal' darstellt. Die Tendenz der Umwertung von 'böse' zu 'anomal' etablierte sich seit dem frühen 19. Jh. in den Sozialwissenschaften, indem 'böse' Charaktere oder Eigenarten in Bezug auf ihre Unterschiedenheit von der 'guten' Norm bestimmt und auf Degeneration, Entartung und Perversion zurückgeführt wurden.[59] Das menschlich Verwerfliche oder Abgründige wurde als Ausnahmefall, als Krankheit erklärt und abhängig vom wissenschaftlichen Standpunkt als Fehlentwicklung bestimmter Ursächlichkeiten, wie „einer

[58]Kapferer, Das „Böse" in der (post)modernen Kultur, S.187ff, hier S.187.
[59]Kapferer nennt folgende Strömungen, die z.T. wechselseitig am Zusammenkommen dieser Tendenz zur Pathologiseirung des Bösen beteiligt waren: Die medizinisch-psychatrischen Wissenschaften, Darwins Evolutionstheorie, die Soziallehren Comtes und Spencers, die Gesellschaftstheorien von Marx und Engels, die Sexualwissenschaften, die Psychoanalyse Freuds, diverse Schulen der Sozialpsychologie, humanistischen Psychologie sowie der kritischen Gesellschaftstheorie (vgl. ebd., S.187f).

schlechten Erbanlage oder den gegebenen sozialen/gesellschaftlichen Verhältnissen bzw. Milieubedingungen" bezeichnet.[60]
Die beschriebene Tendenz kann nach Kapferer daher als „Pathologisierung des Bösen"[61] bestimmt werden. Der Schwerpunkt dieser Betrachtungsweise liegt auf der damit verbundenen Kritik an dem 'Heilungsoptimismus' der aufgeführten Entwürfe bzw. im Aussprechen von Gefahren, die der Anspruch, 'das Böse' beseitigen zu können, mit sich führen kann. Im Folgenden werden die Ausführungen Kapferers am Beispiel Erich Fromms konkretisiert, da sich hier die Tendenz der Pathologisierung 'des Bösen' sowie der damit verbundene 'Heilungsoptimismus' deutlich aufzeigen lassen.

1.2.3.1. „Anatomie der menschlichen Destruktivität" (E.Fromm)

Fromm stellt in seiner Studie „Anatomie der menschlichen Destruktivität"[62] die These auf, „daß Destruktivität und Grausamkeit keine instinktiven Triebe sondern Leidenschaften sind, die in der Gesamtexistenz des Menschen wurzeln. Sie gehören zu den Möglichkeiten, dem Leben einen Sinn zu geben"[63]. Unter Grausamkeit und Destruktivität versteht Fromm die „spezifisch menschliche Leidenschaft zu zerstören und absolute Kontrolle über ein Lebewesen zu haben"[64]. Von dieser Leidenschaft, auch „bösartige Aggression"[65] genannt, unterscheidet Fromm die „gutartige Aggression"[66], die biologisch adaptiv und eine defensive Reaktion auf die Bedrohung der vitalen Interessen darstellt.[67]
Die biologisch nichtadaptive 'bösartige Aggression' dient nicht der Verteidigung, sondern ihre Hauptmanifestationen Mord und Grausamkeit sind nach Fromm lustvoll und dienen keinem anderen Zweck. Fromm bezeichnet diese

---

[84] Ebd., S.187.
[61] Ebd.
[62] Fromm, Erich, Anatomie der menschlichen Destruktivität (1974), Reinbek bei Hamburg 1977.
[63] Ebd., S.95.
[64] Ebd., S.14.
[65] Ebd., S.209.
[66] Ebd.
[67] Fromm spricht im Folgenden statt von 'gutartiger Aggression' hauptsächlich von 'defensiver Aggression' und nennt verschiedene Ausprägungen: Die revolutionäre Aggression, die Aggression, die aus dem Impuls der Verteidigung der eigenen Freiheit und Würde entsteht, der verletzte Narzissmus als Quelle defensiver Agression, Aggression als Widerstand gegen das (therapeutische) Aufdecken 'unbewußten Materials', konformistische Aggression und instrumentale Aggression. Bei dieser letzten Form der Aggression geht es nicht um die Zerstörung als solche, sondern die Aggression dient nur als Mittel zum Zweck. Dieser Aspekt wird nach Fromm im Krieg deutlich. Er streitet die These, dass Kriege durch einen menschlichen destruktiven Instinkt *verursacht* werden, als unrealistisch und entscheidende geschichtliche Aspekte übersehend ab. Es geht ihm eher um die Frage, welche psychologischen Faktoren einen Krieg *möglich* machen. Mit dem Hinweis darauf, dass die Häufigkeit und Intensität der Kriege mit der Entwicklung der technischen Zivilisation zugenommen hat, erteilt Fromm der 'Entschuldigung' der menschlichen Destruktivität durch ihre Instinkthaftigkeit eine Absage. Da die defensive Aggression auf 'biologischer Basis' beruht, geht es darum, die (gesellschaftlichen) realen Faktoren, welche die defensive Aggression mobilisieren, zu vermindern (vgl. ebd., S.207-244).

Art der Aggression nicht als Instinkt, sondern als „ein menschliches, in den Bedingungen der menschlichen Existenz selbst verwurzeltes Potential."[68]
Die Terminologie von 'gutartiger' und 'bösartiger' Aggression stellt einen besonders deutlichen Versuch dar, die Begriffe des Bösen und der Aggression zu kombinieren und damit einen eher theologisch-philosophischen Begriff in die Humanwissenschaft zu integrieren. Dabei zeigt sich zum einen der Gedanke bestätigt, dass Aggression und 'das Böse' nicht einfach gleichzusetzen sind. Zum anderen ist auch zu beobachten, dass bei der Trennung von 'gutartiger' und 'bösartiger' Aggression bestimmte Wertungen vorgenommen wurden, deren Kriterien wiederum subjektiv bleiben.
Als destruktive Charakterformen[69], die, auch wenn sie nicht immer zum Ausbruch kommen, doch dauernd vorhanden sind, untersucht Fromm die „bösartigen Formen der Aggression"[70], Sadismus und in seiner Steigerung Nekrophilie. Exemplarisch verdeutlicht wird das Wesen der 'bösartigen Aggression' und ihre Gebundenheit an den Charakter an den drei „klinischen Fällen" Stalins (als Beispiel für nichtsexuellen Sadismus), Himmlers (als Fall des anal-hortenden Sadismus) und Hitlers (als einem Fall von Nekrophilie).[71]

Fromm betont immer wieder, dass zahlreiche soziale Variablen für die Entwicklung des Charakters verantwortlich und dass Sadismus und Nekrophilie als bösartige Formen der Aggression nicht angeboren seien.[72]
Ebenso macht er deutlich, dass eine klinische Analyse nicht dafür benutzt werden darf, das Problem des moralisch Bösen zu überdecken. Auch gegenüber einem geistig kranken Menschen wird seiner Meinung nach das moralische Urteil über eine bösartige Handlung durch eine klinische Diagnose nicht aufgehoben.[73]

Dass diese pathologische Einordnung gerade von Nationalsozialisten nicht unproblematisch ist, zeigt Kapferer mit Hinweis auf Hannah Arendts Dokumentation über den Eichmann-Prozess in Jerusalem mit dem Untertitel „Ein Bericht

---

[68]Ebd., S.210.
[69]Ebd., S.286. Hinsichtlich der Charakterentwicklung grenzt sich Fromm von der Auffassung der klassischen Psychoanalyse ab, der Charakter eines Menschen sei im Alter von fünf oder sechs Jahren vollständig geprägt. Fromm sieht dagegen die Charakterentwicklung als einen Prozess, als ein sich entwickelndes System an. Zwar wird ein Mensch mit bestimmten Dispositionen, welche die Ausformung gewisser Charakterzüge begünstigen können geboren, aber seine Persönlichkeit bleibt formbar und seine Entwicklung wird beeinflusst durch den Kontakt zu Eltern, Bezugpersonen und signifikanten Umständen. Fromm ist jedoch der Meinung, dass, je mehr sich nach und nach ein Charakter gefestigt hat, die Faktoren, die eine Änderung im System bewirken können umso stärker werden müssen: „Der Eindruck, daß sich ein Charakter niemals ändert, gründet sich weitgehend auf die Tatsache, daß das Leben der meisten Menschen so vorfabriziert und unspontan ist, daß nie etwas wirklich Neues geschieht und die späteren Erlebnisse nur die früheren bestätigen." (Ebd., S.416).
[70]Ebd., S.487.
[71]Ebd., S.322ff, 337ff., 415ff.
[72]Vgl. ebd., S.487.
[73]Vgl. ebd., S.485.

von der Banalität des Bösen"[74]. Dort heißt es: „Das beunruhigende an der Person Eichmann war doch gerade, daß er war wie viele und daß diese vielen weder pervers noch sadistisch, sondern schrecklich und erschreckend normal waren und sind."[75] Arendt hält es, ohne für Eichmann Sympathie verkünden zu wollen, für fraglich, diesen als ein 'Ungeheuer' darzustellen. Sie arbeitet dagegen heraus, „daß das bestimmende Motiv Eichmanns neben persönlichen Ehrgeiz in einer irregeleiteten Pflichterfüllung und einem bürokratischen Kadavergehorsam lag."[76]

Auch Fromm warnt vor der naiven Annahme, dass ein bösartiger Mensch als 'Teufel' erkennbar sein muss. Im Gegensatz zu Arendt vertritt Fromm jedoch die Auffassung, dass sich häufig hinter Normalitäten oder gar Liebenswürdigkeiten ein bösartiger Mensch mit destruktivem bzw. sadistischem Charakter verstecken kann. So vermutet er, dass in der Bevölkerung eine Vielzahl von Menschen mit solchem destruktiven Charakter leben.[77]

Nicht nur hinsichtlich der 'gutartigen' Aggression, sondern auch bezüglich der 'bösartigen' Aggression zeigt sich ein gewisser 'Heilungsanspruch' Fromms. So hält Fromm es für eine Frage von großer sozialer und politischer Bedeutung zu erfahren, „ein wie großer Prozentsatz der Bevölkerung als überwiegend nekrophil oder als überwiegend biophil anzusehen ist."[78]

Diese Einsicht könnte nach Fromm helfen, die unbewussten Triebkräfte in der Bevölkerung besser einzuschätzen und sich vor „gewissen Überraschungen"[79] zu schützen.

---

[74]Arendt, Hannah, Eichmann in Jerusalem. Ein Bericht über die Banalität des Bösen („Eichmann in Jerusalem. A report on the banality of evil" 1963), München [6]1987 [SP; 308].

[75]Ebd., S.326. Trotz dieses Einspruchs lässt sich nach Kapferer bis in die heutige Auseinandersetzung mit dem Phänomen des Neonazismus und Rechtsextremismus eine Tendenz zur Pathologisierung finden.

Des Weiteren weist Kapferer darauf hin, dass sich der Terminus der Pathologisierung auch in der Gesellschaftstheorie und Sozialphilosophie etablierte, um damit gesellschaftliche Fehlentwicklungen zu kategorisieren: So z.B. Honneth, Axel, Pathologie des Sozialen. Tradition und Aktualität der Sozialphilosophie, in: *ders.* (Hg.), Pathologien des Sozialen. Die Aufgaben der Sozialphilosophie, Frankfurt am Main 1994, 9-69. Allerdings muss betont werden, dass auch hier der Begriff der Pathologie als sozialer Kategorie nicht unproblematisch gesehen wird. Die 'Diagnose' einer sozialen Pathologie' würde eine Vorstellung von Normalität voraussetzen, die auf das gesellschaftliche Leben im Ganzen bezogen ist. Ein solches Ansinnen sei aber mit immensen Problemen verknüpft (vgl. ebd., S.50ff).

Zu ergänzen wäre auch, dass die Behandlung des Bösen als psychopathologisches Moment ebenfalls noch in der Diskussion ist. (Vgl. Wyss, Dieter, Kain. Eine Phänomenologie und Psychopathologie des Bösen, Würzburg 1997). Wyss weist hier auf die gemeinsame Wurzel des Bösen und der Krankheit hin (ebd., S.139ff) Noch konkreter wird der Amerikaner M. S. Peck. Er sieht menschliche Bosheit als „eine bestimmte Spielart des Narzißmus" (ders., Die Lügner. Eine Psychologie des Bösen - und die Hoffnung auf Heilung. München 1990, S.83) und plädiert dafür, „daß Bosheit als Geisteskrankheit behandelt werden sollte" (ebd., S.133).

[76]Mommsen, Hans, Hannah Arendt und der Prozeß gegen Adolf Eichmann, in: Arendt, Eichmann in Jerusalem, I-XXXVII, S.XVI.

[77]Vgl. Fromm, Anatomie der menschlichen Destruktivität, S.486. Desweiteren vermutet Fromm, dass die wenigsten Menschen einen so destruktiven Charakter wie Hitler haben, dass sie aber eine große Gefahr bedeuten könnten, wenn sie Einfluss und Macht gewinnen würden: „Unter uns gibt es Hunderte von Hitlern, die hervortreten würden, wenn ihre historische Stunde gekommen wäre." (Ebd., S.486).

[78]Ebd., S.414.

[79]Ebd.

1.2.3.2. Pathologisierung und die Gefahr der Ideologisierung

Aufgrund der Tendenz der Pathologisierung des Bösen, die sich bei Fromm erkennen lässt, betont Kapferer, dass sich die Bestimmung des 'Normalitätswertes' für den psychischen Zustands eines Menschen als äußerst diffizil erweist, dass jedoch eine Übertragung dieser Vorgehensweise auf den sozial-gesellschaftlichen Bereich auf kaum zu überwindende Probleme stößt: „Wo dies dennoch geschah, waren die Prämissen mehr als fragwürdig und die Folgen, zum Teil jedenfalls, verheerend."[80]
Hier bezieht sich Kapferer u.a. auf den Marxismus-Leninismus. In der philosophisch und politisch-ökonomisch ausgerichteten Gesellschaftskritik durch Marx und Engels werden, wie Kapferer aufzeigt, gesellschaftliche Zusammenhänge mit pathologischen Phänomenen in Verbindung gebracht. Die Rede ist von der „Krankheit des sozialen Körpers"[81] und gesellschaftlicher Deformation, die besonders durch das „Lumpenproletariat"[82] gekennzeichnet wird. Die Deformation der gesellschaftlichen Beziehungen mit all ihren unmenschlichen Begleiterscheinungen wird in den Frühschriften Marx' auf die Entstehung des Privateigentums zurückgeführt.[83] So schien die Aufhebung des Privateigentums als das „aufgelöste Rätsel der Geschichte" als „Auflösung" der menschlichen Selbstentfremdung und damit der Wurzel aller gesellschaftlichen und zwischenmenschlichen Deformationen.[84]
Obwohl Marx einen Optimismus hinsichtlich der Umerziehung und Ausbildung des Menschen zu einem 'guten Wesen' vertrat, wird, so Kapferer, im Kommunistischen Manifest auch deutlich, dass die Auflösung des Privateigentums als Quelle 'des Bösen' nicht ohne Zwang und Gewaltanwendung (Diktatur des Proletariats) vor sich gehen könne.[85]

---

[80] Kapferer, Das „Böse" in der (post)modernen Kultur, S.188.

[81] Engels, Friedrich, Die Lage der arbeitenden Klasse in England. Nach eigener Anschauung und authentischen Quellen (1845), in: Marx-Engels-Werke (MEW), Bd.2, Berlin 1972, 225-506, S.349f. Engels fasst hier die Lage der Arbeiter in den großen Städten zusammen. Er schildert die erschreckend schlechten Wohn- und Arbeitsverhältnisse, die Situation der mangelnden Kleidung und Nahrung aufgrund des kärglichen Lohns (ebd. S.304ff). Die Gesellschaft begeht 'Mord' an den Proletariern, sie verhilft ihnen nicht zu den Mitteln, ihre Familie dauerhaft zu versorgen. Engels moniert die mangelne Bildung und moralische Ausbildung (vgl. ebd. S.339ff) und konstatiert, dass die Armut und die mechanische 'Zwangsarbeit' eine „zerrüttende Wirkung auf den Geist" ausübt (ebd. S.343). Die Folgen davon seien die Trunksucht, Regellosigkeit des geschlechtlichen Verkehrs, Rohheit und Mangel an Achtung für das Eigentum (vgl. ebd. S.353).

[82] Marx, Karl/ Engels, Friedrich, Manifest der Kommunistischen Partei (1848), in: MEW, Bd. 4, Berlin 1972, 459-493, S.472.

[83] So heißt es in den Ökonomisch-philosophischen Manuskripten: „So erklärt die Theologie den Ursprung des Bösen durch den Sündenfall, d.h. er unterstellt als ein Faktum, in Form der Geschichte, was er erklären soll. Wir gehen von einem nationalökonomischen, gegenwärtigen Faktum aus." (Marx, Karl, Ökonomisch-philosophische Manuskripte (1844), in: MEW-Ergänzungsband, Teil I, Berlin 1973, 465-588, S.511.) Hier fällt auch der Begriff der „entfremdeten Arbeit". Durch die Lohnarbeit gehört die Tätigkeit des Arbeiters einem Anderen, „sie ist der Verlust seiner selbst" (ebd. S.514).

[84] Ebd, S. 536.

[85] Kapferer, Das „Böse"in der (post)modernen Kultur, S.191.

Die russischen Nachfahren des Marxismus setzten die Vernichtung der militärischen und politischen Feinde in die Tat um.[86]

Kapferers Ausführungen zur Pathologisierung, die exemplarische Verdeutlichung dieser These am Beispiel Fromms und der Hinweis auf mögliche Gefahren einer 'Ideologisierung des Bösen' machen deutlich, dass die Rede vom 'Bösen' eng mit dem Wunsch nach 'Verbesserung der Zustände' zusammenhängt, dass eine Ausgliederung des vermeindlich Bösen aber nicht unproblematisch ist. Im dritten Teil dieser Arbeit, in dem es um theologisch-ethische Dimensionen des Umgangs mit dem Begriff 'des Bösen' gehen wird, kann dieser Hinweis den späteren Überlegungen dienlich sein.

Nachdem die Problematik einer Transformation 'des Bösen' in Ersatzbegriffe durch eine nicht-mögliche Synonymität der Begriffe 'das Böse' und 'Aggression' aufgrund der Vielfältigkeit des Aggressionsbegriffes und des Aufspürens einer 'anderen Ebene', auf der sich die Terminologie 'des Bösen' bewegt, aufgezeigt und durch die möglichen moralischen Konsequenzen einer solchen 'Transformation' in Frage gestellt worden sind, soll vor einer theologischen Annäherung an den Begriff 'des Bösen' die philosophische Tradition des Nachdenkens über 'das Böse' in den Blick genommen werden. So kann der Frage nachgegangen werden, ob die unausgesprochenen Kriterien (beispielsweise bei Plack) für die Zuschreibung bestimmter gesellschaftlicher Phänomene als 'böse' in bestimmten philosophischen Traditionen zu finden sind.
Eine aktuelle Aufarbeitung der breiten (nicht nur) philosophischen Tradition zum 'Bösen' bietet Rüdiger Safranski. Aspekte seiner Darstellung können als Leitfaden dienen, einen grundlegenden Einblick in dieses 'weite Feld' zu erhalten.

---

[86]Vgl. auch Haag, Teufelsglaube, S.18. Haag spricht im Anschluss an Ernst Bloch von einem Depravierungsprozess, der Degenerierung des Marxismus zum Stalinismus. Kapferer formuliert es folgendermaßen: „Wie im Falle des rassistischen Sozialdarwinismus, und erst recht seiner nazistischen Steigerungsform, hatte sich im Bolschewismus die fatale Seite eines Denkansatzes gezeigt, der davon ausgegangen war, nach der Erfassung der Natur des Bösen zu seiner Abschaffung übergehen zu können.(...) Bei aller zu konstatierenden Differenz der Ideologien, Systeme, Terrormaßnahmen etc. fügen sich beide Weltanschauungen einem ähnlich totalitären Denkmuster, was die Behandlung des aus ihrer Sicht 'bösen/kranken'(...) erachteten angeht, es nämlich aus dem 'gesunden' Volkskörper bzw. dem 'sozialistischen Arbeiter- und Bauernstaat' zu tilgen." (Vgl. Kapferer, Das „Böse" in der (post)modernen Kultur, S.192).

1.3. Zur philosophischen Tradition des Nachdenkens über 'das Böse'

1.3.1. 'Das Böse' als „Preis der Freiheit" (R. Safranski)

Safranskis Werk „bahnt sich einen Weg durch das Dickicht der Erfahrungen mit dem Bösen und des Nachdenkens darüber."[87] Auf diesem Weg hofft der Autor, für das Thema, welchem seiner Einschätzung nach nicht mit einer These oder einer Problemlösung beizukommen ist, „Perspektiven [zu] eröffnen, die etwas weiter sehen lassen."[88]
So beginnt sein interdisziplinäres Projekt bei den biblischen und griechischen Ursprungsgeschichten, es wendet sich Aspekten der antiken und neuzeitlichen Philosophie zu, berücksichtigt Werke der Literatur, Erkenntnisse der politischen Theorie und Anthropologie, Soziologie und Psychologie bzw. Psychoanalyse. Ebenfalls wagt er eine Annäherung an die Theoriebildungen zu Auschwitz und zur Biographie Hitlers.
Die Kernaussage Safranskis ist bereits am Titel des Buches ersichtlich und wird auch den gesamten Ausführungen noch einmal vorangestellt: „Das Böse gehört zum Drama der menschlichen Freiheit. Es ist der Preis der Freiheit."[89] Diese Prämisse dient dann tatsächlich nicht als These, die im Laufe der Ausführungen des Werkes argumentativ unterfüttert oder hinterfragt wird, sondern leuchtet auf Safranskis „verschlungenen Wegen"[90] immer wieder auf, findet in der Auseinandersetzung mit Kant ihre Erläuterung und bildet am Ende der Ausführungen auch das Fazit Safranskis. Der Weg Safranskis kann nicht in allen Einzelheiten nachgezeichnet werden. Im Folgenden soll aber versucht werden, einigen Hinweisen Safranskis auf 'das Böse' als Option *der Freiheit* nachzugehen, also die philosophische Tradition der Rede 'vom Bösen' exemplarisch zu betrachten. Für den theologischen Hauptteil dieser Arbeit ist es darüber hinaus von Bedeutung, das Gottesbild, das von Safranski am Ende seines Werkes hinsichtlich der Hiobs-Thematik aufgeworfen wird, zu beleuchten und als mögliche Herausforderung für eine spätere theologische Auseinandersetzung mit der Theodizeethematik zu betrachten.

---

[87]Safranski, Das Böse, S.14.
[88]Ebd.
[89]Ebd., S.13.
[90]Ebd., S.14.

1.3.1.1. Menschliche Freiheit und 'das Böse'

Zu Beginn des Buches setzt sich Safranski neben anderen Ursprungsmythen auch mit Gen 3 auseinander. Er interpretiert in der Tradition Hegels das in der Sündenfall-Geschichte aufgestellte Verbot Gottes als „Geschenk der Freiheit“[91]. Von nun an besitzt der Mensch das Bewusstsein der Freiheit, die Freiheit der Wahl. Diese Freiheit ist sowohl Chance als auch Risiko, das Leben kann gelingen oder auch misslingen. Der Mensch hat seine kindliche Unschuld verloren.

Die Sündenfallgeschichte schildert die Entdeckung, dass der Mensch nicht durch eine schicksalhaft wirkende Natur festgelegt ist, sondern wählen und „sich auch verwählen“[92] kann. Die Frage ist, wonach sich der Mensch bei seiner Wahl richten soll. Im antiken Denken muss der Mensch lernen, was gut für ihn ist, sich nach sich selbst zu richten. 'Das Böse' ist demnach eine (Risiko-) Handlung, in der man 'das Gute' für sich will, es aber nicht erkennt und sich deshalb 'verwählt'. Diese antike Denkweise kritisiert Augustinus. Mit Augustinus gibt Safranski ein Beispiel dafür, dass die Freiheit deshalb als Risiko zu verstehen ist, weil die Möglichkeit des *absichtsvollen Bösen* zur menschlichen Existenz gehört. In seinen 'Bekenntnissen'[93] schildert Augustinus, wie er als Jugendlicher einen Birnbaum nicht wegen des Genusses der Birnen geplündert hatte, sondern er stahl, weil ihn das Verbot lockte, weil ihn die Gerechtigkeit anwiderte und die Sünde reizte.[94] Entgegen der sokratischen Ansicht, das Böse sei eine Frage der unzureichenden Erkenntnis, betont Augustinus, dass er das Böse um des Bösen willen wollte. Dieser Hinweis auf das Absichtsvolle und die Freiwilligkeit des Handelns legt auch das manichäische Herausreden auf eine den Menschen verführende unpersönliche Macht des Bösen als Selbstbetrug lahm.[95]

---

[91]Ebd., S.23. Charakteristisch für diese Interpretation von Gen 3 im Rahmen verschiedener Philosophien des deutschen Idealismus ist die Äußerung Schillers geworden, in welcher der Sündenfall „die glücklichste und größte Begebenheit in der Menschengeschichte“ darstellt (Schiller, Friedrich von, Etwas über die erste Menschengesellschaft nach dem Leitfaden der mosaischen Urkunde, in: Schillers Werke (Nationalausgabe), Bd. 17: Historische Schriften, hg. v. Karl-Heinz Hahn, Weimar 1970, 398-413, S.399f). Vgl. dazu: Gestrich, Die Wiederkehr des Glanzes, S.114ff.

[92]Safranski, Das Böse, S.34.

[93]Confessiones (397-401), (zugänglich in: CSEL 33); lat.-dt. Augustinus. Bekenntnisse, eingel., übers., u. erl. v. Joseph Bernhart, Frankfurt/M. 1987 [it; 1002].

[94]Vgl. Conf. II 4,9.

[95]Vgl. Safranski, Das Böse, S.51. Auf die Frage, wie jedoch dieser 'böse Wille' des Menschen mit der von Gott geschaffenen Natur des Menschen zusammenzudenken ist, geht Augustinus mit seiner 'privatio-boni'-Vorstellung ein. Näheres dazu unter Punkt 2.1.2.

Eine Übereinstimmung mit Augustinus sieht Safranski in den Entwürfen Schellings[96] und Schopenhauers[97]. Sie haben seiner Meinung nach gemeinsam, „daß der Mensch nicht nur in einer riskanten Natur lebt, daß er nicht nur im Zusammenleben mit seinesgleichen Risikogesellschaften bildet, sondern daß er für sich selbst ein Risikofall ist.“[98]
Dieser Gedanke ist eng verknüpft mit der Frage nach dem Willen des Menschen. Schelling gehe von einer Polarisierung aus, einer Spannung zwischen Eigenwille und Universalwille. Ein Schlichten des Widerstreits sei nur durch Selbsttranszendenz möglich: Der Eigenwille würde dann dem Universalwillen einverleibt, der Egoismus überwunden, das Wollen verklärt und hell.[99]
Würde jedoch die Ordnung verkehrt, erhebe sich der selbstsüchtige, dunkle Eigenwille über den Universalwillen, sei dort das Böse.[100]
Schopenhauer hat nach Safranski eine andere Auffassung vom Willen. Der Wille sei hier „die elementare Gier, sich im Leben zu halten, um jeden Preis.“[101] Die Welt des Willens sei böse. So heiße es zu versuchen, den Willen zu dämpfen und Weltabstand zu halten. Da dieses nur wenigen gelingen könne, komme die Gewalt der staatlichen Institutionen ins Spiel, um dem drohenden Chaos Einhalt zu gebieten.[102]
Dieser Gedanke des Vertrauens in die Institutionen führt Safranski dann nochmals zu Augustinus[103] und anschließend über Gehlen[104] zu Hobbes[105]. Der Mensch würde dem Menschen nicht deshalb ein Wolf, so Safranskis Meinung zu Hobbes Ausspruch, weil er ein besinnungsloses Triebwesen, sondern weil der Mensch frei sei, weil er ein Bewusstsein habe. Sich seiner Zeitlichkeit bewusst versuche sich das eigene Selbst, gegen alle anderen zu behaupten. Damit das nicht ausarte in einen Zustand des Krieges aller gegen alle, müsse die Selbstbehauptung des Individuums vergesellschaftet werden, die Menschen sich zu einer Person vereinigen und einen Staat bilden.[106]

---

[96]Safranski rekurriert hier hauptsächlich auf folgende Schrift: Schelling, Friedrich Wilhelm, Über das Wesen der menschlichen Freiheit (1809), in: Sämtliche Werke, Bd. VII, hg. v. K.F.A. Schelling, Stuttgart/ Augsburg 1860, 331-416.
[97]Hier findet hauptsächlich ein Bezug zu dem Hauptwerk des Philosophen statt: Schopenhauer, Artur, Die Welt als Wille und Vorstellung (1819), in: *ders.*, Sämtliche Werke, Bd. I u. II, bearb. u. hg. v. Wolfgang Frhr. von Löhneysen, Frankfurt/M. [6]1998 u. [5]1998 [stw; 661/ 662].
[98]Safranski, Das Böse, S.99.
[99]Vgl.ebd., S.68ff.
[100]Vgl.ebd., S.80.
[101]Ebd., S.99.
[102]Vgl. ebd., S.100.
[103]Vgl. Augustinus, De civitate Dei (413-426/7), (zugänglich in: CCL 47.48); dt. Augustinus, Vom Gottesstaat, eingel. u. übertr. v. Wilhelm Thimme, Zürich 1955. Vgl. bei Safranski, Das Böse S.102ff.
[104]Vgl. Gehlen, Arnold, Über die Geburt der Freiheit aus der Entfremdung. In: ders., Studien zur Anthropologie und Soziologie. Neuwied 1963, S. 232-246. Vgl. bei Safranski, Das Böse S.104ff.
[105]Vgl. Hobbes, Thomas, Leviathan (1651), Frankfurt/M. 1966.
[106]Vgl. Safranski, Das Böse S.116ff. Vgl. zu den Grenzen menschlicher Freiheit auch Safranskis Auseinandersetzung mit: Rousseau, Jean-Jaques, Der Gesellschaftsvertrag („Du contrat social ou principes du droit politique“ 1762), dt. Frankfurt /M. 1978. Vgl. bei Safranski, Das Böse, S.167ff.

Diese Sicherung des kollektiven Überlebensinteresses stehe aber mit dem ebenfalls aus dem Bewusstsein springenden Bedürfnis der Abgrenzung gegen andere im Widerspruch, eine Unterscheidung, die möglichst zu Gunsten der eigenen Person ausfallen solle. Neben einer Entlastung des Menschen durch eine fürsorgliche Gewalt sei deshalb eine Verlagerung des Kampfes um Unterschiede und Anerkennung an die äußeren Grenzen des Staates von Nöten.[107]
Diese Strategien der Eindämmung finden sich nach Safranski auch schon in den Urgeschichten der Bibel. Sie erzählen „erstens von der Geburt der Freiheit, dem Erwachen des Bewußtseins und damit der Zeiterfahrung, wodurch die Welt zum Gegenstand der Sorge wird. Sie erzählen zweitens von den dramatischen Verwicklungen, die dadurch zustande kommen, daß es Unterschiede zwischen den Menschen gibt, daß sie sich dessen bewußt werden, daß sie sich fortan unterscheiden wollen und diese Unterschiede aktiv und aggressiv austragen."[108]

Im Zeitalter der Aufklärung und des Rationalismus ist nach Safranski in der Regel nicht mehr von 'dem Bösen' die Rede, da die Assoziation mit dämonischen Mächten zu nahe liegt. Böse sei der Mangel an Vernunft. Der Mensch könne sich die Naturgesetze, die in ihm wirken, bewusst machen und auf sich selbst anwenden. Er könne es auch unterlassen und sich von seinen Ängsten und Leidenschaften beherrschen lassen. Aber nicht diese 'natürliche' Natur sei das Böse, sondern sein Verspielen der Vernunft. Unmündigkeit sei zu einem Teil nach Meinung der Aufklärer selbstverschuldet. Der Mensch solle seine Freiheit dazu nutzen, mit Einsicht in die Notwendigkeiten der Naturgesetze die äußere und innere Natur zu beherrschen.[109]
Den Freiheitsbegriff Kants präferiert Safranski: Freiheit sei nicht gebunden an den Willen zur Selbsterhaltung und an die Ketten der Naturnotwendigkeit, zwischen denen sie zu manövrieren hat. Der Mensch sei hingegen so frei, dass er von seinen eigenen Interessen absehen und dem 'kategorischen Imperativ'[110] folgen könne. Das Böse bestehe dann darin, dass der Mensch seine Freiheit dazu gebraucht, die Selbstliebe doch über die Forderung des kategorischen Imperativs zu erheben. „Das Böse ist darum das Risiko und der Preis der Freiheit."[111] Das Böse bleibe jedoch an Motive der Selbsterhaltung gebunden, deshalb könne es nach Kant nicht das Böse um des Bösen willen geben.[112]

---

[107]Vgl. Safranski, Das Böse, S.118ff.
[108]Ebd., S.123f.
[109]Ebd., S.177.
[110]Vgl. Kant, Immanuel, Kritik der praktischen Vernunft (1788), in: AA, Bd.V, Berlin 1968, 2-163, S.134. Kant spricht von einem „den Willen unmittelbar bestimmenden (kategorischen) Imperativ".
[111]Safranski, Das Böse, S.193.
[112]Vgl. ebd., S.190ff. Diese Meinung Kants steht im Gegensatz zu der von Safranski zu Beginn dargestellten Ansicht Augustins, dass das Böse als das Absichtsvolle auftreten kann (vgl. ebd., S.51).

1.3.1.2. Abgründe 'des Bösen'

Als Kants 'finsteren Doppelgänger' bezeichnet Safranski den Marquise de Sade[113]. Im Gegensatz zu Kant suche er das 'absolut Böse'. Für ihn sei der andere ausschließlich Objekt des eigenen Genusses, der Lustbefriedigung. Seine Schriften strotzten vor Schilderungen von Kopulationsszenen, Orgien, Exzessen, Folterungen und anderen Gräueltaten. Dabei kehre er die Gedanken der Aufklärung um. Die Vernunft würde nun dazu benutzt, die Gründe für das Böse zu bekräftigen. Die Natur sei grausam, deshalb kann der Mensch es auch sein. Wenn jedoch alles erlaubt wäre und das Böse legitimiert wäre, gäbe es keine Lust am Bösen mehr. Um diese zu erhalten, tauche in den Werken Sades die Tugendhafte auf, die geschändet und gequält werden könne, an der der Frevel bewusst würde.[114]
Safranski macht weiter darauf aufmerksam, dass Sade beim Argumentieren für das Verbrechen die Natur als Begründung anführt. Damit stehe das Böse jedoch im Dienste der Natur, sei noch nicht das reine, absolute Böse. Deshalb verwünsche Sade schließlich auch die Natur und träume davon, die ganze Schöpfung rückgängig zu machen: Die Zerstörung um der Zerstörung willen, ein „Exzeß der Freiheit"[115].
Während Safranski feststellt, dass die Freiheit zum Guten oder zum Bösen bei Freud aufgrund dessen Theorie vom Todestrieb keine Chance mehr habe,[116]zeigt er mit Nietzsche die Möglichkeit der Umwertung aller Werte auf. Nietzsche sei jedoch mit seiner Vorstellung vom 'Willen zur Macht' und der Vorstellung von der 'Herrenmoral' letztlich „ein Abgrund"[117].
So sieht Safranski dann Hitler und dessen 'Politik' als die Umsetzung einiger Phantasien des späten Nietzsche. Nach Safranski ist Hitler „die letzte Enthemmung der Moderne"[118]. Mit Auschwitz haben sich „die mörderischen und barbarischen Kräfte, die in einer menschlichen Zivilisation schlummern"[119] offenbart. So spricht Safranski von Hitler auch als „Katastrophe der Freiheit"[120]. Diese habe erschreckend deutlich gemacht, dass es die Menschenwürde nicht *gibt,* da sie in einem Gesellschaftssystem für bestimmte Menschen als nichtig erklärt werden kann, sondern dass sie *gelten* muss. Hier bekräftigt Safranski

---

[113]Vgl. Sade, Donatien Alphonse Francois Marquise de, Justin und Juliette (1797), hg. u. übers. v. Stefan Zweifel, München 1990.
[114]Vgl. Safranski, Das Böse, S.204ff.
[115]Ebd., S.209. Safranski zeigt weiterhin auf, wie im Anschluss an de Sade 'das Böse' in Kunst und Literatur zur ästhetischen Kategorie wurde (vgl. ebd., S.213ff).
[116]Ebd., S.249.
[117]Ebd., S.266. Vgl. Nietzsche, Friedrich, Jenseits von Gut und Böse (1886), in: KSA, Bd. V, München 1980 und *ders*., Zur Genealogie der Moral (1887), in: KSA, Bd. V, München 1980.
[118]Safranski, Das Böse, S.16.
[119]Ebd., S.268.
[120]Ebd., S.286. An dieser Stelle wäre es auch nicht angemessen, vom Bösen als 'Preis der Freiheit' zu sprechen. Das würde verharmlosen, wie viele unschuldige Opfer diesen 'Preis' zu zahlen hatten.

die Notwendigkeit der Einrichtung eines 'heiligen Tabus' in unserer säkularisierten Gesellschaft, nämlich die Untastbarkeit der Menschenwürde.[121]

1.3.1.3. Gottesbild angesichts des Bösen

Mit seiner Darstellung und Interpretation der Hiobsgeschichte leitet Safranski einen weiteren Themenkomplex, die Theodizeeproblematik, ein. Der leidende Hiob könne die Gerechtigkeit Gottes nicht mehr entdecken. Gottes Verhalten widerspräche dem gelehrten Zusammenhang von Vergehen und Strafe. Gott erscheine beinahe willkürlich, unergründlich, nicht mehr ansprechbar. Als Gott am Ende der Hiobsgeschichte auftritt, weiche er Hiob aus, versuche er weder die Gerechtigkeit der Welt noch sich selbst als gnädigen Gott zu erweisen, „vielmehr prunkt er mit seiner Macht“[122], schüchtere ein. Obwohl Hiob, so Safranski, vor „diesem Herrn der Schrecken kapituliert“[123], halte er an seiner Frömmigkeit fest. Er fühle sich Gott zugehörig, auch wenn er an ihm verzweifelt. Safranski bezeichnet Hiobs Frömmigkeit als „die vollkommene Entsprechung zum unergründlichen Gott, denn sie ist grundlos.“[124]
Safranski erklärt Hiobs Verhalten dann folgendermaßen: Eine Abwendung von Gott würde Transzendenzverrat oder Selbstverrat bedeuten, eine Zerstörung des eigenen Selbst, welches erst, indem es sich transzendentiert, seinen Reichtum, seine Würde findet.[125]
Am Ende fasst Safranski das Verhalten Hiobs und das Gottesbild, das in der Hioberzählung deutlich wird und durch die Vermischung der Rahmenhandlung (Hioblegende) und der Hiobdichtung noch eine verschärftere Nuancierung erhält, folgendermaßen zusammen: „Hiob, der Schlimmes erdulden muß, bleibt fromm. Der Gott, der ihn prüft und mit Satan zusammen das Menschenexperiment durchführt, der donnert und mit seiner dämonischen Naturmacht prunkt, dieser Gott verbreitet Furcht. Aber warum man ihm mit Frömmigkeit anhängen soll, ist nicht ersichtlich. Denn das menschliche Eingeständnis der Ohnmacht, auf die es dieser Wettergott abgesehen hat, ist noch keine Frömmigkeit. [...] Diese Frömmigkeit hat mehr mit Hiob zu tun als mit diesem Gott.“[126]
In Hiob mit seiner 'grundlosen Frömmigkeit' sieht Safranski den ersten Kritiker einer Theodizee wie sie beispielsweise Leibniz[127] entwickelt habe. Er

[121]Vgl. ebd., S.289.
[122]Ebd., S.298.
[123]Ebd., S.299.
[124]Ebd., S.314.
[125]Vgl. ebd., S.315.
[126]Ebd., S.316.
[127]Vgl. Leibniz, Gottfried Wilhelm, Die Theodizee („Essais de Theodicée sur la Bonté de Dieu, la liberté de Homme et l'Origine du Mal“ 17170), übers. v. Artur Buchenau, Hamburg ^{2}1968 [PhB, Bd. 71].

schließt sich den Ausführungen Kants[128] an, der betone, dass die Vernunft nicht in der Lage sei, Gott zu verteidigen. Der Versuch des Unmöglichen setze nicht nur Gott herab, da seine Macht begrenzt würde, sondern auch die menschliche Freiheit und die Moralität.[129]
Zum Schluss wirft Safranski kurz die Frage auf, ob angesichts der komplexen Strukturen, in denen wir heute leben, überhaupt noch von einem Handlungsspielraum der Freiheit ausgegangen werden könne, ob die Wirklichkeit nicht unbeherrschbar wie eine Lawine über die Menschen hinwegrolle. Aber er schließt sich Kants Mahnung zur Zuversicht an. Da 'die Religion' für das moderne Bewusstsein nicht mehr möglich sei und bei der Bewältigung von Endlichkeit und dem Zustand der Unergründlichkeit der Welt helfen könne, plädiert Safranski dafür, „so zu handeln *als ob* ein Gott oder unsere eigene Natur es gut mit uns gemeint hätten."[130]

1.3.2. Fazit und Herausforderungen

Safranskis Werk zeigt die breite Tradition des Nachdenkens über 'das Böse' auf. Es gleicht trotz der zahlreichen Perspektiven, die es beleuchtet, tatsächlich einer „abenteuerlichen Reise ins Herz der Finsternis"[131]. Das Werk hat nicht den Anspruch erhoben, die Vielzahl der Perspektiven und unterschiedlichen Überlegungen zum 'Bösen' auf die zu Anfang gestellte Prämisse hin zu ordnen. Es bleibt am Ende die „allgemein-verschwommene"[132] Vorstellung bei den Leserinnen und Lesern, dass 'das Böse' etwas mit der Freiheit des Menschen zu tun hat.
Fokussiert man jedoch den Blick auf wenige der von Safranski erörterten Entwürfe, kristallisiert sich eine offene Frage deutlich heraus: Soll als 'das Böse' eine Handlung bezeichnet werden, die den Willen nach 'dem Guten' impliziert, dieses jedoch (durch übersteigerte Selbstliebe) verfehlt (Kant) oder bietet es sich an, von 'dem Bösen um des Bösen willen' (Augustinus) zu sprechen? Diese Frage, warum der Mensch seine Freiheit missbraucht, was also die 'Ursache des Bösen' ist, kann und will Safranski nicht beantworten. Mit dieser Haltung, die Frage nach der 'Ursache des Bösen' letztlich offen zu lassen, werden mögliche Erklärungen zu vorläufigen Modellen der Wirklichkeitser-

---

[128]Kant, Immanuel, Über das Mißlingen aller philosophischen Versuche in der Theodicee (1791), in: AA, Bd. VIII, Berlin 1968, 253-271.
[129]Vgl. Safranski, Das Böse, S.312f.
[130]Ebd., S.330.
[131]Eine Einladung zu dieser 'Reise' wird mit der Vorstellung des Buches im Text des Schutzumschlages ausgesprochen.
[132]Diese Kritik wird an Safranskis Werk „Das Böse" geübt. Vgl: Reck, Norbert (Rez.), Über das Böse, in: Conc(D) 34(1998), 107f.

schließung. Diese Leseart von Safranskis Werk kann als Anstoß für die weitere Arbeit verstanden werden. Auch ein theologisches Modell, welche die 'Wurzel des Bösen' und die Freiheit des Menschen in den Blick nimmt (vgl. Pannenberg, Teil II), kann hinsichtlich seiner Reichweite und seines Anspruchs auf Allgemeingültigkeit befragt werden. Es ist kritisch nach den Grenzen möglicher Erklärungen für 'das Böse' zu suchen.

Mit seinen Äußerungen zu Auschwitz zeigt Safranski die Grenzen seiner Klassifizierung des Bösen als 'Preis der Freiheit' auf. Es bleibt jedoch unklar, ob Safranski mit dem Bild der 'schlummernden mörderischen und barbarischen Kräfte' die Ratlosigkeit angesichts 'des Bösen' zum Ausdruck bringen will oder ob er hier doch eine Annahme von 'dunklen Triebkräften' im Freudschen Sinne nicht gänzlich ablehnt.

Die zweite 'Botschaft' der Abhandlung steckt in der Schlussaufforderung Safranskis, im Sinne eines '*als ob* Zustands' zu leben und zu handeln. Dieses Schlussplädoyer macht die Schwierigkeit deutlich, aus philosophischer Perspektive Begründungen für 'gutes' Handeln zu finden. Auch an Safranskis Nietzsche-Betrachtung und seinen Ausführungen zur Menschenwürde zeigt sich, dass Safranski sich bewusst ist, dass 'das Böse' kein feststehender, absoluter Begriff ist. Regeln, die zu bestimmten Zeiten festlegen, was als 'böse' gilt, können zu anderen Zeiten außer Kraft gesetzt werden.

Trotzdem spricht Safranski vom 'Bösen', als handele es sich hierbei um eine evidente Tatsache. Zwar gibt er keine 'Definition' vom 'Bösen', aber er tendiert zu einer *Richtung* 'des Bösen' als Finsternis, als etwas Bedrohlichem, Zerstörerischem, als Vernichtung von Leben. Diese Richtung 'des Bösen' kulminiert für Safranski in den Geschehen um Auschwitz. Im Grunde entspricht, wie sich noch zeigen wird, seine Vorstellung von der Richtung des Bösen, als Zerstörung der Menschenwürde, der christlichen. Hier wird jedoch wiederum die Problematik deutlich, die oben bereits angesprochen wurde: Auch in Safranskis Ausführungen fehlt der Verweis auf die Kriterien, welche die Richtung 'des Bösen' als lebenszerstörende Handlungen festlegen. Safranskis Werk zeigt mit seinem konsequent durchgehaltenem Verzicht, eine Systematisierung des Bösen aufzustellen, eindrücklich, dass eine große Schwierigkeit darin besteht, diese eben genannte Richtung 'des Bösen' *begründen* zu wollen. Dieser Schwierigkeit muss sich auch theologisches Reden über 'das Böse' stellen.[133]

Für eine theologisch ausgerichtete Arbeit ist das Gottesbild, das kurzzeitig besonders in der Theodiezee-Thematik aufleuchtete, von Bedeutung. Es ist auffällig, dass Safranski sich in seinen Ausführungen nahezu ausschließlich auf alttestamentliche Textstellen bezieht. Außerdem bleiben Texte, die Erfahrungen der Menschen mit einem gnädigen und befreienden Gott zum Ausdruck

[133]Vgl. 2.2. und Teil II, 2.4.; 2.5.

bringen, unberücksichtigt. So entsteht ein finsteres Bild eines willkürlich handelnden Gottes. Gerade angesichts des Leids und des 'Bösen' kann diese (verkürzte) Gottesvorstellung als eine Aufforderung an die Theologie gesehen werden, die neutestamentliche Vorstellung vom leidenden und gnädigen Gott sowie die Vorstellung von Gott als der Einheit von Vater, Sohn und Heiligem Geist zur Sprache zu bringen.

1.4. Zusammenfassung

Zunächst ist festzuhalten, dass der Begriff des 'Bösen' als wissenschaftlicher Begriff in den Sozial- und Humanwissenschaften teilweise seine „Renaissance" erlebt. Bei der Verwendung 'des Bösen' als Bezeichnung für 'aggressives' oder 'asoziales' Verhalten wird jedoch die Problematik deutlich, die eine 'Übersetzung des Bösen' mit sich bringt.
Wird 'das Böse' mit 'Aggression' gleichgesetzt, können gerade die Ansätze von Lorenz und Plack als Möglichkeit zur Rationalisierung des Abschiebens von Verantwortung gegenüber Handlungen, die als 'böse' bewertet werden, dienen. Gleichzeitig wird ein Ersetzen 'des Bösen' durch den Begriff der Aggression letzterem in seiner Bedeutung nicht gerecht.
Der Hinweis auf die 'Pathologisierung des Bösen' bis in seine schlimmsten Konsequenzen am Beispiel inhumaner Gesellschaftssysteme zeigt, welche Gefahren eine Lokalisierung 'des Bösen' bzw. eine Stigmatisierung von Menschen als 'die Bösen' implizieren kann. Hier ist die moralische Bedeutung einer jeden 'Lokalisierung des Bösen' wahrzunehmen.
Hinsichtlich der 'Übersetzung des Bösen' hat sich insgesamt gezeigt, dass die Bestimmung von Phänomenen als 'das Böse' kontextabhängig ist, d.h. dass sie sich nach bestimmten Wertvorstellungen oder Kriterien richtet, die jedoch häufig ungenannt bleiben. Es scheint sich daher anzubieten, die Rede von 'dem Bösen als solchem' zu vermeiden bzw. zu prüfen, in welchem Kontext von 'dem Bösen' gesprochen wird.
Durch die Betrachtung von Aspekten philosophischer Tradition der Rede über 'das Böse' haben sich folgende Fragen bzw. Überlegungen herauskristallisiert: Zum einen ist die Frage nach der Ursache für 'das Böse' in Safranskis Werk offen gehalten. Das wird deutlich an der Spannung zwischen den Vorstellungen vom 'Willen' als Willen zum Guten oder als Willen, der zwischen 'gut' und 'böse' frei entscheiden kann. Bezüglich theologischen Redens vom 'unfreien Willen' (vgl. Pannenberg, Teil II) wird diese Problematik noch aufgegriffen werden. Es kann an dieser Stelle bereits die These aufgestellt werden, dass eine Funktion theologischen Redens 'vom Bösen' darin bestehen könnte,

die Grenzen einer Deutung 'des Bösen' als 'Preis der Freiheit' (z.B. der frühe Augustinus oder Hegel) aufzuzeigen.
Dass eine Schwierigkeit darin besteht, eine Definition vom 'Bösen' bzw. den 'Ursachen des Bösen' geben und begründen zu wollen, haben die unterschiedlichen Deutungsansätzen in der philosophischen Tradition gezeigt. So gibt Safranski keine Definition, aber eine eindeutige Richtung 'des Bösen' als das Lebenszerstörende an. Die Kriterien für diese Einordnung 'des Bösen' werden nicht transparent gemacht. Für eine theologische Weiterarbeit ist es daher interessant zu vergleichen, welche Erfahrungen aus der Perspektive des Glaubens mit 'dem Bösen' bezeichnet werden und ob hier begründet werden kann, warum bei diesen Erfahrungen 'vom Bösen' gesprochen wird. Gleichzeitig geht es um die Frage, in welchem Verhältnis theologisches Reden über 'das Böse' zu humanwissenschaftlichen und philosophischen Entwürfen steht.

2. Theologische Rede vom 'Bösen': Wirklichkeitsdeutung aus der Perspektive des Glaubens

2.1. Zum Anspruch theologischer Rede vom 'Bösen'

Die Auseinandersetzung mit der Thematik 'des Bösen' wirft eine grundsätzliche Problematik auf. Es gerät die Frage in den Blick, ob die unterschiedlichen wissenschaftlichen Erkenntnisse unverbunden nebeneinander stehen, so dass 'das Böse' eben 'nur' in den jeweiligen Beschreibungen zu fassen ist oder ob es die Möglichkeit einer (theologischen) Beschreibung gibt, die alle anderen Überlegungen umgreift. Um den Anspruch, den diese Arbeit sich bei der Thematisierung 'des Bösen' stellen will, entwickeln zu können, soll diese angerissene Problematik zunächst genauer entfaltet bzw. konkretisiert werden.

2.1.1. Sprachprobleme mit 'dem Bösen'

Wie unter Punkt 1. bereits herausgearbeitet wurde, ist es problematisch, den Begriff 'des Bösen' in sozial- und humanwissenschaftlichen Kontexten zu verwenden. Die 'Übersetzung' des Begriffs des 'Bösen' aus dem theologisch-philosophischen Sprachzusammenhang in einen anderen kann zu Reduktionen führen, die Frage nach der Verantwortung der Menschen für 'das Böse' verdrängen oder das Problem mit sich führen, dass bestimmte Hintergrundannahmen, was als 'böse' zu gelten hat, nicht explizit genannt werden, da eine solche Kategorisierung ebenfalls erst in den soziologischen Sprach- und Denkzusammenhang 'importiert' werden müsste. Ansatzweise ließen sich diese Probleme bei der Betrachtung der Entwürfe von Lorenz und Plack erkennen.[1]
Hier stößt man an ein grundsätzliches Problem, das dem gesamten Bereich der interdisziplinären Auseinandersetzung mit bestimmten Phänomenen zugeschrieben wird. Jede wissenschaftliche Disziplin scheint über eine bestimmte Sprachpraxis zu verfügen, mit der aus unterschiedlichen Perspektiven verschiedene Deutungen von Wirklichkeit vorgenommen werden. In diesem Zusammenhang wird mancherorts der von L. Wittgenstein geprägte Begriff des „Sprachspiels"[2] aufgegriffen, um das Phänomen der pluralistischen Diskursmöglichkeiten zu verdeutlichen.[3]

---

[1]So wurde bereits herausgearbeitet, dass eine Gleichsetzung der Begriffe 'Aggression' und 'Böses' sowohl den Begriff der 'Aggression' auf bestimmte Handlungen reduzieren als auch 'das Böse' von vornherein auf bestimmte empirische Gegebenheiten festlegen würde.

[2]Wittgenstein, Ludwig, Philosophische Untersuchungen (1945-1949), Frankfurt /M. 1967, I, §23 (S.24). Schlegel weist darauf hin, dass Wittgenstein den Sprachspiel-Begriff in der Anschauung des alltäglichen Gebrauchs

Da die Wirklichkeit 'des Bösen', wie oben entfaltet, trotz der angedeuteten Schwierigkeiten in verschiedenen 'Sprachspielen' aufgegriffen wird, muss im Folgenden auf die Problematik einer Metabeschreibung 'des Bösen' hingewiesen werden. Auch die Theologie bedient sich ihrer eigenen Sprache, so stehen beispielsweise biblische Vorstellungen wie 'Sünde' oder 'Schöpfung' im Mittelpunkt theologischer Überlegungen, und werden in soziologischen oder psychologischen Ausführungen (beispielsweise bei Plack und Lorenz) nicht verwendet. Gleichzeitig gelten in den jeweiligen wissenschaftlichen Denkgebäuden unterschiedliche Regeln und „Grammatiken"[4], nach denen scheinbar gleichlautende Begriffe (z.B. Aggression) verschieden gebraucht werden. Es ist daher für eine theologische Arbeit sinnvoll, anzuerkennen, dass die Wirklichkeit 'des Bösen' aus explizit theologischer Perspektive, mit den Mitteln und Regeln theologischer Sprache beschrieben und gedeutet wird.
An diesem Punkt lässt sich nun fragen, welchen Stellenwert die theologische Deutung der 'Wirklichkeit des Bösen' neben anderen Wirklichkeitsentwürfen einnehmen kann. Die Beobachtung, dass wir uns sprachlich in einer Vielfalt von 'Sprachspielen' bewegen, deutet darauf hin, dass einerseits etliche Schnittmengen und Berührungspunkte zwischen den einzelnen 'Sprachspielen' festgestellt werden können, dass aufgrund der unterschiedlichen sprachlichen Perspektiven aber auch verschiedene Deutungen von Wirklichkeit entstehen.[5] Auch die Wirklichkeit 'des Bösen' stellt hier keine Ausnahme dar.
Die Annahme des Perspektivismus ist eine fundamentale These innerhalb der Moral- und Metaphysikkritik Friedrich Nietzsches. Aus methodischen Gründen ist eine kurze Darstellung dieses Aspekts für den weiteren Gang der Arbeit hilfreich. Nietzsches Ausführungen können als Plädoyer gegen eine 'Metatheorie

---

Gebrauchs gewonnen und „weitestgehend als Ideal einer auch ohne explizites Regelwissen (knowing that) gelingenden Sprach- und Lebenspraxis (knowing how) verstanden" hat und dass die heutige Rezeption des Begriffes häufig von diesem Bedeutungshintergrund losgelöst scheint (Schlegel, F., Art. Sprachspiel II, in: HWP, Bd. 6(1995), 1535-1536, Sp 1535). Näheres zum Verständnis Wittgensteins vom'Sprachspiel' bei Schulte, Joachim, Wittgenstein. Eine Einführung, Stuttgart 1989, Kap.IV.

[3]Vgl. Schlegel, Art. Sprachspiel II, Sp. 1535. In seinem Buch „Das postmoderne Wissen" (Lyotard, Jean-Françoise, Das postmoderne Wissen. Ein Bericht („La condition postmoderne" 1979), dt. Graz u.a. 1986), das als Ausgangspunkt der breiten Diskussion um die Postmoderne gilt, verwendet Lyotard die Sprachspiel-Theorie Wittgensteins. So spricht er im Zusammenhang mit der Auseinandersetzung von narrativem Wissen und wissenschaftlichem Wissen davon, dass das wissenschaftliche Wissen von anderen Sprachspielen getrennt ist, dass es die Absonderung eines denotativen Sprachspiels fordert (vgl. ebd. S.80). So kann das Sprachspiel der Denotationen in Konflikt geraten mit einem Sprachspiel, das die ethische, soziale und politische Praxis bestimmt und dem Kriterium der Gerechtigkeit unterliegt (vgl. ebd. S.100). Aber auch das wissenschaftliche Wissen unterliegt der Zersplitterung. Entgegen der Annahme, die Philosophie könne mit einem verbindenen Sprachspiel, einer „Metaerzählung" (ebd. S.102) die Einheit der Einzelwissenschaften bzw. der zersplitterten Erkenntnisse wiederherstellen, hält es Lyotard für realistischer, wenn Philosophie auf diese Legitimierungsfunktion verzichtet und die Unmöglichkeit einer Vereinheitlichung der Sprachspiele in einem Metadiskurs anerkennt (vgl. ebd. S.121).

[4]Dalferth, Ingolf U., Theologie und Philosophie. Fruchtbarer Dialog oder unlöslicher Konflikt?, in: *ders.*, Gedeutete Gegenwart, Tübingen 1997, 133-159, S.157.

[5]Vgl. *Ders.*, Weder Seinsgrund noch Armutszeugnis. Gott und „die philosophische Erregung dieses Jahrhunderts" (1996), in: *ders.*, Gedeutete Gegenwart, Tübingen 1997, 60-192, S.177.

des Bösen' und damit durchaus als eine methodische Entlastung für theologisches Reden vom 'Bösen' verstanden werden.

2.1.2. Nietzsche und der Verzicht auf eine theologische 'Metatheorie des Bösen'

2.1.2.1. Nietzsches Hinweis auf den Perspektivismus von Erkenntnisakten

In seiner Schrift „Jenseits von Gut und Böse"[6] wendet Nietzsche sich gegen ein Übergehen der Perspektivität, aus der heraus moralisch argumentiert wird. Nietzsche betont, dass es Faktoren gibt, die das philosophische Denken beeinflussen und lenken: „Das meiste bewußte Denken eines Philosophen ist durch seine Instinkte heimlich geführt und in bestimmte Bahnen gezwungen. Auch hinter aller Logik und ihrer anscheinenden Selbstherrlichkeit der Bewegung stehen Werthschätzungen, deutlicher gesprochen physiologische Forderungen zur Erhaltung einer bestimmten Art von Leben."[7]
Anhand der metaphysischen Grundannahme von der Gegensätzlichkeit der Werte stellt er die Hypothese auf, dass es diese möglicherweise gar nicht gibt, sondern dass sie das Ergebnis vorläufiger Einschätzungen und Perspektiven sind.[8]
Mit der Forderung, den Perspektivismus jeden Erkenntnisaktes von vornherein anzuerkennen, übt Nietzsche Kritik an der Hypostasierung von Begriffen und Bestimmungen, die der menschliche Geist konzipiert hat.[9]
In der Rolle des philosophischen Psychologen sieht sich Nietzsche in der Möglichkeit, Rückschlüsse von Denk- und Wertungsweisen auf das dahinter stehende und kommandierende Bedürfnis nach Sinn und Sinnerfüllung zu ziehen. So lässt sich zeigen, dass Meinungen nicht „durch die Selbstentwicklung einer kalten, reinen, göttlich unbekümmerten Dialektik" entstehen, sondern dass „ein vorweggenommener Satz, [...] ein abstrakt gemachter und durchsiebter Herzenswunsch [...] mit hinterher gesuchten Gründen verteidigt wird"[10]. Weltdeutungen bringen nicht eine objektive Wahrheit zur Sprache, sondern sind als „Sinnwahrheit für den Lebend-denkenden"[11] zu verstehen.[12]

---

[6]Nietzsche, Jenseits von Gut und Böse (1886).
[7]Ebd., I,3.
[8]Vgl. ebd., I,2.
[9]Vgl. Schweppenhäuser, Gerhard, Nietzsches Überwindung der Moral. Zur Dialektik der Moralkritik in *Jenseits von Gut und Böse* und der *Genealogie der Moral*, Würzburg 1988 [Nietsche in der Diskussion], S.20.
[10]Nietzsche, Jenseits von Gut und Böse, I,5.
[11]Kaulbach, Friedrich, Philosophie des Perspektivismus. 1. Teil: Wahrheit und Perspektive bei Kant, Hegel und Nietzsche, Tübingen 1990, S.221.
[12]Zu fragen ist vor diesem Hintergrund allerdings, wie der 'Wille zur Macht', ein zentraler Begriff Nietzsches Philosophie, zu verstehen ist. Wird er als irrationales Prinzip selbst wieder zu einem Gesetzten, zu etwas Un-

Im Anschluss an Nietzsche haben auch postmoderne Kritiker den Gedanken der einheitlichen und allgemeinverbindlichen Beobachtervernunft der Aufklärung als obsolet gewordenen Mythos enttarnt.[13] Die neuere analytische Philosophie hat gezeigt, dass aus verschiedenen Perspektiven Wirklichkeit unterschiedliche Beschreibungen erfährt. Und zwar nicht in dem Sinn, dass es etwas Wirkliches gibt, das eben aus verschiedenen Blickwinkeln beschrieben wird, sondern dass Wirkliches nur in Deutungen besteht und stets untersucht werden muss, ob Beschreibungen derselben Wirklichkeit oder verschiedener Wirklichkeiten vorliegen. So könnte ein theologischer Ansatz beispielsweise untersuchen, ob das, was in bestimmten Kontexten mit 'Aggression' oder 'Gewalt' beschrieben wird, die gleiche Wirklichkeit beschreibt, wie die theologische Rede 'vom Bösen'.

Verbunden mit einer Kritik an Metaphysik und Theologie geht beispielsweise Richard Rorty[14] von einer unhintergehbaren Pluralität hinsichtlich Kulturen, Deutungssystemen und Sprachspielen aus. Aber gerade in der Weiterführung dieser Aussage tut sich eine Aporie auf: Indem eine Aussage über die nebeneinanderstehenden Beschreibungen von Wirklichkeiten gemacht wird, nimmt der Aussagende eine Beobachterperspektive ein. Er 'übergeht' dabei jedoch, dass er selber kein bloßer Beobachter, sondern ebenfalls Beteiligter ist, der eine

---

hintergehbarem, dann müsste er nicht als ein wieder nur zu relativierendes Ergebnis einer bestimmten Perspektive gelten, sondern würde selbst dem Perspektivismus zu Grunde liegen (vgl. Schweppenhäuser, Nietzsches Überwindung der Moral, S.20). Nietzsches Standpunkt müsste dann als „jenseits von Gut und Böse" (Nietzsche, Jenseits von Gut und Böse, I, 4, (S.12) gelten. Hierin kann der widersprüchliche Charakter Nietzsches antimetaphysisch vorgetragener Moralkritik gesehen werden (vgl. Schweppenhäuser, Nietzsches Überwindung der Moral, S.20). Die Bestimmung des 'Willens zur Macht' als Quelle neuer Wertsetzungen lässt sich dann als „neue Metaphysik" bezeichnen (Tugendhat, Zehnte Vorlesung, in: Vorlesungen über Ethik, Frankfurt/M. ^{4}1997 [stw; 1100], S.218). Hier liegt auch die Gefahr, die von Nietzsches Moralkritik ausgehen kann: Die Aufdeckung des 'notwendigen' Zusammenhangs von Moral und Herrschaft bzw. die Proklamation der 'Umwertung aller Werte' kann letztlich als Instrument der Verherrlichung eines Zustandes dienen, „der nur noch Herrschaft und keine Moral mehr kennt." (Schweppenhäuser, Nietzsches Überwindung der Moral, S.13). Tugendhat konstatiert: „Nietzsches Position ist ein Vorläufer des Faschismus" (Tugendhat, Zehnte Vorlesung, S.218). Safranski weist darauf hin, dass Nietzsches Denken im Kern ästhetisches Denken ist, das von der experimentierenden Kraft lebt. „Wenn aber, wie bei Nietzsche geschehen, der ästhetische den moralischen Gesichtspunkt dominiert und schließlich auslöscht, dann kann es zu jenen Vernichtungs- und Gewaltphantasien kommen, von denen der späte Nietzsche schließlich überwältigt wird. Damit läßt sich, nachdem Hitler einige der wüsten Phantasien in die Tat umgesetzt hat, nicht mehr spaßen." (Safranski, Das Böse, S.266).

[13]Vgl. Dalferth, Ingolf U., „Was Gott ist, bestimme ich!". Theologie im Zeitalter der „Cafeteria-Religion" (1996), in: *ders.*, Gedeutete Gegenwart, 1997, 10-35, S.23. Im Zusammenhang mit der gegenwärtigen Situation der Entbindung religiöser Überzeugungen von jeder Rechenschaftspflicht vor der Öffentlichkeit weist Dalferth auf den ursprünglichen Leitgedanken der Aufklärung hin, auf das Konzept der Rationalität. Kennzeichnen lässt sich diese Konzeption durch die Begriffe Neutralität (ohne Bindung an einen bestimmten Standpunkt), Universalität (ohne Vertretung partikularer Interessen) und Öffentlichkeit (der Kritik aller ausgesetzt). Gerade letztgenanntes Kriterium macht jedoch die Aporie des Aufklärungsgedankens deutlich: Die Öffentlichkeit wird ideologisiert, die Diskursgemeinschaft wird zur normativen Instanz. Denn es bleibt offen, wer die Maßstäbe für universal gültige Gründe festlegt bzw. gelten lässt. Es bleibt unklar, auf was 'die Öffentlichkeit' oder 'die öffentliche Meinung' rekurriert. Dalferth stellt deshalb zusammenfassend fest, dass die Berufung auf Öffentlichkeit pseudokritisch ist, wo nur eine gegenwärtige Mehrheitsmeinung gemeint ist, dass sie abstrakt bleibt, wenn sie unspezifisch an das Forum aller Denkenden appelliert, und zur Floskel wird, wo sich jeder nur vor sich selber rechtfertigt (vgl. ebd., S.15f).

[14]Vgl. Rorty, Richard, Kontingenz, Ironie und Solidarität, Frankfurt/M. ^{4}1997 [stw; 981].

Wirklichkeitssicht äußert. „Bloße Beobachter gibt es nicht, weil sie auch immer Beteiligte sind. Der blinde Fleck des Beobachters bleibt prinzipiell uneinholbar.“[15]
Vor diesem Gedankengang spricht sich Dalferth dafür aus, theologisches Reden als eine Perspektive der Wirklichkeitserschließung zu sehen, die gerade nicht aus einer Beobachter- sondern einer Beteiligtensicht heraus geschieht. Da dieses Selbstverständnis von Theologie hilfreich ist, die These von der Notwendigkeit eines Verzichts auf eine ‘Metatheorie des Bösen’ zu bekräftigen, werden die Ausführungen Dalferths an dieser Stelle konkretisiert.

2.1.2.2. Exkurs: Anspruch und Grenzen theologischer Rede bei Dalferth

Die Erkenntnis über die Perspektivität jeglicher Wirklichkeitserschließung bedeutet für theologisches Reden über ‘den Menschen’ oder ‘das Böse’, dass es kein ‘neutrales’ menschliches Wissen gibt, an dem sich Theologie ausweisen müsste.[16] Dieses ist sich bewusst zu machen, da oftmals angenommen wird, dass beispielsweise zwischen der wissenschaftlich-technischen Wirklichkeits-beschreibung und der ‘realen’ Welt keine Differenz besteht.[17]
Dalferth räumt ein, dass die Theologie genauso in ihrer Positionalität gefangen ist, wie jede andere Disziplin.[18] Auch die Theologie hat eine bestimmte Einstellung zur Wirklichkeit. Sie spricht aus der Sicht der Beteiligten, die im Bekenntnis des Glaubens zum Ausdruck kommt. Dabei missversteht sie sich Dalferths Ansicht nach, wenn sie sich als empirische Wissenschaft unter die anderen Wissenschaften einreiht. Dem gegenüber besteht ihre Aufgabe darin, die Welt als Schöpfung des dreieinigen Gottes zu thematisieren.[19] Die im Glaubensbekenntnis zum Ausdruck gebrachte Ein-

---

[15]Dalferth, Weder Seinsgrund noch Armutszeugnis, S.179. Hinsichtlich des Pragmatikers Rorty äußert Hilary Putmann so auch den Verdacht, dass hier der Versuch unternommen wird, „*aus einer Perspektive Gottes heraus zu sagen, daß es keine Perspektive Gottes gibt*“ (Putnam, Hilary, Realismus mit menschlichem Antlitz, in: Putnam, Hilary, Von einem realistischen Standpunkt. Schriften zu Sprache und Wirklichkeit, Hamburg 1993, 221-252, 245).
Hinsichtlich dieser Arbeit wird der Gedanke des stets Beteiligtseins insofern wichtig, als dass deutlich gemacht werden muss, dass die Beobachtungen der ‘Verwirrenden Vielfalt’ bzw. die Auswahl der diskutierten Entwürfe ebenfalls bereits aus einer bestimmten Perspektive, einem bestimmten Interesse heraus geschehen: Aus dem Anliegen, eine theologische Annäherung an den Begriff des Bösen vorzunehmen.
[16]Vgl. Dalferth, Theologie und Philosophie, S.143.
[17]Es ist festzustellen, dass auch die Naturwissenschaft nicht voraussetzungslos arbeitet, sondern konstitutiv von bestimmten Voraussetzungen ausgeht, auch wenn sich oftmals zeigt, dass die Natur dem vorausgesetzten System, den Erwartungen und Fragen der Wissenschaft ‘entsprochen’ hat. Jedoch kann auch nur das erkannt werden, worauf sich die Fragehaltung richtet. So kann angezweifelt werden, ob der naturwissenschaftliche Fragehorizont für die Erfassung bestimmter Phänomene ausreicht (vgl. Dressler, Bernhard, Naturwissenschaft und Glaube - Immer noch ein feindlicher Gegensatz? - Zum Verhältnis zwischen religiöser und naturwissenschaftlicher Bildung in der Schule, in: Loccumer Pelikan, H. 1(1999), 3-12, S.6ff).
[18]Vgl. Dalferth, Ingolf U., Der Eine und das Viele. Theologie und die Wissenschaften (1995), in: *ders.*, Gedeutete Gegenwart, 1997, 193-208, S. 204.
[19]Vgl. ebd., S.208.

stellung der Theologie zur Wirklichkeit stellt neben anderen wissenschaftlichen Modellen kein (weiteres) metaphysisches Welterklärungssystem dar, sondern erschließt Wirklichkeit, indem sie die Welt mit ihren Realitäten „coram Deo", also angesichts der Gegenwart Gottes beurteilt.[20] Für die theologische Rede vom 'Bösen' bedeutet dies, dass untersucht werden muss, welche Erfahrungen von Wirklichkeit aus der Perspektive des Glaubens an das schöpferische, versöhnende und erlösende Handeln Gottes heraus als 'das Böse' bezeichnet werden und welche Funktionen eine solche Beurteilung haben könnte.
Da theologische Rede vom 'Bösen' vermutlich eng mit der Rede vom 'Menschen' verbunden ist, wird auch das Verhältnis zwischen alltäglichen sowie wissenschaftlichen Wirklichkeitswahrnehmungen und den theologischen Aussagen wichtig. Allgemeine anthropologische Erfahrungsaussagen dienen nach Dalferth nicht als Belege oder empirische Begründungen für theologische Aussagen, sondern sie haben aufgrund folgender Funktion theologische Relevanz: Unter Umständen können wissenschaftliche Erfahrungsaussagen helfen, Bedingungen aufzudecken, vor deren Hintergrund sich christlicher Glaube und die von ihm aus formulierten theologischen Aussagen als selbstwidersprüchlich erweisen könnten.[21]

Dalferth macht in seinen Ausführungen den Anspruch und die Grenzen theologischer Wirklichkeitsdeutung und damit auch die Integration von anderen Wissenschaften, z.B. von sozial- und humanwissenschaftlichen Entwürfen deutlich.
Dieses Verständnis Dalferths von der Aufgabe der Theologie hat auf der einen Seite für diese Arbeit bestimmte Vorteile. Wie schon erläutert, entfällt der Anspruch, eine theologische 'Metabeschreibung' des Bösen vornehmen zu wollen. Der Verzicht auf eine 'Metatheorie des Bösen' bedeutet zunächst, dass der Anspruch einer theologischen Arbeit nicht darin bestehen kann, alle bisherigen, z.T. sehr gegensätzlichen Erkenntnisse, zu vereinigen bzw. unter eine theologische allgemeinverbindliche Theorie einzuordnen. Die theologische Arbeit würde sich damit gerade in eine Position 'außerhalb', 'jenseits von Gut und Böse' begeben, die eben als irreales Konstrukt beschrieben worden ist.
Theologie steht dabei auch nicht in 'Abhängigkeit' oder 'Konkurrenz' zu anderen wissenschaftlichen Entwürfen. Es geht nicht um eine 'bessere' Erklärung dessen, was mit 'dem Bösen' gemeint ist. Sondern *aus der Perspektive des Glaubens* thematisiert sie 'das Böse' im Angesicht der Gegenwart Gottes. Die Ausführungen bzw. die kritische Unterscheidung zu anderen wissenschaftlichen Entwürfen können dabei als Anfragen an die Theologie verstanden werden. Im ersten Teil der Arbeit wurde das bereits deutlich anhand der Frage nach der Verantwortung des Menschen für 'das Böse'.

---

[20]Dalferth, „Was Gott ist, bestimme ich!", S.24. Weiter heißt es dort: „Wer Menschen, Mäuse oder Misteln als *Geschöpfe* bezeichnet, beschreibt sie nicht genauer oder besser als die Wissenschaften, sondern bringt seine Einstellung zum Ausdruck, wie man sich ihnen gegenüber angesichts der Gegenwart Gottes angemessen zu verhalten hat."
[21]Dalferth, Ingolf U., Das Wort vom Kreuz in der offenen Gesellschaft (1993), in: ders., Gedeutete Gegenwart, 1997, 57-85, S.61.

Trotz der Betonung der Eigenständigkeit theologischer Sprache und Perspektive der Wirklichkeitserschließung geht Dalferth davon aus, dass in 'meiner Perspektive' immer auch andere mit ihren Perspektiven auftreten.[22] Es gibt keine isolierten Perspektiven - diese stellen eine „irreale Abstraktion"[23] dar - sondern Wirklichkeitserschließung hat immer damit zu tun, sich „zustimmend oder ablehnend" an andere Perspektiven anzuknüpfen.[24]
Somit bedeutet nach Dalferth 'Wahrheit' nicht ausschließlich „*wahr-für-mich*", vielmehr kann sie als das beschrieben werden, „was *in* einer Perspektive das *Jenseits* dieser Perspektive in Erinnerung hält, also ermöglicht, daß *zwischen Perspektiven* so kommuniziert werden kann, daß sich dabei *gemeinsame Wirklichkeit überhaupt erst erschließt.*"[25] Wahrheit wird nicht definiert als ein bestimmter Sachverhalt oder als eine absolut geltende Wirklichkeitsdeutung, sondern steht als „Differenz zwischen Thematisierung von Wirklichkeit und thematisierter Wirklichkeit."[26]
Die Ausführungen machen deutlich, dass es um die Frage geht, wie mit der Wahrnehmung der Besonderheit theologischer Sprache umgegangen werden soll. Dalferth macht deutlich, dass es sich letztlich auch um eine ethische Problematik handelt. Eine theologische 'Metatheorie des Bösen' könnte in ihrer letzten Konsequenz als intolerant und vereinnahmend verstanden werden. Dalferth spricht in ähnlichem Zusammenhang von 'metaphysischer Vergewaltigung'.[27]
Für ein theologisches Reden vom 'Bösen' innerhalb dieser Arbeit ist besonders Dalferths Verzicht auf objektive, allgemeingültige Wahrheitsaussagen von Vorteil. Theologisches Reden über 'das Böse' gerät somit nicht in Gefahr, die Grenzen der eigenen Perspektive zu ignorieren, bzw. durch Verabsolutierungen von Beurteilungen die Basis für ethisch fragliches Handeln zu begründen.[28]

---

[22]Dalferth bezieht sich hier auf Lévinas.
[23]Dalferth, Weder Seinsgrund noch Armutszeugnis, S.187, ebens. folgendes Zitat.
[24]Dalferth betont an anderer Stelle: Nicht nur auf der Ebene der verschiedenen Wissenschaften, sondern auch hinsichtlich der Lebenserfahrung und Deutung des Einzelnen ist festzustellen, dass sich jedes Leben perspektivisch vollzieht und aus diesem Blickwinkel Wirklichkeit erfahren und gedeutet wird. Weitergedacht bedeutet dies aber nicht die Unmöglichkeit, Wirklichkeit wahrhaft zu erkennen oder die Auflösung von Wirklichkeitserfahrung in die Beliebigkeit individueller Blickwinkel. Sondern ausgesagt werden soll, dass die Wirklichkeit nicht aus ausschließlich einer Perspektive, sondern nicht anders als multiperspektivisch erschlossen werden kann. Es ist wahrzunehmen, das immer auch andere Zugangsmöglichkeiten zur Wirklichkeit bestehen. Dalferth bezeichnet es als Gewinn, „auch die Lebenserfahrungen anderer als wirklichkeitserschließend zu würdigen und im eigenen Leben den Wechsel der Perspektiven und die Verknüpfung unterschiedlicher Zugangsweisen zu erproben." (*ders.*, Glaube und Lebenserfahrung (teilw. 1990), in: Gedeutete Gegenwart, 1997, 86-98, S.88). Damit ist kein beliebiges Wechseln des Standpunktes gemeint. Nach Dalferth bestehen die Kontinuitäten, in denen wir leben, auch nach Brüchen oder Einschnitten in der Form von Umdeutungen oder Umbeschreibungen des Alten im Lichte des Neuen weiter.
[25]Dalferth, Weder Seinsgrund noch Armutszeugnis, S.183.
[26]Ebd., S.184.
[27]Vgl. ebd., S.181.
[28]An dieser Stelle möchte ich auf die sogenannten 'Hexenverfolgungen' hinweisen, die eine Konsequenz der Verabsolutierung dessen, was 'das Böse' bzw. wer die 'Vertreter des Bösen' sind, darstellten.

2.2. *Zur theologischen Bestimmung 'des Bösen'*

Die im vorigen Kapitel entfalteten unterschiedlichen Herangehensweisen an das Phänomen 'des Bösen' verdeutlichten unter anderem die Problematik, Kriterien und Begründungen für die Bestimmung 'des Bösen' zu finden. Gleichzeitig ist deutlich geworden, dass es 'die' Definition 'des Bösen' nicht geben kann. Es erscheint im Anschluss an die eben geführten Überlegungen zur perspektivischen Wirklichkeitswahrnehmung und Beschreibung ebenso fraglich, dass theologische Rede 'vom Bösen' die Funktion einer 'Metatheorie' übernehmen sollte. Um jedoch zu prüfen, ob und welche Impulse seitens theologischer Rede 'vom Bösen' hinsichtlich einer eben beschriebenen Kriterienfindung ausgehen können, bzw. inwieweit sich überhaupt die theologische Fragestellung mit den oben entfalteten Ansatzpunkten in Beziehung setzen lässt, werden in diesem Abschnitt erste theologische Ausführungen zum 'Bösen' dargestellt. Als Ausgangspunkt der theologischen Beschäftigung mit der Thematik wird zum einen die Rede vom 'Bösen' in biblischen Texten nachgezeichnet (vgl. 2.2.1).[29] Damit soll der Vermutung nachgegangen werden, dass die 'Richtung des Bösen' in den biblischen Texten eine ähnliche darstellt wie es in den sozialwissenschaftlichen und philosophischen Ansätzen der Fall ist. Gleichzeitig wird der These nachgegangen, dass die Rede 'vom Bösen' in biblisch-theologischer Perspektive erst durch ihre Bezugnahme auf Gottes schöpferisches, versöhnendes und erlösendes Handeln ihre spezifische Deutung erfährt.

Zum anderen sollen am Beispiel Augustins zentrale Aspekte theologischer Rede vom 'Bösen' dargestellt werden (2.2.2.). Ausgehend von diesen Ausführungen lässt sich rückblickend die These bekräftigen, dass die Aufgabe der Theologie *nicht* darin bestehen kann, 'dem Bösen' einen allgemeingültigen Sinn zu verleihen, es in eine Ordnung zu bringen.

---

[29]Dieses kann nur ausschnittweise geschehen. Der Schwerpunkt dieses Abschnittes liegt auf der Frage, welche Phänomene im biblischen Kontext als 'böse' bezeichnet werden und in welchem Verhältnis biblisches Reden von 'dem Bösen' und 'der Sünde' zueinander stehen. Weniger geht es um die Frage nach dem 'Ursprung' des Bösen (bsp. die 'Verstockungstheorie'), bzw. die Frage nach Gottes Verantwortung für das Leid. Hier sei verwiesen auf: Häring, Das Böse in der Welt, S.25ff.

2.2.1. Die Rede 'vom Bösen' in biblischen Texten im Verhältnis zur 'Sünde'

2.2.1.1. *ra'/ra'a - poneros - kakos*

In der deutschen Sprache können mit den Begriffen 'schlecht' und 'böse' zwei unterschiedliche Aspekte des Unguten zum Ausdruck gebracht werden. Dagegen steht im Hebräischen nur der Ausdruck *ra'/ ra'a* zur Verfügung, der eine große Bedeutungsvielfalt besitzt und sowohl die Bedeutung des 'Bösen' als auch des 'Unheils' einschließt.[30]
Im Alten Testament können nach Herbert Haag drei Bedeutungsgruppen ausgemacht werden[31]: Die erste Gruppe umschließt die Rede von den 'bösen Dingen'. So wird beispielsweise verdorbenes Wasser als 'böse' beschrieben (2.Kön 2,19-22), die Wüste als ein 'böser' Ort benannt, der unfruchtbar ist und daher den Menschen dem Tod preis gibt (Num 20,5), die verdorbene Feige (Jer 24,1) und auch die mageren Kühe, die dem Pharao die Hungersnot ankündigen, werden 'böse' genannt (Gen 41,1ff.). Trotz der unterschiedlichen Nuancierungen bleibt 'böse' immer eine Qualitätsbezeichnung, eine Bewertung. Eine Sache ist 'böse', wenn der Mensch in ihr keinen Bezug zum Leben, sondern zum Tod findet.[32]
Ein zweiter Bedeutungsaspekt ist 'das Böse' als Unheil. Gemeint ist 'Böses', das dem Menschen 'von außen' als Unheil oder Unglück widerfährt. Genannt werden kann hier z.B. der Verlust eines Kindes (Gen 44,34) oder der Tod durch eine Naturkatastrophe (Gen 19,19) oder durch die Hand der Feinde (Ri 20,34). Dieses Unheil wird im AT häufig als Schickung oder Strafe Jahwes verstanden.[33]
Die größte Aufmerksamkeit des Alten Testaments liegt auf der in Gen 6,5 erwähnten großen 'Bosheit' der Menschen. Nach Haag ist im Kontext der übrigen Urgeschichte mit 'Bosheit' hier der Ungehorsam der Stammeltern (Gen

---

[30]Lindström. F, Art. Böse I, in: NBL, Bd. 1 (1991), 314-315, Sp. 314.

[31]Vgl. Haag, Vor dem Bösen ratlos?, S.21ff. Es soll hier nicht um eine gewaltsame Vereinheitlichung und Einschränkung des Bedeutungsreichtums gehen, sondern lediglich um den Versuch einer sprachlichen Differenzierung. Auch dürfen die folgenden Ausführungen nicht als Darstellung einer biblischen „einheitlichen Doktrin" (Häring, Das Böse in der Welt, S.15) missverstanden werden.

[32]Vgl. Haag, Vor dem Bösen ratlos? In Zusammenarbeit mit Katharina und Winfried Elliger, München 1978, S.21ff.

[33]Vgl. ebd., S.22f. Von einigen Traditionssträngen des AT wird die Auffassung vertreten, dass Gott nicht nur in das Gute, sondern auch in das Schlechte, das Personen geschieht, verwickelt ist (z.B. Jes 45,7). Dabei wird ein Tun-Ergehen-Zusammenhang zwischen eigener Sünde und der Reaktion Gottes angenommen. Im Hiobbuch wird innerhalb der Dialoge diese Vorstellung bekämpft, allerdings wird im gesamten Hiobbuch die göttliche Verantwortung für Hiobs Unglück auch nicht ausdrücklich verneint. Vielmehr wird angedeutet, dass das Verhältnis zwischen Gott und menschlichem Unheil nicht zu durchschauen ist. Gerade auf der persönlichen Ebene ist eine Vorstellung von Gottes Allkausalität im AT nicht feststellbar (vgl. Lindström, Art. Böse, Sp.314 u. Miller, Patrik D., Art. Das Böse II, in: RGG^4, Bd. 1(1998), 1704-1705, Sp. 1705).

3,6), der Brudermord (4,1-8), der Städtebau des Henoch (4,17), maßlose Rachsucht (4,23), sexuelle Willkür (4,19) und Hybris bis zum Übermenschentum (6,2) gemeint. Insgesamt wird der Drang zur Eigengesetzlichkeit, Selbstherrlichkeit über bestehende Sitten und Gebote hinweg damit beurteilt.[34] Menschsein und Schuld gehören nach diesem Verständnis untrennbar zusammen. Es gibt keinen Frommen, der nur Gutes tut und sich niemals verfehlt (Koh 7,20).[35]
Hinsichtlich der Frage nach dem Zusammenhang zwischen Sünde und 'Bösem' weist Hans Schwarz darauf hin, dass 'das Böse' in seiner moralischen Dimension unmittelbar mit der Sünde verknüpft ist. Als Beispiel führt er Gen 39,9 an. Ein Unrecht ist nicht nur böse, sondern gleichzeitig Sünde gegen Gott. 'Das Böse' weist also über eine rein zwischenmenschliche Dimension hinaus, indem es als gottwidriges Verhalten erkannt wird, das sündhaft ist.[36]

Dieser relationale Charakter des 'Bösen' als dem Gottwidrigen lässt sich auch im Neuen Testament aufzeigen. In der griechischen Sprache stehen die Begriffe *poneros* und *kakos* zur Verfügung, um das Phänomen des 'Bösen' zu beschreiben.
Der Begriff *poneros* (mühselig, elend; schlecht, unbrauchbar; böse, boshaft, lasterhaft) wird im NT auf neutral-sachlicher Ebene, im menschlich-ethischen Bereich oder mit personal-substantivischer Ausrichtung verwendet.[37]
Zum einen kann *poneros* ähnlich wie der hebräische Ausdruck *ra'/ ra'a* - z.B. in Verbindung mit den Früchten eines Baumes - das Unbrauchbare, Verdorbene (Mt 7,18) bezeichnen. In Mt 18,32 werden Knechte als untauglich beschrieben. Die Rede vom 'bösen Auge' (Lk 11,34) ist dagegen vermutlich als Bildwort zu verstehen und reicht bereits in den menschlich-ethischen Bereich hinein.[38]
Im menschlich-ethischen Bereich ist die Rede von 'bösen' Menschen (Mt 7,11; 12,39), die im Gegensatz zum guten Gott stehen (Mk 10, 18), sich also gegen Jesus entschieden haben und deshalb vom endzeitlichen Gericht bedroht sind (Mt 13,49). Wer ein „verhärtetes Herz" (Mk 8,17) hat, wendet sich von Gott ab. Im Johannesevangelium wird häufig mit dem Gegensatz von Licht und Finsternis gearbeitet. Es gelten die Taten als böse, die von den Menschen in der Finsternis vollzogen werden (Joh 3,19), die im Gegensatz zur Gottesoffenbarung geschehen (7,7).[39]

---

[34]Vgl. Haag, Vor dem Bösen ratlos?, S.25f.
[35]Vgl. Häring, Das Böse in der Welt, S.24.
[36]Vgl. Schwarz, Im Fangnetz des Bösen, S.58f. (Zur Unterscheidung von Ethik und Moral vgl. Teil III, 2 (Anm. 1)). Es muss allerdings der Hinweis erfolgen, dass nach alttestamentlichem Verständnis alle Sünde als 'böse' gilt, jedoch nicht alles 'Böses' als Sünde. Denn es wird davon ausgegangen, dass Gott selbst auch 'Böses' schaffen kann (z.B.Jes 45,7), dieses Unheil wird aber als Versuchung, Prüfung und Geheimnis und nicht als Sünde verstanden (vgl. Schenker, Art. Sünde I, Sp 728).
[37]Vgl. Kretzer, A., Art. 'poneros', in: EWNT^2, Bd. 2 (1992), 321-324, Sp322.
[38]Vgl. Achilles, E./ Heiligenthal, R., Art. gut/ böse, Kap.'poneros', in: TBLNT, Bd. 1(1997), 862-863, S.862.
[39]Vgl. Schwarz, Im Fangnetz des Bösen, S.95ff.

Es geht bei der Verwendung von *poneros* nicht nur um eine Beschreibung der Grundbefindlichkeit des Menschen, sondern seine Schuld soll aufgedeckt werden. In polemischer Weise geschieht dieses hinsichtlich der Schriftgelehrten (Mt 9,4) und Pharisäer (Mt 12,34). Auch werden einzelne Repräsentanten des 'bösen Tuns' genannt (z.B. Herodes, Lk 3,19). Aufgrund der eschatologischen Dringlichkeit finden sich in Bezug auf solche Verstockungen gegenüber Jesus und seinem Wirken paränetische Mahnungen, das Böse zu meiden, ihm standzuhalten (1 Thess 5,22; vgl. Röm 10,9). Während hier deutlich die Verantwortung des Menschen angesprochen wird, erwähnt das NT mit *ho poneros* 'das Böse', das außerhalb des Menschen gedacht wird.[40]
Die lukanische Tradition nennt in diesem Zusammenhang 'böse Geister', welchen Jesus den Kampf angesagt und die er grundsätzlich schon besiegt hat (Lk 7,21; 8,2; vgl. Apg 19,12.15f). Mt bezeugt darüber hinaus das verhängnisvolle Wirken des Satans (Mt 13,19), welcher die Wirkung des Gotteswortes im Menschen verhindert. Der bevorstehenden endzeitlichen Wirksamkeit 'des Bösen' darf der Mensch nicht passiv gegenüberstehen, ist ihr aber auch nicht hilflos ausgeliefert: Durch die Treue des Herrn wird der Mensch gestärkt und vor dem Bösen bewahrt (2. Thess 3,3; vgl. 2 Tim 4,18).[41]

Der zweite Begriff, der für die Qualifizierung des Negativen im NT zur Verfügung steht, *kakos* (= böse, schlecht, verderblich, schädlich, unrecht), kommt hauptsächlich in den Paulusbriefen vor. Zur Bezeichnung 'des Bösen' und der persönlichen Schuld wird es im NT weniger präferiert als die Begriffe *poneros* und *harmatia* (=Sünde).
In der substantivischen Form *kakia* steht es parallel zu *poneria* und bringt die menschliche Bosheit bzw. Schlechtigkeit zum Ausdruck, häufig als Bestandteil von Lasterkatalogen, die das menschliche Fehlverhalten vor der Bekehrung kennzeichnen (Röm 1,29; Tit 3,3). Ein Rückfall in alte Verhaltensweisen wirkt zerstörerisch auf das Gemeindeleben (Eph 4,31), trennt den Menschen von Gott und erfordert Umkehr und Buße (Apg 8,22).
Besondere theologische Bedeutung gewinnt *kakos* im Zusammenhang der paulinischen Gesetzesdiskussion. Es bezeichnet als das faktische Tun den Gegensatz zu dem eigenen Wollen, der Zustimmung zum guten Gesetz Gottes: „Denn das Gute, das ich will, das tue ich nicht; sondern das Böse, das ich nicht will, das tue ich." (Röm 7,19)[42]
An dieser Stelle wird die Nähe zum paulinischen Sündenbegriff deutlich. Dabei ist nicht eindeutig geklärt, ob *kakos* als 'das Böse' in Röm 7,21 sich inhaltlich

[40]Vgl. Kretzer, Art. 'poneros', Sp. 323.
[41]Ebd., Sp 324.
[42]Vgl. Achilles, E./ Heiligenthal, R., Art. gut/ böse, Kap.'kakos', in: TBLNT, Bd. 1(1997), 856-859, S.858f.

dem Bedeutungsgehalt von Sünde annähert[43] oder ob es seinen *Ursprung* in der Sünde als geschichtlich-kosmischer Macht findet.[44]
Egon Brandenburger[45] spricht weder von inhaltlicher Korrespondenz, noch von einem Kausalzusammenhang zwischen 'Sünde' und 'Bösem'. Er geht von der *Tendenz der Integrationskraft* des Sündenbegriffs aus und zeigt diese anhand des Römerbriefes auf. Der Römerbrief betrachtet seiner Meinung nach das Unheils- und Heilsgeschehen im Neuen Testament am stärksten reflektierend. Dabei wird nach Brandenburger die Dominanz des Sündenbegriffes (hamartia) deutlich. Stehen Aussagen über 'Sünde' sowie über 'Gut und Böse' nebeneinander, so werden die letzteren im Kontext der Sündenaussagen von diesen in der Sache überlagert (Röm 7, 19ff ; 2,9ff). Die Rede vom 'Bösen' hat häufig paränetischen Charakter (Röm 2,9f; 12,9.17.21; 13,3) oder geschieht innerhalb eines Lasterkataloges (Röm 1,28f).
Auch der mythologische und dämonologische Aspekt 'des Bösen', der in frühjüdischen Texten immer stärker vom Satan bzw. vom Teufel übernommen wurde, ist durch die Sünde integriert worden. Das zeigt sich an dem Abschnitt von Röm 7, 7-24. Die Sünde erscheint „als das rätselhaft Vorhandene, als Verführerin zu trügerischem Wahn, als einwohnende und damit herrschende, versklavende Macht."[46]
Insgesamt lässt sich mit Brandenburger feststellen, dass abgesehen von Röm 7 die Aussagen über 'das Böse' im Römerbrief wesentlich weniger theologisch reflektiert sind, dabei aber den alltäglichen Erfahrungswirklichkeiten näherstehen.[47]

2.2.1.2. Fazit

Zusammenfassend lässt sich festhalten, dass die biblische Rede von 'dem Bösen' ein ausschließlich moralisches Verständnis übersteigt.
Zum einen kann das hebräische *ra'/ ra'a* und das griechische *poneros* in einem neutral-sachlichen oder auch physischen Kontext verwendet werden. Da in der philosophischen und theologischen Tradition gerade der Bereich der sogenannten physischen Übel von dem moralischen 'Bösen' getrennt wurde[48], ist es für eine weitere Differenzierung der theologischen Rede 'vom Bösen' wichtig

---

[43]Vgl. ebd.
[44]Vgl. Lattke, M., Art. 'kakos', in: EWNT^2, Bd. 2(1992), 587-589, Sp588.
[45] Brandenburger, Egon, Das Böse. Eine biblisch-theologische Studie, Zürich 1986.
[46]Ebd., S.99.
[47]Vgl. ebd.
[48]Vgl. Häring, Das Böse in der Welt, S.3.

wahrzunehmen, dass hier bereits eine Eingrenzung des biblischen Verständnisses 'vom Bösen' vorliegt.[49]
Zum anderen wird auch durch die personale Dimension, die 'das Böse' besonders in den neutestamentlichen Schriften erhalten kann, ein ausschließlich moralisch-anthropologisches Verständnis überschritten. Die Frage nach dem 'Machtcharakter des Bösen' bzw. der Figur des Satans als Personifizierung 'des Bösen' kann durchaus als biblisch motiviert weiterverfolgt werden.[50]
Besonders aber ist deutlich geworden, dass aus der Sicht der biblischen Tradition 'das Böse' nicht ein ausschließlich anthropologisches Problem darstellt, sondern im Licht des Glaubens als ein die von Gott auf Leben und Heil hin geordnete Schöpfung bedrohendes oder schädigendes Verhalten erkannt wird.[51]
Im AT ist 'das Böse' keine ausschließliche Wertung der elementaren Bedürfnisse und Regeln im sozialen Lebenszusammenhang, sondern es erhält seine Bedeutung im Blick auf das Verhältnis zu Gott: „Entscheidend für die Wertung wird [...] das negativ qualifizierte Tun als mehr oder weniger willentliche bzw. bewußte Störung, Schädigung oder Bedrohung der von Gott auf segensreiche Wirkungen hin geordneten Beziehungszusammenhänge in der Welt und auf ihn selbst als Schöpfer und Herrn dieser Welt."[52]
Ebenso ist das neutestamentliche *poneros* in seiner ethischen Dimension als widergöttlich zu verstehen. 'Böse' ist, wer sich gegen Jesus wendet oder entscheidet.[53] 'Das Böse' richtet sich somit gegen die Verwirklichung des göttlichen Heils. Eine widergöttliche Dimension lässt sich auch in der Verwendung von *kakos* erkennen. Dieses steht im Gegensatz zu der Zustimmung zum guten Gesetz Gottes und wird darüber hinaus durch die Integrationstendenz des dominierenden Sündenbegriffs in seiner widergöttlichen Bedeutung gestärkt.
In der alt- und neutestamentlichen Rede 'vom Bösen' wird also die Beziehung des Menschen zu Gott thematisiert, auch wenn dieses schwerpunktmäßig im Kontext des Sündenverständnisses geschieht.[54] Diese Charakteristik kann bereits als erster Aspekt spezifisch biblisch-theologischer Rede vom 'Bösen' wahrgenommen werden.
Vergleicht man die in den biblischen Texten beschriebene Zielrichtung 'des Bösen' mit den bereits angerissenen humanwissenschaftlichen Positionen sowie den Ausführungen Safranskis, können Parallelen in der Benennung 'des Bösen' festgestellt werden. Plack bezeichnet Beziehungslosigkeit, Gleichgültigkeit, Feindseligkeit und Grausamkeit als 'das Böse'.[55]Fromm benennt mit dem Begriff der 'bösartigen Aggression' menschliche Grausamkeit und De-

[49] Zur Unterscheidung von 'Übel' und 'Bösem' vgl. Punkt 2.1.3.
[50]Vgl. Teil II, Pkt. 2.1., Exkurs zur Frage nach dem Teufel.
[51]Vgl. Haag, Ernst, Art. Böse II, in: LThK, Bd. 2 (1994), 606-607, Sp. 606.
[52]Brandenburger, Das Böse, S.17.
[53]Vgl. Achilles/ Heiligenthal, Kap. '*poneros*', S.862f.
[54]Vgl. Brandenburger, Das Böse, S.100f.
[55]Vgl. Plack, Die Gesellschaft und das Böse, S.266.

struktivität, „die Leidenschaft zu zerstören und absolute Kontrolle über ein Lebewesen zu haben“[56]. Bei Safranski ist ‘das Böse’ ein „Name für das Bedrohliche“, es ist „die Grausamkeit, die Zerstörung [...] um ihrer selbst willen“[57]. ‘Das Böse’ bedroht und zerstört Leben - so lässt sich die Zielrichtung ‘des Bösen’ im Verständnis der genannten Entwürfe zusammenfassen. Diese Zielrichtung findet Entsprechung in dem biblischen Verständnis vom moralischen ‘Bösen’: ‘Das Böse’ beeinträchtigt, schädigt oder zerstört die von Gott auf Leben und Heil hin geordnete Schöpfung.[58]Das wird besonders deutlich, wenn das griechische *kakia* als das menschliche Fehlverhalten in der Reihe von Ungerechtigkeit, Habgier, Neid bis hin zu Mord aufgezählt wird (vgl. Röm 1,29). Das Tun ‘des Bösen’ steht entgegen der Zustimmung zum guten Gesetz Gottes, welches zusammengefasst ist in dem Wort: „Liebe deinen Nächsten wie dich selbst“ (Gal 5,14). Der Achtung und Liebe des Leben des Nächsten wird polemisch das gegenseitige ‘Beißen’ und ‘Fressen’ als Hinweis auf die Feindschaft unter den Menschen gegenübergestellt (vgl. Gal 5,15).

Trotz dieser Entsprechung unterscheidet die Bezogenheit der biblischen Wertung auf Gott als den Schöpfer und damit die Begründung für die Klassifizierung ‘des Bösen’ die biblische Sicht von den genannten humanwissenschaftlichen und philosophischen Beschreibungen ‘des Bösen’. Auch wenn die Gemeinsamkeit in der Zielrichtung ‘des Bösen’ als Zerstörung von Leben besteht, muss wahrgenommen werden, dass aus biblischer Sicht ein solches Verhalten nur deshalb ‘böse’ ist, weil es als widergöttlich verstanden wird. Diese Begründung ist auf die Perspektive des Glaubens beschränkt. Für die anderen genannten Entwürfe steht die Frage nach den Begründungen für die Klassifizierung ‘des Bösen’ offen.
Weiterhin darf die Übereinstimmung in den genannten Entwürfen hinsichtlich einer Stoßrichtung ‘des Bösen’ als Zerstörung von Leben nicht dahingehend missverstanden werden, als sei es eine allgemeingültige ‘Definition’. Die Richtung ‘des Bösen’ kann auch wesentlich offener formuliert werden. So ist für Lorenz ‘das Böse’ „dasjenige, was das Gute, also das, was man als Wert empfindet, in Gefahr bringt“[59]. Nach dieser ‘Definition’ könnte natürlich auch das Leben der Mitmenschen als ‘Wert’ eingesetzt und ‘das Böse’ damit als Angriff dieses Wertes verstanden werden. Lorenz gibt aber ein ganz anderes Beispiel für einen ‘Wert’: Als Wissenschaftler sieht er ihn darin, Erkenntnis zu erlangen. Der höchste Unwert ist folglich die Verhinderung von Verbreitung der Erkenntnis.[60]Dieses Beispiel bekräftigt die oben aufgestellte These von der Per-

[56]Fromm, Anatomie der menschlichen Destruktivität, S.14.
[57]Safranski, Das Böse, S.14.
[58]Vgl. Haag, Art. Böse II, Sp.606.
[59]Lorenz, Das sogenannte Böse, S.252.
[60]Vgl. ebd.

spektivität des Redens über 'das Böse'. Die biblische Beschreibung 'des Bösen' als Bedrohung des Lebens ist daher nicht als metatheoretische Aussage über 'das Böse' zu verstehen.

Als erste Charakteristik biblisch-theologischen Redens vom 'Bösen' wurde herausgestellt, dass es im Licht des Glaubens an Gott den Schöpfer geschieht. 'Das Böse' wird als widergöttlich erkannt. Doch hier entsteht das Problem, wie die Existenz 'des Bösen' in der Schöpfung mit der Vorstellung eines guten, allmächtigen und gerechten Schöpfergottes zu vereinbaren ist. Im Unterschied zu humanwissenschaftlichen Entwürfen kann aus theologischer Perspektive nach der Verantwortung Gottes für 'das Böse' gefragt werden. Kann 'das Böse' mit einem Sinn versehen werden, so dass es im Rahmen der guten Schöpfung erklärbar wird?

Diese Fragen führen zu Augustinus, welcher eine entscheidende Rolle für die Übernahme neuplatonischen Denkens in die christliche Theologie hinsichtlich des Umgangs mit 'dem Bösen'[61] einnimmt. Seine Darstellung 'des Bösen' als Mangel an Gutem nimmt bis heute in der Theologie eine wichtige Rolle ein. Sie trug zur Stabilisierung von Ordnungstheorien bei und ermöglichte den Einklang mit dem biblischen Bekenntnis, dass alles Geschaffene 'sehr gut' sei (Gen 1,13).[62]

Die folgenden Aspekte der augustinischen Ausführungen zum 'Bösen' sollen vor dem Hintergrund der aufgestellten These gelesen werden, dass auch theologisches Reden aus einem bestimmten Blickwinkel heraus geschieht, mit bestimmten Vorraussetzungen arbeitet und nicht durch eine letztgültige Erklärung 'des Bösen' alle offenen Fragen zu beantworten vermag. Diese These soll am Beispiel Augustins verdeutlicht und erhärtet werden.[63]

---

[61]In diesem Abschnitt ist 'das Böse' als Übersetzung des lateinischen 'malum' zu verstehen und schließt somit sowohl das moralisch Schlechte als auch das physische Übel mit ein. Vgl. zu der Unterscheidung von Bösem und Übel Punkt 2.1.3.

[62]Vgl. Häring, Das Böse in der Welt, S.81.

[63]In Augustins Ausführungen greifen religiöse Erfahrungen und argumentierende Auseinandersetzung ineinander, welches eine knappe Wiedergabe einzelner Gedankengänge oftmals erschwert. Aufgrund der Vielschichtigkeit des augustinischen Werkes können hier auch nur einzelne Aspekte hinsichtlich 'des Bösen' herausgestellt werden. Dabei muss betont werden, dass Augustinus über Jahrzehnte hinweg die Frage nach 'dem Bösen' verfolgt und dabei verschiedene Phasen durchlaufen hat. Am Anfang ist die antimanichäische Wendung wahrzunehmen, 'das Böse' sei ein Nichts vor Gott, ein Mangel am Guten. Dann steht die ordnungstheoretische Argumentation im Vordergrund, die 'das Böse' aufhebt und ästhetisch überhöht. Anschließend folgt ein Durchbruch zur Frage nach der menschlichen Freiheit, die Sünde wird zum Ursprung 'des Bösen'. Daraus entwickelt sich die Wende zur Theorie der Erbschuld: Adam und mit ihm alle Menschen sind Ursache alles 'Bösen'. Dabei lösen sich die einzelnen Phasen nicht gegenseitig vollends ab, aber es kann durchaus zu (widersprüchlichen) Spannungen in der Darstellung kommen (vgl. Häring, Hermann, Die Macht des Bösen. Das Erbe Augustins, Zürich 1979 [ÖTh; Bd. 3], S.268).

2.2.2. Zur theologischen Tradition: 'Das Böse' bei Augustinus

In seiner Auseinandersetzung mit der Frage nach dem 'Woher des Bösen' ging es Augustinus darum, den manichäischen Dualismus, der neben dem guten Prinzip ein böses Prinzip annahm, zu überwinden. Um die Einheit des Weltgrundes zu beweisen, greift Augustinus auf philosophische Argumente zurück, übernimmt den spätantiken Gedanken einer alles umgreifenden Ordnung, in die sich auch 'das Böse' einordnen lässt, von der es seine Funktion erhält.[64]
Die Idee des geordneten Kosmos wurde im griechisch-hellenistischen Denken über einen langen Zeitraum hinweg ausgeformt und erreichte mit Plotin ihren letzten Höhepunkt. In Augustins Frühschrift „De ordine" (386)[65] wird eine Parallele zu Plotins Schriften deutlich, auch wenn Augustins Ausführungen durch seinen Schöpfungsglauben eine Eigendynamik erhalten.[66]
So ist die 'Definition' von Ordnung bei Augustinus deutlich auf den Schöpfergott bezogen. Ordnung ist das, „wodurch alles gelenkt wird, was Gott gegründet hat"[67]. Später lautet die 'Definition', „Ordnung sei das, wodurch Gott alles lenkt"[68]. Dieser Grundgedanke wird nach Hermann Häring[69] besonders in folgenden drei Punkten deutlich: Zum einen wird betont, dass es keinen Zufall gibt, sondern dass der Lauf der Welt in eindeutigen Zusammenhängen und Folgeketten geschieht und somit geordnet ist.[70]
Des Weiteren wird der Gang der Dinge - und so auch Leid und Unglück - von Augustinus als gerecht bezeichnet. Wenn die Ordnung das ist, wodurch Gott alles lenkt und Gott gerecht ist, wird demnach jedem nach Verdienst das Seine zugeteilt[71].
Diese Ordnung wird, so der dritte Hinweis, auch nicht durch die Freiheit des Menschen gestört. Der Einzelne ist Teil der Ordnung, aber das Übel geschieht nicht aufgrund der Ordnung Gottes: „Alle Naturen also hat Gott gemacht, nicht nur diejenigen, die in Gerechtigkeit und Tugend verharren, sondern auch diejenigen, die sündigen werden: Nicht damit sie sündigen, sondern damit sie das Universum schmücken, gleich ob sie sündigen oder nicht sündigen wollen."[72]Da zur Ordnung der Unterschied gehört, sind Übel sinnvoll und notwen-

---

[64]Vgl. Flasch, Kurt, Augustin. Einführung in sein Denken, Stuttgart ^{2}1994 [UB; 8342], S.92f.
[65]Schrift: in CCL 29; ins Deutsche übertragen von C.J. Perl: A. Augustinus, Die Ordnung, Paderborn 1952.
[66]Vgl. Häring, Das Böse in der Welt, S.53.
[67]De ord. I,10,28 („Ordo est, per quem aguntur omnia, quae Deus constituit").
[68]Ebd. II,1,28 („Ordinem esse [...] per quem Deus ageret omnia").
[69]Vgl. Häring, Hermann, Das Problem des Bösen in der Theologie, Grundzüge Bd. 62, Darmstadt 1985, S.46f.
[70]Die Einsicht in die Ordnung der Dinge ist nicht empirisch erfahrbar, sondern „zeigt sich als *kategorische Überzeugung*, [...] als allgemeines Bewußtsein davon, daß die Dinge irgendwie geordnet werden müssen." (Häring, Die Macht des Bösen, S.110). Nur wenn diese Einsicht als Voraussetzung unabdingbar gilt, kann sie bei Augustinus als Beurteilungshintergrund von Handlungen taugen.
[71]Vgl. De ord. I,7,19.
[72]De libero arbitrio (388-395), (zugänglich in: CCL 29); dt. C.-J. Perl, Der freie Wille, Paderborn ^{4}1972, III, 11, 32, („Naturas igitur omnes deus fecit, non solum in virtute atque iustitia permansuras sed etiam peccaturas,

dig. Je mehr Entgegensetztes sie in sich einschließt, um so vollkommener ist die Ordnung.[73]

Mit dem Hinweis, 'das Böse' geschehe nicht aufgrund der Ordnung Gottes, könnte die manichäische Vorstellung genährt werden, 'das Böse' stehe als zweites Prinzip außerhalb der Macht Gottes. An dieser Stelle greift jedoch Augustins Beschreibung 'des Bösen' als Mangel an Gutem. In Bezug auf neuplatonisches Gedankengut, nämlich die metaphysische Depotenzierung 'des Bösen' durch Plotin, kann Augustinus 'das Böse' als 'privatio boni', als Mangel oder Beraubung an Gutem bezeichnen, das selbst keine Substanz hat: „Denn ich wußte nicht, daß das Übel weiter nichts ist als Ausfall an Gut, der schließlich bis zum Nichtsein führt."[74] 'Das Böse' existiert ausschließlich parasitär am Guten. Da alles, was ist, gut ist, ist 'das Böse' in Blick auf sich selbst absurd und selbstzerstörerisch.

Der Grund dafür, dass überhaupt ein Mangel an Gutem entsteht, liegt nach Augustinus in der freien Abwendung der Menschen vom Guten, also letztlich im Willen der Menschen. Durch diese Vorstellung kann der Schöpfer entlastet und die 'gute Ordnung' der Schöpfung gerechtfertigt werden.[75]

Aber gerade hinsichtlich des menschlichen Willens wird die Problematik der augustinischen Theorie deutlich: Wenn auch der Wille der Menschen von Gott geschaffen ist, so ist zu fragen, wie er dann überhaupt etwas 'Böses' hervorbringen kann. Hier kommt bei Augustinus die Sünde als Ursache 'des Bösen ins Spiel.[76] Der Mensch ist allein verantwortlich für 'das Böse'. Seit dem Fall Adams besitzt er die Neigung, sich vom Guten abzuwenden. Die Sünde Adams wird so zum Anfang für diese Neigung. Augustinus wird mit seinen Ausführungen zum „Vater der klassischen abendländischen Lehre von der 'Erbsünde'"[77].

Zur Begründung 'des Bösen' ist bei Augustinus, allerdings nur am Rande, auch vom Teufel die Rede. Der Teufel ist diejenige Macht, die den Menschen zur Sünde verführt. Da jedoch bei Augustinus die Sünde andererseits auch ohne

non ut peccarent sed ut essent ornaturae universum, sive peccare sive non peccare voluissent.") Vgl. Häring, Das Problem des Bösen, S.50f. u. Häring, Die Macht des Bösen, S.124-136.

[73]Vgl. de ord. II,1,32.

[74]Conf. III,7,12 („...quia non noveram malum esse nisi privationem boni usque ad quod omnino non est".) Vgl. Häring, Das Problem des Bösen in der Theologie, Darmstadt 1985 [Grundzüge; Bd. 62], S.67ff. oder Häring, Die Macht des Bösen, 34f.; 50-53.

[75]Vgl. Koch, Traugott, Das Böse als theologisches Problem, in: KuD 24/1978, 285-320, S.294f.

[76]Zum Problem der Sünde bei Augustinus und ihrer Interpretation in der Theologie Pannenbergs vgl. Teil II, 2.2. u. 3.1.

[77]Haag, Vor dem Bösen ratlos?, S.138. Die letztliche Ursache dafür, dass der menschliche Wille sich vom Guten abwendet, muss nach Augustinus unbeantwortet bleiben. Er weist besonders im Blick auf die Manichäer darauf hin, dass diese Frage auch nicht im Mittelpunkt christlichen Interesses steht. Es empfehle sich eher die Untersuchung der Frage '*was* ist das Böse' bzw. vor allem die Frage nach der Herkunft des vielen Guten, welches einen auf das gütige Schöpferhandeln Gottes verweisen würde (vgl. Gestrich, Die Wiederkehr des Glanzes, S.177).

Einwirken des Teufels möglich ist und Augustinus neben dem durch den Teufel gewirkten 'Bösen' hauptsächlich von der Substanzlosigkeit 'des Bösen' ausgeht, stellt nach Haag der Teufel bei Augustinus kein notwendiges Argumentationsmoment dar. Vielmehr scheint es, als seien die Vorstellungen vom Teufel „erst nachträglich auf das philosophische System aufgepfropft worden"[78].

Neben dem Kritikpunkt, dass der menschliche Wille kein „primum movens"[79] darstellen kann, stellen sich noch weitere Probleme im Verständnis der augustinischen Lehre ein. Wenn die Verantwortung bzw. 'Schuld' für alles Unheil in der Welt allein dem verkehrten Willen des Menschen - unter Mitwirkung des Teufels - zugerechnet wird, so erscheinen Krankheit, Tod und Naturkatastrophen als Strafleiden für die Sünden und sind ebenfalls vom Menschen verschuldet.[80] Diese These erscheint jedoch äußerst uneinsichtig, angesichts der Leiden in der Welt eher zynisch als erklärend und lässt dem Leidenden keine Möglichkeit vor Gott die Sinnlosigkeit seines Leids zu beklagen: Im augustinischen Gedankengebäude bleibt für Hiob „kein Platz"[81].
Problematisch ist weiterhin, dass Augustinus die Wirklichkeit 'des Bösen' - auch unter der Vorstellung als 'privatio boni' - sowohl mit der Allmacht Gottes, als auch mit der Vollkommenheit der Schöpfung vereinbaren muss. Aus diesem Grund unterscheidet Augustinus zwischen einem „prädestinatianischen Wirken Gottes zum Guten und zum Heil und einer bloßen Präsenz Gottes in Bezug auf den sündigen Willen"[82]. Die Widersprüchlichkeiten, die diese These heraufbeschwört, konnten in der gesamten nachfolgenden metaphysischen Tradition nicht gelöst werden.
Aus heutiger Sicht lässt sich besonders der ordnungstheoretische Aspekt in Augustins Entwurf nicht mehr halten. Die Vorstellung, dass eine 'böse' Tat die vollkommene Schöpfungsordnung höchstens tangieren, aber nicht beeinträchtigen kann, sowie die Beschreibung 'des Bösen' als 'Mangel an Gutem' wirkt angesichts schrecklicher Geschehnisse wie dem Holocaust oder gegenwärtiger Gewalttaten zwischen Menschen als verharmlosend und relativierend. Nur im Gegenüber zu dem manichäischen Dualismus, den sie damit gänzlich entkräftet, kann die Ordnungstheorie Augustins verstanden werden.

Die Vorstellung vom 'Bösen' als 'privatio boni' hat spätere Ordnungstheorien von Theologie und Philosophie entscheidend beeinflusst.[83] Sie stellt den Hin-

---

[78]Haag, Vor dem Bösen ratlos?, S.142.
[79]Gestrich,Die Wiederkehr des Glanzes, S.176.
[80]Vgl. Koch, Traugott, Das Böse als theologisches Problem, in: KuD 24(1978), 285-320, S.296.
[81]Häring, Das Problem des Bösen, S.50.
[82]Koch, Das Böse als theologisches Problem, S.296.
[83]In Bezugnahme auf Augustinus bestimmte so Anselm von Canterbury (1033-1109) 'das Böse' als Mangel eines *gesollten* Guten; Thomas von Aquin (1225[26]-1274) leistete anschließend eine systematische Durch-

tergrund dar, vor dem sich eine theologische Auseinandersetzung mit der Wirklichkeit 'des Bösen' bewegt. Dabei haben sich einige theologische Kernfragen bzw. -themen bereits herauskristallisiert: Lässt sich 'das Böse' in die gute Schöpfung einordnen und erklären? Lässt sich Gottes Güte und Allmacht mit 'dem Bösen' zusammendenken? Ist der Mensch als unfrei zu denken oder als freies Subjekt? Welche Rolle spielt dabei die Vorstellung von der Sünde und die Figur des Teufels? Diese Fragen gilt es in dem zweiten theologischen Teil der Arbeit weiter zu verfolgen.
Der Hinweis auf die Problematik des ordnungstheoretischen Ansatzes Augustins gibt für die weitere theologische Arbeit 'am Bösen' auch einen methodischen Impuls. Eine ordnungstheoretische Betrachtungsweise 'des Bösen' stößt bei der Freiheitsfrage, besonders aber angesichts eminenten Leidens aus der Sicht der Betroffenen an ihre Grenzen. Andersherum betrachtet rechnet die ordnungstheoretische Betrachtungsweise aber gerade damit, dass Betroffene aus ihrer Perspektive die wahren Zusammenhänge verkennen. 'Das Böse' erhält aus unterschiedlichen Perspektiven betrachtet eine jeweils andere Bedeutung, einen anderen Sinn. Eine wichtige Methode theologischen Redens über 'das Böse' kann daher darin bestehen, zu einer Offenlegung und Reflexion des jeweiligen Standpunktes anzuregen und sich auf eine Selbstkorrektur des eigenen Ansatzes einzulassen. Theologisches Reden über 'das Böse kann auf diese Weise dazu beitragen, die Frage nach dem 'Warum und Woher des Bösen' nicht mit einer vorschnellen, letztgültigen Antwort zuzudecken, sondern die Frage ernstzunehmen, indem sie offengehalten wird.[84]

Auch eine sprachliche Differenzierung hinsichtlich eines Umganges mit 'dem Bösen' kann dazu beitragen, verallgemeinernde Antwortversuche kritisch zu befragen. So kann eine Unterscheidung, ob vom 'Bösen' im umfassenden Sinn (die physischen Übel mit eingeschlossen) oder im engeren Sinn (auf das moralische 'Böse' beschränkt) gesprochen wird, helfen, pauschalisierende und verschwommene Aussagen über die Zusammenhänge 'des Bösen' zu vermeiden. Für die Terminologie dieser Arbeit ist es daher wichtig, auf die Weiterentwicklung der augustinischen Traditionslinie bei Gottfried W. Leibniz (1646-1716) hinzuweisen. Dieser unternimmt eine sprachliche Differenzierung, welche in theologischen Entwürfen bis heute aufgegriffen wird.

[84] Vgl. Häring, Das Böse in der Welt, S.90f.

2.2.3. Leibniz und die Unterscheidung zwischen 'Übel' und 'Bösem'

Leibniz übernimmt in seiner 'Theodizee'[85] die theologische Aufgabe, die Güte Gottes angesichts der Übel in der Welt zu rechtfertigen. Dabei setzt Leibniz Gott als „erste Ursache aller Dinge"[86] voraus, dessen Macht, Weisheit und Güte als unbedingt vollkommen gedacht werden müssen. Aus den unendlich vielen anderen möglichen Welten greift Gott die bestmögliche Welt heraus und bringt sie zur Wirklichkeit. Kriterium hierfür ist die optimale Seinsfülle. Zwar sind auch Welten ohne Sünde und Unglück vorstellbar, aber diese Welten würden nach Leibniz der unsrigen erheblich nachstehen. So weist er darauf hin, dass nur durch die Sünde uns die göttliche Gnade durch Jesus Christus zuteil wurde. Hier wird deutlich, „daß eine Verkettung von Dingen, in welchen die Sünde einbegriffen ist, besser sein konnte und in der Tat auch besser gewesen ist als eine andere Verkettung ohne Sünde."[87] Das Übel in der Welt ist von Gott nicht verursacht, sondern begründeterweise zugelassen: Der Weltschöpfer kann sich nur von der Welt unterscheiden, wenn sie nicht unendlich, sondern endlich, nicht vollkommen, sondern unvollkommen ist. Diese Endlichkeit beschreibt Leibniz als das metaphysische Übel, welches ebenfalls wie bei Augustinus als „privativ"[88] gedacht wird. Das 'metaphysische Übel' bietet den ontologischen Rahmen für das Leiden als das 'physische Übel' und die Sünde als das 'moralische Übel'. Leibniz geht nicht von einer unbedingten Vorherbestimmung oder Verdammung aus, nimmt jedoch durchaus einen Kausalzusammenhang zwischen Sünde und Leid an. Gott will das physische Übel zuweilen als Strafe für ein menschliches Verschulden (das moralische Übel), das physische Übel dient dann zur Besserung oder Abschreckung. Oder es dient als Mittel, um ein bestimmtes Ziel zu erreichen, beispielsweise das Verhindern eines noch größeren Übels. Auch lässt das Übel das Gute stärker hervortreten. Während Gott das Gute willentlich als Absicht verfolgt, will er das physische Übel nur als Mittel. Die Sünde als Folge des metaphysischen Übels lässt Gott nur zu, da sie an die Wahl der besten Welt gebunden ist. Nur deshalb besteht auch die Möglichkeit des physischen Übels oder Leidens, das aus der Sünde entsteht und von 'bösen Menschen' verursacht wird. [89] Da Leibniz die Güte Gottes voraussetzt, kann er sagen, dass Gott so die „beste aller möglichen Wel-

[85] Leibniz, Theodizee, 1710.
[86] Ebd., I, 7 (S.100).
[87] Ebd., I, 11 (S.103).
[88] Ebd., I, 34 (S.119).
[89] Vgl. ebd. I, 23-26 (S.112ff).

ten"[90] geschaffen habe, gäbe es einen besseren Plan, so hätte Gott diesen in seiner Güte und Weisheit verfolgt.[91]
Die von Leibniz aufgestellte Dreiteilung des 'malum' findet sich, besonders in der Unterscheidung von moralischem und physischem Übel, noch in der heutigen Theologie. Dabei wird meist unterschieden zwischen dem dem Menschen vorgegebenen (physischen) *Übel* und dem vom Menschen gewollten (moralischem) *Bösen*. Es stellt sich dann jedoch die Frage, wie die zwischen Zwang und Bejahung liegende Unrechtsituation hier eingeordnet werden kann[92].
Ebenso ist die bereits aufgeworfene Problematik nach dem 'freien Willen' der Menschen von Bedeutung bzw. die Frage, ob die menschliche Freiheit nicht immer als gebundene Freiheit erfahren wird und weniger der Vorstellung eines freien Willens, der neutral vor den Möglichkeiten des Guten und des Bösen steht, entspricht.[93]
Weiterhin ist der Hinweis zu vernehmen, dass es im Prozess der Neuzeit immer mehr Übel gibt, die nicht auf die Unvollkommenheit der Natur, sondern letztlich auf menschliches Handeln zurückzuführen sind: Zu nennen sind hier die Folgen durchgeführter Eingriffe in die Natur (beispielsweise Überschwemmungen), die 'anthropogene' Ursachen haben, jedoch ungewollt und nicht von einer konkreten Person 'verschuldet' sind. Gestrich spricht von der „Kehrseite ursprünglich guter, humanistischer Bestrebungen und Realisationen - beispielsweise um die negativen Folgen der 'Dialektik der Aufklärung'"[94]. Diese 'anthropogenen Übel' sowie die Erfahrung der gebundenen Freiheit des Menschen zeigen, dass die traditionelle Unterscheidung - 'das Böse' komme von 'innen', resultiere aus dem sündigen Herzen des Menschen, das Übel dagegen trifft 'von außen' auf den Menschen, ist der Natur eingestiftet und entzieht sich menschlicher Planung und Verantwortung - nicht als eindeutig aufrechterhalten werden kann.[95]
Trotzdem ist es wichtig, möglichst sprachlich differenziert an die Problematik des 'malum' heranzugehen und nach der Funktion, die eine Unterscheidung zwischen 'moralischem Bösem' und 'physischem Übel' implizieren kann, zu fragen. Im Gegenzug ist darzustellen, welche Konsequenzen eine gänzliche Aufgabe dieser Unterscheidung nach sich ziehen würde.
Problematisch ist, dass die Kriterien für eine Unterscheidung von 'Bösem' und 'Übel' in der Frage nach der Schuld und Verantwortung für das Negative gesucht werden. Die oben aufgeführten Beispiele, die zwischen Zwang und Be-

---

[90]Ebd. I, 8 (S.101).
[91]Vgl. Koch, Das Böse als theologisches Problem, S.298f, Hügli, A., MalumVI, 681-706, Sp. 682-684, Häring, Das Problem des Bösen, S.132ff.
[92]Häring, Das Problem des Bösen, S.1.
[93]Vgl. hierzu Teil II, 3.1. u. 3.3.
[94]Gestrich, Die Wiederkehr des Glanzes, S.173. Gestrich folgt hier Hans Blumenberg, Der Prozeß der theoretischen Neugierde, Frankfurt/M. 1973, S.68.
[95]Vgl. Gestrich, Die Wiederkehr des Glanzes, S.173.

jahung liegende Unrechtsituation sowie auf die anthropogenen Übel, zeigen, dass die Frage nach der 'Ursache' hier an ihre Grenzen stößt. Auf moralisch-forensicher Ebene wird deutlich, dass auch die Kategorie 'Schuld' nicht immer ein klares Unterscheidungskriterium bietet. Auf der anderen Seite ist es gerade die Frage nach der 'Schuld', die oftmals den Ausschlag gibt für eine Aufrechterhaltung der Unterscheidung zwischen 'Böse' und 'Übel': „Entschließt man sich dazu, die sich schuldig machenden Menschen eher *als Opfer* zu sehen? Will man also das menschliche Böse nicht aus je *eigener* Verderbnis der Individuen heraus verstehen, sondern aus einer die menschlichen Individuen stets von außen her beschädigenden üblen Realität? Wenn man dies will, braucht man zwischen dem Bösen und den Übeln nicht zu unterscheiden."[96] Eine Aufgabe der Unterscheidung zwischen 'dem Bösen' und 'den Übeln' hätte die Konsequenz, weder von der *Schuld der Täter*, noch von *unschuldig* und *sinnlos* leidenden Menschen zu sprechen. Die Frage nach dem Schuldbewusstsein und der menschlichen Verantwortung des Einzelnen wäre damit irrelevant geworden.
Auf theologischer Ebene ist darüber hinaus noch folgender Aspekt zu bedenken: Wird aufgrund der Annahme einer 'ontologischen Schwäche' des Menschen das daraus erfolgende 'moralisch Böse' als Übel aufgefasst, welches die Menschen in ihrer metaphysischen Unvollkommenheit kennzeichnet (Leibniz), werden menschliche Verfehlungen in die Verantwortung des Schöpfers gelegt. Dem Menschen wird nicht zugetraut, sich willentlich für 'das Gute' entscheiden zu können, sondern er wird durch seinen unfreien Willen zum Sünder, um die metaphysische Unterschiedenheit zwischen Gott und Mensch zu bewahren. Der Mensch erscheint als Spielball des göttlichen Handelns, das Böse findet eine Sinngebung innerhalb der göttlichen Ordnung.

Versteht man das physische Übel nach Leibniz weitgefasst als Leiden, so kommt hier eine existentielle Erfahrung von Schmerz jeglicher Art zur Sprache. Das Leid kann, wie Leibniz deutlich gemacht hat, nicht nur die Konsequenz 'naturhafter' Ereignisse darstellen, sondern kann durchaus auch als Folge einer Handlung oder Handlungskette eintreten, die aus einer bestimmten Perspektive heraus als das 'moralische Übel, also das von Menschen erwirkte 'Böse' bezeichnet wird.[97] 'Leid' und 'Böses' beziehen sich in diesem Beispiel auf dasselbe Ereignis, beschreiben aber unterschiedliche Erfahrungen mit diesem Ereignis. Mit der Bezeichnung 'böse' wird der Akzent auf die Bewertung

---

[96]Gestrich, Die Wiederkehr des Glanzes, S.172.
[97]So spricht die lateinamerikanische Theologin Ivone Gebara vom 'Bösen' als erlittenem Unrecht (*Dies.*, Die dunkle Seite Gottes. Wie Frauen das Böse erfahren („Le mal au féminin. Réflexions théologiques á partir du féminisme" 1999), dt. Freiburg/ Br. 2000 [TDW; Bd. 27], S.23). Aus der Sicht von Frauen in bestimmten gesellschaftlichen Kontexten bestehe das Phänomen 'des Bösen' in der Erfahrung von materiellem Mangel, Machtlosigkeit, Mangel an Wissen, Wertlosigkeit oder dem Mangel an Gerechtigkeit (ebd. vgl. 37-72).

der Handlung gelegt und zieht Fragen nach sich, die sich auf den Grund für das Handeln, auf 'den Willen' des Handelnden, auf die Beziehungen und Strukturen, in denen er steht, richten. Die Rede 'vom Bösen' nimmt den 'Täter des Bösen' in den Blick und kann aus einer reflektierten Distanz heraus geschehen. Dieses bedeutet aber nicht, dass eine Bewertung einer Handlung als 'böse' eindeutig ist.
Die Rede vom 'Leid' rückt dagegen die Menschen in den Mittelpunkt, die konkreten physischen oder psychischen Schmerz erfahren, deren Leben bedroht, unterdrückt oder angegriffen wird. Hier geht es um die Menschen als 'Opfer', als Zielpunkte des Negativen. Eine distanzierte Reflexion über 'das Leid' ist kaum möglich, es wird individuell erfahren.
Um die unterschiedlichen Erfahrungen, die ein negatives Geschehen mit sich führen kann, bzw. die unterschiedlichen Perspektiven, aus denen das Geschehen erlebt wird, nicht zu verwischen, bietet es sich weiterhin an, das 'Böse' vom 'Übel', im Sinne von 'Leid', zu unterscheiden.

Als Fazit lässt sich festhalten, dass mit der Aufrechterhaltung der Unterscheidung von 'Übel' und 'Bösem' die Möglichkeit besteht, menschliche Erfahrungen mit dem 'malum' auf moralisch-anthropologischer Ebene akzentuierter in dem Spannungsfeld von zu verantwortendem Tun und Erleiden einzuordnen, auch wenn eine solche Einordnung vermutlich immer eine subjektive Komponente enthält, nicht als letztgültig betrachtet werden kann und wie oben aufgezeigt an den Übergängen schwammig ist.
Aus theologischer Perspektive kann die Unterscheidung von 'Bösem und 'Übel' dazu beitragen, die Problematik der gebundenen Freiheit des Menschen als Möglichkeit der 'Verstrickung in das Böse' ernstzunehmen und nicht durch eine ontologische Sinngebung 'des Bösen' die Spannung zwischen Verantwortung und Erlösungsbedürftigkeit aufzulösen.

Im Sinne der eben versuchten Unterscheidung der Akzentuierung, die die Begriffe 'Böses' und 'Übel' mit sich führen, geht es in dieser Arbeit schwerpunktmäßig um 'das Böse'. Das 'Übel' als philosophisch-metaphysisches Problem tritt damit in den Hintergrund. Eine wichtige Frage hinsichtlich 'des Bösen' wird sein, inwieweit 'das Böse' eine Erfahrung ist, welche die eschatologische Erlösungsbedürftigkeit des Menschen zum Ausdruck bringt. Um der Gefahr entgegenzuwirken, dass aus intellektueller Distanz heraus eine 'Faszination am Bösen' entwickelt wird, soll die Perspektive der Erfahrung des 'Übels', die Perspektive des Leidens als existentielle Erfahrung, immer wieder in den Blick genommen werden.

2.3. Zusammenfassung

Angesichts der 'verwirrenden Vielfalt des Bösen' entstand die Frage, wie sich eine theologische Arbeit in die plurale Meinungslandschaft einordnen kann bzw. wie sie auf andere wissenschaftliche Entwürfe reagiert. Durch den Hinweis auf die unterschiedlichen 'Sprachspiele', in denen sich verschiedene Wissenschaften bewegen, wurde deutlich, dass auch die Rede von 'dem Bösen' immer erst in bestimmten Kontexten bzw. Wirklichkeitsdeutungen geschieht und verständlich wird. Die Konsequenz ist der Verzicht auf eine Metatheorie des Bösen bzw. auf die ungebrochene Rede von 'dem Bösen' als solchem.

Mit Dalferth ist zu betonen, dass theologisches Reden vom 'Bösen' darin besteht, die Wirklichkeit angesichts der Gegenwart Gottes zu beurteilen. Individuelle und soziale Erfahrungen werden aus der Perspektive des Glaubens im Kontext der Beziehung Gott-Mensch gedeutet.

Diese spezifische Perspektive findet sich auch in alt- und neutestamentlicher Rede vom 'Bösen'. 'Das Böse' stellt hier kein ausschließlich anthropologisches Problem dar, sondern wird im Licht des Glaubens als ein Verhalten, das die von Gott auf Leben und Heil hin geordnete Schöpfung bedroht oder zerstört, erkannt. Zwar entspricht die Zielrichtung 'des Bösen' durchaus auch Aspekten der aufgezeigten humanwissenschaftlichen bzw. philosophischen Entwürfe, aber die Begründung für eine Charakterisierung eines Verhaltens oder Geschehens als 'das Böse' findet sich in der 'Widergöttlichkeit' dieses Geschehens.

Mit Augustinus werden die Grenzen eines ordnungstheoretischen Ansatzes, der 'das Böse' erfassen und erklären möchte, aufgezeigt. Theologische Ansprüche, die in der Tradition Augustins 'das Böse' in eine 'Ordnung' zu bringen versuchen, werden daher kritisch zu betrachten sein.

Aus theologischer Perspektive hat sich auch die metaphysische Sinngebung 'des Bösen' in der Tradition Leibniz und seines Verständnisses vom 'metaphysischen Übel' als problematisch herausgestellt. 'Das Böse' wird so zu einer metaphysischen Notwendigkeit, um die Vollkommenheit des Schöpfers im Gegenüber zu seinen Geschöpfen zu bewahren. Es bietet sich aber die sprachliche Unterscheidung zwischen 'Bösem' und 'Leid' an. Mit der Rede vom 'Leid' wird dann jedoch nicht auf den eben erwähnten metaphysischen Zusammenhang verwiesen, sondern es soll an die individuelle Erfahrung von psychischem und physischem Schmerz als eine Perspektive der Wirklichkeitswahrnehmung erinnert werden.

3. Methode, Aufgaben und Zielsetzungen für das weitere Arbeitsvorhaben

In dem zweiten Teil der Arbeit soll ausgehend vom theologischen Denken Wolfhart Pannenbergs eine Auseinandersetzung mit 'dem Bösen' stattfinden. Um die Methodik dieses Arbeitsabschnittes ausloten zu können, ist es wichtig wahrzunehmen, ob bzw. inwieweit sich bei Pannenberg Parallelen zu dem vorne erarbeitetem Anspruch finden, auf allgemeingültige, 'objektive Wahrheitssätze' über 'das Böse' zu verzichten, oder ob Pannenbergs Methodologie in Spannung zu dem eben genannten Anspruch theologischen Redens vom 'Bösen' steht.

3.1. Anspruch und Intention von Theologie bei Pannenberg

Die Beschäftigung mit Pannenbergs Ausführungen zum 'Bösen' geschieht hauptsächlich anhand Pannenbergs „Anthropologie in theologischer Perspektive" (1983) sowie seiner 1988-1993 erschienenen Systematischen Theologie. Im erstgenannten Werk stellt Pannenberg einleitend seine Vorgehensweise und damit verbunden das Verhältnis von Theologie und nichttheologischer Forschung und Theoriebildung dar.
Pannenberg geht davon aus, dass die nichttheologischen anthropologischen Erkenntnisse nicht als eine neutrale Grundlage für theologische Ausführungen verstanden werden können.[1] In diesem Punkt ist eine Übereinstimmung zu den Ausführungen Dalferths festzustellen.[2]
Im Folgenden wird jedoch eine sich von Dalferth unterscheidende Auffassung deutlich: Pannenbergs Forderung besteht nämlich darin, dass Theologie nicht „etwas anderes gegenüber jener Anthropologie"[3], jenen nichttheologischen Entwürfen bleibt. Sein Vorhaben besteht darin, sich als Theologe die nichttheologische Anthropologie kritisch anzueignen und diese theologisch in Anspruch zu nehmen. Eine säkulare anthropologische Beschreibung stellt für die Theologie eine vorläufige Auffassung dar, „die dadurch zu vertiefen ist, daß an den anthropologischen Befunden selbst eine weitere, theologisch relevante Dimension aufgewiesen wird."[4] In diesem integrativen Verfahren sieht Pannenberg die Möglichkeit, der Theologie angesichts atheistischer Religionskritik

[1]Vgl. Pannenberg, Wolfhart, Anthropologie in theologischer Perspektive, Göttingen 1983 (zit. A), S.18.
[2]Vgl. 2.1.2.2.
[3]A, S.19.
[4]Ebd.

einen „ernstzunehmenden Anspruch auf Allgemeingültigkeit“[5] zu verschaffen. Nur so kann gezeigt werden, dass Glaube mehr ist als die subjektive Setzung der Menschen.[6]
Pannenberg bezeichnet seine Vorgehensweise als „fundamentaltheologische Anthropologie“[7], welche nicht wie die dogmatische Anthropologie die Wirklichkeit Gottes schon voraussetzt und den Begriff der Gottebenbildlichkeit des Menschen aus den Befunden der Bibel entwickelt, sondern sich den von Humanbiologen, Psychologen, Kulturanthropologen oder Soziologen untersuchten Phänomenen des Menschseins zuwendet und diese „auf ihre religiösen und theologisch relevanten Implikationen“[8] befragt.
Für die Thematisierung ‘des Bösen’ bedeutet das, dass Pannenberg auf der Grundlage einer philosophischen Anthropologie und in Auseinandersetzung mit anderen humanwissenschaftlichen Erkenntnissen die ‘Natur’ des Menschen beschreibt, anhand derer die Phänomene ‘Sünde’ und ‘Böses’ aufgezeigt werden.
Eine zentrale These ist dabei, die fundamentale Bezogenheit ‘des Menschen’ auf Gott als irreduzible Dimension menschlicher Religiösität zu interpretieren.[9]

In Bezug auf den oben erläuterten Anspruch Pannenbergs, seiner Theologie durch das Aufweisen der Vorläufigkeit säkularer anthropologischer Ausführungen eine möglichst breite Allgemeingültigkeit zu verschaffen, kann kritisch angemerkt werden, dass hierbei säkulare Anthropologie funktionalisiert wird. Theologie beansprucht durch Bezugnahme auf humanwissenschaftliche Erkenntnisse und durch deren Funktionalisierung eine ‘höhere Gültigkeit’, indem sie durch das Aufweisen theologischer Dimensionen diese Entwürfe zu vertiefen meint. Problematisch ist hierbei auch die Auswahl der humanwissenschaftlichen Ansätze, die auf ihre theologischen Implikationen hin befragt werden. Allein die Tatsache, dass nicht sämtliche neuzeitlichen anthropologischen Entwürfe berücksichtigt werden können, schränkt einen Anspruch auf Allgemeingültigkeit ein.
Im ersten Teil dieser Arbeit ist deutlich geworden, dass nicht von wissenschaftlich neutralen Aussagen zum ‘Bösen’, hinsichtlich der menschlichen ‘Natur’ oder der Formen menschlichen Zusammenlebens ausgegangen werden kann. Es hat sich gezeigt, dass es nicht ‘die’ neutrale Beobachterperspektive von außen

---

[5]Ebd., S.16.
[6]Pannenberg betont, dass sich in der neueren Philosophie durch die Wendung zur Anthropologie eine breite Basis findet, mit welcher einer „Deutung des Menschen als eines Wesens, für dessen Natur die religiöse Thematik nicht konstitutiv sei, mit guten Gründen“ (Feuerbach, Nietzsche, Heidegger, Sartre u.a.) widersprochen werden kann (vgl. Pannenberg, Wolfhart, Theologie und Philosophie. Ihr Verhältnis im Lichte ihrer gemeinsamen Geschichte, Göttingen 1996 [UTB; 1925], S.361).
[7]A, S.21.
[8]Ebd.
[9]Vgl. Schwöbel, Wolfhart Pannenberg, S.246.

gibt, die eine theologische Arbeit einnehmen könnte, um ‘das Böse’ zu beschreiben. Es ist daher kritisch anzufragen, ob ein theologisch-anthropologischer Entwurf, wie ihn Pannenberg anstrebt, nicht immer hinter seinem Anspruch auf Allgemeingültigkeit zurückbleiben muss.

Die „Systematische Theologie“ Pannenbergs repräsentiert den deutlichsten Versuch, einen Mittelweg einzuschlagen zwischen einer Dogmatik, die auf der Offenbarung basiert und ihre Behauptungen nicht ausreichend begründen kann sowie einer ‘rationalistischen’ Theologie, die nur mit Aussagen arbeitet, die aus Vernunftgründen zugelassen werden können. Es findet also eine Vermittlung zwischen der Binnenperspektive des Glaubens und der Außenperspektive der Vernunft statt.[10]
Systematische Theologie möchte Pannenberg als Erörterung des Stoffes der Dogmatik als Entfaltung des christlichen Gottesgedankens verstanden wissen.[11] Durch die wechselseitige Bezugnahme der systematischen Einzelthemen kommt die Wahrheit Gottes ins Spiel. Die Wirklichkeit Gottes hängt an seiner Ehre als Schöpfer, Erhalter, Versöhner und Vollender dieser Welt.[12] Systematische Theologie hat deshalb die Aufgabe, „ein Modell von Welt, Mensch und Geschichte als in Gott begründet“ zu entwerfen, welches Gottes Wirklichkeit und Wahrheit der christlichen Lehre „als konsistent denkbar ausweist und so erhärtet“.[13] Im Disput mit anderen dogmatischen Modellen kann die Differenz zwischen dem Modell und der Wahrheit Gottes in Erscheinung treten. Trotzdem spricht Pannenberg den verschiedenen Modellen die Funktion zu, antizipierend die Wahrheit Gottes darzustellen, deren endgültige Offenbarung in der Welt noch aussteht.[14] In Bezug auf seine Wahrheit ist das Dogma aber ein „eschatologischer Begriff“[15].
In dem zentralen anthropologischen Kapitel „Würde und Elend des Menschen“[16] werden sowohl in dem Abschnitt zur Bestimmung des Menschen als auch in den Ausführungen zur Sünde, aus denen die Rede ‘vom Bösen’ hervorgeht, zunächst zentrale alt- und neutestamentliche Befunde befragt. Erst in weiteren Schritten beginnt die Verknüpfung und das Gespräch mit bestimmten philosophischen Erkenntnissen bzw. der Hinweis auf seine früheren anthropologischen Ausführungen. Das „Erfahrungswissen über die Welt und den Menschen“[17] wird aus der Perspektive des christlichen Gottesverständnis behandelt. Diese Möglichkeit der Interpretation versteht Pannenberg allerdings

[10]Vgl. ebd., S.269f.
[11]Vgl. Pannenberg, Systematische Theologie, Bd. 1, Göttingen 1988 (zit. STh 1), S.7.
[12]Vgl. ebd., S.70.
[13]Ebd.
[14]Vgl. ebd., S.70f.
[15]Sth 1, S.26. Diese Formulierung übernimmt Pannenberg von Karl Barth.
[16]Pannenberg, Wolfhart, Systematische Theologie, Bd. 2, Göttingen 1991 (zit. Sth 2), S.203-314.
[17]Ebd., S.12.

auch als 'Probe' auf die mögliche Wahrheit des Gottesgedankens. Pannenberg betont weiterhin: „Je mehr eine solche Darstellung sich im Einklang befindet mit den Daten des Erfahrungswissens und mit den Einsichten des Reflexionswissens, desto erhellender wird sie für den Wahrheitsanspruch, der mit dem betreffenden Gottesverständnis verbunden ist. Jedenfalls aber erbringt sie einen Tatbeweis dafür, daß und wie die mit dem Gottesgedanken als solchen so oder so implizit verbundene Funktion der Konstitution eines Weltbegriffs durch eine mehr oder weniger ins einzelne gehende Darstellung einlösbar ist."[18] Trotz des Anspruches, dass theologische Aussagen wirkliche Behauptungen darstellen, die „echte Wahrheitsansprüche formulieren" und „nicht die Gewißheit des Glaubensaktes gefährde[n]"[19] betont Pannenberg die Endlichkeit theologischen Erkennens. Solange der Ausgang der Prüfung des Gottesverständnisses offen ist, bleiben Aussagen des Glaubens und der Theologie Hypothese.[20] Mit Schwöbel lässt sich vermuten, dass die Betonung des hypothetischen Status theologischer Aussagen hauptsächlich eine kritische Funktion impliziert. Theologen und Glaubende werden an die Endlichkeit und Vorläufigkeit aller menschlicher Erkenntnis erinnert, gleichzeitig wird die Abhängigkeit von der Selbstoffenbarung Gottes betont.[21]

3.2. Geplante methodische Vorgehensweise

Zunächst ist festzustellen, dass Pannenbergs Konzeption von Theologie in einer gewissen Spannung zu der vorne entfalteten These von der Perspektivität wissenschaftlicher Aussagen steht. Zwar tritt in seiner Systematischen Theologie der Gedanke der Objektivität der Universalgeschichte zugunsten einer Betonung, dass Totalität der Wirklichkeit nur in subjektiven Antizipationen gegeben ist, zurück, in seiner gesamten Konzeption verzichtet Pannenberg jedoch nicht auf die Möglichkeit, die Basis für universale Ansprüche des christlichen Glaubens aus der Perspektive der Vernunft zu begründen und zu festigen.

---

[18]Ebd., S.12. (vgl. *ders.*, Wissenschaftstheorie und Theologie, Frankfurt/M. 1973, S.302).
[19]Schwöbel, Wolfhart Pannenberg, S.254.
[20]Vgl. Sth 1, S.66ff. Vgl. Ders., Wissenschaftstheorie und Theologie, S.302;334-346. Der Begriff der Hypothese spielt auch eine Rolle in einem Gespräch mit G. Sauter, welcher den Hypothesenbegriff im Unterschied zu Pannenberg allein auf die theologischen Aussagen beschränkt und im Fragen nach Begründungen für Glaubensaussagen eine Verletzung derer assertorisch ausgesprochenen *Gewissheit* ansieht (vgl. Daecke, Sigurd Martin/ Janowski, Hans Norbert/ Pannenberg, Wolfhart/ Sauter, Gerhard, Theologie als Wissenschaft. Ein Gespräch, in: *dies.*, Grundlagen der Theologie - ein Diskurs, Stuttgart 1974 [UBT; 603], 58-120, S.70ff).
[21]Vgl. Schwöbel, Wolfhart Pannenberg, S.254.

Hinweise Dalferths auf die Positionalität der Theologie und die Charakterisierung von Theologie als Sichtweise 'der Beteiligten', die die Wirklichkeit angesichts der Gegenwart Gottes - und zwar nicht in Abhängigkeit von Philosophie und anderer Wissenschaft - deuten, führten dagegen zu einem Verzicht auf den Anspruch auf Allgemeingültigkeit und - bezogen auf die Thematik 'des Bösen' auf einen Verzicht einer 'Metatheorie des Bösen'.

Um zu prüfen, ob bzw. inwieweit der universale Anspruch Pannenbergs Theologie eine solche 'Metatheorie des Bösen' anbahnt, werden im zweiten Teil der Arbeit die Ausführungen Pannenbergs vor der 'Hintergrundfolie' der Überlegungen Dalferths gelesen. Methodisch wird dieser Anspruch so zu lösen sein, dass die Darstellung des Phänomens 'des Bösen' in der Theologie Pannenbergs zeitweise unterbrochen wird, um kritisch anzufragen, ob nicht der universale Anspruch Pannenbergs Theologie den hypothetischen Charakter seiner Aussagen so überlagert, dass in Folge davon eine 'Metatheorie des Bösen' entsteht. Es ist zu prüfen, ob eine solche Rede über 'das Böse' sich vor dem Hintergrund bestimmter menschlicher Perspektiven, z.B. aus der Perspektive des Leids, als allgemeingültig bewähren kann.
Das kann zum einen in den jeweiligen Zusammenfassungen der Kapitel, zum anderen auch durch eine Gegenüberstellung der Ausführungen Pannenbergs mit einer entgegengesetzten Position - beispielweise aus dem Bereich der feministischen Theologie - geschehen. Mit diesem punktuellen Perspektivenwechsel kann deutlich gemacht werden, dass 'das Böse' auch innerhalb der Theologie kontextabhängig ist und immer aus bestimmter Perspektive beschrieben wird. In diesen Abschnitten soll *über die Rede 'vom Bösen'* reflektiert werden, während in der Darstellung Pannenbergs Ausführungen unter Bestimmten Fragestellungen (vgl. 3.2.) theologisch *über die Wirklichkeit 'des Bösen'* nachgedacht wird.
So sollen zwei Anliegen parallel zueinander verwirklicht werden: Zum einen soll mit der Darstellung der Theologie Pannenbergs von der Frage nach 'dem Bösen' her dem schillernden Begriff 'des Bösen' eine theologische Bestimmung 'des Bösen' entgegengesetzt werden, die nicht nur auf die anthropologische Bedeutung 'des Bösen' eingeht, sondern auch soteriologische und eschatologische Grundgedanken mit einbezieht.
Gleichzeitig soll deutlich gemacht werden, dass es *'die Theologie'* von *'dem Bösen'* nicht geben kann. So soll vermieden werden, die Position Pannenbergs absolut zu setzen, sondern sie soll als eine überzeugende und in sich stimmige Beschreibung von Wirklichkeit verstanden werden. Die Ausführungen Pannenbergs 'zum Bösen' werden unter diesem Vorbehalt der Perspektivität gelesen und verstanden. Die Differenz zwischen Thematisierung von Wirklichkeit und thematisierter Wirklichkeit soll offen gehalten werden.

Um 'das Böse' nicht ausschließlich als anthropologisches Phänomen darzustellen, sondern auch soteriologische und eschatologische Überlegungen Pannenbergs hinsichtlich der Frage nach 'dem Bösen' und seiner Überwindung fruchtbar zu machen, bietet sich eine methodische Orientierung an Pannenbergs umfassender 'Systematischen Theologie' an. Mit seiner Theologie möchte er ein Wirklichkeitsverständnis entwickeln, das sowohl authentisch christlich ist, sich aber zugleich intellektuell im Gespräch mit Gesellschafts- und Naturwissenschaften als plausibel behaupten kann.[22] Um in spezifisch christlicher Perspektive 'das Böse' beschreiben zu können, ist es sinnvoll, wenn der Ausgangspunkt der jeweiligen Ausführungen in der Entfaltung des christlichen Gottesgedankens und biblischen Bekenntnisses besteht, wie es in der Systematischen Theologie Pannenbergs (und weniger in Pannenbergs 'Anthropologie') der Fall ist.

Um den Ansatz Pannenbergs nicht zu verfälschen bzw. zu verkürzen, müssen jedoch seine grundlegenden Erkenntnisse über 'das Böse' aus seiner 'Anthropologie in theologischer Perspektive' mitbedacht werden. Innerhalb der Reflexionsphasen kann Pannenbergs Inanspruchnahme philosophischer bzw. psychologischer Anthropologie kritisch befragt werden. Es ist zu prüfen, ob diese als 'Beweise' hinsichtlich der vorherigen theologischen Ausführungen verstanden und damit funktionalisiert werden, oder ob die Bezugnahme auf säkulare Anthropologie als eine Möglichkeit für das theologische Reden 'vom Bösen' gesehen werden kann, sich der Kommunikation und dem fruchtbaren Austausch mit säkularen Wissenschaften zu stellen, um nicht in Isolation zu geraten. Die Inanspruchnahme auf philosophischer oder psychologischer Anthropologie könnte dann als Chance verstanden werden, hinsichtlich schwieriger theologischer Begriffe wie dem der 'Sünde' nicht gesprächsunfähig und unverstanden zu bleiben.

Neben den methodischen Überlegungen haben sich im ersten Teil der Arbeit bereits einige inhaltliche Fragestellungen ergeben, die in die Untersuchung theologischer Rede 'vom Bösen' anhand Pannenbergs Theologie einfließen und dort vertieft werden können. Sowohl diese inhaltlichen Bezugspunkte sowie die Ergebnisse der Methodenwahl bedingen die Ziele, die sich für die folgenden Arbeitsschritte ergeben.

---

[22]Vgl. Schwöbel, Wolfhart Pannenberg, S.268ff.

3.3. Aufgaben und Ziele für das weitere Arbeitsvorhaben

Theologische Wirklichkeitsdeutung kann nicht geschehen, ohne die Beziehung zwischen Gott und Mensch mit zu thematisieren. Für eine Untersuchung theologisch plausibler Rede 'vom Bösen' bedeutet dieses, dass mit Pannenberg besonders der Begriff der Sünde verständlich zu machen sein wird (vgl. Teil II, 2.2.). Gleichzeitig wird eine Klärung hinsichtlich der Begriffe 'Sünde' und 'Böses' notwendig (Teil II, 2.5.). Vor dem Hintergrund Pannenbergs Verwendungsweisen von 'Sünde' und 'Bösem' soll ein Vorschlag für einen differenzierten und theologisch plausiblen Sprachgebrauch von 'Sünde' und 'Bösem' erfolgen. Auf diese Weise kann zum Ausdruck gebracht werden, was theologisches Reden 'vom Bösen' vom philosophischen Sprachgebrauch unterscheidet. Ein wichtiger Aspekt ist in diesem Zusammenhang auch die Frage, warum in einigen humanwissenschaftlichen Entwürfen menschliche Verhaltensweisen wie Aggression oder Gewalt als 'böse' bezeichnet werden. Die Kriterien dafür blieben in den oben entfalteten Entwürfen ungenannt. Es muss gefragt werden, welche theologischen Begründungszusammenhänge zur Verfügung stehen, um bestimmte Phänomene dem Bereich 'des Bösen' zuzuordnen. Unter Umständen erhellen diese Begründungszusammenhänge auch den Zusammenhang zwischen 'Aggression' und 'dem Bösen'(vgl. Teil II, 2.3 und 2.4.).

Anhand der Integrationsbemühungen 'des Bösen' in die Sozial- und Humanwissenschaften ist die Frage nach der Verantwortung des Menschen für 'das Böse' laut geworden. Unterschiedliche Modelle vom menschlichen Handeln treffen hier aufeinander. Während Theorien, die mit der 'Natur' des Menschen argumentieren, sich vorwerfen lassen müssen, sie vernachlässigen die Frage nach der Verantwortung des Menschen, wird diese angesichts des Bildes vom freiheitlich, selbstbestimmten Menschen sehr stark betont. Es wird also gefragt, ob oder wie theologisches Reden 'vom Böse' bei Pannenberg diese Spannung aufzulösen oder zu halten vermag (vgl. Teil II, 3.1.). Dabei ist auch kritisch zu prüfen, ob Pannenbergs Beschreibungen 'des unfreien Willens' ausreicht, um menschlichen Erfahrungen mit 'dem Bösen' als allgemeingültige Einsicht zu erfassen. Im Anschluss an diese Erörterung soll daher in hinsichtlich der Erfahrung des Ineinander von Freiheit und Ohnmacht angesichts 'des Bösen' eine weitere Ausdifferenzierung eines plausiblen theologischen Sprachgebrauches vorgeschlagen werden (Teil II, 3.3.).
Eng verbunden mit dem Gedanken der Freiheit (oder Unfreiheit) gegenüber 'dem Bösen' ist die Frage nach der 'Überwindung' oder 'Erlösung vom Bösen'. In dem Abschnitt 'Pathologisierung und die Gefahr der Ideologisierung' ist herausgestellt worden, welche Probleme eine Lokalisierung 'des Bösen', verbunden mit dem Wunsch 'das Böse' beseitigen zu wollen, mit sich führen kann.

Dieser Hinweis ist für die weiteren theologischen Ausführungen von Bedeutung. Es wird daher um die Frage gehen, wie die von Christen gehoffte 'Erlösung vom Bösen' zu denken ist (Teil II, 4.1.ff.). Hier sollen die soteriologisch-eschatologischen Ausführungen Pannenbergs auf die Frage nach 'dem Bösen' bezogen und kritisch erörtert werden.
Ein wichtiges Anliegen der Arbeit besteht darin, 'das Böse' nicht zu verharmlosen, sondern es in seiner Radikalität ernst zu nehmen. Die theologischen Äußerungen haben sich daher auch der Perspektive des Leidens zu stellen. Gerade in diesem Zusammenhang, wie es auch an den Ausführungen Safranskis zur Hiob-Thematik deutlich wurde, wird es daher wichtig, die Theodizeethematik und die Frage nach der Allmacht Gottes in den Blick zu nehmen. (Teil II, 4.4.). Es soll geprüft werden, ob über Pannenberg hinaus eine differenziertere Rede von der Allmacht Gottes sowie eine stärkere Betonung der Rede vom dreieinigen Gott im Leid dazu beitragen kann, die Rede von Gott angesichts 'des Bösen' theologisch plausibler zu gestalten.
Insgesamt sollen die Ergebnisse, die aus den Ausführungen Pannenbergs zu einem näheren Verständnis der Wirklichkeit 'des Bösen' herangezogen werden, mit Dalferth als eine Wirklichkeitserschließung aus der Perspektive des Glaubens verstanden werden. Ist in der vorne herausgearbeiteten methodischen Vorgehensweise eine eigene theologische Perspektive im Blick auf 'das Böse' entwickelt worden, so kann im Rückblick auf den ersten Teil der Arbeit gefragt werden, welche Funktionen diese theologische Sichtweise 'vom Bösen' vor dem Hintergrund der 'verwirrenden Vielfalt' um 'das Böse' haben kann, welche Impulse von dieser theologischen Perspektive auf das menschliche Zusammenleben und Gestalten von Wirklichkeit ausgehen können, bzw. wo das theologische Reden vom 'Bösen' seine Grenzen findet (vgl. Teil III).

Teil II:

Sünde, Versöhnung und Vollendung - Erörterung der Frage nach 'dem Bösen' und seiner 'Überwindung' anhand der Theologie Wolfhart Pannenbergs

1. Anthropologische Vorüberlegungen

In diesem Teil der Arbeit soll es darum gehen, die Wirklichkeit 'des Bösen' aus der Perspektive des Glaubens zu thematisieren. Betrachtet man die Botschaft von der Versöhnung und Erlösung[1] durch Jesus Christus als Zentrum des christlichen Glaubens, sind die Erfahrungen mit 'dem Bösen' in Beziehung zu diesem Kern christlicher Botschaft zu setzen. Dabei steht weniger die Frage nach der Ursache des Bösen im Vordergrund, sondern die Frage nach dem Ende 'des Bösen', nach der Erlösung. Diese kann jedoch nicht gänzlich losgelöst von einer Überlegung zu den 'Wurzeln des Bösen' thematisiert werden, gerade wenn es um die Frage nach Möglichkeiten der Bewältigung 'des Bösen' in der Welt gehen soll.[2]

Pannenbergs Grundlage für die Rede 'vom Bösen' sind seine anthropologischen Ausführungen[3] zur „Würde und Elend des Menschen“[4]. Dabei geht es

---

[1]'Erlösung' und 'Versöhnung' stellen für Pannenberg neben 'Rechtfertigung' und 'Befreiung' des Menschen soteriologisch geprägte Vorstellungen des Neuen Testamentes dar, die den Glaubenden zuteil werden. Alle diese Vorstellungen sind durch ihren eschatologischen Bezug gekennzeichnet: Sie beziehen sich auf eine eschatologische Zukunft, die beim Glaubenden schon gegenwärtig anbricht (vgl. STh 2, S.442f). Gegenüber Schleiermacher, bei dem die Versöhnung ein Moment im Erlöserhandeln Christi ausmacht, betont Pannenberg die versöhnende Tätigkeit Christi, indem er den Kreuzestod Jesu als Sühnegeschehen interpretiert (vgl. ebd. S.452-457). Die Rede von der Erlösung des Menschen ist in der Systematischen Theologie Pannenbergs weniger ausdifferenziert und findet parallel zum Begriff der Versöhnung Verwendung. Das Erlösungshandeln des dreieinigen Gottes bekommt in seiner Bedeutung einen besonderen Akzent, wenn die Erlösungs*bedürftigkeit* des Menschen „wegen der Sünde, die die Wurzel seines Elends und seiner Entfremdung von Gott und von seinem eigenen Selbst bildet“ (ebd. 208) zum Ausdruck gebracht werden soll. Auch lässt sich 'Erlösung' als Konsequenz des Versöhnungshandelns Gottes durch Jesus Christus, nämlich als die Befreiung aus der Macht des Todes verstehen (vgl. ebd. S. 361). In dieser Arbeit soll der Begriff der Erlösung demnach besonders als Gegenbegriff zu der menschlichen Situation, zum Menschen in seinem Elend, verwendet werden. Der Begriff der Vollendung ist ebenfalls eschatologisch zu verstehen. Er verweist auf das Ziel von Gottes schöpferischem Handeln als endgültige Offenbarung Gottes und Sinnenthüllung von Geschichte. Dabei wird deutlich, dass Pannenberg eine universaltheologische Konzeption von Wirklichkeit und Geschichte entwirft (vgl. Sauter, Gerhard, Einführung in die Eschatologie, Darmstadt 1995, S.132f).

[2]Vgl. Claret, Geheimnis des Bösen, S.13. An dieser Stelle betont Claret gleichzeitig, dass eine Hoffnung auf Erlösung nur dann annehmbar und lebbar sei, wenn man glauben kann, dass Gott das Böse „absolut nicht will“.

[3]Pannenberg weist in früheren Schriften darauf hin, dass die allgemeinsten Grundlagen der systematischen Theologie in der Anthropologie in Hinblick auf deren religiösen und theologischen Implikationen zu suchen sind (vgl. Wissenschaftstheorie und Theologie, S.424). Er betont, dass „die erste und grundlegende Entschei-

sowohl um eine Klärung des Personbegriffs als auch um die Vorstellung der 'Bestimmung des Menschen'. Diese anthropologischen Vorüberlegungen bilden die Basis für eine sich anschließende Ausführung der Vorstellung, dass 'das Böse' aus theologischer Perspektive als das einem schöpfungsgemäßen Dasein Entgegenstehende gedeutet werden kann. Dabei verweist Pannenberg auf die Rede vom Elend des Menschen, welche im umfassenderen Sinn als die traditionelle Rede von der Sünde die Situation der Verlorenheit in der Gottesferne sowie den Zusammenhang von Sünde und Sündenfolge zum Ausdruck zu bringen vermag: „Im Begriff des Elends ist die Absonderung und Verselbständigung des Menschen von Gott mit den daraus hervorgegangenen Folgen zusammengefasst.“[5] Eine ähnliche semantische Kraft besitzt nach Pannenberg der Begriff der Entfremdung[6], der einen aktiven und einen zuständlichen Aspekt zur Sprache bringt: Jemand entfremdet sich von jemandem und befindet sich damit gleichzeitig im Zustand der Entfremdung. Nach biblischem Verständnis (Röm 7,24) ist der Mensch elend, welcher im Widerspruch und damit in Entfremdung zu seiner Bestimmung, der Gemeinschaft mit Gott, lebt.

Als Ausgangspunkt einer genaueren Klärung dessen, worin Pannenberg die Entfremdung des Menschen von Gott versteht, dient zunächst die Frage, was aus theologischer Perspektive Menschsein im Bekenntnis des dreieinigen Gottes als Schöpfer ausmacht. Es ist zu klären, was es bedeutet, theologisch von 'dem Menschen' zu reden.

dung darüber, ob das Reden von Gott theoretischen Wahrheitsgehalt beanspruchen kann oder als irrationaler Ausdruck anderweitig... zu erklärender menschlicher Einstellungen zu beurteilen ist“ nur auf „dem Boden anthropologischer Argumentation“ fallen kann (*ders.*, Gottesgedanke und menschliche Freiheit. Göttingen 1972, S.16).

[4]STh 2, S.203-314.

[5]Ebd. S.207.

[6]Vgl. A, S.258-278. Hier findet unter anderem eine Auseinandersetzung mit Paul Tillich statt (*ders.*, Systematische Theologie, Bd. II, Stuttgart [4]1973), welcher den Entfremdungsbegriff zur Interpretation des Sündenbegriffes aufgegriffen hat. Pannenberg betont jedoch, dass der Entfremdungsbegriff zwar über den Akt der Trennung auch den Zustand der Trennung von Gott bezeichnet, er jedoch nicht als Äquivalent der Erbsündenlehre, also zur Begündung der Universalität der Sünde dienen kann. Die bei Tillich angedeutete gesellschaftliche Dimension der Entfremdung lässt nach Pannenberg zwar Entfremdung als 'universales Schicksal' erscheinen, das der individuellen Einzelsituation schon vorgegeben ist und in das das einzelne Leben verstrickt ist, sie kann jedoch nicht (ebensowenig wie die Lehrbildung vom 'Reich der Sünde' (vgl. 3.2.1.) als Begründung, sondern ausschließlich als Symptom für die Faktizität der Universalität der Sünde gelten (vgl. ebd. S.277). Hier wird deutlich, dass Pannenberg dem Kerngedanken der 'Erbsündenlehre' neue Geltung verschaffen möchte (vgl. 3.1.).

1.1. Vorbemerkung zur Rede von 'dem Menschen'

Anthropologie ist als die Lehre 'vom Menschen' zu verstehen.[7] Innerhalb einer phänomenologischen Anthropologie steht die Wendung 'der Mensch' nicht für einen einzelnen, bestimmten Menschen, auch geht sie in ihrer Bedeutung über eine biologische oder evolutionstheoretische Systematisierung hinaus. In der philosophischen Tradition spiegelt die Wendung 'der Mensch' das Bemühen wider, das 'Wesen des Menschen', das Allgemein-Menschliche, zu bestimmen. Eine der ältesten Bestimmungen ist die Tradition der Hervorhebung 'des Menschen' als „Zoon logon echon" (Aristoteles), als Lebewesen, das Vernunft bzw. Sprache hat, was durch seinen aufrechten Gang und den Gebrauch seiner Hände deutlich wird, ein Wesen, das nach Gemeinschaft strebt.[8]
Zu Bedenken ist, dass in jeder Aussage über 'den Menschen' der Mensch seine Erkenntnis auf sich selbst zurückrichtet. Sie enthält also zugleich eine Aussage über den reflektierenden Menschen selbst und dabei ist sie sowohl „Aussage eines Menschen überhaupt und zugleich die eines Menschen in seiner bestimmten Denk-, Zeit- und Lebenssituation."[9]
In der Rede 'über den Menschen' kann der einzelne Mensch seinen menschlichen Standpunkt nicht verlassen. Es bedarf einer Distanz des Menschen zu sich selbst, eines Standpunktes 'außerhalb', die jedoch nicht eingehalten werden kann. Daher ist der Einwand zu hören, dass das 'Wesen des Menschen' nicht unmittelbar zu erkennen ist, sondern dass es sich hinter einer „Maskierung"[10] verberge. Bei Schopenhauer sei dies der Intellekt als Instrument der Illusionen, bei Nietzsche die Moral, durch die der 'Wille zur Macht' gezähmt und verfälscht wird, bei Freud die Verdrängung des Unbewussten.[11]
Die allgemeine Rede von 'dem Menschen' ist umstritten. Dabei geht es nicht nur um die Einwände hinsichtlich der Schwierigkeiten ein 'Wesen des Menschen' zu bestimmen, sondern darüber hinaus wird in Frage gestellt, ob es überhaupt ein solches 'Wesen' gibt. So wird aus philosophisch-analytischer Perspektive darauf verwiesen, dass historische Denker immer wieder die Annahme

---

[7]Während das Thema 'Mensch' in allen philosophischen Reflexionen indirekt gegenwärtig ist, da implizit ein bestimmtes menschliches Selbstverständnis zum Ausdruck kommt, rückt die philosophische Anthropologie des 20. Jh. (bes. Scheler, Gehlen, Plessner) 'den Menschen' wieder ins Zentrum ihrer Analysen (vgl. Rentsch, Thomas, Art. Mensch, in: Enzyklopädie Philosophie, Bd. 1(1999), 814-818, S.816). Dabei soll der Begriff des Menschen auf der Grundlage empirischer Befunde herausgebildet werden. In der gegenwärtigen Lage ist eine Fülle von humanwissenschaftlichen Einzelerkenntnissen wahrzunehmen. Es scheint daher immer schwieriger, eine umfassende Wissenschaft von 'dem Menschen' zu entwickeln. Als fragwürdig sind in diesem Zusammenhang Ansprüche einzelner Wissenschaften zu nennen (Pesch verweist hier auf die Soziobiologie), andere Wissenschaftszweige (z.B. Psychologie, Politologie) integrieren zu wollen (vgl. Pesch, Otto Hermann, Frei sein aus Gnade. Theologische Anthropologie, Freiburg/Br. 1983, S.50ff).
[8]Vgl. Hügli, A./ Kiefhaber, M., Art. Mensch II, in: HWP, Bd. 5(1980), 1062-1071, Sp. 1063ff.
[9]Grawe, Ch., Art. Mensch I, in: HWP, Bd. 5(1980), 1059-1061, Sp. 1059.
[10]Ebd., Sp. 1061.
[11]Vgl. ebd.

einer allgemeinen Natur des Menschen oder einen 'Grund des Selbst' bestritten haben. Dagegen bestanden sie darauf, dass Sozialisation und historische Bedingtheit alles Menschsein bestimmt - „daß es 'unterhalb' von Sozialisation oder vor Geschichte nichts mehr zur Definition des Menschseins gebe."[12]
Der hermeneutische Anspruch, das 'Wesen des Menschen' erfassen zu können, impliziert die Annahme einer alle Menschen gleich betreffenden 'anthropologischen Konstante'. Gegenüber dieser Vorstellung erfolgt der Einwand, dass es sich dabei um eine Verallgemeinerung handele, die das unterschiedliche Geschlecht und Alter, die verschiedenen Nationalitäten und Sprachräume, die vielfältigen kulturellen und sozialen Lebensräume und historischen Bedingtheiten menschlichen Erfahrens, Handelns und Verhaltens sowie die individuell ausgeprägten Persönlichkeitsstrukturen und die Einzigartigkeit jedes einzelnen Menschen vernachlässige.[13]

Die Frage ist also, ob und wie sich die theologische Rede von 'dem Menschen' angesichts dieses Vorwurfes begründen lässt. In Pannenbergs Theologie wird theologisches Reden von 'dem Menschen' dadurch zu begründen versucht, dass die hermeneutische Erfassung der Bedeutung von Gottebenbildlichkeit als Bestimmung des Menschen dadurch gestützt wird, dass die Gottebenbildlichkeit als eine in der anthropologischen Ausgangslage 'des Menschen' aufweisbaren Dimension interpretiert wird. Seine Vorgehensweise besteht darin, die Perspektive des Glaubens durch die Perspektive der Vernunft einsichtig und 'allgemeingültig' zu machen. Diese Vorgehensweise soll im Folgenden kritisch dargestellt werden. Dabei ist in den Blick zu nehmen, inwieweit die Rede von der 'Gottebenbildlichkeit des Menschen' für eine theologische Beschreibung 'des Bösen' hilfreich werden kann.
Darüber hinaus ist eine Antwort auf die (aus sprachanalytischer Perspektive wichtigen) Frage, was durch die von Pannenberg explizierte Aussage von der 'Personalität des Menschen' sowie 'vom Menschen als Ebenbild Gottes' durch wen und wo erreicht werden kann[14], hilfreich. Durch den Hinweis auf den Lebens- und Handlungsbezug der Rede von der 'Gottebenbildlichkeit des Men-

---

[12]Rorty, Kontingenz, Ironie und Solidarität, S.11. Er weist des Weiteren darauf hin, „daß die Frage 'Was heißt es, ein Mensch zu sein?', durch andere Fragen ersetzt werden müsse, zum Beispiel, 'Was heißt es, in einer reichen Demokratie des zwanzigsten Jahrhunderts zu leben?'" (Ebd. S.11f).
[13]Aus der Perspektive feministischer Theologie wird kritisiert, dass philosophische, psychologische oder theologische Aussagen über 'das Menschsein' sich oftmals ausschließlich auf männliche Erfahrungen beziehen und sich auf die Kultur des sogenannten Abendlandes beschränken (vgl. Gebara, die dunkle Seite Gottes, S.102f; vgl. auch teil II, 2.2.5.). Neben dem Hinweis auf die historische Bedingtheit menschlichen Daseins kann auch aus der Ethik ein Einwand gegen die Anthropologie erfolgen. Wird in einer Anthropologie von deskriptiven Sätzen auf normative Sätze geschlossen, kann dieser Schluss als logisch unzulässig, als 'naturalistischer Fehlschluss' kritisiert werden (vgl. Schwemmer, Oswald, Art. Anthropologie, in: EPhW, Bd. 1(1980), 126-129, S.127).
[14]Vgl. Gestrich, Christof, Art. Glaube und Denken, in: TRE, Bd. 13(1984), 365-384, S.380.

schen' kann die Plausibilität der theologischen Rede von 'dem Menschen' gestützt werden.

1.2. 'Der Mensch' als Person

In der theologischen Anthropologie Pannenbergs geht die Rede von 'dem Menschen' in ihrer Bedeutung ebenfalls über eine biologische Gattungszuordnung hinaus. Die theologische Beschäftigung mit 'dem Menschen' geschieht in der Spannung zwischen den beiden Polen 'Mensch als Sünder' und der 'Gottebenbildlichkeit des Menschen' als seiner Bestimmung, die seine Personalität und damit seine Würde begründet. Beide Pole kennzeichnen grundsätzlich die Rede von 'dem Menschen'.
Aus der Perspektive der Psychologie wurde im Zuge der Freudschen Moralkritik besonders die Charakterisierung aller Menschen als Sünder als vereinfachend und pauschalisierend kritisiert. Zu dieser Kritik hat besonders die Tradition der kirchlichen Erbsündenlehre herausgefordert.[15] Deshalb wird es für diese Arbeit wichtig sein, das Phänomen der Sünde sprachlich zeitgemäß zu entfalten. Der Begriff der Sünde, besonders der Erbsünde bedarf gerade im heutigen Sprachverhalten besonderer Erläuterung und zeitgemäßer Interpretation, um nicht angesichts moderner Humanwissenschaften als überflüssig zu erscheinen und dem Vorwurf der „Gestrigkeit"[16] zu erliegen. Die Rede vom 'Mensch als Sünder' muss in Bezug auf den Vorwurf einer vorschnellen Verallgemeinerung überprüft werden. Eine Schwierigkeit wird dabei sein, dass bei Pannenberg die Allgemeinheit der Sünde als Voraussetzung der Erlösungstat Christi gesehen wird.
Für eine Begründung theologischer Rede von 'dem Menschen' kann besonders der Blick auf den zweiten Pol, auf den sich die allgemeine Rede von 'dem Menschen' bei Pannenberg bezieht, dienlich sein. Hier wird betont, dass 'der Mensch' *als Person* seine Besonderheit besitzt.[17] Die Personalität 'des Menschen' wird dabei von der Relation Gott-Mensch her gedacht. Bereits im alttestamentlichen Denken wird der Mensch als Gegenstand der ewigen Zuwendung Gottes thematisiert. Aufgrund der Vorstellung von der Gottebenbildlichkeit des Menschen erklärte der Glaube Israels jedes individuelle Menschenleben für unantastbar (Gen 9,6). Dass aber gerade jedes menschliche Leben in seiner Besonderheit unendliches Gewicht hat, ist eine Einsicht, die erst mit der Botschaft Jesu ihre Ausdrücklichkeit fand. Die Botschaft, dass Gottes Liebe jedem Einzelnen, auch den Verirrten und Verlorenen, nahe ist, führte zu einer Verbin-

---

[15]Vgl. STh 2, S. 269ff.
[16]Gestrich, Die Wiederkehr des Glanzes, S.13.
[17]Vgl. STh 2, S.227ff. Vgl. auch: Pannenberg, Wolfhart, Art. Person, in: RGG^3, Bd. 5(1961), 230-235.

dung der Besonderheit individuellen Lebens mit dem Personbegriff. Die christologische Verwendung des Personbegriffs bringt die für das menschliche Dasein Jesu konstitutive Gottesbeziehung zum Ausdruck. Die Gottebenbildlichkeit als Bestimmung des Menschen zur Gemeinschaft mit Gott ist in Jesus Christus erfüllt. Die Gottesbeziehung konstituiert als wesentliches Element die menschliche Personalität. So ist jeder Mensch durch sein Verhältnis zu Gott Person, sei es in Offenheit für die Gemeinschaft mit Gott (wie Jesus) oder in Verschlossenheit gegen diese Bestimmung.[18]

Aspekte neuzeitlicher Reflexionen des Personseins wie Selbstbewusstsein, Subjektivität und Freiheit werden von Pannenberg damit nicht verworfen, jedoch werden sie auf ihre Begründungskraft für die Vorstellung von Würde und Unantastbarkeit als alleinige Deutungsgrundlage hin befragt.[19]
Pannenberg betont, dass nicht das Selbstbewusstsein allein, das Vermögen des Menschen, das eigene Ich von allem anderen zu unterscheiden und festzuhalten, die Personalität begründet. In diesem Fall wäre der Mensch ohne Personalität, wenn er sein Selbstbewusstsein noch nicht entwickelt hat oder es nicht mehr besitzt. Personalität, die in der Bestimmung des Menschen begründet ist, übersteigt dagegen seine empirische Realität[20]: „Durch seine Bestimmung zur Gemeinschaft mit Gott, die in der Inkarnation des Sohnes definitiv realisiert worden ist, ist schon der Mensch als solcher, also jeder einzelne Mensch über die Naturwelt und in bestimmtem Sinne auch über die Gewaltverhältnisse der sozialen Lebenswelt, in die er gestellt ist, hinausgehoben. Die Bestimmung zur Gemeinschaft mit Gott macht das Leben des Menschen in der Person jedes einzelnen Menschen unantastbar. Sie begründet die Würde, die jeder menschlichen Person unverlierbar eigen ist.“[21] ‘Der Mensch’ ist auch Person in Relation zu anderen Menschen. Im anderen Menschen trifft das Ich auf ein Du, das genauso mit einer Bestimmung auf Gott hin ausgezeichnet ist. Deshalb bleibt der andere Mensch in seiner Personalität unverfügbar und kann „nie ganz zur Sache gemacht werden“[22].
Pannenberg ist bemüht die Personalität in das Verständnis von göttlicher Wirklichkeit als Geschichte zu integrieren. Somit ordnet er die Person in einen ontologischen Problemzusammenhang ein.[23] Personsein ist keine ausschließliche Deskription dessen, was der Mensch *ist*, sondern Personalität „hat es zu tun mit dem Inerscheinungtreten der Wahrheit und Ganzheit des individuellen Lebens

[18]Vgl. STh 2, S.228f. Vgl. auch Diekmann, Elisabeth, Personalität Gottes - Personalität des Menschen. Ihre Deutung im theologischen Denken Wolfhart Pannenbergs, Altenberge 1995 [MThA 40], S.158ff.
[19]Vgl. Diekmann, Personalität Gottes - Personalität des Menschen, S.158.
[20]Vgl. STh 2, S.227f.
[21]Ebd., S.204.
[22]Pannenberg, Art. Person, Sp. 233.
[23]Vgl. Diekmann, Personalität Gottes - Personalität des Menschen, S.161.

im Augenblick seines Daseins"[24]. Pannenbergs Gedankengang ist insofern als geschichtstheologisch zu bezeichnen, da die Gegenwart der menschlichen Personalität vom Wirken des göttlichen Geistes bestimmt ist, nämlich in der geistgewirkten Antizipation der zukünftigen Vollendung der Geschichte der Person, in der die Antizipation der Gemeinschaft mit Gott begründet ist.[25]

Die theologische Rede von 'dem Menschen' bei Pannenberg ist zusammenfassend dadurch gekennzeichnet, dass der Mensch als Person in Relation zu Gott aufgefasst wird. Aus der Perspektive des Glaubens an den dreieinigen Gott wird jedem Menschen Personalität und damit seine Würde zugesprochen. Da die Würde des Menschen nicht von empirischen Daten abhängig gemacht wird, sondern von der Zukunft Gottes her gedacht wird, ist sie grundsätzlich der Verfügung durch andere Menschen entzogen. Gerade weil die Würde jedem Menschen *unabhängig* von seinem Geschlecht, seiner Sozialisation, seiner Nationalität zugesprochen wird, ist sie etwas Unverfügbares. Die Unverfügbarkeit der Würde des Menschen ist der Ausgangs- und Begründungspunkt dafür, warum in der theologischen Anthropologie die allgemeine Rede von 'dem Menschen' von Bedeutung ist. Es geht nicht darum, die Würde als etwas zu der 'Natur' des Menschen gehöriges aufzuweisen, noch ist die Würde an soziale Bedingungen gebunden. Gerade mit dem letzteren Hinweis wird aus der Perspektive des Glaubens, dass der Mensch Geschöpf Gottes ist, dem oben formulierten Einwand widersprochen. Die Würde wird als etwas bestimmt, was allen Menschen gemeinsam ist und doch jeden Einzelnen in seiner Besonderheit lässt. Wenn also theologisch von der Würde und der Bestimmung 'des Menschen' gesprochen wird, kommt damit zum Ausdruck, dass grundsätzlich alle Menschen als Gegenüber zu Gott geglaubt werden, aber auch, dass diese Bestimmung der Menschen zur Gemeinschaft mit Gott, die *Möglichkeit*, sich Gott zuwenden zu können, das Leben jedes einzelnen, individuellen Menschens kennzeichnet, unabhängig von seiner sozialen Situation. Ein Verzicht einer auf dem Schöpfungsglauben begründeten Rede von 'dem Menschen' könnte in Gefahr laufen, diese Möglichkeit sowie die menschliche Würde als etwas nicht grundsätzlich zum Menschen gehöriges zu denken. Wichtig ist jedoch festzuhalten, dass diese Argumentation den Glauben an den dreieinigen Gott zur Voraussetzung hat. Aus theologischer Perspektive ist die Rede 'vom Menschen' deshalb begründbar, weil der menschlichen Aussage über 'den Menschen' das Bekenntnis Gottes als Schöpfer, Versöhner und Vollender voausgeht.

---

[24]STh 2, S.227.
[25]Vgl. Diekmann, Personalität Gottes - Personalität des Menschen, S.166.

Im Folgenden sollen die Ausführungen Pannenbergs zu der Gottebenbildlichkeit als Bestimmung des Menschen näher erörtert werden. Diese theologische Entfaltung der biblisch begründeten Rede vom Menschen hinsichtlich seines Verhältnisses als Geschöpf zum Schöpfer bildet die grundlegende Voraussetzung dafür, an späterer Stelle die Bedeutung 'des Bösen' in Spannung dazu klären zu können.[26]

1.3. Zur Gottebenbildlichkeit und Bestimmung 'des Menschen'

Es ist deutlich geworden, dass nach Pannenberg die Bestimmung des Menschen zur Gemeinschaft mit Gott grundlegend für die Personalität jedes einzelnen Menschen ist. Die Frage, warum gerade die Gemeinschaft mit Gott die Bestimmung des Menschen als Geschöpf Gottes ausmacht, lässt sich nur von der Botschaft des Neuen Testaments her begründen: In der Offenbarung Gottes und dem Versöhnungsgeschehen in Jesus Christus wird das Erscheinen des Gottessohnes zur Überwindung von Sünde und Tod mit der Frage nach dem Ziel des Menschseins verbunden.[27]
Mit dieser ersten Zuspitzung der Problematik lässt sich bereits andeuten, dass bei Pannenberg die Rede von der Bestimmung des Menschen bzw. seiner Gemeinschaft zu Gott sich nicht nur von der alttestamentlichen Rede von der Gottebenbildlichkeit her begründet, sondern dass die alttestamentlichen Vorstellung der Gottebenbildlichkeit des Menschen erst im Licht der neutestamentlichen Aussagen gelesen ihre spezifisch christliche Bedeutung erhalten kann.[28]

1.3.1. Die alttestamentliche Vorstellung vom Menschen als 'Bild Gottes'

Zunächst weist Pannenberg darauf hin, dass der alttestamentliche Bildgedanke in engem Zusammenhang mit der Bestimmung des Menschen zur Herrschaft[29] in der Schöpfung steht. Als Zentralstelle ist hier Gen 1,26f. zu nennen. Im

[26]Vgl. 2.5.
[27]Vgl. STh 2, S.232.
[28]Vgl. ebd., S.238. Zu der grundsätzlichen Problematik des Verhältnisses alt- und neutestamentlicher Schriften bzw. der Deutung alttestamentlicher Schriften aus der Perspektive der neutestamentlichen Glaubenszeugnisse (vgl. Kaiser, Otto, Der Gott des Alten Testaments. Theologie des AT 1: Grundlegung, Göttingen 1993 [UTB; 1747], S.13-85).
[29]Hinsichtlich der oben angerissenen Diskussion um die Rede von 'dem Menschen' lässt sich in Gen 1 feststellen, dass hier *adam* als Kollektiv, als 'Menschheit' zu verstehen ist („die da herrschen..."). „Nicht großen Einzelnen wird die Weltherrschaft übergeben, sondern der Gemeinschaft der Menschen." (Wolff, Hans Walter, Anthropologie des Alten Testaments, Gütersloh ^{6}1994, S.236f).

Selbstentschluss Gottes, den Menschen zu schaffen, wird der Mensch bezeichnet als „Bild, das uns gleich sei", *(anders: 'ähnlich')* der über die anderen Geschöpfe „herrschen" soll. Der Mensch wird so zum Repräsentanten der Herrschaft Gottes, zum „Platzhalter und Wegbereiter"[30] der Herrschaft Gottes in der Welt.

In diesem Zusammenhang weist Pannenberg den Vorwurf zurück, dem biblischen Herrschaftsauftrag sei die Ausbeutung der Naturwelt durch Technik und Industrie zur Last zu legen. Die Ursprünge der Industriegesellschaft bzw. deren Basis, die säkulare Kultur der Neuzeit, seien gerade in einer Emanzipation von religiösen Bindungen zu sehen. Des Weiteren missachte ein derartiger Vorwurf das Verständnis von Herrschaft in diesem Kontext. Die dem Menschen übertragene Herrschaft, von der in der Priesterschrift die Rede ist, schließe nicht das Recht zu beliebiger Verfügung und Ausbeutung ein, sondern sei eher im Vergleich zur gärtnerischen Pflege, die nach Gen 2,15 dem Menschen anvertraut wird, zu sehen.[31]

Pannenberg geht auf die Frage ein, worin die Gottebenbildlichkeit des Menschen, die den Maßstab für die ihm übertragene Herrschaft bildet, selbst besteht. Die Deutungsversuche der Theologiegeschichte, in der 'Geistseele', der Vernunft oder in der aufrechten Gestalt das 'Bild Gottes' im Menschen zu sehen, hält er für wenig fundiert.[32]

Seiner Meinung nach wird die priesterschriftliche Aussage über die Gottebenbildlichkeit nur 'im Lichte' der neutestamentlichen Texte verständlich, die Jesus Christus das Bild Gottes nennen (2. Kor 4,4; Kol 1,15, vgl. Hebr 1,3) bzw. die Verwandlung der Glaubenden in dieses Bild thematisieren (Röm 8,29; 1. Kor 15,49; 2. Kor 3,18). Er stellt so den Zusammenhang her zwischen den Aussagen über die Gottebenbildlichkeit des 'ersten Menschen' und der Vollendung der menschlichen Bestimmung in Jesus Christus.[33] Hier wird deutlich, dass die Rede von der Gottebenbildlichkeit 'des Menschen' bzw. seiner darin gründenden Personalität und Würde von Pannenberg aus der Perspektive des Glaubens an die Offenbarung Gottes in Jesus Christus heraus und zunächst *nicht* aus der 'Außenperspektive der Vernunft' mit dem Anspruch auf Allgemeingültigkeit begründet wird.

---

[30]Vgl. STh 2, S.233.

[31]Vgl. ebd., S.235.

[32]Vgl. ebd. Wolff betont dagegen, dass in der Priesterschrift das Herrschaftsverhältnis des Menschen zu den übrigen Geschöpfen ihn zum 'Bild Gottes' macht. Als Herrscher ist der Mensch Bild Gottes, das Herrschen ist keine Folge der Gottebenbildlichkeit. Ebenso wie im Alten Orient das Errichten eines Standbildes seine Herrschaft in diesem Gebiet bekundete, ist der Mensch „als Standbild Gottes in die Schöpfung eingesetzt." Auch Wolff versteht Herrschaft jedoch nicht als selbstherrliche Willkür, sondern als „verantwortlicher Geschäftsträger" (Wolff, Anthropologie des Alten Testaments, S. 235) nimmt der Mensch die Aufgabe wahr.

[33]Vgl. STh 2, S.238ff.

1.3.3. Gottebenbildlichkeit als Bestimmung

Entscheidende Impulse, die Gottebenbildlichkeit als etwas Werdendes zu betrachten, erhält Pannenberg aus Herders Ausführungen zur Gottebenbildlichkeit des Menschen[34]. Herder geht im Gegensatz zu den mittelalterlich-katholischen und reformatorischen Auffassungen nicht von einem vollkommenen Urstand am Beginn der Menschheitsgeschichte aus.[35] Er betrachtet Gottebenbildlichkeit als einen Prozess, der laut Pannenberg gekennzeichnet ist durch die Verbindung von der „gegenwärtigen Ahnung“ [36] der Bestimmung des Menschen und ihrer zukünftigen Vollendung, die ihre letztliche Form erst in einem anderen Dasein findet.[37]
Das Gottesbild, das dem Menschen in seine Seele gegeben ist, wird von Herder gleichzeitig als Ziel und Richtmaß für sein Verhalten verstanden. Dieser Prozess ist folgendermaßen zu verstehen: Da im Menschen nur die Anlage zur Vernunft, Humanität und Religion vorhanden ist, kann er sich nicht aus eigener Kraft heraus bilden, sondern ist von der Erziehung abhängig.[38] Das geschieht hingegen durch Tradition und Lehre, die den Menschen auch zur Selbstbildung anregen, so dass der Prozess der Bildung nicht ohne seine Mitwirkung geschieht. Diese beiden Faktoren tragen in ihrem Zusammenwirken aber nur zur Entfaltung der menschlichen Bestimmung bei, weil hier „die göttliche Vorsehung“[39] wirkt und den Menschen durch eine Vermittlung anderer Menschen zu seinem Ziel, zur Gottebenbildlichkeit heranbildet. Somit ist eine prometheische Selbsterhebung des Menschen ausgeschlossen, auch wird eine rein moralische Beschreibung der menschlichen Lebensthematik vermieden.
Die Bedeutung von Herders theologischen Gedanken für die heutige Anthropologie sieht Pannenberg darin, dass die Gottebenbildlichkeit nicht mehr als ursprüngliche Vollkommenheit, die durch Adams Fall verloren ging, sondern als noch zu realisierende Bestimmung des Menschen verstanden werden

---

[34]Vgl. Herder, Johann Gottfried, Ideen zur Philosophie der Geschichte der Menschheit (1784-91), in: *ders.*, Werke in 10 Bänden, Bd. 6, hg. v. Martin Bollacher, Frankfurt/ M. 1989. Zur Traditionslinie dieses Gedankens bzw. zur Verschmelzung der Begriffe Gottebenbildlichkeit und Bestimmung des Menschen vgl. Pannenberg, Wolfhart, Gottebenbildlichkeit als Bestimmung des Menschen in der neueren Theologiegeschichte, Sitzungsberichte der Bayrischen Akademie der Wissenschaften Jg 1979, Heft 8, München 1979.

[35]Vgl. zum Verhältnis Herders zur traditionellen Auffassung von der Gottebenbildlichkeit des Menschen: A, S.45ff.

[36]A, S.43. Herder selbst formuliert folgendermaßen: „Und so können wir auch leicht ahnen, was aus unserer Menschheit allein in jene Welt übergehen kann; es ist eben diese *Gottähnliche Humanität*, die verschlossene Knospe der wahren Gestalt der Menschheit.“ (Herder, Ideen zur Philosophie der Geschichte, S.189).

[37]Herder spricht von der Erde als „Übungsplatz“ oder „Vorbereitungsstätte“. (Herder, Ideen zur Philosophie der Geschichte, S.188).

[38]In diesem Gedanken spiegelt sich nach Pannenberg ein Grundgedanke der Aufklärung wider.

[39] A, S.43. Herder beschreibt diesen Prozess so: „Nicht anders wirkt Gott auf der Erde, als durch erwählte, größere Menschen; Religion und Sprache, Künste und Wissenschaften, ja die Regierungen selbst können sich mit keiner schönern Krone schmücken, als mit diesem Palmzweige der sittlichen Fortbildung in menschlichen Seelen.“ (Herder, Ideen zur Philosophie der Geschichte, S.343).

kann.[40] Dieser Ansatz wird von Pannenberg aufgegriffen und in seine eschatologisch-christologische Überlegungen einbezogen.

1.3.4. Die eschatologisch-christologische Bedeutung der Gottebenbildlichkeit

Die Dynamik des Gottebenbildlichkeitsbegriffes resultiert bei Pannenberg aus der eschatologisch-christologischen Perspektive. Dabei geht er zunächst davon aus, dass die paulinischen Aussagen zur Gottebenbildlichkeit die Vorstellung jüdischer Weisheit, in der Gottebenbildlichkeit Teilhabe an Weisheit und Gerechtigkeit Gottes, sowie Gemeinschaft mit seinem unvergänglichem Wesen bedeutet (vgl. Sap 1,15; 2,23; 8,13; 9,2), aufgreift und auf das Erscheinen des Gottesbildes in Jesus Christus beziehen (2.Kor 4,4). Grundlage dafür ist die in der Osterbotschaft verkündete und in der Auferstehung Christi geglaubte Offenbarung des neuen, unvergänglichen Lebens. Pannenberg interpretiert die neutestamentlichen Aussagen folgendermaßen: Nach 1. Kor 15,49 sollen alle 'das Bild' des zweiten Adam tragen. Damit ist das Bild des Schöpfers im Sinne von Gen 1, 26f gemeint, nach welchem der Mensch jetzt 'erneuert' bzw. nachgestaltet werden soll (Kol 3,10). Die Grundlage für dieses 'neue' Leben bildet der Glaube an das in der Auferstehung Christi erschienene neue, unvergängliche Leben. Die Hoffnung auf Teilhabe der Glaubenden an dem neuen Leben wird durch den Zuspruch begründet, dass die Glaubenden jetzt schon durch die Kraft des Geistes 'den neuen Menschen anziehen' (vgl. 1. Kor 15,53f, Gal 3,27), „durch Gerechtigkeit und wahre Reinheit, durch Erbarmen, Güte, Milde und Großmut, sowie durch die von Jesus Christus gelehrte und gelebte Liebe (Kol 3,12f)“ an der neuen eschatologischen Wirklichkeit teilhaben.[41]

Die weisheitliche Deutung der Gottebenbildlichkeit als Gemeinschaft mit Gott erfährt eine eschatologische Umdeutung, indem sie auf die an Jesus Christus erschienene und verwirklichte Gottesbeziehung als Bestimmung bezogen wird. Durch die Kraft des Geistes haben die Glaubenden jetzt schon an der eschatologischen Wirklichkeit des 'neuen Menschen' Anteil, auch wenn ihr Menschsein selbst noch unvollendet ist. Durch das Sakrament der Taufe wird die Hoffnung auf die endgültige Teilhabe am 'neuen Leben', als 'Bild Gottes' zum Ausdruck gebracht (vgl. 4.2.). Durch das neutestamentliche Bekenntnis wird die Bestimmung des Menschen zu seiner Verheißung.

---

[40] Vgl. A, S.50f.
[41] STh 2, S.253.

Hier wird deutlich, inwieweit die Argumentation Pannenbergs über den Ansatz Herders hinausgeht. Das Werden des Menschseins bezieht sich bei Herder nicht auf das Erscheinen des Gottessohnes und die Vollendung der Gottebenbildlichkeit, an der Menschen jetzt schon Kraft des göttlichen Geistes teilhaben. Herder sieht eine allgemeinere Lenkung der Geschichte durch „göttliche Vorsehung“[42], die auf Humanität und Unsterblichkeit hin zielt. Der anthropologische Gedanke vom Werden des Menschen erfährt durch Pannenberg eine trinitätstheologische und geschichtsphilosophische Ergänzung.

Auch wenn die Bestimmung des Menschen erst durch das neutestamentliche Bekenntnis deutlich wird, ist, so Pannenberg, auch der Gedanke Herders, die „Anlage zur Gottebenbildlichkeit in den Einzelheiten der natürlichen Ausgangslage des Menschen aufzuweisen“[43] ernst zu nehmen. Ansonsten lässt sich die Bestimmung des Menschen nicht als Schöpfungsabsicht Gottes verstehen. Pannenberg schließt sich deshalb in der Beschreibung der Vorläufigkeit der Humanität des Menschen dem Gedanken Herders an: Der Begriff der Gottebenbildlichkeit beinhaltet zwei Spannungspunkte. Auf der einen Seite wird er als Bestimmung des Menschen gedacht, die der Mensch jedoch nicht durch eigene Tat zu realisieren vermag. Gleichzeitig ist die Gottebenbildlichkeit und damit die Bestimmung zur Wesensverwirklichung als etwas zu denken, was den Menschen bereits in seiner natürlichen Ausgangslage konstituiert.[44]

Dabei ist es wichtig, dass der Gedanke der Gottebenbildlichkeit des Menschen nicht nur äußerlich zu der anthropologischen Ausgangslage des Menschen hinzutritt, dass also „die religiöse und theologische Begrifflichkeit den Phänomenen nicht äußerlich ist, sondern einer an ihnen selber aufweisbaren Dimension entspricht.“[45]

Um dieses aufzuzeigen verwendet Pannenberg den Begriff der Exzentrizität, bzw. der Vorstellung einer eingeschränkten Weltoffenheit des Menschen. Dabei geht es darum, dass im exzentrischen Verhalten des Menschen nicht nur eine Offenheit gegenüber Gegenständen der Welt liegt, sondern dass diese auch über die Wahrnehmungsgegenstände der Welt hinaus greift.[46]

---

[42]Ebd., S.250.

[43]A, S.56. Eine solche Anlage sieht Herder in der Sprache, die er als göttliches Geschenk, als Triebfeder bezeichnet. „Nur durch die Rede wird die schlummernde Vernunft erweckt oder vielmehr die nackte Fähigkeit, die durch sich selbst ewig tot geblieben wäre, wird durch die Sprache lebendige Kraft und Wirkung.“ (Herder, Ideen zur Philosophie der Geschichte, S.138).

Pannenberg sieht diese lebendige Kraft als Kraft und Wirksamkeit des göttlichen Geistes im Menschen. Wirksam wird sie besonders im menschlichen Bewusstsein mit der Möglichkeit, sich selbst zu überschreiten und mit Hilfe der Sprache Vergangenes festzuhalten und Zukünftiges zu antizipieren (vgl. A, S.507ff, bes. S. 510). Somit ist die geistgewirkte Sprache eine Voraussetzung dafür, dass Menschen Jesus Christus als vollendetes 'Bild' bekennen und somit an der Gemeinschaft mit Gott antizipierend teilhaben.

[44]Vgl. A, S.57.

[45]Ebd., S.63.

[46]Vgl. ebd., S.65.

1.3.5. Exzentrizität als Hinweis auf Gottoffenheit

Hintergrund dieser Überlegungen ist Pannenbergs Orientierung an der „philosophischen Anthropologie"[47]. Diese teilt mit dem Behaviorismus[48] und der deutschen Verhaltensforschung[49] den Grundsatz, 'den Menschen' von seiner Leiblichkeit, besonders von seinem leiblichen und beobachtbaren Verhalten her zu deuten. Des Weiteren ist nach Pannenberg eine Übereinstimmung mit der Verhaltensforschung und der Sozialpsychologie G.H. Meads gegen den klassischen Behaviorismus festzustellen: Das Verhalten des Menschen ist „als ein Sichverhalten", also als „Äußerung eines Subjektzentrums"[50], zu begreifen. Ebenfalls gegen den Behaviorismus, aber auch gegen die Verhaltensforschung, räumt die philosophische Anthropologie dem Menschen eine Sonderstellung im Bereich des animalischen Lebens ein, welche mit 'Weltoffenheit' (Scheler, Gehlen) oder 'Exzentrizität' (Plessner) bezeichnet wird. Der Mensch wird nicht als trieb- oder umweltgebunden gesehen, sondern seine Wahrnehmung der Umwelt geht weit über ein bloßes Herausfiltern sogenannter Triebobjekte hinaus.[51] Diese Fähigkeit des Menschen, vorgegebene Bedingungen überschreiten zu können, wird von Pannenberg in Auseinandersetzung und Kritik der unterschiedlichen Begründungsansätze von Weltoffenheit und Exzentrizität hervorgehoben.[52] Die Phänomene, die Pannenberg im Anschluss an diskutierte Entwürfe der philosophischen Anthropologie mit den Begrifflichkeiten 'Exzentrizität' und 'Weltoffenheit' zusammenfasst, sollen im Folgenden noch genauer charakterisiert werden.

Im Unterschied zu Tieren, die das Zentrum ihrer Lebensäußerungen in sich tragen, ist der Mensch darüber hinaus exzentrisch. Er trägt sein Zentrum nicht nur in sich, sondern zugleich außerhalb seiner selbst. Mit dieser bildhaften Beschreibung macht Pannenberg im Anschluss an Plessner deutlich, dass mit 'Exzentrizität' das Selbstbewusstsein des Menschen gemeint ist, seine Fähigkeit der Selbstreflexion sowie davon abgeleitet, die Fähigkeit, Dinge aus sachlicher Distanzierung heraus als Objekte zu betrachten.[53]

---

[47] A, S.32f. Verstanden wird hiermit die anthropologische Betrachtungsweise, die ihre Basis in dem grundlegenden Buch Max Schelers „Die Stellung des Menschen im Kosmos" findet. Eine ähnliche Konzeption ging von Helmuth Plessner aus; Schelers Ansätze sind von Arnold Gehlen weiterentwickelt worden.

[48] Als Begründer des Behaviorismus ist John B. Watson (1878-1950) zu nennen. Vgl. *ders.*, Behavior, an introduction to comparative psychology, New York 1914.

[49] Als wichtiger Vertreter lässt sich Konrad Lorenz nennen. Vgl. ders., Über tierisches und menschliches Verhalten, Stuttgart 1965.

[50] A, S.33.

[51] Vgl. ebd., S.33f.

[52] Während für Scheler die Weltoffenheit des Menschen nur durch die Annahme „des Geistes als übernatürlichen Faktor" erklärbar wird, deuten demgegenüber Plessner und Gehlen diese Offenheit „als ein rein natürliches Phänomen" (Diekmann, Personalität Gottes - Personalität des Menschen, S.47).

[53] Vgl. A, S.34f.

Diese Fähigkeit, sich Gegenständen zuzuwenden, gründet darin, dass der Mensch sich als etwas Anderes, als etwas von ihnen Unterschiedenes, erkennt. Die bewusste Zuwendung, das Hingegebensein von Menschen an eine Sache wird von Pannenberg charakterisiert als ein Verweilen „beim anderen ihrer selbst *als* einem anderen“[54].

Frühere Ausführungen, in denen er Weltoffenheit als „Gottbezogenheit“[55] charakterisiert, bestätigt Pannenberg weiterhin: „Noch im Hinausgehen über alle Erfahrung oder Vorstellung wahrzunehmender Gegenstände bleibt der Mensch exzentrisch, bezogen auf ein anderes seiner selbst, nun aber auf ein Anderes jenseits aller Gegenstände seiner Welt, das zugleich diese ganze Welt umgreift und so dem Menschen die mögliche Einheit seines Lebensvollzuges in der Welt und trotz der Mannigfaltigkeit und Heterogenität ihrer Einwirkungen verbürgt.“[56] In diesem sich zu seiner Wirklichkeit exzentrischen Verhalten des Menschen ist also nach Pannenberg implizit die göttliche Wirklichkeit mitbejaht, auch ohne dass sie als solche schon thematisch oder in einer bestimmten Gestalt erfasst ist.

Die Erfahrung von Endlichkeit, wie Zufälligkeit und Bedingtheit weltlicher Dinge impliziert bereits die Möglichkeit der Überschreitung und somit einen Bezug zum Unendlichen. Menschliche Beziehung zu endlichen Inhalten sind nach Pannenberg „letzten Endes religiös fundiert“[57].

Andererseits weist er darauf hin, dass die Vorstellung von Unendlichem oder Unbedingtem nur durch endliche Inhalte, d.h. „durch Begriffe wie Weltgrund, Absolutes, Gott“[58] gefasst werden kann. Diese Bestimmung ist ihrerseits wiederum nur endlich und negierbar.

Im Blick auf Herder kommt Pannenberg hinsichtlich der Erkenntnis, dass das Unendliche nur im Zusammenhang endlicher Erfahrungen implizit oder explizit religiös thematisiert werden kann, auf die Angewiesenheit des Menschen auf seine gemeinschaftlich bewohnte Lebenswelt, seine Umwelt, zu sprechen. Die Verwirklichung seiner Bestimmung, in dessen Richtung sein exzentrisches Dasein zielt, erreicht der Mensch nicht aus eigener Kraft.[59] Sondern der Mensch bleibt angewiesen darauf, dass ihm im Umgang mit den Dingen seiner

---

[54]Ebd., S.59. Pannenberg betont, dass es dem Menschen genauso möglich ist, sich von einem Gegenstand zugunsten eines anderen zu distanzieren (vgl. A, S.64). An anderer Stelle führt Pannenberg aus, dass die Weltoffenheit des Menschen sich auch „in positiven Affekten und Leidenschaften, besonders in Freude und Hoffnung“ (A, S.257) äußert. Hier wird der Mensch aus seiner Isolierung herausgerissen. Pannenberg versteht diese Leidenschaften daher als eine vorgreifende Erwartung, das latente Wissen um eine Vollendung des Daseins.

[55]Pannenberg, Was ist der Mensch? Die Anthropologie der Gegenwart im Lichte der Theologie (1962), Göttingen [7]1985, S.12.

[56]A, S.66.

[57]Ebd., S.67.

[58]Ebd.

[59]Pannenberg spricht dem Einfluss des handelnden Menschen auf seine eigene Bildung eher indirekte Züge zu. Zwar wirkt die durch das eigene Handeln veränderte Umwelt auf den handelnden Menschen zurück, aber mit welchem Ergebnis dieses geschieht, steht nur teilweise in der Macht des Handelnden (vgl. A, S.68).

Welt seine Bestimmung, die über die Welt der endlichen Dinge hinausweist, zuteil wird.[60]
Pannenberg interpretiert die Weltoffenheit des Menschen aus diesem Grund als „Bezeichnung einer Richtung im Prozeß menschlicher 'Selbstverwirklichung', eines Prozesses, in dem das Selbstsein des Menschen allererst Gestalt annimmt"[61]. Dieser Prozess kann nach Pannenberg aber nicht einseitig mit Gehlen auf menschliches Handeln reduziert werden.
Hier lässt sich nun der Bogen zu der theologisch-eschatologischen Entfaltung des Gedankens der Gottesebenbildlichkeit als Bestimmung zurückführen. Die Verwirklichung der Bestimmung des Menschen kann nach Pannenberg eben nicht nur im Zusammenhang mit der den Menschen umgebenen Lebenswirklichkeit gedacht werden, sondern muss ebenfalls im Gegensatz zu einem ausschließlich selbsttätigen Handeln des Menschen als Thema göttlichen Handelns mit den Menschen verstanden werden.[62]

1.3.6. Bestimmung und Moral

Vor dem Hintergrund dieser Überlegungen wird deutlich, inwieweit Pannenberg die Bestimmung des Menschen als Aufforderung zu einem moralischen Leben in dieser Welt versteht. Im Gegensatz zu Kant[63] vertritt er die Meinung, dass ausschließlich in der Gottesbeziehung, bzw. von der eschatologischen Zukunft seiner Bestimmung her, auch die moralische Selbstbestimmung des Menschen eine feste und tragfähige Basis findet. Das moralische Leben stellt eine Bedingung für „das Bleiben in der Hoffnung auf die von Gott gewährte Gemeinschaft"[64] dar. Leben gemäß der Bestimmung zur Gottebenbildlichkeit kann hier verstanden werden als ein Bleiben in der Hoffnung auf die vollkommene Gemeinschaft mit Gott. In diesem Verständnis verliert der Ausdruck 'Bestimmung' auch die Konnotation von 'Verordnung' oder 'Determination', sondern wird zu einem Ziel der Hoffnung, erhält den Charakter der Verheißung.
Um der Hoffnung auf Gemeinschaft mit Gott im Leben Ausdruck verleihen zu können, wird nicht nur das Verhältnis Gott-Mensch, sondern auch das Verhältnis zu den Mitmenschen wichtig. Pannenberg hebt neben der Bestimmung je-

---

[60]Ebd., S.67.
[61]Ebd., S.39.
[62]Vgl. STh 2, S.262.
[63]In der Vorrede der 'Anthropologie in pragmatischer Hinsicht' betont Kant, dass der Mensch „sein eigener letzter Zweck ist." Er ist „was er als freihandelndes Wesen aus sich selber macht oder machen kann und soll." (Kant, Immanuel, Anthropologie in pragmatischer Hinsicht (1798), in: Kants Werke (AA), Bd. VII, Berlin 1968, 117-334, S.119).
[64]STh 2, S.258.

des einzelnen Menschen die Bedeutung der Bestimmung zur Gemeinschaft mit Gott für die ganze Menschheit hervor. Es geht nicht darum, dass jeder einzelne isoliert auf die Gemeinschaft mit Gott hofft und an dieser antizipiert, sondern der Gedanke der Gemeinschaft mit Gott schließt eine „Vergemeinschaftung der Menschen im Reiche Gottes“[65] mit ein. Grundlage für ein gemeinschaftliches Verhältnis der Menschen untereinander bildet aber die gemeinsame Bestimmung der Menschen zu Gott.

Die Realisierung der Bestimmung des Menschen sieht Pannenberg nicht in einem Prozess unmittelbar daraufhin wirkenden menschlichen Handelns, sondern in der Selbstunterscheidung des Menschen von Gott. Indem er sich selbst in seiner Endlichkeit Gott gegenüber annimmt als sein Geschöpf, gibt er Gott die Ehre seiner Gottheit, da er ihn auf diese Weise von allem Endlichen unterscheidet.[66]

Zu der Gemeinschaft mit Gott gelangt der Mensch nach Ansicht Pannenbergs nur in der Teilhabe der Entsprechung vom ‘Bilde’ des Sohnes. Es geht also nicht um ein ‘Werden wie Gott’, sondern um das Leben in der Entsprechung und im Gegenüber zu Gott und seinem Schöpferwillen. In Jesus Christus ist das Gottesbild im Sinne voller Ähnlichkeit gerade nicht durch ein Sich-Gott-Gleichmachen realisiert, sondern vielmehr dadurch, dass der Sohn sich in seinem Sterben vom Vater unterschied, um so den Vater von sich zu unterscheiden und als den einen Gott zu offenbaren.[67]

---

[65]Ebd.
[66]Ebd., S.264.
[67]Ebd., S.265.

1.4. Zusammenfassung

Die anthropologischen Ausführungen Pannenbergs haben deutlich gemacht, welche Implikationen im theologischen Reden 'vom Menschen' enthalten sind. Theologisches Reden 'vom Menschen' bestimmt diesen aus der Perspektive des Glaubens heraus als Geschöpf Gottes, als Gegenüber Gottes. Das macht die Personalität und damit die Würde 'des Menschen' aus, die durch die Gottebenbildlichkeit als Bestimmung des Menschen begründet wird. Voraussetzung für diese Sicht 'vom Menschen' ist das Bekenntnis Gottes als Vater, Sohn und Heiliger Geist. Die aus der Perspektive des Glaubens begründete Unverfügbarkeit der Personalität und Würde jedes Menschen bildet einen wichtigen Begründungspunkt dafür, warum in theologischer Perspektive von 'dem Menschen' gesprochen werden kann, ohne die Besonderheit jedes einzelnen Menschen zu leugnen.

Die zwei Spannungspunkte, die in dem Begriff der Bestimmung implizit enthalten sind, die Vorstellung von 'Anlage' und 'Zukünftigem', verweisen zum einen auf die eschatologische Dimension der Wesensverwirklichung des Menschen zur Gemeinschaft mit Gott und mit den Mitmenschen. Nur von dem neutestamentlichen Bekenntnis des offenbarten Gottes in Jesus Christus her lässt sich von der bereits in Christus realisierten Bestimmung des Menschen sprechen und auf ihre Vollendung hoffen. Und nur in der Kraft des Geistes können Menschen an der Gemeinschaft zu Gott antizipierend teilhaben.

Die Möglichkeit einer Öffnung zu Gott (Gottoffenheit) beschreibt Pannenberg zum anderen auch als ein allgemeines anthropologisches Merkmal. In den Ausführungen zur Exzentrizität überwiegt dabei nicht die Vorstellung vom Menschen im Gegenüber zu Gott, sondern der Anspruch, allgemeine Kennzeichen menschlicher Existenz aufzeigen zu wollen. Pannenberg wählt dabei das Denkmodell der anthropologischen Philosophie, innerhalb derer er die theologische Rede von der Gottebenbildlichkeit als Bestimmung durch den Aufweis von Entsprechungen in der anthropologisch skizzierten 'Ausgangslage des Menschen' Plausibilität zu schaffen versucht. Gerade an diesem Punkt muss an den oben erhobenen Einwand erinnert werden, dass menschliches Reden 'über den Menschen' eine Außenperspektive suggeriert, die es nicht besitzt. Es ist daher ratsam, die von Pannenberg übernommenen anthropologisch-philosophischen Ausführungen nicht als eine 'neutrale Begründungsbasis' der theologischen Gedankengänge zu lesen, sondern sie ebenfalls innerhalb Pannenbergs Anspruch, Wirklichkeit als von Gott umspannter Wirklichkeit zu deuten, einzuordnen. Sie bilden allerdings einen wichtigen Anknüpfungspunkt für ein (mögliches) interdisziplinäres Gespräch. Um theologische Rede 'vom Menschen' aber nicht als anthropologische Metatheorie misszuverstehen, ist des Weiteren mit Pannenberg selbst daran zu erinnern, dass Theologie in ihrem

Selbstverständnis ausschließlich als „endliche Erkenntnisbemühung“[68] zu verstehen ist.
Die Gottebenbildlichkeit des Menschen als seiner Bestimmung ist der eine Pol theologischer Rede vom Menschen. Als zweiter Pol ist oben bereits die Rede vom Menschen als ‘Sünder’ genannt worden. Dieser zweite Pol ist für die Rede ‘vom Bösen’ von entscheidender Bedeutung. Innerhalb der Theologie Pannenbergs ist die Rede von der ‘Sünde’ notwendige Deutungsgrundlage für ‘das Böse’.

[68] Pannenberg, Wissenschaftstheorie und Theologie, S.302.

2. Zur Bedeutung von 'Sünde' und 'dem Bösen'

2.1. *'Das Böse' - 'Sünde' oder 'Macht des Teufels'?*

In seiner Systematischen Theologie behandelt Pannenberg das Phänomen 'des Bösen' innerhalb des Abschnitts 'Sünde und Erbsünde'[1] und geht nicht auf die Figur des Teufels ein. Dabei ist festzustellen, dass bei ihm die Rede von der Sünde dominanter und reflektierter ist, als die Rede 'vom Bösen'. Somit liegt hier ein ähnlicher Befund vor, wie es die kurze Analyse des Römerbriefes durch Brandenburger hinsichtlich dieser Frage ergeben hat.[2] Auch bei Pannenberg sind die Aussagen über 'das Böse' nur vor dem Hintergrund der Sündenthematik verständlich: Die Sünde ist allgemeiner als das „manifest Böse", enthält nach Pannenberg „jedoch die Wurzel dazu"[3]. Pannenberg deutet damit einen Kausalzusammenhang von 'Sünde' und 'Bösem' an und zwar insofern, als dass er 'das Böse' als Konsequenz der Sünde bzw. die Sünde als Quelle oder Ursprung 'des Bösen' verstehen will. Darum ist es für diese Arbeit wichtig, eine gründliche Betrachtung der Sündenthematik vorzunehmen.

2.1.1. 'Das Böse' als Thema der Sünde

Für die Verknüpfung des Phänomens 'des Bösen' mit der Sünde führt Pannenberg neben diesem behaupteten Kausalzusammenhang keine exegetische, sondern vorrangig eine ethische Begründung an.
Nach Pannenberg ist 'das Böse' deswegen ein Hauptproblem für die moderne Menschheit, da auch die Abwendung von Gott, die Wendung von der Theodizee zur Anthropodizee, nichts dazu beigetragen hat, mit den zerstörerischen Wirkungen 'des Bösen' fertig zu werden.[4] Mit seiner Einschätzung, 'das Böse'

---

[1]Vgl. STh 2, S.266ff.
[2]Vgl. Teil I, 2.2.1. Gründe dafür können zunächst nur vermutet werden. Pannenberg orientiert sich innerhalb seiner harmartiologischen Überlegungen stark an der Sündenlehre Augustins bzw. dessen Ausführungen zur *superbia* sowie zum 'verkehrten Begehren'. Diese haben in der theologischen Tradition stark den Sündenbegriff geprägt. Der Gedanke der Verkehrung wurde eher in der philosophischen Tradition auf 'das Böse' bezogen (Kants Ausführungen zum 'radikalen Bösen'). Vermutlich ist daher in den theologischen Ausführungen Pannenbergs eine weniger ausgeprägte Systematisierung des Begriffs 'des Bösen' vorzufinden.
[3]STh 2, S.274.
[4]Gestrich stellt die Problematik bildhaft formuliert folgendermaßen dar: „Wie aber, wenn das Böse einem Loch, einer saugenden Leere, einem Mangel entspringt, die stets und trotz aller menschlicher Anstrengungen, die Verhältnisse zu verbessern, *immer* da sind und da bleiben? Wie, wenn sich auch in der säkularen ethischen Praxis „ohne Gott" das Böse als eine Hydra erweist, der jeweils mehr Köpfe nachwachsen als ihr von den ethischen Kämpfern gegen das Böse abgeschlagen wurden? Wie also, wenn *gar nichts* hilft, es sei denn Gott selbst würde durch seine Wiederannäherung an die von ihm getrennten Menschen diesen Abgrund des Bösen überbrücken und dieses ins Sein eingerissene Loch füllen?" (Vgl. Gestrich, Die Wiederkehr des Glanzes, S.167).

sei „oft nur diffus und in Teilaspekten als solches erfaßt“[5] charakterisiert er die Problematik entsprechend zu der im ersten Teil dieser Arbeit aufgezeigten Schwierigkeit, ‘das Böse’ eindeutig erfassen zu können.
Pannenberg nennt einleitend folgendes Problem im Umgang mit dem Bösen: Da im modernen Verständnis säkularer Gesellschaftssysteme nicht mehr Gott für ‘das Böse’ verantwortlich gemacht werden kann, ist der Mensch selbst verantwortlich für die Überwindung ‘des Bösen’. Pannenberg hält es dabei für charakteristisch, dass ‘das Böse’ vorrangig bei *anderen* Personen oder Gruppen, oder auch in gesellschaftlichen Strukturen und Zwängen lokalisiert wird, und nicht als etwas den (über ‘das Böse’ sprechenden) einzelnen Menschen *selbst* Betreffendes verstanden wird. Der Grund für diese Tendenz liegt Pannenbergs Ansicht nach vermutlich darin, dass die Inanspruchnahme des Einzelnen durch die Gesellschaft losgelöst von einer Sinngebung geschieht und somit als kalt oder als unterdrückte Möglichkeit zur Selbstentfaltung empfunden werden kann. Im Anschluss daran werden deshalb die Repräsentanten der Gesellschaft für die persönlichen Versagungen im Leben des Einzelnen verantwortlich gemacht.
Ein Handeln, welches durch das Lokalisieren ‘des Bösen’ im anderen die eigene Person zu entlasten und in oftmals gewaltsamen Ausbrüchen gegen das vermeintlich Böse vorzugehen sucht, steht nach Pannenberg im klaren Gegensatz zur biblischen bzw. christlichen Rede vom Bösen. Im biblischen Kontext ist nach Pannenberg ‘das Böse’ *als* Sünde zu verstehen. Dadurch, dass Pannenberg das paulinische Sündenverständnis von der Sünde als Begierde als Grundlage für seine Ausführungen zur Allgemeinheit der Sünde interpretiert[6], besteht für ihn der Kern biblisch-christlichen Sündenverständnisses in der Annahme einer alle Menschen betreffenden Allgemeinheit der Sünde. Durch die Thematisierung ‘des Bösen’ im Zusammenhang mit der Allgemeinheit der Sünde kann ‘das Böse’ dann von Pannenberg als prinzipielle Möglichkeit gedacht werden, die in jedem Menschen, nicht nur im anderen, ‘verwurzelt’ ist.[7]
Der Zusammenhang ‘des Bösen’ zur Allgemeinheit der Sünde verbietet nach Pannenberg den geheuchelten Moralismus, der jede menschliche Solidarität mit denjenigen Menschen aufkündigt, „die zu Werkzeugen der zerstörerischen Gewalt des Bösen wurden.“[8] So hat die christliche Lehre von der Allgemeinheit

---

[5] STh 2, S.272.
[6] Vgl. 2.2.2. u. 3.1.
[7] Vgl. STh 2, S.272. Die Allgemeinheit der Sünde geht auf die Vorstellung der Erbsündenlehre zurück. Die Interpretation des Grundgedankens dieser Lehre, die Entfaltung der Universalität der Sünde besitzt bei Pannenberg große Bedeutung (vgl. Punkt 3.1.).
[8] STh 2, S.273. Die Formulierung im Passiv ist an dieser Stelle missverständlich. Pannenberg versteht, wie aus den sonstigen Ausführungen deutlich wird ‘das Böse’ nicht als eine anonyme Macht, in deren ‘Bann’ Menschen gezogen werden. Böses geschieht vielmehr in Verantwortung der handelnden Menschen.

der Sünde die antimoralistische Funktion, zur Wahrung der Solidarität zu Tätern mit beizutragen.[9]
Wird im Rahmen der Sündenthematik vom 'Bösen' gesprochen, so geht die Frage nach 'dem Bösen' wie schon in den biblischen Beispielen angedeutet[10] über eine „bloß moralische Bestimmung" hinaus.[11] Durch den Bezug zur Sünde wird auch die Problematik umgangen, 'das Böse' von der neutestamentlichen Dämonenvorstellung her zu bestimmen.[12] Pannenberg verzichtet auch gänzlich auf eine Erörterung der Figur des Teufels.[13] Dieser spielt für seine Charakterisierung 'des Bösen' offensichtlich keine Rolle.[14] Da der „Abschied vom Teufel"[15] jedoch nicht unumstritten ist, soll in einem Exkurs auf die Frage eingegangen werden, ob und wie theologisch vom Teufel als 'Verursacher' oder als 'Bild des Bösen' gesprochen werden kann. Anschließend wird das Verständnis Pannenbergs von der Sünde als Voraussetzung für eine erste Charakterisierung 'des Bösen' genauer entfaltet.

[9]Vgl. STh 2, S.273. Hilfreich wäre an dieser Stelle, die Verwendung des Ausdrucks 'Täter' zu präzisieren. In der Wendung 'Täter' schwingt konnotativ die juristische Bezeichnung einer kriminellen Person mit. Die moralische Bedeutung des Ausdrucks 'Täter' dürfte damit jedoch nicht endgültig erfasst sein. Hier müsste zum einen der Gedanke eine Rolle spielen, dass ein 'Täter' auch gleichzeitig ein 'Opfer' sein kann, dass also moralisch eine Täterzuschreibung nicht immer eindeutig ist. Ein weiterer Gedanke ist, dass sich ein moralisches 'Schuldigwerden' nicht immer mit dem juristischen Verständnis von Schuld und damit der Kennzeichnung einer Person als 'Täter' decken muss.

[10]Vgl. Teil I, 2.1.1.

[11]Darauf hat Pannenberg schon in einer frühen Veröffentlichung hingewiesen: *Ders.*, Art. Das Böse, in: EKL ²1961, 559-561, Sp.561.

[12]Wilfried Härle spricht vom Bösen „als einer aktiven, initiativen Macht". Er hält es deshalb für sachgemäß, „vom Teufel, Satan und von Dämonen" zu sprechen. Er deutet jedoch selbst an, dass damit auch Probleme verbunden sein können: „Es gibt im christlichen und im außerchristlichen Bereich jedoch auch ein Reden von solchen dunklen Mächten, das selbst in Gefahr ist, ihrer Faszination zu erliegen. Dem kann wohl nur dadurch wirksam begegnet werden, daß die *Begrenztheit* dieser Mächte ernstgenommen wird, d.h. dadurch, daß von ihrer *Überwindung* gesprochen wird." (Härle, Wilfried, Dogmatik, Berlin 1995, S.492).

[13]Die Rede vom 'Teufel' ließe sich dahingehend präzisieren, dass die Unterschiede zu der Rede vom Satan herausgearbeitet würden. 'Satan' und 'Teufel' sind auf verschiedene Wortstämme zurückzuführen und sind in ihren Anfängen nicht bedeutungsgleich. Durch die neutestamentliche Übersetzung des hebräischen 'Satan' in das griechische 'diabolos' verblassten die Bedeutungsunterschiede. Eine differenzierte Darstellung dieser Entwicklung würde den Rahmen dieser Arbeit sprengen. Verwiesen sei deshalb auf: Link, Luther, Der Teufel. Eine Maske ohne Gesicht, München 1997, S.23ff.

[14]Dieses ist mit Pannenbergs vorne entfaltetem Anliegen zu erklären, seine theologischen Ausführungen in Bezug auf humanwissenschaftliche und philosophische Erkenntnisse als plausibel und allgemeingültig auszuweisen. Eine symbolhafte Sprache von der 'Macht des Teufels' würde sich diesem Anspruch entziehen.

[15]Haag, Herbert, Abschied vom Teufel. Vom christlichen Umgang mit dem Bösen, Zürich 1969.

2.1.2. Exkurs: „Abschied vom Teufel"?

Mit dem 1969 erschienenen Buch „Abschied vom Teufel", dessen Aussagen in dem Werk „Teufelsglaube"[16] auf wissenschaftlich breiterer Basis begründet und ausgeführt und in dem Buch „Vor dem Bösen ratlos"[17] zum Teil noch vertieft wurden, erregte der katholische Bibelwissenschaftler Herbert Haag die Gemüter von Kirchenangehörigen und Theologen.[18]
Aufgeworfen wurde die Diskussion um den Teufel im katholischen Umfeld durch das drei Jahre zuvor erschienene Buch „Symbol ou réalité?"[19] des französischen Theologen Christian Duquoc. Dieser stellt bereits die Frage, ob es berechtigt sei, von einem personalen Bösen auszugehen oder ob nicht eine Neuinterpretation der Figur des Teufels als Symbol anstehe. Während er bei der Annäherung an diese Frage jedoch zur Zurückhaltung und Geduld mahnt und seine vorsichtigen Äußerungen zu einer möglichen Interpretation der Teufelsfigur nur anreißt, tritt Haag im Zuge der Entmythologisierung Rudolf Bultmanns nun deutlich dafür ein, die Lehre vom Teufel als anachronistisch zu verabschieden.[20]
Haags These besteht darin, dass angesichts der neueren Erkenntnisse der theologischen und profanen Wissenschaften der Teufel nicht mehr als verbindliche Aussageform für das Böse dienen kann.[21] Haag konstatiert, dass „der Glaube an einen Teufel als Verursacher des Bösen in der Welt bei der Mehrzahl der Christen ins Wanken geraten ist und als unzumutbare Belastung des Glaubenslebens empfunden wird."[22] Er versteht seine Schrift „Abschied vom Teufel" daher als Hilfe für die Glaubenszweifel vieler Christen.[23] Haag untersucht die Rolle des Satans in den biblischen Schriften und kommt zu der Feststellung, dass der Satan im Alten Testament nur ein „später Notbehelf"[24] zur Erklärung des Bösen ist. Aufgrund verschiedener Einflüsse entwickelt sich in den biblischen Schriften erst allmählich die Figur des Satans, die jedoch nicht zu einem dualistischen Widerpart Gottes heranwächst. Im Neuen Testament steht der Teufel für die Sünde, ist mit ihr bedeutungsgleich.[25] Teufelsglaube ist nach Haag unbiblisch, in dieser Hinsicht kritisiert er auch die Entwicklung des Teufelsglaubens in der Kirche, besonders zwischen dem 12. und 16. Jahrhundert.[26] Als

---

[16]Haag, Teufelsglaube, ^{2}1980.
[17]Haag, Vor dem Bösen ratlos, 1978.
[18]Im Vorwort des Buches Teufelsglauben beschreibt Haag die Umstände der Entstehung und der Reaktion auf das Büchlein „Abschied vom Teufel". Dabei macht er sein Erschrecken über die Reaktion von einzelnen Predigern, reaktionären Gruppen, die „anonymen Schmähbriefe...die an infantiler und abergläubischer Primitivität kaum zu überbieten" waren (S.21), aber auch über die Kritik von Fachtheologen und den höchsten Kirchenbehörden deutlich und begründet damit zugleich die Notwendigkeit, die Thematik erneut, auf wissenschaftlicher Basis, anzugehen.
[19]Duquoc,Christian, Satan - Symbol oder Person? („Symbol ou réalité?" 1966), in: ThG 9(1966), 187-192.
[20]Vgl. Claret, Geheimnis des Bösen, S.73ff.
[21]Vgl. Haag, Teufelsglaube, S.39.
[22]Ebd., S.20
[23]Ebd., S.21
[24]Haag, Abschied vom Teufel, S.47.
[25]Ebd. S.62.
[26]Haag, Vor dem Bösen ratlos, S.153.

Auswirkungen des Teufelsglaubens stellen Haags Mitarbeiter kritische Überlegungen zum neuzeitlichen Umgang mit sogenannten 'Besessenen'[27] an, halten Rückblick auf die 'Hexenverfolgungen'[28] und die Verteufelungen der Juden bis in das 20. Jahrhundert.[29] Als extreme Form des Teufelsglaubens wird abschließend auf den modernen Satanismus verwiesen.[30] Die erschreckenden ethischen Auswirkungen des Teufelsglaubens unterstützen Haags Plädoyer, vom Teufel als existentem Wesen und Ursache 'des Bösen' Abschied zu nehmen.

Nach anfänglicher massiver Kritik an Haags Anliegen seitens der Kirche verschwand der Teufel sowohl aus theologischen Ausführungen als auch aus dem kirchlich vermitteltem Glaubensbewusstsein. Als eine Begründung lässt sich dafür der Tod einer Studentin im Jahr 1976 nennen, die exorzistisch 'behandelt' wurde.[31]

In den neunziger Jahren lässt sich eine erneute Diskussion um den Umgang mit 'dem Teufel' feststellen. Zu nennen ist zum einen neues religionswissenschaftlich-historisches Interesse an der Figur des Teufels[32] bzw. an der Entwicklung von der Schlange zum Teufel[33] sowie an den sozialen Implikationen und Auswirkungen der Figur des Satans in Form von Diskredition und Dämonisierung anderer religiöser Gruppierungen.[34] Weiterhin besteht ein Interesse am Aufweisen der Abhängigkeit ikonographischer Teufelsdarstellungen von ihrem jeweiligen kultur- bzw. geistesgeschichtlichen Hintergrund.[35]

Auch aus tiefenpsychologischer Perspektive wird die Rede vom Teufel kritisch in Augenschein genommen. Sie wird im Rückgriff auf C.G.Jung als Projektion enttarnt, die dazu herausfordert, sich mit seinen eigenen Schattenseiten auseinander zu setzen und ein ambivalentes Gottesbild, in dem auch 'das Böse' Platz hat, zuzulassen.[36]

---

[27]Vgl. Elliger, Katharina, Besessenheit, in: Haag, Herbert, Teufelsglaube, [2]1980, 391-439.

[28]Vgl. Elliger, Katharina, Die Hexen, in: Haag, Teufelsglaube, [2]1980, 440-476.

[29]Vgl. Lang, Bernhard, Der Teufel und die Juden, in: Haag, Teufelsglaube, [2]1980, 477-489.

[30]Vgl. Elliger, Satanismus, in: Haag, Teufelsglaube, [2]1980, S.490-502.

[31]Auf diesen Zusammenhang verweist Stefan Orth, Mythos, Symbol oder Person? Der Teufel und die Macht des Bösen im Spiegel neuerer Literatur, in: HerKorr 53, 4(1999), 192-197, S.192. (Zu dem „Fall Klingenberg" verweist er auf HerKorr, 9(1976), S.482 und 11(1976), S.540f). Das die Diskussion um das Exorzismuswesen noch nicht abgeschlossen ist, zeigt das neuere Eintreten für den Exorzismus von Georges Huber (Weiche Satan! Der Teufel heute, Stein am Rhein 1997) und René Laurentin (Der Teufel. Mythos oder Realität? Die Lehre und die Erfahrungen Christi und der Kirche, Hauteville 1996).

[32]Vgl. Russel, Jeffrey Burton, Biographie des Teufels. Das radikal Böse und die Macht des Guten in der Welt („The prince of Darkness. Radical Evil and the Power of Good in History" 1988), dt. Wien/Köln/Weimar 2000.

[33]Vgl. Martinek, Manuela, Wie die Schlange zum Teufel wurde. Die Symbolik in der Paradiesgeschichte von der hebräischen Bibel bis zum Koran, Wiesbaden 1996.

[34]Vgl. Pagels, Elaine, Satans Ursprung, Berlin 1996.

[35]Vgl. Link, Luther, Der Teufel, 1997.

[36] Vgl. Schnocks, Dieter, Der Schatten unserer Seele. Zum Verständnis des Dunklen in der Analytischen Psychologie C. G. Jungs, in: Schlagheck, Michael (Hg.), Theologie und Psychologie im Dialog über das Böse, Paderborn 1998, 63-92; Funke, Dieter, Der Platz des Bösen in Gott? Psychoanalytische und theologische Erwägungen zum halbierten Bild vom „guten Gott", in: Schlagheck (Hg.), Theologie und Psychologie im Dialog über das Böse, 93-144; Kaufmann, Rolf, Das Gute am Teufel. Eigenen Schattenseiten und Abgründen begegnen, Zürich 1998.

Gegenüber diesen entmythologisierenden Ausführungen kommt in der theologischen Diskussion erneut die Frage auf, ob der 'Abschied vom Teufel' nicht ebenso unabweisbare Probleme nach sich zieht. Dem aufgeklärten Menschen fehlen nach dem Abschied vom Teufel die Begriffe für die entsetzlichen Erscheinungen 'des Bösen', vor denen er „fassungslos"[37] steht.
Jürgen Moltmann betont in seinen „Zwölf Bemerkungen zur Symbolik des Bösen"[38], dass der Teufel eine mythische Figur ist, welche die diffuse Angst vor dem Ungeheuerlichen zu fixieren, dass unfassbar Böse zu benennen vermag. Dabei geht es nicht darum, den Teufel als Erklärung oder Entschuldigung für das Böse zu funktionalisieren.[39] Aber ein Abschied vom Teufel, wie Haag ihn vertritt, die Reduzierung des Bösen auf die menschliche Sünde, scheitert daran, dass das Böse, dass die Menschen tun, über sie hinauswächst und sie in sogenannten 'Teufelskreisen' kollektiv und strukturell beherrscht und es scheitert daran, dass der Mensch als 'schwaches Geschöpf' geschaffen ist, dass unter die Gewalt des Bösen geraten kann, dass ihm bereits vorausgeht. Christliche Theologie glaubt nicht an den Teufel, aber sie rechnet mit dem Satanischen, mit Teufelskreisen, von denen sie die Menschen befreien und erlösen will.[40] Für Moltmann soll dem Mythos vom Teufel keine explanatorische Bedeutung, sondern exploratorische und exorzistische Bedeutung zugesprochen werden.[41]
Der letzte Gedanke, die Überwindung des 'Teufels' spielt auch bei Klaus Berger[42] eine wichtige Rolle. 'Teufel' ist Bild für „jene erfahrbare Macht, in der sich die Intelligenz des Hasses konzentriert", 'Teufel' steht für „die Inspiration zum Mord".[43] Der Teufel steht für das Phänomen, dass Menschen sich immer wieder auf etwas einlassen, was nicht ausschließlich aus ihnen selbst begründet werden kann.[44]
Aus seiner Analyse der neutestamentlichen Rede vom Teufel wird deutlich, dass er die neutestamentliche Rede von Teufel und Dämonen in Entsprechung und Nähe zu der paulinische Rede von der Sünde sieht. Beide charakterisieren 'böse Mächte', die Züge von Personhaftigkeit tragen.[45] Berger betont, dass der neuzeitliche Personbegriff nicht für den Teufel gilt. Aber er will daran festhalten, 'Teufel' als eine „schreckliche, unsichtbare Wirklichkeit"[46] zu verstehen, dessen Daseinszweck darin besteht, überwunden zu werden. Er ist dazu da, dass die Herrlichkeit Gottes über ihn, der den Kern von allem Hass und Neid in der Welt bildet, triumphiert, auch wenn das für einen hohen Preis, nämlich durch Geduld und Askese, das Ertragen und Ausharren in Versuchungen geschieht.[47] Die Forderung nach einem Ernstnehmen dieser teufli-

[37]Bloch, Ernst, Aufklärung und Teufelsglaube, in: Schatz, Oskar, Hat die Religion Zukunft? Graz u.a. 1971, 120-134, S.120.
[38]Moltmann, Jürgen, Zwölf Bemerkungen zur Symbolik des Bösen, in: EvTh 52(1992), 2-6.
[39]Ebd., S. 2.
[40]Vgl. ebd., S. 6.
[41]Vgl. ebd., S. 2.
[42]Vgl. Berger, Klaus, Wozu ist der Teufel da? Stuttgart 1998.
[43]Ebd., S.237.
[44]Vgl. ebd. S.201.
[45]Vgl. ebd., S.40.
[46]Ebd., S.146.
[47]Vgl. ebd., S.238.

schen Wirklichkeit, aber auch nach dem Ernstnehmen einer Entscheidung für Gott und damit gegen das Teuflische spiegelt sich bei Berger in seinem Plädoyer, die Absage an den Teufel wieder in den Taufritus aufzunehmen.[48]
Der katholische Theologe Bernd Claret setzt sich in seiner Dissertation mit Haags 'Abschied vom Teufel' auseinander. Dessen unumstrittene Leistung sieht er darin, dass er auf „untragbare, falsche und bedrückende Vorstellungen innerhalb der traditionellen Teufelslehre" hinweist, dass er „Einspruch gegen eine Übersteigerung der Teufelsfigur zu einer Art Gegengott" besonders in der Volksfrömmigkeit erhebt und dass er beständig hinweist „auf die beunruhigende und bisweilen nur als katastrophal zu bezeichnende Wirkungsgeschichte des kirchlichen Teufelglaubens"[49].
Kritisiert wird von Claret dagegen die hermeneutische Vorgehensweise Haags, der Umgang mit dem Mythos. Der Hinweis, die Figur des Teufels sei ('nur') ein Mythos und deshalb zu verabschieden, kann nicht akzeptiert werden. Eine weitere Schwierigkeit liegt in der 'Übersetzung' oder 'Ersetzung' des Mythos 'Teufel' durch 'Sünde' oder 'das Böse'. Durch eine solche Übersetzung können wichtige Aspekte biblischer Beschreibung von Wirklichkeit verloren gehen.[50] Gleichzeitig verändert sich durch eine solche Verschiebung das Bild des Menschen vom Opfer zum Täter und das Bild Gottes zu einem Gott, der das Böse zulässt. Dabei betont Claret immer wieder, dass Gott derjenige bleiben muss, der 'das Böse' nicht will.[51]
Aus diesen Gründen will Claret die Frage nach dem Teufel 'wach halten' und eine Neuorientierung der Theologie hinsichtlich der Frage nach dem Teufel anstreben.[52]
Wichtige Einsichten zieht Claret dabei aus der Philosophie Paul Ricoeurs, welcher sich in seiner „Phänomenologie der Schuld"[53] unter Berücksichtigung von Mythen, die die Macht 'des Bösen' zum Ausdruck bringen, mit der Fehlbarkeit des Menschen auseinandersetzt, sowie die in Mythen zur Sprache kommenden Symbole als Vermittlung des Übergangs von Fehlbarkeit und Fehltat interpretiert. Im Anschluss an Ricoeur kann Claret den Menschen nicht nur als Täter, sondern auch als Opfer 'des Bösen' charakterisieren. Der Teufel ist ein Symbol für das Böse, er symbolisiert denjenigen Aspekt 'des Bösen', bei dem die menschliche Verantwortung allein nicht mehr greift. Er symbolisiert das vor-menschliche 'Böse', das der Mensch fortsetzt, indem er es beginnt und indem es durch ihn in die Welt kommt. Das Teufelssymbol steht für den passiven Aspekt der Versuchung, denn Sündigen heißt für den Menschen, dass er einem Bösen nachgibt, oder in Anlehnung an Gabriel Marcel gesprochen, „einer 'Einladung zum Verrat'"[54] nachgibt.

---

[48]Vgl. ebd., S.230f.
[49]Claret, Geheimnis des Bösen, S.184.
[50]Vgl. ebd. S.135ff.
[51]Vgl. ebd. S. 13ff u.S.191ff.
[52]Vgl. ebd. S.17ff.
[53]Vgl. Ricoeur, Paul, Die Fehlbarkeit des Menschen. Phänomenologie der Schuld, Bd.I (1960), Freiburg ^{2}1989 und *ders.* Symbolik des Bösen. Phänomenologie der Schuld, Bd. II (1960), Freiburg ^{2}1989.
[54]Claret, Geheimnis des Bösen, S.304.

Als Symbol 'des Bösen' ist der Teufel nach Claret auch hinsichtlich des Mittelweges zwischen Dualismus und Monismus unverzichtbar. Denn in diesen beiden Denksystemen kann kaum begründet gehofft werden, dass 'das Böse' durch Gott endgültig besiegt und entmachtet wird.[55]
Hinsichtlich des alle Begriffe sprengenden und Theorien des individuell Bösen überschreitenden 'radikal mundan Bösen an Auschwitz'[56] wagt Claret schließlich die These, dass diese Erfahrungen „als eine Art Beherrschtwerden von Menschen durch eine übermenschliche 'personale' diabolische Macht“[57] gedacht werden könnten.

Die letztgenannten Aspekte der Diskussion um den Teufel zeigen, dass das Problem der theologischen Rede vom Phänomen 'des Bösen' darin gesehen wird, dass dieses Phänomen in seiner „schillernden, verführerischen *Breite*“[58] als unfassbar und zu komplex gilt, um es allein auf die Vorstellung von Sünde als Verfehlung der geschöpflichen Bestimmung zurückzuführen. Es bedarf der Bilder wie der des Teufels um dieser Fassungslosigkeit Sprache zu verleihen.[59]

Wie oben bereits angesprochen vertritt Pannenberg diese „Teufelshypothese“[60] nicht. Es ist daher interessant zu untersuchen, ob Pannenberg 'die Fassungslosigkeit angesichts des Bösen' ebenso wahrnimmt wie obige Autoren und ob er einen anderen Weg findet, diese Unbegreiflichkeit 'des Bösen' zum Ausdruck zu bringen. Am Ende der Darstellung des Bösen bei Pannenberg wird gefragt werden, ob sein Verzicht auf den Teufel sowie seine Konzentration auf das Phänomen der Sünde nachvollziehbar und gerechtfertigt ist.[61]

---

[55]Vgl. ebd., S.14.
[56] Vgl. ebd., S.377 Claret übernimmt diese Formulierung von: Schulte, Christoph, Radikal böse. Die Karriere des Bösen von Kant bis Nietzsche, München 1988, S. 352.
[57]Claret, Geheimnis des Bösen, S.379.
[58]Berger, Wozu ist der Teufel da?, S.41.
[59]Dieses kann nicht nur durch sprachliche Benennungen, sondern beispielsweise auch durch literarische Dichtungen oder filmerische Bilder geschehen (vgl. Häring, Das Böse in der Welt, S.11).
[60]Franzoni, Giovanni, Der Teufel - mein Bruder. Der Abschied von der ewigen Verdammnis, („Il diavolo, mio fratello“ 1986), dt. München 1990, S.15. Franzoni spricht sich ebenfalls gegen eine Teufelshypothese aus. Seiner Meinung nach müsste die Rede von Hölle, Teufel und ewiger Verdammnis durch neue Analysen und neue Metaphern ersetzt werden (vgl. S.153f).
[61]Vgl. 3.3.

2.2. Sünde als Verfehlung menschlicher Bestimmung

2.2.1. Die Problematik des Sündenbegriffs

In seinen theologischen Überlegungen 'zum Menschen' konzentriert sich Pannenberg neben der oben dargestellten Personalität des Menschen auf das Phänomen der 'Sünde'. Zunächst ist mit Pannenberg auf die Problematik des Sprachgebrauches hinsichtlich des Begriffs der Sünde hinzuweisen. Hier ist einerseits die Moralisierung des Sündenbegriffs zu nennen, die Reduzierung der Sünde auf individuelle Vergehen sozialer Regeln (z.B. „Verkehrssünder")[62], andererseits lässt sich in der Umkehrung die Tendenz ausmachen, dass in dem Begriff der Sünde der Reiz, traditionelle Moral aufzubrechen, mitschwingt. Die „Verfallsgeschichte"[63] des christlichen Sündenbewusstseins beginnt nach Pannenberg schon mit der Reduktion des Sündenbegriffes auf die Tatsünden seit dem 18.Jh.[64] Dieser Hintergrund ist zu bedenken, will man mit dem Sündenbegriff neue Glaubwürdigkeit gewinnen. Es darf nicht übersehen werden, dass der 'Sprachverfall' das Ergebnis „einer Erosion der Glaubwürdigkeit des traditionellen christlichen Redens von der Sünde"[65] darstellt.
Christliche Theologie muss sich nach Pannenberg diesem 'Sprachverfall' als Resultat der mangelnden Glaubwürdigkeit traditionellen Redens von der Sünde stellen und sich nicht gegenüber Anfragen aus dem säkularen Bereich verschließen. Pannenberg fordert neben einer selbstkritischen Neubestimmung des Sündenbegriffs auch Konsequenzen hinsichtlich christlicher Bußfrömmigkeit und kirchlichen Lebens.[66]
Eine Problematik ergibt sich nach Pannenberg in der hermeneutischen Vorgehensweise in Bezug auf eine plausible Entfaltung des Sündenbegriffs. Wird nämlich das Phänomen der Sünde zu einer reinen Glaubensfrage erklärt, zu einem Phänomen, dass sich ausschließlich aus dem Christusglauben erschließt, ergibt sich eine Angriffsfläche für die Kritik Nietzsches und seiner Nachfolger: Es kann der Vorwurf erhoben werden, dass Sünde durch den Christusglauben erst geschaffen wird und deshalb Leben verleumdet und lebensfeindlich wirkt.

---

[62]Eine differenzierte Beobachtung der Ambivalenzen des säkularisierten, umgangssprachlichen Sündenbegriffes findet sich bei: Brandt, Sigrid, Sünde. ein Definitionsversuch, in: *dies.*/ Suchocki, Majorie H./ Welker, Michael (Hgg.), Sünde. Ein unverständlich gewordenes Thema, Mit Beiträgen von Klaus Berger u.a., Neukirchen-Vluyn 1997, 13-14, S.14f.

[63]Pannenberg interpretiert diesen veränderten Sprachgebrauch als Sprachverfall, die Veränderungen im ganzen gesehen als Verfallsgeschichte. Aus diesen Formulierungen wird deutlich, dass seiner Meinung nach ein 'richtiges' Verständnis von Sünde in der Tradition existiert, dessen Sinn es wieder aufzuspüren gilt. Damit schließt er aus, dass unterschiedliche Interpretationen von 'Sünde' eine jeweilige Gültigkeit beanspruchen können. Dass in dieser Annahme eine Problematik besteht, wird besonders in der Gegenüberstellung zur feministischen Theologie deutlich (vgl. 2.2.5.).

[64]Vgl. 3.1.

[65]STh 2, S.270.

[66]Vgl. ebd., S.270f; vgl. Teil III, 1.2.2.

Pannenberg betont jedoch, dass der Glaube an das Erlösungshandeln des dreieinigen Gottes die Tatsache der Sünde zur Voraussetzung hat, auch wenn die Radikalität der Sünde „erst im Lichte der durch Jesus Christus vermittelten Gotteserkenntnis“[67] deutlich wird.
Hier zeigt sich Pannenbergs Anliegen, sich bei der Rede ‘vom Menschen als Sünder’ auf einen Sachverhalt zu beziehen, der auch unabhängig der Offenbarung Gottes das menschliche Leben unabweisbar kennzeichnet. Aufgrund dieses Anliegens bekommen bei Pannenberg auch philosophisch-anthropologische oder auch psychologische Erkenntnisse eine besondere Bedeutung, da in ihnen allgemein-menschliche, ‘unabweisbare’ Phänomene aufgezeigt werden, auf die sich die theologische Rede vom Menschen als Sünder bezieht. In den philosophisch-anthropologischen Erkenntnissen wird so eine theologische Dimension aufgewiesen, welche die theologische Rede von der Sünde stützen kann.[68] Gleichzeitig betont Pannenberg jedoch, dass die „eigentliche Bedeutung“[69] der Rede ‘vom Menschen als Sünder’ nur von der Offenbarung Gottes her erkennbar ist und aufgedeckt werden mag. In den folgenden Punkten werden also beide Aspekte der Rede von der Sünde berücksichtigt: Die Rede von der Sünde von der Offenbarung Gottes her und die Rede von der Sünde in Bezug auf das Erscheinungsbild menschlichen Daseins. Um zu verdeutlichen, aus welcher biblisch-theologischen Tradition heraus Pannenberg argumentiert, folgen zunächst die von Pannenberg aufgezeigten Aspekte biblischen Redens von der Sünde.

[67]Ebd., S.271.
[68]An dieser Stelle ist der Einwand Dalferths zu hören, Theologie sei nicht „auf eine Sinn- und Deutedisziplin zweiter Ordnung“ zu reduzieren, „die einer sekundären religiösen Deutung unterzieht, was sozialwissenschaftliche Analysen als komplexe Wirklichkeit unseres Lebens erschlossen haben“ (*ders.*, Theologie und Gottes Gegenwart (1996), in: *ders.*, Gedeutete Gegenwart, 1997, S.284). Nach Dalferth besteht die Einzigartigkeit der Theologie darin, sich mit der wirksamen Gegenwart der Liebe Gottes zu befassen. Dieser Einwand könnte mit Dalferth auch Pannenberg gegenüber ausgesprochen werden. Auch wenn in Pannenbergs Anliegen der Vorteil liegt, dass Theologie sich nicht zurückzieht, sondern sich der Auseinandersetzung mit anderen Disziplinen stellt, bleibt seine Vorgehensweise insofern problematisch, als dass der Bezug auf nicht-theologische anthropologische Aussagen leicht dahingehend verstanden werden kann, dass diese als ‘Beweis’ für die Wahrheit theologischer Aussagen dienen sollen.
Auch aus einem weiteren Grund ist es problematisch, ohne die Perspektive von Vergebung und Erlösung mit dem Begriff ‘Sünde’ die eigene Heillosigkeit und Verlorenheit zu betrachten. Auf diese Weise kommt die Bezeichnung des Menschen als Sünder einer totalen Infragestellung der Person gleich, die den Menschen in eine Situation trostloser Verzweiflung treibt. Diese Form des neuzeitlichen ‘Verlusts an Gnade’ kann auch dazu führen, dass kirchlichem Reden von der Sünde mit Argwohn oder Widerspruch begegnet wird (vgl. Härle, Dogmatik, S.456).
[69]STh 2, S.271.

2.2.2. Aspekte biblischen Redens von der Sünde

Bei der Frage nach den Erscheinungsformen der Sünde geht Pannenberg zunächst auf biblische Textbefunde ein.[70]
Die alttestamentlichen (hebräischen) Terminologien für die unterschiedlichen Aspekte der Verfehlung oder Sünde[71] lassen sich nach Pannenberg ihrer Sache nach als Spielarten der Übertretung des göttlichen Gebots bezeichnen. Das trifft nach Pannenberg auch für Textaussagen zu, die auf eine allgemeine 'böse' Gesinnung der Menschen hinzielen (Gen 6,5; 8,21) und mit dem Hinweis auf die 'Bosheit des Herzens' über die Einzeltaten der Übertretung hinausweisen. So bereut der jüdische Mensch nicht nur seine Taten, sondern über sie hinaus die Wurzeln seiner Taten[72], aber immer hinsichtlich eines Einklanges mit Gottes Willen, der Befolgung der göttlichen Norm.[73]
Im NT wird inhaltlich an die Tradition der alttestamentlichen und frühjüdischen Auffassung angeknüpft, welche die Sünde als Verstoß gegen den göttlichen Willen interpretiert.[74] Bei Paulus, besonders anhand der Zentralstelle Röm 7,7-11, sieht Pannenberg allerdings eine deutliche Veränderung in der Auffassung der Sünde (hamartia). Es geht nun um einen Sachverhalt, der den Geboten vorausgeht und durch das Gesetz aufgedeckt wird. Pannenberg sieht bei Paulus 'Sünde' charakterisiert als anthropologische Befindlichkeit und legt Röm 7,7f folgendermaßen aus: Die in Röm 7,7 gebrachte Zusammenfassung des Gesetzes

[70]Dabei ist zu verdeutlichen, dass weder das Alte, noch das Neue Testament eine systematische Reflexion seiner vielfältigen hamartiologischen Aussagen enthält. Eine umfassende Darstellung sowie ein Vergleich des biblischen Textbefundes würde den Rahmen dieser Arbeit sprengen. Es wird in diesem Abschnitt ausschließlich auf die Textstellen eingegangen, die Pannenberg aufgreift und die seine Argumentation unterfüttern. Für eine differenzierte Darstellung des Sündenbegriffs in At und NT verweise ich auf folgende Literatur: Knierim, Rolf P., Zur Gestalt alttestamentlicher Harmartiologie, in: Brandt, Sigrid,/ Suchocki, Majorie H./ Welker, Michael (Hgg.), Sünde, 1997, 71-114; Koch, Robert, Die Sünde im Alten Testament, Frankfurt/M. 1992; Merklein, Helmut, Paulus und die Sünde, in: Frankemölle, Hubert, Sünde und Erlösung im Neuen Testament, Freiburg i. Br. 1996 [QD, Bd. 161], 123-163; Fiedler, P., Art. 'hamartia', in: EWNT, Bd. I (^{2}1992), 157-165; Schenker, A., Art. Sünde I, in: NBL, Bd. 3 (2000), 728 -734 ; Wehr, L., Art. Sünde II, in: NBL, Bd. 3(2000), 734 -741.

[71]Pannenberg führt folgende hebräische Begriffe auf: *chattat*= fahrlässige Verfehlung, *'awon*= wissentliche, daher schuldhafte Verfehlung, *paescha*= Auflehnung (Beispiele: Jes 1,2; Jer 2,29; Hos 8,1; Am 4,4). Entscheidend für das Gewicht der Tat ist die Gesinnung des Handelnden (vgl. STh 2, S.274). Nach Koch ist hier zu differnzieren. Er weist darauf hin, dass *chattat* auch für bewusste Verfehlungen verwendet wird und dass hier weniger um die Gesinnung als um die sündige Tat geht (vgl. Koch, Die Sünde im Alten Testament,S.47). Hinsichtlich des Wortes *'awon* betont er, dass hier drei Aspekte angesprochen werden: Beabsichtigtes Vergehen, Schuld und Strafe (ebd. S.50). Die Übersetzung für *paescha* als Auflehnung hält Koch für ungenau und übersetzt es mit 'Bruch'. Gemeint ist der totale Bruch mit dem Bundesherren, welches einen totalen Bruch mit der Gemeinschaft bewirkt (S.43).

[72]Hier rekurriert Pannenberg auf Ricoeur, Symbolik des Bösen, S.274.

[73]Trotz dieser Bezogenheit der Sünde auf den göttlichen Willen hin ist festzustellen, dass im AT die Bedeutung von Sünde im Vergleich zum NT stärker an erlebbaren menschlichen Phänomenen festgemacht wird. Schenker nennt Beispiele aus den Kategorien der Gewalt, Arglist und Trug, Unrecht und Frevel, Torheit und Unreinheit. All diese Formen der Sünde lassen sich deshalb auch als böse bezeichnen (vgl. Schenker, Art. Sünde, Sp 728; Zum Verhältnis Sünde - Böses vgl. Teil I, 2.2.1. und Teil II, 2.5).

[74]Vgl. Wehr, Art. Sünde II, Sp 735.

(2. Mose 20,17) „Du sollst nicht begehren" charakterisiert Sünde als 'falsche' Begierde, die gegen Gottes Gebote und damit gegen Gott selbst gerichtet ist.[75] Gereizt durch die Gebote „erregt" die Sünde Begierden aller Art (7,8), d.h. die zunächst latente Sünde ist nun offenkundig geworden in den Begierden. Dabei ist nach Pannenberg festzuhalten, dass die Begierden *als solche* Sünde sind, nämlich als „manifeste Gestalt der Sünde"[76].
Die paulinische Erkenntnis, dass die Sünde, wird sie als Macht[77] verstanden, die Begierde erregt, hat in der christlichen Sündenlehre wegweisend gewirkt. Eine besondere Bedeutung sieht Pannenberg in der augustinischen Interpretation des von Paulus aufgeworfenen Zusammenhangs von Sünde und Begierde.

2.2.3. Konkupiszenz und amor sui

Zunächst kann mit Pannenberg darauf hingewiesen werden, dass die Grundgedanken der augustinischen Sündenlehre häufig von den kritikbedürftigen Aspekten seiner Sündenlehre überdeckt werden.[78] Abgesehen von diesen Aspekten bewertet Pannenberg Augustins Darstellung in ihrer Form als philosophische Analyse und spricht ihr auch gegenüber der paulinischen Ausführungen zur Sünde in Röm 7,7, die noch narrativen, mythisch anmutenden Charakter aufweisen, eine (psychologische) Allgemeingültigkeit zu. Augustinus sei es gelungen, die Kernaussagen aus Röm 7,7ff ihrer narrativen Ummantelung zu entledigen und in eine Strukturaussage über die allgemeine Form menschlichen Verhaltens in der Beziehung zur Wirklichkeit Gottes zu übertragen.[79]

---

[75]Helmut Merklein betont, dass der Satz 'Du sollst nicht begehren!' aufdeckt, „daß der Mensch ein Begehrender ist, der das Gebot übertritt" (Merklein, Paulus und die Sünde, S.134). Anders als Pannenberg leitet er aber nicht von diesem menschlichen Phänomen des 'Begehrens' die Allgemeingültigkeit der Sündhaftigkeit bei Paulus ab, sondern nennt den Paradigmenwechsel, der durch die Rechtfertigung bewirkt wird, welcher bei Paulus der These von der Allgemeinheit der Sünde eine grundsätzliche Begründung verleiht: Wenn Christus für uns gestorben ist (Gal 3,13; 2 Kor 5,21), dann müssen alle, Juden und Heiden, unter der Macht der Sünde stehen. Die Allgemeinheit der Sünde ist also nur vom Lichte der Gerechtigkeit allein aus Glauben einsichtig und stellt nach Merklein deren Kontrastbild dar (vgl. ebd. S.142ff).

[76]STh 2, S.275.

[77]Verschiedene Bilder tragen zu diesem Verständnis bei: Die Sünde „herrscht" zum Tode (Röm 5,21), im Gesetz der Sünde ist der Mensch „gefangengehalten" (7,23), sie „wohnt" im Menschen (7,17.20), Menschen sind ihr gegenüber wie „Sklaven" (6,16), Menschen können sich ihrer Macht aus eigener Kraft nicht entziehen (7,24). Obwohl die Sünde wie eine dämonische Macht erscheint, sieht Paulus ihren Ursprung in den Verfehlungen des Menschen (5,12). Die Radikalität und Universalität, die Paulus der Sünde zuspricht, lassen sich nur aus der Perspektive der durch Christus erlösten Menschheit verstehen (vgl. Wehr, Art. Sünde II, Sp 736f).

[78]Pannenberg nennt hier die Vorstellung einer Vererbung der Sünde Adams in der Generationenfolge, die einseitige Tendenz der Bestimmung der Begierde als Geschlechtslust sowie Augustins undifferenzierte Auseinandersetzung mit der Vorstellung der Verantwortlichkeit für die Willensentscheidung (vgl. STh 2, S.277).

[79]Vgl. STh 2, S.281.

Pannenberg schließt sich Augustins Interpretation der Sünde als Begehrlichkeit (cupiditas oder concupiscentia) an, in der er, wie noch zu erläutern sein wird, die Verkehrung des menschlichen Weltverhältnisses ausgedrückt sieht. Pannenberg möchte deutlich machen, dass Konkupiszenz bei Augustinus sowohl als Folge von Sünde, aber auch als Ursache neuer Sünden und damit selbst als Sünde verstanden werden kann.[80] Begehrlichkeit ist bei Augustinus insofern selber Sünde, weil sie eine perverse Form des Willens darstellt (=perversa voluntas).[81] Als dieser verkehrte Wille neigt sie sich untersten Gütern zu und gibt die besseren und höchsten Güter, nämlich Gott, seine Wahrheit und sein Gesetz, preis.[82]

Diese Verkehrung entspricht einer Umkehrung von Mittel und Zweck (uti und frui). Entgegen der Ordnung der Natur begehrt der Sünder die vergänglichen Dinge nicht als Mittel zum Dienst an Gott, sondern er setzt Gott als Mittel zur Befriedigung des Genusses am Gelde ein.[83] Pannenberg zeigt nun auf, dass in Augustins geschilderter Verkehrung ein weiteres Moment hervortritt, nämlich Hochmut (superbia) oder Ichsucht (amor sui).[84] Hochmut beschreibt Augustinus als das Streben, sich vom Urgrund zu lösen und sein eigener Urgrund zu werden.[85] Pannenberg fasst zusammen: „Der Hochmütige findet übermäßiges Gefallen an sich selber, indem er sich selber zum Prinzip macht, statt dem Ursprung aller Dinge anzuhängen.“[86]
Die Einstellung, sich selbst als letzten Zweck des Begehrens zu setzen, liegt dem verkehrten Begehren schon zugrunde. Kern des verkehrten Begehrens ist deshalb Ichsucht oder Hochmut.[87]
Da diese Selbstbejahung zunächst nur implizit im Begehren wirksam ist, steht der Gotteshass als radikalste Form und Konsequenz des sündhaften Wollens nicht am Anfang des Begehrens. Aber in ihrer Konsequenz treibt die superbia

---

[80]Vgl. A, S.83f.
[81]Vgl. De Civ. Dei XIV 7,2.
[82]"Propter universa haec atque huius modi peccatum amittitur, dum inmoderata in ista inclinatione, cum extrema bona sint, meliora et summa deseruntur, tu, domine deus noster, et veritas tua et lex tua.“ (Conf. II,5,10).
[83]Vgl. De Civ. Dei, XI, 25. Pannenberg weist darauf hin, dass zwar Augustins Vorstellung von der Welt als Stufenkosmos heute keine Verbindlichkeit mehr besitzt, bei Augustinus jedoch unabhängig davon in der Eigenmächtigkeit des Willens die Verkehrtheit des sündigen Begehrens zum Ausdruck gebracht wird und somit auch heute verständlich bleibt (vgl., STh 2, S.279).
[84]Es handelt sich hier nicht um zwei gänzlich unterschiedliche Phänomene. Die beiden Begrifflichkeiten werden dagegen von Pannenberg teilweise synonym gebraucht („ichsüchtige superbia“(A, S.85), teilweise ist eine Bewegung der amor sui als Selbsterhaltung, die in der Perversion des Willens zur superbia wird, beschrieben (vgl. STh 2, S.280).
[85]Vgl. De civ. Dei, XIV, 13.
[86]A, S.85; vgl. auch *ders.*, Aggression und die theologische Lehre von der Sünde, in: ZEE 21(1977), 161-173, S.162f.
[87]Vgl., A, S.85. Vgl. STh 2, S.279.

letztendlich den Sünder in seinem Wie-Gott-sein-Wollen in die „offene Gottesfeindschaft“[88].
Vor diesem Hintergrund ist zu verstehen, warum das Phänomen der Begehrlichkeit als Sünde und als Folge der Sünde verstanden werden kann: Auf der einen Seite ist Begehrlichkeit schon Sünde zu nennen, weil in ihr implizit die Ichsucht, die Bejahung des Ichs als letzten Zweck, liegt, die sich zumindest implizit gegen Gott richtet. Auf der anderen Seite ist die *superbia* als dasjenige Moment in der Begehrlichkeit, das sie zur Sünde macht, auch ein explizites Phänomen, das auch unabhängig von der Begehrlichkeit, die alle Dinge als Mittel für die Selbstzwecklichkeit des Ich benutzt, auftreten kann. In diesem Verständnis ist Begehrlichkeit dann Folge der eigentlichen Sünde.[89]

Die augustinische Interpretation der Sünde als Hochmut und Begehrlichkeit hat laut Pannenberg in ihrer Allgemeinheit und aktuellen Bedeutung ihre Kraft nicht verloren, auch wenn Augustinus das Begehren häufig mit dem geschlechtlichen Begehren beschrieben hat. Ein Vorzug der augustinischen Lehre liege darin, dass Augustinus zwischen gutem und bösen Begehren unterscheide, da er den Zweck in den Blick nehme, auf den hin das Begehren letztlich ziele. So sei nicht das Begehren als solches sündhaft, sondern nur dasjenige Begehren sei Sünde, das Ausdruck des die Ordnung der Natur als Hinordnung auf Gott verkehrenden Hochmuts sei.[90]
Hier sieht Pannenberg auch den Unterschied zu Paulus' Verständnis von Sünde. Indem Augustinus die Begierde nicht nur hinsichtlich des göttlichen Gesetzes interpretiert, sondern sie als allgemeines anthropologisches Phänomen deutet, verschafft er seiner Darstellung eine strukturelle Allgemeingültigkeit.[91] Innerhalb dieser allgemeinen Wesensstruktur findet sich dann auch die Begierde gegen Gott und seiner Stellung als Schöpfer.
Die Vorzüge der augustinischen Darstellung menschlicher Sündhaftigkeit bestehe nach Pannenberg weiterhin darin, dass es sich bei den durch Hochmut und Konkupiszenz charakterisierten Verhaltensweisen um empirische Tatsachen handele, denen sich niemand entziehen könne. Hieraus ziehe auch die

[88]A, S.86. Vgl. STh 2, S.279f.
[89]A, S.86.
[90] A, S.88. Pannenberg weist im weiteren Textabschnitt ebenfalls darauf hin, dass die Rahmenbedingungen der augustinischen Lehre (These von der hierarchischen Ordnung des Universums) für die neuzeitliche Anthropologie ihre Gültigkeit verloren haben. Entscheidend ist nach Pannenberg jedoch, dass trotz dieser Differenz die neuzeitlichen Vorstellungen von der Verkehrtheit der menschlichen Natur fundamentale Übereinstimmungen mit den Beschreibungen Augustins aufweisen (vgl. S.91f). Die Rede von der 'Natur' des Menschen provoziert die Frage nach seiner Verantwortung bzw. dem 'freien Willen' (vgl hierzu Punkt 3.1).
[91]Diese Allgemeingültigkeit der Sünde ergibt sich bei Augustinus als Konsequenz aus seiner anthropologischen Strukturanalyse, da diese per se „als Beschreibung der allen Individuen gemeinsamen Struktur menschlichen Verhaltens“ (STh 2, S.282) verstanden werden kann. Der Zusatz einer Vererbungstheorie ist deshalb der Sache nach nicht notwendig. Dieser Gedanke ist besonders für Pannenbergs Überlegungen zur 'Erbsünde' wichtig (vgl. 3.1.). Ob tatsächlich von 'Allgemeingültigkeit der augustinischen Analyse der Sünde' gesprochen werden kann, wird besonders von feministischen Theologinnen angezweifelt (vgl. 2.2.5.).

theologische Interpretation der genannten Verhaltensweisen als Abwendung von Gott bis hin zur Gottesfeindschaft ihre Überzeugungskraft, indem sie als Implikation dieses empirischen Sachverhaltes gesehen werden könne, auch wenn die Einsicht in die Radikalität der Verkehrung der menschlichen Bestimmung erst von der biblischen Offenbarung her gewonnen werde.[92]
Hier setzt sich Pannenberg gegen Karl Barth[93] ab, welcher auf eine Bezugnahme hinsichtlich empirischer Sachverhalte verzichtet, sondern betont, dass die Sündhaftigkeit des Menschen nur in Jesus Christus erkannt werden kann.[94] Pannenberg kritisiert, dass die Sündhaftigkeit von Glaubensentscheidungen abhängig gemacht wird und so nur als „Schatten, den der Glaube an die Versöhnung in Christus auf die Selbstbeurteilung des Menschen wirft"[95], erscheint. Andererseits gesteht er den Ausführungen Barths ein Wahrheitsmoment zu: Die christliche Kennzeichnung des 'verkehrten' Verhaltens als Sünde kann nur von der Offenbarung Gottes her als Sünde *gegen Gott* gesehen werden.[96]
Sünde darf nach Pannenberg dennoch nicht zu einer reinen Glaubenserkenntnis deklariert werden. Wie oben bereits erläutert, ist für Pannenberg die christliche Rede vom Menschen nur dann realitätsgerecht, wenn sie Bezug nimmt auf einen Sachverhalt, der das ganze Erscheinungsbild des menschlichen Lebens, also 'den Menschen' unabweisbar kennzeichnet. Dieser Sachverhalt als solcher soll auch ohne Voraussetzung der Offenbarung Gottes erkennbar sein, wenn auch erst die christliche Botschaft von der Erlösung die eigentliche Bedeutung dieses Sachverhaltes aufzudecken vermag.[97] Diese Einschränkung lässt sich folgendermaßen verstehen: Wenn Pannenberg an anderer Stelle von der Sünde als *theologischer* Bezeichnung der „Situation allgemeiner Verfehlung der menschlichen Bestimmung"[98] spricht, wird deutlich, dass erst durch eine theologische Wertung die auf nicht-theologischer Ebene beschriebene allgemeine Verfehlung als 'Sünde' bezeichnet werden kann.

---

[92]Vgl. A, S.88.
[93]Vgl. Barth, Karl, KD, Bd IV/1: Die Lehre von der Versöhnung, Zürich 1960, S.395-458.
[94]"Daß der Mensch der Mensch der Sünde ist, was seine Sünde ist und was sie für ihn bedeutet, das wird erkannt, indem Jesus Christus erkannt wird, nur so, so wirklich." (Ebd., S.430).
[95]A, S.88.
[96]Ebd.
[97]STh 2, S.271.
[98]STh 2, S.289.

2.2.4. Sünde als Implikat der Selbstverfehlung

Seinem Anliegen, diese allgemeine Verfehlung auch auf nicht-theologischer Ebene aufzuzeigen, kommt Pannenberg in Rückgriff auf die philosophisch-anthropologischen Erkenntnisse Plessners nach. Pannenberg liegt es daran aufzuzeigen, dass die Struktur menschlicher Lebensform durch einen 'Bruch' gekennzeichnet ist. Plessner hat diesen Bruch dahingehend beschrieben, dass der Mensch sich in seinem Selbstbewusstsein von seinem Leibe verschieden weiß *als* den er sich gleichzeitig erfährt. Die Beherrschung des eigenen Körpers durch Vernunft und Sprache bricht dann in sich zusammen, wenn der Mensch ins Lachen 'fällt' oder sich ins Weinen 'fallen lässt'. Auf der einen Seite erlebt sich der Mensch als Wesen, das in der Lage ist, in Spannung zu seiner physischen Existenz zu leben, auf der anderen Seite erfährt er sich als leibgebunden.
Über diese eindrückliche Analyse Plessners geht Pannenberg nun einen Schritt hinaus, indem er die Exzentrizität des Menschen ihrer ausschließlichen Bezogenheit auf das 'Sich-von-seinem-Leibe-unterschieden-Wissen' enthebt. Gegenüber Plessners Ausführungen zeigt Pannenberg auf, dass die Exzentrizität des Menschen auch darin bestehen kann, sich identisch mit seinem Leibe, aber getrennt von gesellschaftlichen Forderungen zu wissen.[99] Aus diesem Grund sieht Pannenberg die Spannung der menschlichen Existenz, die zum Bruch führen kann, im Ich angesiedelt, in seiner spannungsvollen Struktur von Zentralität (die Gebundenheit an ein Hier und Jetzt) und Exzentralität (Sein beim Andern als einem andern).[100]
Die exzentrische Selbsttranszendenz konstituiert das Ich, die Person. Gleichzeitig setzt sich das Ich zu dieser Außenbeziehung in Gegensatz, sucht seine Identität in sich selbst. In diesem Phänomen sieht Pannenberg „die Wurzel des Bruches im Ich, die Wurzel seines Widerspruchs gegen seine eigene exzentrische Bestimmung."[101] Zunächst besteht die Selbstentgegensetzung nur als Spannung innerhalb des Prozesses exzentrischer Erfahrung. Der Bruch im Ich wird akut, wenn das 'Sein beim andern' als Mittel der Selbstbehauptung für das Ich dienstbar gemacht wird. Dann stellt die Ichzentrale die Exzentrizität, also die Fähigkeit zur Weltoffenheit „als Mittel in den Dienst ihrer Zwecke"[102]. Der Zweck ist dann die uneingeschränkte Selbstbehauptung. In diesem Sinne

---

[99]Vgl. A, S.79.
[100]Vgl.A, S.79.
[101]A, S.82.
[102]A, S.102. Pannenberg verdeutlicht diesen Zusammenhang am Beispiel der Herrschaft. Herrschaft kann in Form von Ausbeutung und Unterdrückung des Beherrschten und Missachtung dessen Integrität zugunsten der Eigeninteressen des Herrschenden geschehen oder aber als Verpflichtung übernommen werden und hinsichtlich einer „Einbeziehung eines Verantwortungsbereiches in den eigenen Daseinszweck des Individuums im Sinne einer Erweiterung seines Eigeninteresses für diesen Verantwortungsbereich" ausgeführt werden (ebd., S.77).

spricht Pannenberg von Selbstverfehlung, da das Ich seine Konstitution verkehrt und somit im Widerspruch zu seiner exzentrischen Bestimmung[103] steht. Das Ich konsituiert sich nun nicht durch das Sein beim andern als einem andern, sondern verschließt sich in seiner Entgegensetzung gegen alles andere, in der Gewissheit, selber „die Wahrheit aller Realität"[104] in sich zu tragen.
Diese Vorstellung der Verkehrung sieht Pannenberg wie oben erläutert bereits im augustinischen Sündenverständnis zum Ausdruck gebracht. Die Wurzel dieser Verkehrung ist bei Augustinus die in der Konkupiszenz des Menschen implizit wirksame *superbia* zu nennen.[105]
Durch den Aufweis der Struktur der Verkehrung als allgemein-anthropologisches Merkmal will Pannenberg verdeutlichen, dass Augustins Darstellung der Erfahrungswirklichkeit des Menschen näher sei als die Annahme, die Wurzel der Sünde sei die Abwendung von Gott, bestehe im Unglauben.[106] Nicht eine bewusste Abwendung von Gott begründet die Verkehrung im menschlichen Verhalten, sondern die Entfremdung von Gott ist als Implikat einer Verkehrung unseres Verhältnisses zur Welt und zu uns selber zu verstehen, die sich unausdrücklich und zunächst unbemerkt vollzieht.[107]

---

[103]An dieser Stelle zieht Pannenberg Parallelen zu Kants Ausführungen zum „radikal Bösen" (vgl. *ders*., Die Religion innerhalb der Grenzen der bloßen Vernunft (1793), in: AA, Bd. VI, Berlin 1968, 1-202, S.17ff). Bei Kant heißt es: „Folglich ist der Mensch (auch der beste) nur dadurch böse, daß er die sittliche Ordnung der Triebfedern in der Aufnehmung derselben in seine Maximen umkehrt: das moralische Gesetz zwar neben dem der Selbstliebe in dieselbe aufnimmt" er aber „die Triebfeder der Selbstliebe und ihre Neigung zur Bedingung der Befolgung des moralischen Gesetzes macht" (Kant, Die Religion innerhalb der Grenzen der bloßen Vernunft, S.36). Allerdings sieht Pannenberg darin eine Schwäche bei Kant, dass dieser den Widerspruch im Selbstvollzug des Ich nicht für alle Aspekte des menschlichen Verhaltens deutlich gemacht, sondern auf eine transzendentalphilosophische Morallehre verengt habe. Pannenberg betont jedoch den Verdienst Kants, nach der Auflösung der Erbsündenlehre das Problem einer allgemeinen, über Einzeltaten herausgehenden Struktur bösen Verhaltens im Menschen als „Frage nach einer Verkehrung der Subjektivität in sich selber" (STh 2, S.283) wieder aufgegriffen zu haben.
Eine Weiterentwicklung des subjektivitätstheoretischen Ansatzes zur Beschreibung des Bösen findet sich bei Hegel (Hegel, Georg Wilhelm Friedrich, Die „Rechtsphilosophie" (1820), in: Vorlesungen über Rechtsphilosophie, ed. u. komm. in 6 Bden. v. Karl-Heinz Ilting, Bd. 2, Stuttgart-Bad Cannstatt 1974, §139: „Die reine Innerlichkeit als das Böse"), welcher die allgemeine Natur des Selbstbewusstseins einerseits und das Verhältnis des endlichen Selbstbewusstseins zum Absoluten andererseits reflektiert. Dabei steht nun nicht mehr das moralische Selbstbewusstsein, sondern der Mensch als seiner selbst bewusstes Wesen überhaupt im Mittelpunkt (vgl. STh 2, S.283f). Weitergeführt wurde die Hegelsche Beschreibung durch Kierkegaard (*ders*., Die Krankheit zum Tode (1849), in: Ges. Werke 24. u. 25. Abt., übers. v. Emmanuel Hirsch, Düsseldorf 1957), der die Gebundenheit des Menschen an seine Endlichkeit eindrücklich beschreibt (vgl. STh 2, S.284f. und A, S.94ff.; vgl. auch 2.2.5.).
[104]A, S.82.
[105]Vgl. STh 2, S.281.
[106]Pannenberg weist darauf hin, dass sich diese Annahme u.a. darin gründet, dass bei der Definition der Erbsünde durch die Confessio Augustana der Mangel an Gottesfurcht und Gottvertrauen vorangestellt ist:"...hoc est, sine metu Dei, sine fiducia erga Deum et cum concupiscentia..." (Die Bekenntnisschriften der evangelisch-lutherischen Kirche. Herausgegeben im Gedenkjahr der Augsburger Konfession 1930, Göttingen ^{8}1979, S.53). In der deutschen Übertragung werden dagegen böse Lust und Neigungen (Konkupiszenz) zuerst genannt.
Als weitere Begründung für den Gedanken des Unglaubens als Wurzel der Sünde nennt Pannenberg die Herleitung der Sünde auf den 'Ungehorsam' Adams als ersten Menschen (vgl. A, S.90ff.
[107]A, S.90.

Begierde und Ichsucht bzw. Hochmut sind die entscheidenden Merkmale, die Pannenberg als Ausdrucksformen der Sünde herausstellt. Besonders die Rede von der Sünde als Hochmut, welcher in der traditionellen Theologie oftmals als Hybris bezeichnet worden ist, ist als einzige oder wesentliche Deutungsform der Sünde in das Kreuzfeuer der Kritik geraten. Indem Pannenberg die augustinische *superbia* als empirisches Kennzeichen menschlicher Existenz versteht und ihr damit - in Entsprechung zur Hybris - als Charakteristikum des Menschenseins eine Allgemeingültigkeit zuspricht, muss sich Pannenbergs Ansatz dahingehend kritisch befragen lassen, ob hier nicht die Differenz zwischen Thematisierung von Wirklichkeit und thematisierter Wirklichkeit aufgegeben wird.[108] Wird 'Hochmut' als Kern des Menschseins, als etwas alle Menschen Betreffendes, sogar empirisch nicht Abweisbares gewertet, verliert theologische Rede von der 'Sünde' ihren hypothetischen Charakter, die 'Wahrheit der Sünde' wird auf einen Sachverhalt festgelegt und nicht offen gehalten. Um deutlich zu machen, dass es problematisch ist, von *der* Sünde oder der *superbia* als *dem* Kern der Sünde zu sprechen, soll die Rede von der Sünde aus einer weiteren theologischen Perspektive betrachtet werden. Hier bietet sich die Perspektive Feministischer Theologie an, da diese sich als kontextuelle Theologie versteht, also mit der Historizität von Lebensumständen sowie mit der Begrenztheit theologischer Aussagen rechnet.[109]

---

[108]Diese Differenz einzuhalten fordert Dalferth (ders., Weder Seinsgrund noch Armutszeugnis, S.184, vgl. Teil I, 2.1.2.2.). Auch Pannenberg selbst weist auf den hypothetischen Charakter theologischer Rede hin (vgl. Teil I, 3.1.).

[109]Vgl. Halkes, Catharina J.M./ Meyer-Wilmes, Hedwig, Art. Feministische Theologie/ Feminismus/ Frauenbewegung I, in: Wörterbuch der Feministischen Theologie, hg. v. Elisabeth Gössmann u.a. Güthersloh 1991, 102-105, S.102. Die Autorinnen weisen hier auch darauf hin, dass Feministische Theologie kein abstraktes Wissen über das 'Wesen' der Frau oder 'das spezifisch Weibliche' zur Voraussetzung hat, sondern von der Brüchigkeit weiblicher Identität ausgeht und feste Rollenzuschreibungen verwirft.

2.2.5. Sünde als Selbstverleugnung: Aspekte feministischer Theologie

Die Rede von der Sünde als Hybris und Hochmut ist im Besonderen bei feministischen Theologinnen[110] auf Kritik gestoßen. In seinem Kapitel „Erscheinungsformen der Sünde und die Frage nach ihrer Wurzel“[111] weist Pannenberg in einer Anmerkung darauf hin, dass die Theologinnen Valerie Saiving Goldstein[112] und Susan Nelson Dufee[113] die „Behauptung“[114] aufgestellt haben, Sünde als Hochmut sei eine spezifisch männliche Versuchung, während bei Frauen Sünde als Unterentwicklung oder Ablehnung des eigenen Selbst zu begreifen sei. Nach Pannenberg verkennt diese Behauptung, dass *superbia* bei Augustinus nicht als eine neben anderen Formen der Sünde zu verstehen ist, sondern dass sie den Kern aller Sünde, so auch dem kierkegaardschen 'Verzweifelt-nicht-man-Selbst-sein-Wollen', welchem Pannenberg auch die von den feministischen Theologinnen genannten Formen von Sünde zuordnet, zugrunde liegt.
Um die Plausibilität dieser Argumentation Pannenbergs zu befragen, muss der Blick zunächst auf die von ihm genannten Entwürfe gerichtet werden.

Gerade der Beitrag von Goldstein gilt als „Initialzündung“[115] einer feministisch-theologischen Auseinandersetzung mit dem Sündenbegriff und als Ausgangspunkt der heute selbstverständlichen Verbreitung der Unterscheidung von 'Frauensünde' und 'Männersünde'. Die Ausführungen Goldsteins und auch Dunfees richten sich vor allem auf das zeitgenössische Sündenverständnis von Sünde als Hybris und deren Ausformungen, wie es beispielweise bei Reinhold Niebur und Paul Tillich zu finden ist. Demgegenüber wird der Vorwurf erho-

---

[110]Aufgrund der unterschiedlichen Positionen und Strömungen ist es schwierig, verallgemeinernd von 'der Feministischen Theologie' zu sprechen (vgl. ebd., S.105). Eine gängige Einteilung der Hauptrichtungen Feministischer Theologie ist die Unterscheidung zwischen einer ethischen und einer ästhetischen Richtung. Dabei gilt die ethische Richtung als feministische Befreiungstheologie, die ästhetische Richtung als postchristliche Religion und Spiritualität. Auch lassen sich zwei grundlegend unterschiedliche Theoriepositionen des Feminismus ausmachen. Zum einen der sog. Gleichheitsfeminismus der ethischen Richtung, der eine umfassende Gleichberechtigung fordert, zum anderen der gynozentrische Feminismus der ästhetischen Richtung, der Weiblichkeit als einen Wert versteht, mit dem Welt und Gesellschaft verändert werden kann und muss. Viele Entwürfe weisen allerdings Elemente beider Richtungen auf, so dass nicht immer eine eindeutige Zuordnung erfolgen kann (vgl. Scherzberg, Lucia, Sünde und Gnade in der Feministischen Theologie, in: JBTh, Bd. 9 (1994): Sünde und Gericht, Neukirchen-Vluyn 1994, S.262ff). Im folgenden Abschnitt werden Theologinnen behandelt, die tendenziell der ethischen Richtung zugeordnet werden können. Die Auswahl steht exemplarisch für diejenigen Theologinnen, die sich mit der Sünde als Hochmut und Hybris auseinandergesetzt haben.

[111]STh 2, 274ff.

[112]Goldstein, Valerie Saiving, Die menschliche Situation. Ein weiblicher Standpunkt, in: Moltmann-Wendel, Elisabeth (Hg.), Frauenbefreiung. Biblische und theologische Argumente, München [4]1986, 152-173.

[113]Dunfee, Susan Nelson, The sin of Hiding: A feminist Critique of Reinhold Niebuhr's Account of the sin of Pride, Soundings 65(1982), 316-327.

[114]STh 2, S.279.

[115]Hartlieb, Elisabeth, Die feministische Rede von der Sünde, in: Brandt, Sigrid/ Suchocki, Majorie H./ Welker, Michael (Hgg.), Sünde, 1997, 155-174, S.161.

ben, dass in diesem Sündenverständnis weibliche Erfahrungszusammenhänge nicht berücksichtigt werden, sondern dass sie aus einem männlichen Standpunkt formuliert sind und mit dem Anspruch, etwas Allgemeingültiges über 'den Menschen' auszusagen, verbunden sind. Dabei wird die menschliche Situation ohne das Erfahrungspotential von Frauen beschreiben und somit verfälscht.[116] Goldstein begründet ihre Forderung, differenzierter von 'Frauensünde' und 'Männersünde' zu sprechen, entwicklungspsychologisch mit der unterschiedlichen Identitätsentwicklung von Frauen und Männern. Dunfee verweist darüber hinaus auf die Dimension der sozialen Rollensozialisation, also der strukturellen Erwartungen an die Normerfüllung von weiblichen Wahrnehmungs- und Verhaltungsweisen und hält insofern an der Spannung von individueller und struktureller Sünde fest. Als „unbestrittener Konsens“[117] innerhalb der feministisch-theologischen Rede von der Sünde steht die Forderung, bei der theologischen Begriffsbildung weibliche Erfahrungen als Bezugspunkt zu berücksichtigen und als Ort zu verstehen, an dem sich die Begriffsbildung bewähren muss und an dem neue Begriffsbildungen ihren Ausgangspunkt finden. Die Kritik am traditionellen Sündenverständnis kann demnach als Vorwurf von Androzentrismus verstanden werden.[118]

Besonders die Arbeit von Dunfee will des Weiteren bewusst machen, dass das traditionelle Sündenverständnis als Legitimation von patriarchalen Strukturen dienen kann, da die Engführung des Sündenbegriffes auf Stolz bzw. Hybris eine Selbstlosigkeit und Selbstaufgabe fordert und somit einer Emanzipation von Frauen im Wege steht. Auf diese Weise werden „zentrale Elemente des Sexismus“ unterstützt und das Sündenverständnis pervertiert zur „patriarchalen Ideologie“[119].

Vor diesem Hintergrund ist es jedoch unverständlich, dass feministischen Theologinnen vorgeworfen wird, ihre Kritik am traditionellen Sündenverständnis könnte dazu neigen, Frauen als „grundsätzlich weniger sündig“[120] zu bezeichnen. Es geht den genannten Theologinnen nicht darum, Frauen aus der

---

[116]Vgl. Goldstein, Die menschliche Situation, S.152ff.

[117]Hartlieb, Die feministische Rede von der Sünde, S.162.

[118]Vgl. ebd., S.162f. Hartlieb versteht Androzentrismus als Vorurteilsstruktur, die die Situation des Menschen gleichsetzt mit den Lebensbedingungen erwachsener Männer.

[119]Ebd., S.163.

[120] Gunda Schneider-Flume, Systematisch-theologische Bemerkungen zur Feministischen Theologie (Beitrag zur Stellungnahme des Prüfungsausschusses der Evangelisch-Theologischen Fakultät der Universität Tübingen anlässlich der Bitte der Evangelischen Landeskirche in Württemberg um eine gutachterliche Äußerung zu Fragen der Feministischen Theologie) abgedruckt in: Moltmann-Wendel, Elisabeth und Kegel, Günter (Hg.), Feministische Theologie im Kreuzfeuer. Der Streit um das „Tübinger Gutachten“. Dokumente - Analysen - Kritiken, Gütersloh 1992, 50-57, S.56. Zur Verdeutlichung der Kritik an dem (und Empörung über das) 'Gutachten' können exemplarisch die Äußerungen der Interessengemeinschaft der württembergischen Theologiestudierenden herangezogen werden (ebd., S.190ff): Diese wehrt sich u.a. gegen die pauschalisierende Rede von 'der Feministischen Theologie', zeigt die Unwissenschaftlichkeit der Arbeiten und ihre Unkenntnis von der vielschichtigen Literatur feministischer Theologinnen auf, wehrt sich gegen Vereinnahmungen, Diffamierungen und Polemisierungen und entkräftet den Vorwurf der Voreingenommenheit und fehlenden Objektivität mit dem Hinweis auf das erkenntnisleitende Interesse jeder wissenschaftlichen Arbeit.

Sündenlehre herauszulösen. Wie oben bereits herausgestellt soll der Gedanke einer 'Frauensünde' in der Nachfolge von Goldsteins Vorstellung von Frauensünde als „Unterentwicklung oder Negation des Ichs"[121] gestärkt werden. Dorothee Sölle charakterisiert Sünde im Blick auf das Nicht-sich-selbst-sein-Wollen als „Selbstverleugnung" und Aufgabe von Stolz und Selbstbestimmung.[122] So wird die Trennung von Gott nicht mit der menschlichen Erfahrung des Stolzes, sondern mit der widerstandslosen Einordnung in das Patriarchat verknüpft.[123] Dabei soll es nicht darum gehen, über Männer triumphieren zu wollen, sondern darum, dass Frauen ihre eigene Stimme finden.[124]

Auch Luise Schottroff kritisiert traditionelle (einseitige) Rede von der Sünde als Hybris als exegetisch unzutreffend, frauenfeindlich und pauschalisierend. Für zutreffend hält sie diese Vorstellung allerdings dort, wo sie nicht gegen die Ohnmächtigen der Gesellschaft gerichtet wird, sondern wo sie die Situation derjenigen kennzeichnet, „die den gierigen Kampf nach gesellschaftlicher Macht kurzsichtig und brutal betreiben"[125].

Schottroff kritisiert die androzentristische Deutung paulinischer Theologie, zeigt aber gleichzeitig die Perspektive auf, dass die Analyse der Sünde als Ohnmacht durch Paulus auch für die Frauensünde fruchtbar gemacht werden kann. Sie betont weiterhin, dass es für die Weiterentwicklung des feministischen Konzeptes wichtig ist wahrzunehmen, dass die Betonung der 'Frauensünde' nicht eine einseitige Täter-Opfer-Zuschreibung zur Folge haben darf. So sind Frauen der Mittelklasse der sogenannten ersten Welt keine unschuldigen Opfer, sondern sie sind beispielsweise (indirekt) beteiligt an der Unterdrückung von Menschen - Frauen, Kindern und Männern - der sogenannten Entwicklungsländer. Es gilt daher auch, die Perspektive dieser Menschen wahrzunehmen. Daraus wird deutlich, dass es Schottroff insgesamt wichtig ist, die Perspektive der Ohnmächtigen zur Sprache zu bringen und dieses nicht auf die Situation von Frauen unserer Gesellschaft zu begrenzen.[126]

---

[121]Goldstein, Die menschliche Situation, S.167.

[122]Sölle, Dorothee, Gott denken. Eine Einführung in die Theologie, Stuttgart 1990, S.91.

[123]Gebara betont, dass Frauen nicht grundsätzlich die größere Gerechtigkeit zugesprochen werden kann. Viele Frauen würden vermutlich deshalb nicht „zu Diktatoren nach der Art von Hitler oder Pinochet" (*dies.*, Die dunkle Seite Gottes, S.130), weil sie keinen Zugang zur politischen Macht hätten. Frauen können nach Gebara aber auch innerhalb eines patriarchalen Systems zu Täterinnen 'des Bösen' werden. Als Beispiele nennt sie 'das Böse' im häuslichen Bereich (vgl. ebd., S.131f) und die Komplizenschaft (vgl. ebd., S.137), welche zur Aufrechterhaltung der Gewalt in der Gesellschaft beiträgt.

[124]Vgl. Sölle, Gott denken, S.93.

[125]Schottroff, Luise, Die verführbare Eva und der sündige Adam. Sozialgeschichtlich-feministische Überlegungen zum paulinischen Verständnis von Sünde und Befreiung, in: Moltmann-Wendel, Elisabeth (Hg.), Weiblichkeit in der Theologie. Verdängung und Wiederkehr. Mit Beiträgen von Elisabeth Goessmann u.a., Gütersloh 1988 [GTBS; 494], 56-67.

[126]Schottroff, Luise, Frauensünde, in: Schaumberger, Christine und Schottroff, Luise, Schuld und Macht. Studien zu einer feministischen Befreiungstheologie, München 1988, 56-87, S.87. Dieses ist insofern wichtig zu betonen, weil eine verallgemeinernde Rede von 'der Frau als Opfer' ebenfalls pauschalisierend wäre und die Situation vieler Frauen in westlich-demokratischen Gesellschaften nicht (mehr) erfassen würde. Hier ist auch

Vor diesem Hintergrund kann nun auf die These Pannenbergs zurückgeblickt werden, die dargestellte 'Frauensünde' sei eine Form des von Kierkegaard entfalteten Gedankens des 'Nicht-man-Selbst-sein-Wollens' , welcher wie jeder anderen Form von Sünde auch *superbia* im augustinischen Sinne zugrunde liege. Diese These impliziert zwei Voraussetzungen: Zum einen wird eine Gleichsetzung von Kierkegaards Analyse mit den Aussagen feministischer Theologinnen vorgenommen, zum anderen wird vorausgesetzt, dass Kierkegaards dargestellte Verzweiflung im Kern *superbia* ist.
Die Verzweiflung im 'Nicht-man-Selbst-sein-Wollen' bezeichnet Kierkegaard als weibliche Form der Verzweiflung oder Schwäche.[127] Der Mensch will sich in dieser Form der Verzweiflung los sein, er lehnt sein Gewordensein und Gesetztsein durch einen anderen ab und damit implizit auch den, der ihn gesetzt hat.[128] Im Sich-Klarwerden über seine Verzweiflung, die darin besteht, dass der Mensch sein Gewordensein nicht abzuschütteln vermag, kommt es zur Tendenz, vor der Verzweiflung zu fliehen, sich in Zerstreuung durch Unterhaltung, Arbeit und Geschäftigkeit zu ergehen. Auch die Strategie der Selbstverschleierung, Selbstverstellung, *„verzweifelt kein Selbst sein wollen" (51)*, einhergehend mit einem unvollkommenen Selbstbewusstsein gehört zu dem Bereich der Selbstablehnung.[129]
Die von Goldstein formulierten Versuchungen für eine Frau wie „Trivialität, Ablenkbarkeit, Weitschweifigkeit"[130] lassen sich zu der geschilderten Form der Verzweiflung in Beziehung setzen. Dabei ist aber festzustellen, dass von den feministischen Theologinnen eine andere Begründung für dieses 'Fehlverhalten' gegeben wird als es bei Kierkegaard der Fall ist. Er begründet die Tendenzen der Selbstablehnung mit der Ablehnung des Gesetztseins des Menschen. Menschen wollen nicht das sein, was sie sind, die eigene Geschöpflichkeit und konkrete Kontingenz wird verneint.[131]
Die Theologin Lucia Scherzberg bezeichnet Selbstverleugnung demgegenüber als Sünde, weil hier die „menschliche Freiheitsnatur" geleugnet und das „Gnadengeschenk Gottes" zerstört wird.[132] Der Gnadenerfahrung, dass das Selbst sich zu „mitschöpferischer Aktivität"[133] entfaltet, wird so keinen Raum gegeben. Scherzberg zeigt hier eine feministisch-theologische Vorstellung von Menschsein auf, der die Annahme einer allgemeinen Freiheits-Natur des Menschen zugrunde liegt. Es geht hier weniger um die Annahme der eigenen End-

---

die Zeitgebundenheit der Rollenerwartung, die sich an Frauen (und Männer) richten, zu erinnern. So sind Goldsteins Texte nicht ohne weiteres auf die heutige Zeit zu übertragen.
[127]Vgl. im Folgenden: Kierkegaard, Sören, Die Krankheit zum Tode, S. 47-67.
[128]Vgl. Dietz, Walter, Sören Kierkegaard, Existenz und Freiheit, Frankfurt/M. 1993 [AM.Ph; Bd. 267], zugl.: München, Univ., Diss., 1990, S.131f.
[129]Vgl. Dietz, Existenz und Freiheit, S.132.
[130]Goldstein, Die menschliche Situation, S.167.
[131]Vgl. Dietz, Existenz und Freiheit, S.131f.
[132]Scherzberg, Sünde und Gnade in der Feministischen Theologie, S.271.
[133]Ebd.

lichkeit als um die Verantwortung für das eigene Selbst-Sein. Eine Verweigerung dieser Verantwortung kann auch dazu führen, dass Menschen an ihrem Dasein leiden, ohne es durch ein anderes zu überformen, ohne sich in ein anderes Dasein zu flüchten.[134]

Die von Kierkegaard analysierte Verzweiflung der Schwachheit enthält als einen wichtigen Bestandteil 'Trotz', der dadurch gekennzeichnet ist, dass Unmögliches gewollt wird (nämlich nicht man selbst zu sein). Gleichzeitig besteht die Möglichkeit, dass das sich in der Verzweiflung der Schwachheit geäußerte Nicht-man-selbst-sein-Wollen umschlägt in eine Art aufständigen Trotz, in das verzweifelte „unbedingte Selbst-sein-wollen", in die Behauptung eines trotzig projektierten Selbst. Die Hybris des Verzweifelten besteht dann darin, sich mit aller Kraft ein alternatives Selbst konstruieren zu wollen, ein prometheisches Freiheitsbewusstsein zu entwickeln.[135] An dieser Stelle wird deutlich, warum Pannenberg eine Parallele zu der *superbia* im augustinischen Sinne zu ziehen vermag.

Schwieriger wird es jedoch, will man in der zuvor geschilderten Verweigerung, Verantwortung für das eigene Selbst zu übernehmen, eine Form von Hybris aufspüren. Die feministischen Theologinnen bemängeln ja gerade Daseinsformen, in denen Freiheit nicht kreativ genutzt wird, in denen womöglich gar kein Freiheitsbewusstsein besteht. Dabei muss der Gebrauch der Freiheit nicht als hybride Selbstüberhebung gedacht werden, sondern als verantwortungsvolle, schöpferische Aktivität.

Es wird deutlich, dass entgegen der Anmerkung Pannenbergs durchaus von 'Sünde' gesprochen werden kann, die keine *Hybris* oder *superbia* zum Kern hat. Feministischen Theologinnen geht es um eine eigenständige, auch für Frauen als erfahrungsbezogen nachvollziehbare Begriffsbildung der Sünde. Der Vorwurf, in feministisch-theologischen Entwürfen seien die Menschen „selbst ihres Heiles Schmiede" und feministische Theologie sei deshalb „pelagianisch"[136], kann dabei nicht gelten. Es muss der reform- und befreiungsorientierte Kontext, in dem feministische Theologie wirkt, wahrgenommen werden. Feministische Theologie hat, ähnlich wie Theologie der Befreiung[137], ein konkret praktisches Anliegen.

Als Ergebnis lässt sich festhalten, dass eine pauschalisierende Rede von der Sünde problematisch ist. Feministisch-theologische Rede von der Sünde macht deutlich, dass es Perspektiven gibt, aus denen heraus als allgemeingültig bestimmte Sündenverstellungen unplausibel werden. Die Rede von der Sünde ist demgegenüber kontextgebunden. In den Ausführungen Schottroffs wurde die-

---

[134] Vgl. Theunissen, Michael, Der Begriff Verzweiflung. Korrekturen an Kierkegaard, Frankfurt/M. 1993 [stw; 1062], S.28.

[135] Vgl. Dietz, Existenz und Freiheit, S.133f.

[136] Scherzberg, Sünde und Gnade in der Feministischen Theologie, S.270f.

[137] vgl. Punkt 3.2.

ses anerkannt, indem darauf hingewiesen wurde, dass die Perspektive (mitteleuropäischer) Frauen auch nicht die letztgültige ist und sein will.

Sieht man von der Frage ab, was 'den Kern' aller Erscheinungsformen von Sünde ausmacht, muss Pannenberg zugute gehalten werden, dass er auch Erscheinungsformen der Sünde kennt, die nicht nur in ein hochmütiges Verhalten streben, sondern die sich gegen den Menschen selbst, gegen seine eigenen Möglichkeiten des Menschseins richten. Dieses darzustellen gelingt ihm in Auseinandersetzung der kierkegaardschen Analyse von Angst und Sünde. Gleichzeitig ist der Aspekt der Angst ein wichtiges Phänomen, was den Übergang von Sünde zum zerstörerischen Bösen klären kann. Aus diesen Gründen soll hier Pannenbergs Auseinandersetzung mit dem Begriff der Angst dargestellt und erörtert werden.

2.3. Angst als Deutungsmoment von 'Sünde' und 'Bösem'

2.3.1. Angst als Ausdrucksform der Sünde (unter Berücksichtigung Kierkegaards)

Die Verkehrung der Ichkonstitution im Verhältnis von Zentralität und Exzentrizität des Menschen beschreibt Pannenberg mit Selbstverfehlung.[138] Um nun deutlich zu machen, dass die Selbstverfehlung des Menschen nicht wie noch bei Augustinus Folge, sondern das Wesen der Sünde ausmacht, stellt Pannenberg den Ausführungen Søren Kierkegaards zur Angst[139] als Übergang zwischen ursprünglicher Unschuld zur Sünde diejenigen Martin Heideggers über das Phänomen der Angst gegenüber.[140]
Pannenberg spricht davon, dass bei Kierkegaard Sünde aus der Angst hervorgeht.[141] Dieser Hinweis stellt auch den Ansatzpunkt seiner Kritik dar. Es ist je-

---

[138] Bereits bei Augustinus war das Wesen der Sünde als Verkehrung dargestellt worden, allerdings als Verkehrung der Ordnung des Universums. Selbstverfehlung stellt bei Augustinus die Folge der Sünde als Strafe dar. Erst mit einer Loslösung vom Gedanken eines hierarchisch aufgebauten Universums konnte im Laufe der Entwicklung moderner Anthropologie „der Widerspruch des Menschen mit sich selber als zentrales Thema der anthropologischen Struktur des Sündenbegriffs hervortreten." (A, S.93).

[139] Vgl. Kierkegaard, Søren, Der Begriff Angst (1844), in: Ges. Werke 11.u.12. Abteilung, übers. v. Emanuel Hirsch, Düsseldorf 1958. Vgl. dazu: A, S.93-100. Pannenberg schließt sich Kierkegaards Unterscheidung zwischen Furcht und Angst an. Angst hat demnach keinen bestimmten äußeren Gegenstand, es geht dem Menschen in der Angst um sich selbst (vgl. Kierkegaard, Der Begriff Angst, S.40). Pannenberg macht jedoch darauf aufmerksam, daß sich Angst und Furcht in der Realität nur im Grenzfall trennen lassen. „Das furchterregende Objekt wirkt stets in der einen oder anderen Weise auf die existentielle Urangst des Menschen um sich selber. [...] Obwohl es keine Furcht ohne begleitende Angst geben mag, so kommt doch zweifellos Angst auch ohne furchterregenden Gegenstand vor." (A, S.93).

[140] Vgl. Heidegger, Martin, Sein und Zeit, in: Ges. Werke, Bd.2, Frankfurt am Main 1977.

[141] Vgl. STh 2, S.286. Pannenberg sieht Kierkegaards Anliegen darin, der Kritik Schleiermachers an der Sündenfallgeschichte zu begegnen, ohne vorherige Sündhaftigkeit sei die Sünde Adam und Evas nicht zu erklären. Mit der Beschreibung des Überganges zwischen Unschuld und Sünde konnte die biblische Geschichte zumin-

doch zu fragen, inwieweit dieser Hinweis den folgenden Grundgedanken Kierkegaards aufgreift. Kierkegaard selbst betont, dass es sich bei seinem Vorhaben um eine psychologische Untersuchung handle.[142] Die Psychologie kann die Sünde als solche jedoch nicht fassen, da diese nichts Bleibendes, Ruhendes ist. Ebenfalls ist nach Kierkegaard eine psychologische Untersuchung der Sünde nicht möglich, da sie sonst ihre Stimmung, ihren Ernst verlieren würde. Sünde ist Gegenstand der Predigt, aber sie kann nicht wissenschaftlich erfasst werden.[143]
Das psychologische Interesse kann sich demzufolge nur mit der Möglichkeit der Sünde beschäftigen, sie kann fragen, „w i e die Sünde entstehen kann und nicht, d a ß sie entsteht."[144]
So stößt die psychologische Erklärung an eine Grenze, die Angst erklärt letztlich nicht den qualitativen Sprung in die Sünde. Besonders deutlich wird dieses an folgender Kernstelle des Textes:

„Angst kann man vergleichen mit Schwindel. Der dessen Auge es widerfährt in eine gähnende Tiefe niederzuschauen, er wird schwindlig. Aber was ist der Grund? Es ist ebensosehr sein Auge wie der Abgrund; denn falls er nicht herniedergestarrt hätte. Solchermaßen ist die Angst der Schwindel der Freiheit, der aufsteigt, wenn der Geist die Synthesis setzen will, und die Freiheit nun niederschaut in ihre eigene Möglichkeit, und sodann die Endlichkeit packt sich daran zu halten. In diesem Schwindel sinkt die Freiheit zusammen. Weiter vermag die Psychologie nicht zu kommen und will es auch nicht. Den gleichen Augenblick ist alles verändert, und indem die Freiheit sich wieder aufrichtet, sieht sie, daß sie schuldig ist. Zwischen diesen beiden Augenblicken liegt der Sprung, den keine Wissenschaft erklärt hat oder erklären kann."[145]

Der Akt des Sichselbstsetzens ist bei Kierkegaard ein qualitativer Sprung in den Zustand der Sünde. In 'Der Begriff Angst' ist deshalb die Möglichkeit des Selbstsetzens in der Angst als eine „psychologisch beschriebene *reale Möglichkeit der Sünde*"[146] zu verstehen. Bevor nun der Frage nachgegangen werden kann, welche Unterschiede zwischen der Selbstbegrenzung der psychologischen Untersuchung Kierkegaards und der Funktion der Rede von der Angst bei Pannenberg zu fassen sind, müssen Pannenbergs Überlegungen zur Angst zunächst in ihren Grundzügen dargestellt werden.

---

dest im Sinne einer sich in jedem Menschenleben wiederholenden Geschichte des Menschen schlechthin gerettet werden (vgl. A, S.99).
[142]Vgl. Kierkegaard, Der Begriff Angst, S.19f.
[143]Vgl. ebd., S.13. Vgl. dazu auch: Bönsch, Michael, Søren Kierkegaard: Schicksal - Angst - Freiheit, Paderborn 1994 [APPSR, N.F.; Bd. 47], zugl.: Paderborn, Univ., Diss., 1993, S.33ff.
[144]Kierkegaard, Der Begriff Angst, S.19.
[145]Ebd., S.60f.
[146]Schulte, Radikal böse, S.298.

Pannenberg stellt hinsichtlich Kierkegaard die These auf, dass die Angst um sich selbst schon die Sünde voraussetzt; insofern, dass der Mensch sich selbst zum Zentrum und Maßstab seines Lebens setzt.[147]
Zur Begründung dieser These bringt Pannenberg das Phänomen Angst, dass er in Anlehnung an Heidegger[148] als Paradigma für die Grundstruktur menschlichen Daseins, die von der Sorge um sich selbst bestimmt ist, versteht, in den Zusammenhang mit dem Begriff des Vertrauens. Wenn Selbsterhaltung im Sinne von Streben nach Sicherung und Beherrschung der Lebensbedingungen nicht mehr im Vertrauen auf den das eigene Dasein übersteigenden Ursprung, sondern aus übersteigerter Selbstsorge geschieht, lässt sich Selbsterhaltung nach Pannenberg als Erscheinungsform der Verkehrung des menschlichen Verhaltens bezeichnen. Pannenberg versteht Angst deshalb bereits als Ausdruck der Sünde.[149]
Pannenberg liest die subjektivitätstheoretischen Analysen Kierkegaards vor allem „als Vertiefung der augustinischen Psychologie der Sünde“[150]. Deshalb stellt Pannenberg auch einen Zusammenhang zwischen Angst als übersteigerter Selbstsorge und Konkupiszenz, die in ihrem Kern amor sui ist, her. Das Begehren als solches kennzeichnet das Verhalten des Menschen als bedürftiges Wesen. „Aber der Schritt zu jenem Übermaß der Begierde, das sie zur Sünde macht, dürfte in der Angst um das eigene Seinkönnen begründet sein, in der sich der Mensch durch den Besitz des Begehrten des eigenen Selbstseins zu versichern sucht.“[151]
In der Angst zeigt sich das Ich auf sich selbst fixiert, ebenso in der aus der Angst hervorgehenden Sorge. In diesem Sinne versteht Pannenberg auch die menschliche Sorge, die aufgrund ihrer Ichfixiertheit zum Zielpunkt der Kritik Jesu wurde (Mt 6,25-27; Lk 12,22-26).[152]
Eine weitere Ausdrucksform der Sünde, die ebenfalls auf Angst und die Fixierung auf das eigene Selbstsein zu begründen ist, nennt Pannenberg im Anschluss an Gestrich die Sucht nach Bestätigung und Anerkennung. Aufgrund der Offenheit seiner noch unabgeschlossenen Identität ist der Mensch auf die Anerkennung durch andere abhängig. Ein solches Erfahren ehrlicher Anerkennung „als Ausdruck liebevollen Geltenlassens“[153] ist nach Pannenberg nichts

[147]Dabei vernachlässigt Pannenberg jedoch, dass auch Kierkegaard den Gedanken verfolgt, dass die Angst durch die Sünde in die Welt kommt: „Angst bedeutet nunmehr also zweierlei. Die Angst, in welcher das Individuum durch den qualitativen Sprung die Sünde setzt und die Angst, welche mit der Sünde hineingekommen ist und hineinkommt, und die insofern auch qualitativ in die Welt kommt, jedes Mal, wenn ein Individuum die Sünde setzt.“ (Kierkegaard, Der Begriff Angst, S.53).
[148]Vgl. Heidegger, Sein und Zeit, 182ff (S.241ff) und 191ff (S.253ff).
[149]A, S.99f. Vgl. auch: *ders.*, Was ist der Mensch, S.22f.
[150] STh 2, S.287. Ein zentrales Thema bei Kierkegaard sieht Pannenberg deshalb auch in dem Widerspruch des Menschen mit sich selber. Deshalb geht er gerade auf das bei Kierkegaard geschilderte ‘verzweifelte Selbstseinwollen’ des Menschen ein (vgl. A, S.93ff).
[151]STh 2, S.287.
[152]Vgl. ebd. S.286.
[153]Ebd., S.287.

'Böses'. Wenn jedoch zur Sicherung der eigenen Identität um jeden Preis die Anerkennung der anderen erstrebt wird, lässt sich dieses Streben auf eine Angst um das eigene Selbstsein zurückführen, die in ihrem Kern das augustinische *amor sui* enthält.[154]
Während Gestrich in der Bestätigung der eigenen Güte durch die Umwelt, die durch angsterfüllte Sorge begehrt und notfalls durch zweckdienliche Manipulation erzwungen wird,[155] die eigentliche Wurzel des Bösen sieht, ist Pannenberg der Meinung, dass das 'böse' Verhalten der Menschen auch in allen anderen Erscheinungsformen der Sünde begründet sein kann. Darüber hinaus interpretiert er die Sucht nach Anerkennung bereits als Ausdruck übersteigerter Selbstliebe und nimmt sie deshalb als eine Form der Konkupiszenz an.[156]
Wichtig ist der Gedanke, dass die Angst, z.B. Angst vor der Zukunft, ständig die Ichfixierung vervielfacht, so dass der Mensch wie in einem Kreislauf durch seine Angst in seine Ichbefangenheit zurückgeworfen wird.[157] Durchbrochen werden könnte diese Wechselwirkung nur durch ein Leben in Vertrauen. Hinsichtlich dieses Aspektes kann Pannenberg nun im Gegensatz zu der oben aufgestellten These der reformatorischen Theologie Recht geben, wenn hier Unglauben, hier als Unfähigkeit, vertrauensvoll der Zukunft entgegenzusehen, als Wurzel der Sünde genannt wird. Leben in Vertrauen zielt jedoch nicht ausdrücklich auf Gott als Grund des Vertrauens hin. Vertrauen als Ausdruck des Glaubens an den dreieinigen Gott wird erst im Licht der geschichtlichen Gottesoffenbarung möglich.[158]

Es bestätigt sich im Blick auf die oben aufgeworfene Frage die Vermutung, dass Pannenberg die Begrenzung Kierkegaards der Angst als Erklärungsgrundlage für die Sünde bzw. die Annahme eines 'Sprunges' zwischen Angst und Sünde nicht in gleichem Sinne in seine Ausführungen übernimmt. Indem er Angst auf einer Ebene mit dem Konkupiszenzgedanken Augustins betrachtet, welchem er empirischen Charakter zuspricht[159] und der Angst eine ähnlich fundamentale Bedeutung einräumt[160], wird deutlich, dass Pannenberg dazu neigt, mit dem menschlichen Grundphänomen Angst als Ausdrucksform der Sünde die Allgemeinheit der Sünde empirisch zu fassen, indem er betont, dass Angst

[154]Das Streben nach Anerkennung hält Pannenberg auch für fundamentaler als das Streben nach Selbstrechtfertigung, da es für letzteres einer anklagenden und urteilenden Instanz bedarf (vgl. STh 2, S.287).
[155]Gestrich, Die Wiederkehr des Glanzes, S.203.
[156]Vgl. STh 2, S.287f. Somit verfolgt Pannenberg sein Anliegen, in allen Ausdruckformen der Sünde die augustinische *superbia* aufzuweisen, auch in diesem Punkt.
[157]Dieser Gedanke wird besonders auch bei Eugen Drewermann weiterverfolgt. In seinem dreibändigen Werk: *Ders.*, Strukturen des Bösen. Die jahwistische Urgeschichte in exegetischer, psychoanalytischer und philosophischer Sicht, Paderborn 1977ff. wird eine Fülle von mythischen und psychoanalytischem Material hinsichtlich dieses Problems ausgewertet. Diese Vorgehensweise ist nach Pannenberg von einer „Vermischung" gekennzeichnet und wird als „antirationalistische Einstellung" kritisiert (STh 2, S.288).
[158]STh 2, S.288.
[159]Vgl. A, S.88.
[160]Vgl. STh 2, S.286f.

die übersteigerte Selbstliebe bereits impliziert. Aufgrund der Beobachtung, dass Pannenberg den Übergang zwischen Angst und Sünde weniger scharf trennt als dieses bei Kierkegaard der Fall ist, lässt sich festhalten, dass Pannenberg der Angst eine stärkere Erklärungsfunktion für die Sünde zuspricht als Kierkegaard und damit eine andere Nuance erzielt: Während bei Kierkegaard Angst die Stimmung darstellt, welche die Sünde begleitet, *ist* bei Pannenberg Angst bereits Ausdrucksform der Sünde.[161]

Angesichts der von Pannenberg aufgezeigten Schwierigkeiten mit, bzw. der Kritik an dem christlichen Sündenverständnis, wird sein Anliegen, den Sündenbegriff auf allgemein menschliche Phänomene (wie die Angst) zu beziehen und damit unter Umständen auch gegenüber anderen Disziplinen gesprächsfähig zu bleiben, verständlich. Es erstaunt jedoch, dass er gerade für seine weiteren Überlegungen zur Allgemeinheit der Sünde (vgl. 3.1.) die Beziehung zwischen Angst und Sünde, bzw. deren Einfluss auf eine realitätsnahe Rede von der Sünde, nicht aufgreift und stärker betont. Mit dem Hinweis auf die Angst als einem unabweislichen Kennzeichen menschlichen Lebens könnte er seine These von der Allgemeinheit der Sünde noch stärken.[162]

---

[161] Vgl. Schulte, Radikal böse, S.297.

[162] Dieser Gedanke, dass gerade die Angst die Transzendenzverwiesenheit des Menschen und damit seine Besonderheit ausmacht, findet sich bei Kierkegaard in einer Anmerkung, in der er auf den Kantkritiker Johann Georg Hamann verweist. Vermutlich in Anlehnung an Joh 16,33 charakterisiert dieser das menschliche Phänomen der Angst als „Heimweh“ und „impertinente Unruhe“. Somit ist die Angst in der Welt „der einzige Beweis unserer Heterogenität“ (Hamann, Johann Gorg, Schriften Bd.6, Berlin 1824, zit. nach: Kierkegaard, Der Begriff Angst, S.168).

2.3.2. Angst als Vorbedingung ‘des Bösen’ und der Aggression

Pannenberg bezeichnet Angst als Erscheinungs- oder Ausdrucksform der Sünde.[163] Aus der Angst, beispielsweise der eben entfalteten Sucht nach Anerkennung, und allen anderen Erscheinungsformen der Sünde kann zerstörerische Bosheit hervorgehen.[164] Was er genau mit ‘zerstörerischer Bosheit’ fassen möchte, wird in dem folgenden Punkt (2.4.) noch genauer betrachtet werden. Zunächst geht es um die Frage, wie seiner Meinung nach der Übergang von der Sünde zur Bosheit mit Hilfe des Begriffes ‘Angst’ beschrieben werden kann.

Es fällt auf, dass Pannenberg bei seinen Ausführungen über die äußersten Konsequenzen der Sünde, die zerstörerischen Verhaltensweisen, mehrfach nicht von der Bosheit oder ‘dem Bösen’ spricht. Er verwendet vielmehr den Begriff der ‘Aggression’, wobei er unter der Überschrift „Sünde und Bosheit“[165] übergangslos von der Rede über die zerstörerische oder „destruktive Bosheit“ zu „Verhaltensformen wie ‘Aggression, Feindseligkeit, Konflikt, Frustrierung’“ überschwenkt.[166] Da er keine qualitative Unterscheidung bzw. Gegenüberstellung zwischen ‘Aggression’ und ‘dem Bösen’ vornimmt und für ihn beide Begrifflichkeiten vermutlich in diesem Abschnitt den gleichen Gegenstands- und Erfahrungsbereich beschreiben, wird der Frage nach der Rolle der Angst in der Entstehung ‘des Bösen’ anhand seiner Ausführungen zum Zusammenhang von Angst und Aggression nachgegangen.

Pannenberg nennt Angst als ein wichtiges Moment für die Deutung von Aggressionen. Für eine solche Deutung übt er zunächst Kritik an bestehender Aggressionsforschung: Mit einer kurzen Darstellung der Intention von Konrad Lorenz’ Buch „Das sogenannte Böse“[167] stellt Pannenberg die dort vertretenen These in Frage, Aggression sei ein Urinstinkt, der unter natürlichen Bedingungen der Lebenserhaltung diene. Lorenz weist auf Freud zurück, unterscheidet sich jedoch von dessen Theorie des den Menschen selbstvernichtenden Todestriebes dadurch, dass er dem Aggressionstrieb bestimmte Funktionen bzw. einen biologischen Zweck zuschreibt. Pannenbergs vertretene Meinung, dass in der christlichen Anthropologie keinesfalls von einer „ursprünglichen Anlage zu purer Destruktivität“[168] ausgegangen werden kann, richtet sich demnach in erster Linie gegen Freuds Todestriebtheorie. Aus den bereits erfolgten Ausführun-

---

[163] Vgl. A, S.100.
[164] Vgl. STh 2, S.287f.
[165] A, S.139.
[166] A, S.142f. Diese Beobachtung lässt sich vermutlich als zeitbedingte Reaktion Pannenbergs auf den (umstrittenen) Ansatz Konrad Lorenz deuten (s.u.).
[167] Vgl. Teil I, 1.2.1.1.
[168] A, S.141.

gen zum Sündenverständnis ist Sünde als Verkehrung menschlicher Bestimmung charakterisiert worden, die ihren Grund in der Begierde nach äußeren Gegenständen findet. Zwar räumt Pannenberg ein, dass Menschen auch in „blinde Destruktivität“[169] ausbrechen können, eine Rückführung auf einen entsprechenden Urtrieb wird in der christlichen Schöpfungstheologie jedoch nicht vorgenommen. Dieses käme einer mythologisierenden Überhöhung ‘des Bösen’ als einem dualistischen Gegenprinzip zum göttlichen Guten gleich.
Gegenüber der Triebtheorie sieht Pannenberg in der sogenannten Frustrationstheorie[170] den Vorteil, dass hier die Aggressionsanalyse mit den Aspekten der Ichentwicklung verknüpft wird. Dabei wird die Aggression auf das Selbsterhaltungs- und Erweiterungsstreben von Menschen zurückgeführt. Bei einer Vermeidung von Beeinträchtigungen des Selbstbehauptungsstrebens müsste die destruktive Aggression einzudämmen sein. Pannenberg kritisiert die Frustrationshypothese allerdings aufgrund ihrer praktischen Implikationen hinsichtlich Erziehung und Strafrecht, ihrer Vernachlässigung der Hypothese von der Nachahmung (Lerntheorie), sowie ihrer naiven Einschätzung der „Güte der ursprünglichen menschlichen Natur“[171], die sich im Prozess der Selbstwerdung entfalten sollen. Die Zweideutigkeit des Sich-Selbstverwirklichen, die Gebrochenheit des menschlichen Strebens nach Selbstverwirklichung bleibt unberücksichtigt. Trotzdem zieht Pannenberg die Frustrationshypothese der Lerntheorie vor, da erstere nach den anthropologischen Wurzeln aggressiven Verhaltens fragt, während letztgenannte in dieser Hinsicht „noch oberflächlicher“[172] bleibt.
Pannenberg fordert jedoch insofern eine Erweiterung und Differenzierung der Frustrationstheorie, als dass das Phänomen der allgemeinen Daseinsangst stärker in die psychologische Erörterung der Aggression mit einbezogen werden sollte. Angst als Grundlage der Deutung von Aggression könnte auf der einen Seite die angsterregende Wirkung von Frustrationen stärker betonen, aber auch da, wo aggressives Verhalten nicht auf Frustration sondern beispielweise auf das Sichbehaupten in der Geltung der Gruppe zurückzuführen ist, könnte Angst zur Deutung dieses Verhaltens beitragen.[173] Nach Pannenberg lässt sich folglich Angst „als allgemeine Vorbedingung aggressiven Verhaltens verstehen“[174], er räumt jedoch ein, dass das Umschlagen von Angst in Aggression von zusätzlichen Bedingungen abhängt.

---

[169]Ebd., S.142.
[170]Als grundlegend für die Frustrationstheorie gibt Pannenberg folgendes Werk an: Dollard, John, Frustration und Aggression („Frustration and Aggression“ 1939), dt. Weinheim [5]1994. Zur ausführlichen Beschäftigung mit der Frustrationstheorie und der Kritik an der Frustrationstheorie vgl. A, S.143ff.
[171]A, S.145.
[172]Ebd., S.146.
[173]Vgl., ebd., S.145f.
[174]A, S.146.

Pannenberg schlägt weiterhin vor, die anthropologischen Grundlagen der Frustrationshypothese zu erweitern. Auf der Grundlage seiner in Anlehnung an Kierkegaard entfalteten Aussagen zur Angst wird deutlich, dass das Ich sich in der Angst nicht nur in einem Prozess der Entfaltung vorgegebener Anlagen befindet, sondern sich in einem Prozess der Ichwerdung befindet, in dem es um Gewinnung des Selbstseins geht, wo Selbstüberwindung erforderlich werden kann. Gleichzeitig findet im Bereich der Angst eine Ich-Erfahrung statt, die das Ich auf sich selbst zurückwirft. Das Ich hält an seiner Endlichkeit fest und verliert sich selbst. Gestalt findet dieses in den Formen von Aggression und Depression. Pannenberg betont, dass Angst als „die fundamentale Erscheinungsform der Sünde im menschlichen Selbstbewußtsein" verstanden werden kann, so dass demzufolge nicht nur (destruktive) Aggression, sondern auch Flucht und Depression „als Ausdruck der Sündhaftigkeit des Menschen"[175] beurteilt werden können.

Zusammenfassend lässt sich bei Pannenberg folgender Zusammenhang zwischen Sünde, Angst und Aggression festhalten: Angst ist durch seine implizit enthaltende Ichsucht als Ausdrucksform der Sünde zu bezeichnen. Gleichzeitig kann sie als Vorbedingung von Aggressionen und Depressionen verstanden werden. In Angst veräußert sich die implizite Ichsucht als Aggression oder Depression, also Aggression gegen sich selber. Im aggressiven Verhalten spiegelt sich deshalb die Sündhaftigkeit des Menschen.

Offen geblieben ist noch die Frage, wie 'das Böse' in diesen Zusammenhang einzuordnen ist. Wenn 'das Böse', wie oben vermutet, nichts anderes zum Ausdruck bringt als das, was Pannenberg mit Aggression bezeichnet, könnte Angst auch als Vorbedingung für 'das Böse' gelten[176] und ebenso wäre auch 'das Böse' als Spiegel der Sündhaftigkeit von Menschen zu bezeichnen. Dazu sollen noch einmal die Begrifflichkeiten 'des Bösen' und der 'Aggression' im Verständnis Pannenbergs in den Blick genommen werden.

---

[175]Ebd., S.147. Mit seiner Deutung von Depression als gegen sich selbst gerichtete Aggression liegt Pannenberg auf der Linie Freuds, welcher die Ablenkung des Aggressionstriebes nach innen als krankmachend interpretiert (vgl. Freud, Das Unbehagen in der Kultur, S.250). Es wäre jedoch einseitig, mit dieser Deutung das vielschichtige (Krankheits-)Bild der Depression endgültig erfassen zu wollen.

[176]An den existenzphilosophischen Ansatz knüpft besonders Eugen Drewermann an. Er beschreibt die Angst als Quelle 'des Bösen', als das Moment, „das den Menschen böse macht". (Drewermann, Eugen/ Funke, Günter, Was ist es, das den Menschen böse macht? (Dialoggespräch), in: Das Böse. Tabu oder Herausforderungen? Salzburg/Wien 1999 [Veröffentlichung der Salzburger Internationalen Pädagogischen Werktagung Bd. 53], 95-108, S.95.

2.4. 'Das Böse' - Kennzeichen der Selbstverfehlung und Angriff auf das Leben

2.4.1. Phänomene 'des Bösen' - Richtung 'des Bösen'

Zunächst kann der Frage nachgegangen werden, welche Phänomene Pannenberg mit dem Begriff des Bösen verbindet. Mit der Gefahr der ausschließlichen Lokalisierung des Bösen im anderen und den damit verbundenen Konsequenzen deutet Pannenberg bereits an, dass 'das Böse' nur schwer erfasst werden kann. So weist er z.B. auch darauf hin, dass das Böse auch unter dem Deckmantel des vermeintlich Guten auftreten kann, dass man vielfältig mit „latenter Bosheit"[177] zu rechnen hat. Als Beispiele nennt er hier eine mögliche Isolierung oder Vernichtung von 'Tätern' bzw. den Aufbau eines Apparats, mit dem 'das Böse' unterdrückt werden soll. Diese Beispiele werden nicht weiter erläutert, man könnte aber eine Parallele zu dem im ersten Teil dieser Arbeit aufgezeigten Phänomen der 'Pathologisierung des Bösen' und den damit verbundenen Problemen ideologischer Systeme ziehen.

An anderer Stelle deutet Pannenberg darauf hin, dass der Grund 'bösen' Handelns oftmals darin liege, dass die damit erzielte Wirkung dem Handelnden selbst als 'gut' erscheint, dass also die Bezeichnung einer Handlung als 'böse' von der Perspektive des Beobachtenden bzw. des Handelnden abhängt.[178] Damit öffnet er keinem Relativismus die Tür, sondern er liegt auf einer Linie mit der philosophischen Deutungstradition, die von der Existenz und Negativität von gewichtigen Irrtümern ausgeht.[179] Pannenberg spricht von der Möglichkeit der Täuschung, und weist damit auf die sokratische Deutung des sittlich Schlechten zurück. Diese Täuschung darf nicht nur intellektualistisch verstanden zu werden, sondern kann auch das Moment des Zwangs oder der Sucht mit umschließen.[180]
Wenn von einer Täuschung oder einem Irrtum hinsichtlich 'des Bösen' gesprochen wird, so ist in diesem Fall vorausgesetzt, dass es eine 'wahre' Erkenntnis über 'gut' und 'böse' geben kann. Pannenberg selbst diskutiert das Problem der Wahrheit in diesem Zusammenhang nicht. Es wird in seinen Ausführungen aber deutlich, dass er eine klare Richtung 'des Bösen' benennt. So spricht er von der „zerstörerischen Gewalt"[181] des Bösen oder dem „zerstörerischen Unwe-

---

[177]STh 2, S.273.
[178]Vgl. A, S.114.
[179]Vgl. Oeing-Hanhoff, Ludger, Negativität und Böses in philosophischer Sicht, in: Oeing-Hanhoff, Ludger und Kasper, Walter, Negativität und Böses, Freiburg u.a. 1981, 150-175, S.166ff.
[180]Vgl. A, S.114. Dieser Gedanke wird in dem Punkt 3.1.3. noch einmal aufgegriffen und in diesem Kontext des 'unfreien Willens' näher erläutert.
[181]STh 2, S.272.

sen“[182]. Des Weiteren weist er auf Gestrichs Bestimmung des absoluten Bösen als „die Vernichtung und Schändung menschlichen Lebens, einschließlich seiner Seele, *ohne erkennbaren Grund*“[183], dargestellt am Geschehen der Shoa, hin.[184]

‘Das Böse’ ist zunächst also ein Prädikat, welches eine menschliche Handlung moralisch bewertet. Diese Bewertung kann nach Pannenberg irrtümlich verlaufen, da sie von der Perspektive des Handelnden oder des Beobachters abhängt.[185] Pannenberg gibt als Tendenz einer ‘bösen’ Handlung die „zerstörerische Gewalt“[186] bis hin zur „Vernichtung und Schändung menschlichen Lebens“[187] an. Abgesehen von dem Verweis auf die Shoa als dem ‘absoluten Bösen’ werden keine weiteren menschlichen Handlungen oder geschichtliche Beispiele gegeben, die als ‘böse’ interpretiert werden. Pannenberg gibt ausschließlich die Richtung des Bösen an.[188] Somit ist die Kennzeichnung ‘des Bösen’ durch Pannenberg letztlich durch die Bezugspunkte Leben und Tod gekennzeichnet.[189] Auf der einen Seite ist gerade in dieser ausschließlich polaren Orientierungsmöglichkeit für eine Bestimmung ‘des Bösen’ ein großer Vorzug zu sehen. Es wird damit eingestanden, dass von Fall zu Fall jeweils die wahrnehmende Perspektive einer Situation den Ausschlag für eine Bewertung einer Handlung als ‘böse’ gibt. Auf der anderen Seite kann selbst diese Offenheit einer ‘Definition’ noch problematisch und uneindeutig sein. So kann beispielsweise in konkret ethischen Situationen, besonders im Kontext medizinischer Möglichkeiten, die Frage nach dem Anfang von Leben oder Tod aufkommen.[190]

‘Das Böse’ ist also zunächst durch seine Zielrichtung gekennzeichnet. Diese Zielrichtung ‘des Bösen’ ist keinesfalls eine ausschließlich theologische Perspektive. Auch Safranski oder Plack (s.o.) können sich der ‘offenen Definition’

---

[182] Ebd., S.273.

[183] Gestrich, Die Wiederkehr des Glanzes, S.186.

[184] Vgl. STh 2, S.272.

[185] Vgl. A, S.113.

[186] Vgl. STh 2, S.272.

[187] Vgl. Gestrich, Die Wiederkehr des Glanzes, S.186 und STh 2, S.272. Bereits Emil Brunner expliziert diesen Gedanken: Er sieht, trotz der Unterschiede zwischen Menschen und Völkern, eine relative Gemeinsamkeit in der Wahrnehmung und inhaltlichen Besetzung des Begriffs des Bösen. Während das Gute das Leben fördert, ist böse, was Leben hemmt, verdirbt und zerstört. Allerdings ist nach Brunner der Begriff des Bösen an den der Verantwortlichkeit gebunden: „Das Böse ist vom Übel verschieden; böse ist das lebenszerstörende Handeln eines verantwortlichen Wesens. Böse ist also die negativ bestimmte Verantwortlichkeit.“ (Brunner, Emil, Der Mensch im Widerspruch. Die christliche Lehre vom wahren und wirklichen Menschen (1937), Zürich [4]1965, S.117).

[188] Häring spricht in diesem Zusammenhang davon, dass die Erfahrung von Bösem einen „Angriff auf Dasein und Leben“ bedeutet, die Richtung des Bösen ist der Tod. (Häring, Das Problem des Bösen in der Theologie, S.1).

[189] Hier ist allerdings hinzuzufügen, dass in bestimmten Fällen der Tod nicht als ‘das Böse’, sondern im Gegenteil als Erlösung empfunden werden kann. Die Aussage, dass die Zielrichtung ‘des Bösen’ der Tod ist, ist also als ein vorläufiger Versuch zu verstehen, Erfahrungen mit ‘dem Bösen’ zu charakterisieren.

[190] Vgl. Martens, Ekkehard, Ist Abtreibung erlaubt?, in: Zwischen Gut und Böse. Elementare Fragen angewandter Philosophie, Stuttgart 1997 [UB; 9731], 117-132, bes. S. 121.

vom 'Bösen' als Angriff und Zerstörung von Leben anschließen. Die spezifisch theologische Perspektive wird in der Rückbindung 'des Bösen' an die 'Sünde' deutlich. Pannenberg bringt auf folgende Weise die Sünde und das Böse zusammen: Die Sünde des Menschen findet seiner Meinung nach vorrangig in der Gier nach den Gegenständen der Welt bzw. in der allgemeinen Daseinsangst Ausdruck. Implizit wirksam ist die uneingeschränkte Selbstliebe als letzter Antrieb. Bricht ein Mensch in „blinde Destruktivität“[191], in zerstörerische Bosheit aus, so richtet sich diese gegen alles, was seiner Selbstliebe entgegensteht und wird zum Instrument der Ichsucht. Bosheit tritt hervor in zwischenmenschlichen Beziehungen. Als Ursache und Wurzel dieses moralischen Bösen sieht Pannenberg die übersteigerte Selbstliebe, welche die Gottesfeindschaft impliziert.[192] 'Das Böse' beruht nicht auf einem 'Urtrieb', einer mythologischen Übersteigerung des Gegengöttlichen, sondern geht dadurch aus der geschöpflichen Natur des Menschen hervor, dass der Mensch seine geschöpfliche Bestimmung verfehlt. 'Das Böse' stellt somit eine 'äußerste Konsequenz' dieser Verfehlung dar. An dieser Stelle wird deutlich, dass sich innerhalb Pannenbergs Ausführungen die Ebene der 'empirischen Phänomene' (uneingeschränkte Selbstliebe, in Folge davon die zerstörerische Destruktivität) sowie seine theologische Deutung (Verfehlung der geschöpflichen Bestimmung, in Erscheinungtreten der Sündhaftigkeit des Menschen im Hass gegen Gott und den Mitmenschen) vermischen. Die Rede vom 'Bösen' bezeichnet bei Pannenberg teilweise die destruktiven Phänomene auf der 'empirischen' Ebene. Als theologische Bewertung wird mit 'Bosheit' oder 'dem Bösen' ein zwischenmenschliches Phänomen benannt, welches die Sündhaftigkeit des Menschen widerspiegelt, das eine Form der Sünde, der Verfehlung der menschlichen Bestimmung ist.[193] Gleichzeitig charakterisiert Pannenberg aber auch Aggression und Depression als Ausdruck der Sündhaftigkeit des Menschen. Hier liegt nun die Frage nahe, ob die Rede von 'dem Bösen' bei Pannenberg identisch ist mit der Rede von der Aggression, ob der Aggressionsbegriff die Rede 'vom Bösen' ersetzen kann oder ob umgekehrt Aggression als 'das Böse' bezeichnet werden kann. Nach dieser Klärung kann dann, von Pannenbergs Sprachgebrauch hinsichtlich 'Bösem' und 'Sünde' ausgehend, ein Vorschlag für eine differenzierte theologische Verwendung dieser Begrifflichkeiten zusammenfassend herausgearbeitet werden.

---

[191]A, S.142.

[192]Pannenberg trifft keine deutliche Unterscheidung zwischen 'Bosheit' und 'Bösem', so dass davon ausgegangen werden kann, dass beide Bezeichnungen auf das gleiche Phänomen hinweisen (vgl. ebd.).

[193]Vgl. A, S.142. Nur im weiteren Sinn bezeichnet Pannenberg die geschöpfliche 'Schwäche' des Menschen, die Radikalität der Sünde als 'böse'. In diesem Zusammenhang erhält die Bezeichnung 'böse' eine weitere Akzentuierung, sie ist in einem umfassenderen Sinne, ähnlich dem Leibnizschen 'metaphysischen Übel' zu verstehen.

2.4.2. Ist Aggression 'böse'?

Hier kann zunächst an das Anliegen Pannenbergs erinnert und begründet werden, warum er den Aggressionsbegriff einsetzt. Es geht ihm, wie bereits oben erläutert, um die Glaubhaftigkeit theologischer Rede und den Aufweis theologischer Dimensionen in humanwissenschaftlichen Kontexten.[194] Darüber hinaus bietet gerade der Aggressionsbegriff für Pannenberg die Möglichkeit aufzuzeigen, dass der von Augustinus genannte Hochmut des Sünders auch die Intention zur Folge haben könnte, sich selbst zu schaden.[195] Diese Form der gegen sich selbst gerichteten Sünde bricht ein einseitiges Verständnis von Sünde auf. Allerdings beharrt Pannenberg im Gegensatz zu den Entwürfen Feministischer Theologie (s.o.) auf der Annahme, dass auch dieser Form der Sünde *superbia* zugrunde liegt.

Pannenberg nimmt den Aggressionsbegriff also für sein theologisches Anliegen in Anspruch. Dabei ist jedoch zu fragen, ob er damit dem vielschichtigen Verständnis von Aggression in der Psychologie gerecht wird. Pannenberg zeigt nicht auf, welcher Definition von Aggression er folgt. Es kann jedoch vermutet werden, dass er eher einer engeren Definition zustimmen würde, die Aggression als Schädigung interpretiert als einer weiteren, die Aggression in unterschiedliche Arten von Aktivität, Kreativität und Spannungslösung ausgedrückt sieht.[196] Mit seinem Hinweis, dass Aggression sich nach innen wenden kann, zeigt er auf, dass Aggression nicht grundsätzlich mit 'dem Bösen' gleichgesetzt werden kann. 'Das Böse' findet nach Pannenbergs Verständnis in mitmenschlichen Beziehungen statt und nicht im Verhältnis zu sich selbst. Obwohl Pannenberg auch den Begriff der Aggression in den Zusammenhang der Sünde und damit in die Beziehung Gott-Mensch einordnet, lässt sich die im ersten Teil der Arbeit formulierte These bestätigen, dass eine gegenseitige 'Übersetzung' oder 'Ersetzung' von 'dem Bösen' und 'der Aggression' nicht in sich stimmig ist.

Aber auch Pannenbergs Anspruch, Aggression als Ausdrucksform der Sünde zu interpretieren ist durchaus problematisch. Zum einen ist die Bedeutung des Aggressionsbegriffes nicht eindeutig geklärt. Zum anderen erweitert Pannenberg vor dem existenzphilosophischen Hintergrund die anthropologischen Grundlagen der Frustrationshypothese durch die Einführung des Momentes der Angst. Auf diese Weise 'funktioniert' die Interpretation der Aggression als Ausdrucksform der Sünde. Andere psychologische Deutungswege für Aggression wie die Triebtheorie oder Lerntheorie werden von ihm dagegen nicht in Anspruch ge-

---

[194] Vgl. ebd. S.19

[195] Vgl. ebd., S.142f. Aus diesem Grund hält Pannenberg Augustins Interpretation vom Übergang der Sünde zur handelnden Konsequenz durch das Motiv des Neides für zu einseitig, da hier die nach innen gerichtete Aggression unberücksichtigt bleibt.

[196] Vgl. Nolting, Lernfall Aggression, S.22ff.

nommen, da sie die sündhafte Ichfixierung als Gebrochenheit menschlicher Existenz nicht zum Ausdruck bringen können. Nicht die Deutungen oder Begründungshintergründe, sondern nur das beobachtbare Verhalten, beispielweise eine destruktive Aggression werden von Pannenberg in Anspruch genommen und theologisch gedeutet. Aus diesem Grund ist die Rede von 'dem Bösen' im systematisch-theologischen Zusammenhang der Rede von der 'Aggression' vorzuziehen. So erweckt ein theologischer Entwurf auch nicht den Eindruck, mithilfe von wissenschaftlichen Aggressionstheorien über die letzte 'Ursache des Bösen' Auskunft geben zu müssen.

Wichtig dagegen ist festzuhalten, dass es mit dem Entwurf Pannenbergs möglich ist, die Richtung 'des Bösen' als Angriff auf das Leben zu charakterisieren. Bisher ist noch keine Begründung für diese Charakterisierung gegeben worden. Im Rückblick auf die Ausführungen Pannenbergs zur Bestimmung des Menschen wird jedoch deutlich, dass die von ihm beschriebenen Erfahrungen 'des Bösen' im Kontrast zu der geschöpflichen Bestimmung als Gemeinschaft mit Gott und den Mitmenschen stehen. Pannenberg stimmt zwar in der *Beschreibung* der Zielrichtung 'des Bösen' mit philosophischen oder sozialwissenschaftlichen Entwürfen überein, die *Begründung* für die Beschreibung dieser Zielrichtung ist bei ihm jedoch eindeutig theologischer Art. Um diesen Zusammenhang zu verdeutlichen, sollen die bisherigen Erkenntnisse zur 'Sünde' und 'dem Bösen' zusammengefasst und als die Beziehung Gott-Mensch charakterisierende Relationsbegriffe gedeutet werden.[197]

2.5. *'Die Sünde' und 'das Böse' - Zusammenfassung*

Wird 'das Böse' von Pannenberg als Kontrastphänomen zu der geschöpflichen Bestimmung des Menschen als Gemeinschaft mit Gott und den Mitmenschen charakterisiert, ist 'das Böse' bereits keine ausschließliche Beschreibung eines Phänomens, sondern bereits eine theologische Bewertung vor dem Hintergrund des Glaubens an den dreieinigen Gott. Um diese These näher zu entfalten, ist es notwendig, zunächst die Funktion der Rede von der Sünde in den Blick zu nehmen, da beide Bezeichnungen, wie oben bereits erläutert, in einem engen Zusammenhang stehen. Im Anschluss daran kann dann die Funktion theologischen Redens vom 'Bösen' deutlicher gemacht werden. Hilfreich sind für beide Schritte die Ausführungen Dalferths, da er den Versuch unternimmt, die

---

[197]Auch Häring charakterisiert 'das Böse' als einen Beziehungsbegriff, beschränkt sich dabei jedoch auf die zwischenmenschlichen Beziehungen von Handeln und Erleiden (vgl. *ders.*, Das Böse in der Welt, S.5).

sprachliche Spezifik der Glaubenssprache aufzuzeigen und damit auf ihre mögliche Funktionen hinweist.

Dalferth gibt Folgendes zu bedenken: Die Sprache des christlichen Glaubens ist geprägt von einer Vielzahl von Bildern, Metaphern, Geschichten und Gleichnissen, die zwar historisch kontingent sind, aber dem Glauben seine „lebensorientierende Tiefenschärfe"[198] geben. Die erfahrbare Wirklichkeit wird durch diese Bilder, die aus vielfältigen Erfahrungs- und Erschließungssituationen stammen, seiner Ansicht nach nicht beschrieben, sondern 'coram deo' loziert, d.h. „unter dem Gesichtspunkt von Gottes schöpferischer Nähe"[199] thematisiert. Der erfahrbaren Wirklichkeit wird mehr zugesprochen, als sich zunächst an ihr aufweisen lässt.[200] So spricht man in der Sprache des Glaubens nicht nur von Schuld, sondern von Sünde, thematisiert die menschliche Verfehlung hinsichtlich der Beziehung des Menschen zu Gott.[201]
Die Bilder der Glaubenssprache, in die Dalferth auch die Rede von der 'Sünde' einordnet, haben also weniger deskriptiven, als theologischen Charakter: „Sie sagen nicht, was etwas ist, sondern daß das, was es ist, erst dann wahrhaft erkannt und beurteilt werden kann, wenn es in seinem Verhältnis zu Gott, wie er sich in der Geschichte Jesu Christi konkretisiert und zugänglich gemacht hat, verstanden und beurteilt wird."[202] Theologische Lehraussagen werden als Regeln verstanden, die dazu anleiten, die thematisierte Wirklichkeit im Kontext des göttlichen Heilshandelns zu bestimmen.
Diese Gedanken können für eine Differenzierung der Ausführungen Pannenbergs zu den Bezeichnungen 'Sünde' und 'das Böse' fruchtbar gemacht werden. Wie bereits dargestellt versteht Pannenberg 'Sünde' als theologische Bezeichnung der Situation allgemeiner Verfehlung der menschlichen Bestimmung.[203] Die Bestimmung des Menschen sieht er in der Gemeinschaft mit Gott.[204] Folglich lässt sich im Sinne Pannenbergs von der 'Sünde' als theologischer Bezeichnung der Situation des Bruches mit Gott, der Trennung von Gott, sprechen. Umfassender als durch den Sündenbegriff wird diese Situation durch die Bezeichnungen des 'Elends' oder der 'Entfremdung' zum Ausdruck gebracht: „Der von Gott entfremdete Mensch lebt im Elend der Trennung von

---

[198]Dalferth, Ingolf U., Der auferweckte Gekreuzigte. Zur Grammatik der Christologie, Tübingen 1994, S.296.
[199]Ebd., S.296.
[200]Dieser Gedanke findet sich ähnlich bei Eberhard Jüngel: „Religiöse Rede spricht der Wirklichkeit notwendigerweise mehr zu, als das jeweils Wirkliche aufzuweisen hat und als Wirklichkeit überhaupt aufzuweisen vermag. Die Sprache des christlichen Glaubens teilt - bei aller Entgegensetzung - diese Eigenart religiöser Rede, die nur dann wahre religiöse Sprache ist, wenn sie, ohne am Wirklichen vorbeizureden, über es hinausgeht." (Jüngel, Eberhard, Metaphorische Wahrheit. Erwägungen zur theologischen Relevanz der Metapher als Beitrag zur Hermeneutik einer narrativen Theologie, in: Ricoeur, Paul u. Jüngel, Eberhard, Metapher. Zur Hermeneutik religiöser Sprache, München 1974 [EvTh.S], 71-122, 71.
[201]Vgl. Dalferth, Der auferweckte Gekreuzigte, S.296.
[202]Ebd., S.303.
[203]Vgl. STh 2, S.289.
[204]Vgl. STh 2, S.232.

Gott, fern von der Heimat der eigenen Identität."[205] Aus dieser Perspektive ist 'Sünde' als Relationsbegriff zu verstehen, der die Beziehung, das Verhältnis des Menschen zu Gott, besonders die Wurzel dieses Verhältnisses thematisiert.
Hinsichtlich allgemein anthropologischer Erkenntnisse ist es Pannenberg wichtig zu betonen, dass die Rede vom Menschen als Sünder, wenn sie als realitätsecht gelten will, sich auf einen Sachverhalt beziehen muss, der das Erscheinungsbild menschlichen Lebens bestimmt.[206] Gleichzeitig verwendet Pannenberg 'Sünde' aber - wie eben erläutert - als einen Begriff, der aus der Sprache des Glaubens heraus der erfahrbaren Wirklichkeit mehr zuspricht, als in ihr zunächst aufzuweisen ist: „Daß die Verkehrtheit desjenigen Verhaltens, das die christliche Tradition als Sünde gekennzeichnet hat, darin gründet, daß es Abwendung von *Gott* und also Sünde gegen Gott ist, das kann allerdings nur im Lichte eines Wissens von Gott gesehen werden und also in voller Klarheit erst von Gottes Selbstoffenbarung her"[207]. Wie bei Dalferth erschließt sich nach Pannenberg die Perspektive der Wahrnehmung des geschöpflichen Sünderseins erst von dem Offenbarungsgeschehen her und deutet damit Wirklichkeit auf besondere Weise.
Auch auf semantischer Ebene lässt sich zeigen, dass der Begriff der 'Sünde' bei Pannenberg weniger deskriptiv als lokalisierend verstanden werden kann. Wenn Pannenberg von der Ichsucht spricht, die sich implizit gegen Gott richtet[208] oder Angst als Ausdrucksform oder Erscheinungsform der Sünde bezeichnet[209], wird deutlich, dass er sich auf allgemeine, erfahrbare Phänomene der Wirklichkeit bezieht, bei denen er dann mit Hilfe des Begriffes der 'Sünde' eine weitere Wirklichkeitsdimension aufweist. So wird die erfahrene Wirklichkeit, wie z.B. Angst, in Bezug auf die Relation Mensch-Gott vor dem Hintergrund der Offenbarung Gottes als Situation der Trennung oder Entfremdung von Gott interpretiert.
Wenn jedoch an anderer Stelle von der Sünde *als* unbeschränkter Ichsucht und Konkupiszenz gesprochen wird[210], scheint der lokalisierende Charakter des Begriffs der Sünde wieder hinter dem deskriptiven zurückzutreten. In dieser Formulierung stehen die Begriffe der erfahrbaren Wirklichkeit, wie Ichsucht und Konkupiszenz, mit dem Begriff der Sünde auf einer (eher empirischen) Ebene.

---

[205] STh 2, S.207. Mit der Bezeichnung der Sünde als 'Elend' rückt Pannenberg in die Nähe des 'metaphysischen Übels' im Sinne Leibniz. Darin besteht jedoch eine gewisse Spannung zu seiner Vorstellung von der 'Selbständigkeit der Geschöpfe'. Dieses wird besonders bei der späteren Behandlung der Theodizeefrage deutlich (vgl. 4.4.1.).
[206] Vgl. STh 2, S.271.
[207] A, S.89.
[208] Vgl. ebd., S.86.
[209] Vgl.ebd., S.147.
[210] Vgl. ebd., S.104.

Gerade wegen der von Pannenberg selbst aufgezeigten Gefahr des Sprachverfalls des Begriffs 'Sünde' hätte die Loslösung vom deskriptiven Charakter des Sündenbegriffs den Vorteil, dass eine Moralisierung des Sündenbegriffs vermieden werden und 'Sünde' förmlich als Signalwort dienen könnte, mit der über die erfahrbare Wirklichkeit (z.B. Konkupiszenz) auf eine *Verhältnis*bestimmung Gott-Mensch hinausgewiesen werden könnte. Gleichzeitig würde eingestanden, dass diese Perspektive der Wirklichkeitsdeutung nur aus dem Kontext des göttlichen Offenbarungsgeschehens heraus nachvollziehbar ist.
Einen weiteren Vorteil, 'Sünde' als theologischen Relationsbegriff zu verstehen, kann darin gesehen werden, dass dann der Sündenbegriff verwendbar ist für die Vielzahl der Erfahrungs- und Erschließungssituationen aus deren Perspektive mit Hilfe des Sündenbegriffs die Beziehung der dort handelnden Menschen mit Gott thematisiert werden kann. Eine Festlegung der Sünde *als* Konkupiszenz kann dagegen, wie der Einwand aus der Feministischen Theologie gezeigt hat[211], aus einer anderen Erfahrungssituation heraus zu etwas Fremdartigem werden, das unverstanden bleibt.[212]

Im Folgenden soll nun vor diesem Hintergrund nach der Funktion der Rede von 'dem Bösen' bei Pannenberg gefragt werden.
Es wurde festgestellt, dass Pannenberg 'das Böse' vorrangig auf der zwischenmenschlichen Ebene ansiedelt. Das Böse wird hinsichtlich seiner Wurzel von der übersteigerten Selbstliebe, nicht etwa von der neutestamentlichen Vorstellung dämonischer Mächte her gedacht.[213] Das wird besonders deutlich bei Pannenbergs Ausführungen zur Angst (s.o.) als einem Deutungsmoment für 'böses' Verhalten.
'Das Böse' ist also ein Prädikat, welches eine menschliche Handlung zunächst moralisch bewertet. Diese Bewertung kann nach Pannenberg irrtümlich verlaufen, bzw. ist von der Perspektive des Handelnden oder des Beobachters abhängig.[214] Pannenberg gibt als Tendenz einer bösen Handlung die „zerstörerische Gewalt“[215] bis hin zur „Vernichtung und Schändung menschlichen Lebens“[216] an. Damit wird deutlich der Tod als die Zielrichtung 'des Bösen' angegeben. In dieser Richtungsangabe 'des Bösen' stimmt Pannenberg mit philosophischen Entwürfen überein, in denen 'böse' mit 'zerstörerisch' äquivalent gesehen und als Beispiele für „Einbrüche des Bösen“[217] Folterungen, Vertreibungen und Morde genannt werden.

---

[211]Vgl. 2.2.5.
[212]Vgl. Sölle, Gott denken, S.91ff.
[213]Vgl. A, S.142.
[214]Vgl. ebd., S.113.
[215]Vgl. STh 2, S.272.
[216]Vgl. Gestrich, Die Wiederkehr des Glanzes, S.186 und STh 2, S.272.
[217]Holzhey, Helmut, Das Böse. Vom ethischen zum metaphysischen Diskurs, in: Die Philosophie und das Böse (La philosophie et la mal, Red. Helmut Holzhey et Jean-Pierre Leyvraz, Bern/ Stuttgart/ Wien 1993 [StPh; Vol.

Indem mit dem Prädikat 'böse' Handlungen charakterisiert werden, in denen der Mensch seine uneingeschränkte Selbstliebe gegen alles, was dieser entgegensteht, durchsetzt[218], weist bei Pannenberg die Bezeichnung 'böse' jedoch über eine moralische Verwendungsweise hinaus und auf die Trennung von Gott zurück. Aus theologischer Perspektive ist daher 'das Böse' als eine Form der Sünde bezeichnet. Nicht nur die Rede von der Sünde verweist somit auf die Beziehung Gott-Mensch, sondern auch die theologisch begründete Rede von 'dem Bösen'. Stärker als es bei Pannenberg der Fall ist, soll an dieser Stelle als erstes Teilergebnis dieser Arbeit betont werden, dass die theologische Rede von 'dem Bösen' eine *Glaubensinterpretation bestimmter zerstörerischer Phänomene* darstellt, da diese im Licht des christlichen Glaubensbekenntnisses als Kontrast zu der geschöpflichen Bestimmung und damit als 'böse' gedeutet werden.

Zur Verdeutlichung dieses Gedankens kann die Tendenz 'böser' Erfahrungen noch einmal betrachtet werden: Die Nicht-Anerkennung des anderen bis hin zu dessen Schändung und Vernichtung wird aus theologischer Perspektive aufgrund der durch die Offenbarung Gottes erkannten Bestimmung des Menschen zu Gott *und den Mitmenschen*[219] als 'böse' bezeichnet. 'Erfahrungen des Bösen' sind im theologischen Verständnis also letztlich das, was den Menschen von Gott und seinen Mitmenschen trennt.[220] In diesem Verständnis können die Phänomene, die theologisch als 'das Böse' gedeutet werden ebenfalls als 'Sünde' bezeichnet werden. Dabei muss aber festgehalten werden, dass Erfahrungen 'des Bösen' nur *eine* Ausdrucksform der Sünde darstellen. Genannt wurden auch die Aggression gegen sich selbst bzw. das 'Nicht-man-Selbst-sein-Wollen'. Auch kann ein Mensch sich als 'Sünder' bekennen, dessen Leben 'objektiv' betrachtet von keinen Handlungen gegen seine Mitmenschen geprägt ist.[221]

52], 7-28, S.23. Diese Parallelisierung bedeutet nicht, dass Pannenbergs angegebene Zielrichtung 'des Bösen' damit einer allgemeinen philosophischen Auffassung entspräche und damit eine sichere 'Definition' biete. Es kann nur exemplarisch aufgezeigt werden, dass die Bestimmung 'des Bösen' als Angriff und Zerstörung des Lebens durchaus als Anknüpfungspunkt für einen philosophisch-theologischen Dialog über 'das Böse' dienen kann.

[218]Vgl. A, S.142.,

[219]Vgl. STh 2, S.266.

[220]Zahrnt formuliert diesen Zusammenhang folgendermaßen: „Böse ist alles, was den Menschen erniedrigt, knechtet, verleugnet und verachtet, mit einem Wort, was ihn entmenschlicht und Gottes Ebenbild in ihm entstellt. Es richtet sich ineins gegen Gott und den Menschen". (Zahrnt, Heinz, Leben als ob es Gott gibt. Statt eines Katechismus, München [5]1994 [SP; 1947]). Auch Gestrich weist auf die transzendente, Gott betreffende Dimension des Negativen hin (vgl. Gestrich, Die Wiederkehr des Glanzes, S.176).

[221]Dieses Verständnis vom Verhältnis zwischen 'Sünde' und 'Bösem' ist ein zur alttestamentlichen Auffassung Umgekehrtes (vgl. Teil I, 2.2.1.). Hier gilt alle Sünde als 'böse', jedoch nicht alles 'Böses' als Sünde. Denn es wird davon ausgegangen, dass Gott selbst auch 'Böses' schaffen kann (z.B.Jes 45,7), dieses Unheil gilt aber als Versuchung, Prüfung und Geheimnis und nicht als Sünde (vgl. Schenker, Art. Sünde I, Sp 728). Da diese Dimension göttlichen Handelns bei Pannenberg jedoch nicht aufgegriffen wird und sich bei ihm 'das Böse' auf zwischenmenschliche Handlungen und Erfahrungen bezieht, die er vor dem Hintergrund der geschöpflichen

Mit dieser sprachlichen Differenzierung wird insgesamt deutlich, dass auch die theologische Rede von 'dem Bösen' von einer Wirklichkeit ausgeht, z.B. von einem 'aggressiven' Verhalten eines Menschen, und dieser Wirklichkeit mehr zuweist, als zunächst direkt erfahrbar ist. Mit der Bezeichnung 'böse' wird die Handlung eindeutig in den Kontext Gott-Mensch, bzw. davon abgeleitet, in die Beziehung Mensch-Mitmensch gebracht. Nennt Pannenberg die Vernichtung menschlichen Lebens als die Tendenz 'des Bösen', so stellt dieses quasi den Gegenpol zu der in der Bestimmung des Menschen gedachten Ebenbildlichkeit Gottes und der damit verbundenen Menschenwürde dar. Dieser bei Pannenberg gesehene Zusammenhang kann nun mit dem Hinweis verstärkt bzw. präzisiert werden, dass die theologische Rede von 'dem Bösen' auf einen *relationalen Zusammenhang* hinzielt. Im christlich-theologischen Reden 'vom Bösen' wird es die Relation zwischen Mensch und Mitmensch sein, die aufgrund des christlichen Bekenntnisses und der von dorther geglaubten Bestimmung des Menschen als gestörte Beziehung beschrieben wird. Die gestörte Beziehung zwischen Menschen weist auch auf die Beziehung Gott-Mensch zurück.[222] Damit wird deutlich, dass im theologischen Verstehen 'das Böse' über eine moralische Bedeutung hinausweist. Werden nun Erfahrungen 'des Bösen' in der Relation von Gott und Mensch betrachtet, so kann deutlich gemacht werden, dass es sich hierbei um Merkmale *der Differenz* zwischen der Welt in ihrem faktischen Sein und ihrer Bestimmung als Gottes Schöpfung handelt. Theologische Rede 'vom Bösen' macht deutlich, dass eine Differenz besteht zwischen der für Menschen faktisch erfahrbaren Wirklichkeit, die durchzogen ist von Schmerz und Zerstörung des Lebens einerseits, und ihrer geglaubten Bestimmung zur Gemeinschaft der Menschen mit Gott und den Mitmenschen, wie sie im Evangelium zum Ausdruck kommt, andererseits.[223]

Das Verständnis 'vom Bösen' als Ausdrucksform der Sünde und der Differenz zwischen faktischem Sein und geschöpflicher Bestimmung[224] vermeidet eine Eingrenzung 'des Bösen' als *Folge* der Sünde. In dieser Formulierung verstrickt sich theologisches Reden in Begründungen hinsichtlich der *Ursache* 'des Bösen'. Die Schwierigkeit wird deutlich, wenn 'Sünde', wie bei Pannenberg, sich auf die *superbia* konzentriert. Alles 'Böse' an Zerstörung und Brutalität gegenüber menschlichem Leben müsste dann auf die Ichsucht des Menschen zurückgeführt werden.

Bestimmung des Menschen interpretiert, ergibt sich das umgekehrte Verständnis vom Zusammenhang 'Sünde'- 'Böses'.

[222]Vgl. 1.3.

[223]Vgl. Dalferth, Zeit der Zeichen (1992), in: Gedeutete Gegenwart, 1997, 209-231, S.216. Dalferth verwendet den Differenzbegriff in dreifacher Hinsicht, indem er zwischen ontologischer, ontischer und eschatologischer Differenz unterscheidet. Über die Vor- und Nachteile dieses Sprachgebrauches wird an späterer Stelle noch eingehender reflektiert (vgl. Teil III, 1.1.).

[224]Diese Formulierung ist von Dalferth übernommen (vgl. *ders.*, Zeit der Zeichen, S.215ff) und wird im Teil II, Punkt 1.1. noch näher betrachtet.

Ein weiterer Vorteil, aus theologischer Perspektive 'das Böse' ebenfalls wie den Sündenbegriff als Hinweis darauf zu verstehen, dass es um bestimmte Relationen geht, besteht darin, dass die Rede von 'dem Bösen' *als solchem* aufgebrochen werden kann. Am Beispiel der theologischen Rede über 'böse' Handlungen oder Erfahrungen wurde deutlich, dass die Bezeichnung 'böse' abhängig ist von Bekenntnisaussagen des christlichen Glaubens und sich auf das Verhältnis Mensch-Gott rückbezieht. Auch bezüglich nicht-theologische Rede 'vom Bösen' lässt sich folglich fragen, hinsichtlich welcher Relationen eine Handlung als 'böse' bezeichnet wird. Damit soll angedeutet werden, dass die Rede von 'dem Bösen', wenn sie als feststehender Letztwert als allgemeingültig behauptet wird, kritisch zu betrachten und zu befragen ist.

Hinsichtlich einer Allgemeingültigkeit von wirklichkeitsdeutenden Aussagen stößt man jedoch auf eine Problematik, die bereits bei der Entfaltung des Sündenbegriffes angeklungen ist. Innerhalb des theologischen Entwurfs Pannenbergs ist die Rede von der 'Allgemeinheit der Sünde' von großer Bedeutung. Diese Allgemeinheit der Sünde bildet als geglaubte und der menschlichen Erfahrung entsprechenden Wirklichkeit die Voraussetzung für das Erlösungshandeln Gottes in Jesus Christus.

3. Zur Allgemeinheit von 'Sünde' und 'Bösem'

3.1. Sünde - 'Naturbedingung' oder 'Willensakt'?

Als erste Problematik in Bezug auf die Annahme einer Allgemeinheit und Radikalität der Sünde ist mit Pannenberg die Frage zu stellen, ob und wie diese Annahme „realitätsgerecht"[1] zu beschreiben ist. Durch das Aufzeigen der Konkupiszenz hat Pannenberg bereits den empirischen Charakter derjenigen Kennzeichen menschlicher Existenz betont, die er als Sünde deutet. Es geht nun darüber hinaus darum, die Radikalität der Sünde zu charakterisieren: Nicht der Mensch von sich aus kann sich frei gegen die Sünde entscheiden, sondern die Sünde geht dem Menschen und seinem Handeln bereits voraus.[2] Um dieses zu verdeutlichen, geht Pannenberg auf den Kern der sogenannten Erbsündenlehre zurück.

3.1.1. Zur Bedeutung von 'Erbsünde'

Es können nach Pannenberg drei grundlegende Momente des Begriffs der Erbsünde genannt werden: Der Mensch wird nicht durch Nachahmen von negativem Verhalten zum Sünder, sondern er ist es bereits vor allem eigenen Handeln.[3] Zweitens macht der Begriff der Erbsünde die Radikalität der Sünde deutlich: „Die Sünde sitzt tiefer als die einzelne Tat, tiefer als jede Übertretung."[4]Das dritte Moment ist die Universalität der Sünde, welche die heilsgeschichtliche Voraussetzung bildet für die Universalität der Erlösung durch Jesus Christus.[5]

---

[1]STh 2, S.271.

[2]Vgl. ebd., S.301.

[3]Vgl. A, S.117 und *ders.*, Sünde, Freiheit, Identität. Eine Antwort an Thomas Pröpper, in: ThQ 170(1990), 289-298, S.291f. Hier betont Pannenberg, dass der Mensch nicht nur mit einer Disposition zum Sünder geboren sei, sondern dass er von der Geburt an Sünder sei (peccatum originale).

[4]A, S.117.

[5]Vgl. A, S.117f. Nach Otto Hermann Pesch lassen sich die Texte von der zweiten Synode von Orange (529) zwar nicht als Definition, aber als Quintessenz der augustinischen Gnadenlehre lesen. Er fasst sechs Aspekte zusammen: a) Nicht nur der Leib, auch die Freiheit der Seele sind von der Sünde getroffen; b) Die gesamte Nachkommenschaft Adams leidet denselben leiblichen Tod und wird in Adams Schuld hineingeboren; c) Der Mensch hat ausnahmslos von sich aus nur 'Lüge und Sünde', sein freier Wille ist so stark geschwächt, dass von sich aus kein Mensch das Heil erlangen kann; d) Nur durch die zuvorkommende Gnade Gottes sind Glaube und der Gottesliebe entsprechende Werke möglich; e) Es verdankt sich schon der Gnade, wenn ein Mensch um Gottes Gnade bittet, sich nach göttlichem Heil sehnt oder nach Taufe verlangt; f) Auch der Gerechtfertigte vermag nur durch Gottes Hilfe das Böse zu meiden, seine guten 'Verdienste' kommen allein von Gott (vgl. Pesch, Frei sein aus Gnade, S.130).

Während Paulus nicht von einem allgemeinen Erbverhängnis ausgeht, sondern Adam als Urbild aller Menschen, als Inbegriff des Menschen versteht, deutete Augustinus die paulinischen Aussagen neu und geht von der Vererbung der Sünde Adams mittels der Konkupiszenz an alle seine Nachkommen aus. Der Mensch wird nicht erst durch Nachahmung, sondern durch seine Abstammung zum Sünder und schuldig vor Gott.[6] Eine kirchliche Legitimation erhielt die Erbsündentheorie Augustins durch die Praxis der Kindertaufe. Wenn Säuglinge zur Vergebung der Sünden getauft wurden, mussten auch sie bereits - vor jeder persönlichen Tatsünde - Sünder sein. In dieser wichtigen Frage konnte die Kirche nicht irren. Der Säugling symbolisiert die Unmündigkeit des Menschen vor Gott: er ist sowohl Sünder als auch Erlöster ohne sein Zutun.[7]

Das Erklärungsmodell, dass die Frage nach der Verantwortlichkeit der Menschen für ihre Sünden anhand einer Art Partizipation an der Sünde Adams und damit als 'vererbt' deutete, wurde schließlich nach über tausend Jahren aufgegeben. Die Erbsündentheorie Augustins leistet, wie auch Pannenberg betont, keine Begründung hinsichtlich der Verantwortlichkeit der Individuen für ihre Sündhaftigkeit.[8] Deshalb braucht seiner Meinung nach die Intention des Erbsündendogmas, die Herausstellung der Radikalität und Allgemeinheit der Sünde, nicht aus dem Blick zu geraten. Es müssen aber neue Begründungen gefunden werden.[9] Solche sieht Pannenberg nicht in der Vererbungshypothese Augustins, sondern in dessen Aufweis der Allgemeinheit der Ichsucht, welche die bei allen Menschen auftretende Sündhaftigkeit herausgestellt habe.

---

[6]Vgl. A, S.118f. Diese Position stellt eine Veränderung zu den früheren (z.T. nicht widerspruchsfreien) Aussagen Augustins zum freien Willen des Menschen dar, mit denen der manichäische Dualismus überwunden werden konnte. Durch die neue Akzentuierung wurde nicht mehr von der Einzelsünde und ihren Folgen, sondern umgekehrt von einem alles erfassenden Sündenverhängnis ausgegangen, welches der Freiheit des Einzelnen entzogen ist. Diese Veränderungen zu der neuen Position spitzten sich besonders in der Auseinandersetzung mit Pelagius und den Pelegianern zu (vgl.Häring, Das Böse in der Welt, S.100ff; *Ders.*, Die Macht des Bösen S.183ff., Pesch, Frei sein aus Gnade, S.128f).

[7]Vgl. Pesch, Frei sein aus Gnade, S.130f.; Häring, Die Macht des Bösen, S.215f. Im Gegenzug legitimiert die Erbsündenlehre die Kindertaufe, welche so eine neue Plausibilität und deutende Bestätigung erhält, da Augustins Taufkonzeption der Tradition und biblischen Tauftheologie zu entsprechen scheint.

[8]Vgl. A, S.118ff. und STh 2, S.266ff. Diese Entwicklung wird von Pannenberg folgendermaßen dargestellt: Wenn Menschen schon von Geburt an als Sünder gelten, so kann ihnen schwerlich die Verantwortung für ihre Sündhaftigkeit aufgebürdet werden. Dieses gilt aber nicht für Adam, dieser hätte nach Augustinus im Zustand der ursprünglichen Vollkommenheit die Sünde meiden können. In Adam haben die Menschen Teilhabe an dessen Sünde und damit auch an der Verantwortung für die Sünde. Dabei wird Adam sowohl als mythisches Urbild gedacht, in dem aufgezeigt wird, was sich in der Geschichte jedes Menschen wiederholt, er wird aber auch als historischer Stammvater benötigt, der echte Identität besitzt, damit von Verantwortlichkeit gegenüber der Sünde und deren 'Vererbung' gesprochen werden kann.
Da jedoch die mythische Komponente und damit die Vorstellung Adams als Paradigma der menschlichen Situation hinter der Vorstellung von Adam als erstem Menschen zurücktrat, ergaben sich neue Probleme. Der Fehltritt Adams wurde nun zu einem individuellen, für den seine Nachkommen nicht mitschuldig gemacht werden können, da es sich um eine 'Tat' handeln würde, die in einer grundlegend unterschiedlichen Situation vor vielen Generationen begangen worden wäre.

[9]Vgl. A, S.121f.

Pannenbergs Anliegen, die Intention des traditionellen Erbsündendogmas, die Radikalität und Allgemeinheit der Sünde, mit Hilfe einer Interpretation der Ausführungen Augustins zur Begierde des Menschen herauszustellen, ist wiederum von seinem anthropologischen Denken geprägt. Pannenberg betont, dass es nicht genügt, die Allgemeinheit der Sünde vom universalen Anspruch der christlichen Erlösungsbotschaft her zu fordern. Diese Annahme muss statt dessen anthropologisch verifiziert werden. So ergibt sich folgende Spannung: „Gerade durch den anthropologischen Aufweis der Allgemeinheit der Sünde entfaltet die universale Relevanz der Erlösung durch Christus ihre Überzeugungskraft. Umgekehrt gilt aber auch, dass die Zeichen der Universalität der Sünde erst im Lichte des Interesses an der universalen Erlösung in ihrer umfassenden und radikalen Tragweite erkennbar geworden sind. Die Lehre von der Universalität der Sünde ist eben erst im Christentum entstanden."[10]
Die Allgemeinheit der Sünde zeigt sich demnach bei Pannenberg an zwei Polen. Zum einen wird sie im Bekenntnis der Christusoffenbarung und damit verbunden im Licht der Erfüllung der menschlichen Bestimmung und im Erkennen der eigenen Verfehlung deutlich. Zum anderen kann die Allgemeinheit der Sünde zumindest implizit empirisch aufgezeigt werden. Bei Paulus geschah das durch den Zusammenhang von Allgemeinheit des Todes[11] und Allgemeinheit der Sünde, im Anschluss an Augustinus ist die maßlose Begierde als Merkmal allgemeinen menschlichen Verhaltens als ein Hinweis auf die Allgemeinheit der Sünde zu sehen.[12]
Um die Intention des Erbsündendogmas aufrechtzuerhalten, bedarf es nach Pannenberg also nicht der These vom Urstand des ersten Menschens. Die Ge-

---

[10] A, S.131.

[11] Auch Pannenberg sieht einen Zusammenhang zwischen der allgemeinen Herrschaft des Todes und der Allgemeinheit der Sünde. Durch das Nicht-Annehmen der eigenen Endlichkeit wird aus dem ausstehenden Ende des Daseins eine das Dasein bedrohende Todesmacht. Umgekehrt treibt die Furcht vor dem Tod den Menschen immer tiefer in die übersteigerte Selbstliebe und damit in die Sünde hinein. (Vgl. STh 2, S.312f).

[12] Dieses Anliegen Pannenbergs ist insofern problematisch, als hier zum einen eine „komplizierte[...] Uminterpretation[...]" (Das Böse in der Welt, S.102) der paulinischen und augustinischen Tradition vermutet werden kann. In diesem Zusammenhang warnt Pesch vor einer Vereinfachung bei der Beurteilung von Tradition. Verschiedene Stufen der Tradition (z.B. Paulus und Augustinus) dürfen seiner Meinung nach nicht als „einliniger 'Fortschritt'" (Pesch, Frei sein aus Gnade, S.107) verstanden werden, also so, als würde Augustinus das präziser ausdrücken, was Paulus schon gedacht habe, aber leider weniger exakt ausdrücken konnte. Dieser Einwand greift, wenn Pannenberg davon spricht, dass Augustins Verständnis von Begierde „den tieferen Sinn des paulinischen Gedankens zur Geltung" (STh 2, S.281) bringen würde. Pannenbergs Sicht von der augustinischen Ausdeutung der paulinischen Begierde ist keinesfalls die einzige Begründungsmöglichkeit der paulinischen These von der Allgemeinheit der Sünde. Diese ließe sich bei Paulus auch ausschließlich von der Universalität der Erlösungsbotschaft her deuten (so Merklein, Paulus und die Sünde, vgl. 2.2.2.). Damit wird auch die weitere Problematik an Pannenbergs Vorgehensweise deutlich: Wird nach einem 'empirischen Phänomen' gesucht, welches zum impliziten Aufweis der Allgemeinheit der Sünde dienen soll, wird die Differenz zwischen Thematisierung und thematisierter Wirklichkeit aufgegeben. 'Sünde wird dann zu einem deskriptiven Begriff, der einen Ist-Zustand beschreibt und nicht zu einem theologischen Begriff, der die Wirklichkeit (auch die anthropologischen Phänomene) im Kontext des Verhältnisses zwischen Gott und Mensch deutet (vgl. 2.5.).

stalt des Adams ist lediglich als symbolischer Ausdruck für das Gegenbild der in Jesus Christus offenbarten Bestimmung des Menschen zu deuten. [13]
Die Radikalität der Sünde, die Annahme der Sündhaftigkeit des Menschen von der Geburt an (peccatum originale), bringt Pannenberg durch die Verankerung der Sünde in den 'Naturbedingungen' menschlichen Daseins zum Ausdruck. Wenn dann ein Zusammenhang zwischen der 'Natur des Menschen' und der Allgemeinheit der Sünde gesehen wird, entsteht im Anschluss die Frage nach der Verantwortlichkeit des Menschen für diese seine 'Natur'. Eine kritische Auseinandersetzung mit dieser Thematik soll anhand Pannenbergs Ausführungen in den folgenden Punkten stattfinden.

3.1.2. 'Sünde' und 'Natur' des Menschen

Nach Pannenberg ist die Ichbezogenheit, die Dominanz der Zentralität der menschlichen Organisationsform, die das menschliche Verhalten nicht nur im moralischen Bereich, sondern im gesamten Welterleben bestimmt, als Strukturmoment der menschlichen Lebensform zu begreifen. Daraus folgert Pannenberg: „Wenn diese Ichbezogenheit als *amor sui* den Wesenskern der Sünde, der Selbstverfehlung des Menschen bildet, dann ist Sünde nicht nur und erst etwas Moralisches, sondern eng verflochten mit den *Naturbedingungen* unseres Daseins."[14] Pannenberg hält also an dem Gedanken einer 'Grundsünde' fest, die sich von einer (moralisch gedachten) Tatsünde dadurch unterscheidet, dass sie zwar nicht *als* Naturbedingung menschlicher Existenz, aber doch als mit der 'Naturbedingung' *eng verflochten* dem Menschen vorgegeben ist.[15]

---

[13]Vgl. A, S.134f.

[14]A, S.104. Gestrich betont, dass Pannenberg mit dieser Formulierung die unheimliche Nähe zwischen menschlich notwendigem Identitätsstreben und der Sünde zum Ausdruck bringt: „Denn der seine Identität suchende Mensch *muß* ja die Dinge dieser Welt, deren Realität er nicht verdrängen oder übersehen sollte, auf sein eigenes Ich beziehen. Er *muß* sich als Wahrnehmungszentrum in die Mitte von allem stellen" (Gestrich, Die Wiederkehr des Glanzes, S.75).
Versteht man den Sündenbegriff aber wie oben entfaltet als Relationsbegriff, so wäre dieses Problem folgendermaßen zu formulieren: Es ist schwierig, dasjenige Verhalten, das der 'natürlichen' Exzentrizität des Menschen entspricht und der Identitätsbildung dient, von demjenigen, bei dem der Mensch seine Exzentrizität zum Durchsetzungsmittel seiner Selbstbehauptung oder übersteigerten Selbstliebe benutzt, zu trennen. Letzteres Verhalten kann im Verhältnis zu der Bestimmung des Menschen zur Gemeinschaft mit Gott als Sünde, also als Trennung von Gott und Verfehlung der menschlichen Bestimmung thematisiert werden.

[15]Wenn die Sünde in den Naturbedingungen menschlichen Daseins verwurzelt ist, stellt sich aus der Perspektive des Schöpfungsglaubens die Theodizeefrage. In diesem Zusammenhang beschreibt Pannenberg die Situation des Menschen als „ontologische Defizienz" (STh 2, S.197) und verweist auf Leibniz' Ausführungen zur ursprünglichen Unvollkommenheit der Geschöpfe (metaphysisches Übel), durch welche sich die Geschöpfe von der Vollkommenheit Gottes unterscheiden (vgl. ausführlicher unter 4.4.1.).

Es erhebt sich nun die Frage, ob die Natur des Menschen als solche schon als sündhaft zu bezeichnen ist. Pannenberg unterscheidet jedoch die Naturbedingungen des Daseins von der *Wesens*natur, der exzentrischen Bestimmung zur Humanität, mit der der Mensch die vorgegebenen Naturbedingungen seines Daseins durch Kulturbildung verwandelt: Auch wenn die Sünde in den Naturbedingungen seines Daseins verwurzelt ist, ist die Wesensnatur des Menschen nicht schon als sündhaft zu bezeichnen.[16]

Der Wesensbegriff ist zunächst ein Sollbegriff. Die Unabgeschlossenheit des menschlichen Daseins wird durch die Spannung zwischen Bedingungen des Daseins und dem Wissen von einem 'Sollen' charakterisiert. Dieses 'Sollen', die Wesensnatur des Menschen, wird nicht von außen an ihn herangetragen, sondern ist in der Struktur der Exzentrizität des Menschen bereits wirksam. Die Verwirklichung der Wesensnatur ist jedoch vom Wollen abhängig.[17] Wollen wird verstanden als Ort, in dem eine Bejahung dessen, was noch nicht unmittelbar ist, wir aber für unser Leben als zugehörig bestimmen, verwirklicht wird. Ort der Sünde ist also nach Pannenberg der Wille: Das Wollen ist „das Element, in dem wir unserer Bestimmung gegenwärtig entsprechen oder nicht entsprechen."[18]

Der herkömmlichen theologischen Sündenlehre war es nach Pannenberg bisher nicht möglich den Willenscharakter der Sünde und ihre Verwurzelung in den Naturbedingungen menschlichen Daseins als Einheit zu begreifen. Pannenberg macht deutlich: Folgt ein Mensch nicht seiner exzentrischen Bestimmung oder verkehrt diese, so setzt er damit die Ausgangslage seines Daseinsvollzugs im Gegensatz zu seiner Bestimmung fort. „Das ist zwar kaum Gegenstand eines ausdrücklichen Wollens, wohl aber qualifiziert es Charakter und Resultat desjenigen Wollens, in welchem der Mensch seiner Bestimmung nicht entspricht. Die Perpetuierung der natürlichen Zentralität vollzieht sich also im Wollen selber und widerfährt ihm nicht als fremdes Geschick."[19] Pannenberg charakterisiert die Allgemeinheit der Sünde, indem er sie in den Naturbedingungen menschlichen Daseins verwurzelt sieht. Gleichzeitig ist Sünde jedoch keine ausschließliche 'Schicksalsmacht', sondern Pannenberg beschreibt 'das Wollen' als Ort der Sünde. Da Pannenberg vorher jedoch betont, dass die Entfremdung von Gott als eher unbewusster Prozess, als Implikat einer Selbstverfehlung zu verstehen ist, bleibt der Zusammenhang zum 'Wollen' unverständlich.[20] Auch für die Frage der Verantwortung benötigt Pannenberg, wie im Folgenden gezeigt werden soll, nicht den Begriff der Wahl oder des Wollens.

---

[16]Vgl. A, S.105.
[17]Vgl. A, S.105f.
[18]A, S.105f.
[19]A, S.106.
[20]Vgl. A, S.90.

Als eine mögliche Funktion der Einführung des 'Wollens' könnte vermutet werden, dass so „das Ineinander von Schicksal und Freiheit“[21] als unauflösbare Einheit offengehalten wird. Es ist jedoch zu fragen, ob diese Funktion durch die Einführung des 'Willenscharakters' der Sünde erfüllt wird, da Pannenbergs Freiheitsverständnis im Weiteren gerade dadurch gekennzeichnet ist, dass er von der Vorstellung der Unfreiheit des Willens ausgeht.[22] Hier greift Pannenberg die Tradition Luthers auf, die im Folgenden kurz dargestellt werden soll.

3.1.3. Die Vorstellung vom 'unfreien Willen'

3.1.3.1. Exkurs: Unfreiheit des Willens bei Luther

Martin Luther versteht das Unheil der Sünde als Unfreiheit und Knechtschaft. Zeitlebens polemisiert Luther gegen die Vorstellung eines freien Willens für den 'gefallenden Menschen'. Als wichtigste Schriften ist hier „De servo arbitrio“ (1525)[23]zu nennen.[24] In dieser Schrift setzt er sich mit Erasmus' Ausführungen über den freien Willen auseinander. Dieser geht von der klassischen Ontologie des sich im freien Wahlvermögen äußernden Willens aus. Kraft des freien Willens kann der Mensch moralisch gut oder schlecht handeln, kann sich demjenigen, was zum ewigen Heil führt, zuwenden.[25]Hierin besteht der entscheidende Unterschied zu Luthers Auffassung von Unfreiheit. Auch Luther geht nicht von einem psychologischen Determinismus aus, sondern erkennt die Wahlfreiheit an: Er kann frei entscheiden, ob er dieses oder jenes tut. Jedoch steht dem Menschen es nicht frei, etwas zu wollen und in die Tat umzusetzen, was nicht der Befriedigung seiner eigenen Wünsche dient. Auf der Linie der augustinischen Tradition vertritt Luther den Standpunkt, dass es dem Menschen verschlossen ist, Gott zu lieben, dem Gebot Gottes auch gegen eigene Wünsche zu gehorchen, zu glauben, wenn nicht Gottes Gnade *„ihn herumreißt“*[26]. Wille ist für Luther nicht eine Kraft, die erst noch in ein Tun umgesetzt wird. Sondern Wille ist schon immer ein Wollen mit einem bestimmten Ziel. Diese „faktisch-

---

[21]Häring, Das Böse in der Welt, S.126.

[22]Thomas Pröpper betont, dass ihm (abgesehen von Schleiermacher) keine andere Sündenlehre bekannt ist, „die so umstandslos darauf verzichtet, den Ursprung der Sünde mit der menschlichen Freiheit zu verbinden“ (vgl. Pröpper, Thomas, Das Faktum der Sünde und die Konstitution menschlicher Identität. Ein Beitrag zur kritischen Aneignung der Anthropologie Wolfhart Pannenbergs, in: ThQ Jg. 170, 267-289, S.275). In seiner Antwort an Pröpper wird deutlich, dass Pannenberg zumindest von einer 'endlichen Freiheit', einer geschöpflichen Selbständigkeit ausgeht, die aber von Gottes Gegenwart als Schöpfer überstiegen, umfasst und durchdrungen wird. Die menschlichen Stellungnahmen sind durchaus nicht bedeutungslos: „Sie entscheiden sehr wohl über den Modus unseres Verhältnisses zu Gott wie auch zu uns selber.“ (Pannenberg, Sünde, Freiheit, Identität, S.295).

[23]WA 18, 600-787.

[24]Vgl. Lohse, Bernhard, Luthers Theologie in ihrer historischen Entwicklung und ihrem systematischen Zusammenhang, Göttingen 1995, S.272f.

[25]Vgl. Häring, Das Böse in der Welt, S.108.

[26]Pesch, Frei sein aus Gnade, S.146.

konkrete Willensrichtung des faktisch-konkreten Menschen ist die auf das Böse, ist Abwendung von Gott, trachten nach der eigenen Ehre, Selbstsucht"[27]. Es gibt für Luther also nicht den unbestimmten, neutralen Willen am Scheideweg. Dieses hat er durch das Bild vom menschlichen Reittier in aller Schärfe zum Ausdruck gebracht: „Wenn Gott aufsitzt, dann will es und geht es, wohin Gott will...Wenn der Satan aufsitzt, will es und geht es, wohin der Satan will, und es ist nicht in seiner Entscheidung, zu welchem Reiter es laufen will oder ihn zu suchen, sondern die Reiter selbst streiten darum, es in Besitz zu nehmen."[28]
Durch Luthers Auffassung von der Unfreiheit des Willens wird dem humanistischen Optimismus hinsichtlich der menschlichen autonomen Freiheit gegenüber Gott eine scharfe Absage erteilt. Gleichzeitig wird damit die Vorstellung von der Universalität der Erlösung durch Jesus Christus gewahrt. Erst die Erlösung in Christus macht die Sünde in ihrer wahren Tiefe deutlich. Die Auffassung von der menschlichen Möglichkeit, sich aus eigener Kraft aus der Sünde und zum Heil hin zu befreien, würde die universale Erlösung durch Christus überflüssig machen. Die Erlösung beschränkte sich dann auf ein paar Unvollkommenheiten am Rande der menschlichen Existenz, während das Übrige unser von der Sünde nicht berührte Geist selbst erreichen könnte.[29]

3.1.3.2. Die Vorstellung vom unfreien Willen bei Pannenberg

Angesichts des engen Zusammenhanges der Sünde mit der Naturhaftigkeit des menschlichen Daseins stellt sich die Frage nach der Verantwortung des Menschen. Pannenberg entfaltet im Anschluss an Röm 3,19: Sünde wird dem Menschen als Schuld angerechnet. Wenn Sünde kein fremdes Schicksal ist, das über den Menschen kommt, muss er dafür Verantwortung übernehmen. Aber ein Mensch kann nicht für die Anfangsbedingungen seiner Lebensführung, die „Ichhaftigkeit seiner narzisstischen Anfänge"[30] in dem Sinne verantwortlich

---

[27]Pesch, Otto Hermann, Die Theologie der Rechtfertigung bei Martin Luther und Thomas von Aquin. Versuch eines systematisch-theologischen Dialogs (1967), Mainz 1985, S.107.

[28]Übersetzung nach Häring, Das Böse in der Welt, S.109; vgl. WA 18, 635, 18-22: „...si insederit Deus, vult et vadit, quo vult Deus...Si insederit Satan, vult et valid, quo vult Satan, nec est in eius arbitrio ad utrum sessorem currere aut eum quaerere, sed ipsi sessores certant ob ipsum obtinendum et possidendum." Häring hält das Bild Luthers, unser Wille sei nichts anderes als ein von Gott oder von dem Teufel berittenes Tier, für inkonsequent und gefährlich, weil es zurückfällt in die Vorstellung von zwei gleichberechtigten Machtbereichen, die den Menschen beherrschen können. Wichtig dagegen sei die Vorstellung, dass das Böse, das sich des Menschen bemächtigt, nur von Gott besiegt werden kann (vgl. Das Böse ..., S.108f). Gerhard Ebeling betont dagegen, man verfehle Luthers Meinung, wenn man ihm einen metaphysischen Dualismus vorwerfen würde: „Der Anschein des Dualismus, der durch das Neben- und Gegeneinander von Gott und Satan entsteht, verschwindet [...], wenn wir uns klarmachen, daß der Satan nichts anderes als die Maske der Abwesenheit Gottes ist und so in bezug auf Gott selbst das Geheimnis des Entweder-Oder seiner Abwesenheit und seiner Anwesenheit aufbricht" (Ebeling, Gerhard, Luther. Einführung in sein Denken, Tübingen ^{4}1981, S.256).

[29]Vgl. ebd. S.147.

[30]A, S.107.

sein, dass er seine Ichzentriertheit durch seine eigene Wahl oder Entscheidung hätte vermeiden können. Der Begriff der Sünde scheint sinnlos zu sein, wenn der Begriff der Verantwortung nicht angewandt werden kann.
Die Auffassung dieses Gedankenganges, in dem der Begriff der Verantwortung mit der Wahlfreiheit verbunden wird, so dass der Mensch für das verantwortlich gemacht wird, was er aus freier Wahl möglicher Alternativen vorgezogen hat, wird von Pannenberg kritisch beleuchtet. In der Traditionslinie Luthers bestreitet er, dass es jenen Willen gibt, der neutral jenseits der zu wählenden Alternativen steht. Pannenberg spricht vom „Fortfall des Momentes der Indifferenz gegenüber den Alternativen der Wahl“[31].
Es gibt nach Pannenberg also keine freie Wahl zwischen klaren Alternativen von ‘Gut’ und ‘Böse’, denn eine Entscheidung hängt davon ab, was dem Wählenden als ‘gut’ erscheint. Der Begriff einer Wahl gegenüber ‘dem Guten’ ist in sich widersprüchlich. Einem Beobachter kann das Verhalten eines Menschen so erscheinen, dass jener zwischen dem, was für ihn und auch an sich gut ist und anderen Möglichkeiten wählt und sich dabei dem Guten versagt. Dabei kann sich der Sachverhalt dem Beobachter so darstellen, weil er selbst das, was jener wählt, als ‘schlecht’ oder ‘böse’ beurteilt.[32] Bei der Wahl zwischen ‘Gut’ und ‘Böse’ kann es also geschehen, dass ‘das Böse’ in der Meinung, es sei ‘das Gute’ (sub ratione boni), bzw. gut für den Wählenden, vorgezogen wird. Diese Meinung irrt schuldhaft gemessen an der menschlichen Bestimmung des Handelnden. Aber die Schuld darin zu vermuten, der Handelnde hätte im vollen Bewusstsein ‘des Guten’ das Gegenteil gewählt, stellt die Wahlsituation als eine wirklichkeitsfremde Konstruktion dar.[33]
Pannenberg betont deshalb die Unfreiheit des Willens. Der Mensch kann zwar zwischen alternativen Möglichkeiten oder Gegenständen wählen (formale Freiheit), die Unfreiheit besteht aber darin, dass das objektiv für ihn ‘Schlechte’ als ‘Gutes’ betrachtet und gewählt werden kann. Diese Täuschung wird nicht nur als intellektualistisch verstanden, sondern kann auch zwanghaften Charakter haben. wie sie bei Suchtverhalten zu beobachten ist. So kann ein Mensch die Einsicht über den schädigenden Einfluss seines Suchtgegenstands besitzen, sich aber dennoch in Situationen der Versuchung diesem Gegenstand nicht entziehen, da dieser ihm dann doch „gut“ zu sein scheint.[34]
In diesen Zusammenhang stellt Pannenberg den in Röm 7,7ff dargestellten Machtcharakter der Sünde, welche „so etwas wie eine eigene Subjektivität besitzt“[35], indem sie sich des Menschen bemächtigt, allerdings nicht ohne dessen Zutun bzw. dessen (zwiespältige) Zustimmung. Paulus stellt nicht die Überle-

---

[31] A, S.109.
[32] Ebd., S.114.
[33] Vgl.ebd., S.113.
[34] Vgl. ebd., S.114.
[35] STh 2, S. 301.

gung in den Mittelpunkt, ob der Mensch auch eine andere Entscheidung treffen könnte, sondern er zeigt auf, warum der Mensch sich auf die Sünde einlässt, obwohl er dem Gesetz Gottes zustimmt. Die Verführung der Sünde beruht auf einem Betrug: Sie verspricht das Leben, bringt aber in Wahrheit den Tod, indem sie 'das Böse' als das eigentliche 'Gute' vorspiegelt.[36] Das könnte nach Pannenberg beispielsweise in der Form geschehen, dass Menschen zwar in Augenblicken nüchterner Überlegung dem Gesetz Gottes zustimmen, dessen Nichtbeachtung im Augenblick des Handelns jedoch durch die besondere Situation oder durch den grundsätzlichen Zweifel an der göttlichen Autorisierung („sollte Gott gesagt haben?") begründet wird, sobald „eine feste, triebhafte Verhaltensorientierung"[37] dem Inhalt der göttlichen Forderung gegenübersteht. Zu fragen ist hier allerdings, wo Pannenberg ein spontanes, unreflektiertes Handeln, das im Gegensatz zu der eigenen Bestimmung steht, einordnet. Konsequenterweise müsste der Gedankengang insofern weitergeführt werden, als dass sich die Unfreiheit des Willens auch darin niederschlägt, dass der Mensch sich trotz des generellen Wissens um seine Bestimmung und trotz seines intakten Wahlvermögens verfehlt, dass seine Ichsucht, seine Sucht zur Selbstbehauptung immer wieder über seine exzentrische Bestimmung dominiert und erst im nachhinein oder überhaupt nicht als Verfehlung gedeutet wird.
Die Unfreiheit des Willens besteht nach Pannenberg also nicht in der Unfähigkeit, zwischen zwei Alternativen zu entscheiden, sondern darin, dass der Mensch das objektiv für ihn 'Schlechte' als 'Gutes' betrachtet und es deshalb in der Möglichkeit des Irrtums wählt.[38]

Nach Pannenberg hat die Beobachtung eines solchen Sachverhalts als Auslöser von moralischer Entrüstung jedoch nur dort Berechtigung, wo die Ordnungen des Zusammenlebens gefährdet werden. Seiner Ansicht nach reicht es nicht aus, der Täuschung über 'das Gute' auf der rein intellektuellen oder moralischen Ebene zu begegnen: „Gutes Zureden nützt in solchen Fällen wenig. Die Täuschung über das Gute ist nicht nur intellektuell. Darum bedarf die Unfreiheit des Willens einer Lösung und, im radikalen Falle, einer Erlösung, die die Identität selber neu begründet."[39]
Aufgrund dieser Überlegungen ist zu fragen, wie Pannenberg auf die Frage nach der Verantwortung für 'das Böse', das durch die 'Verführung' des unfreien Willens geschieht, eingeht. Der unfreie Wille weist zurück auf die menschli-

---

[36]Vgl. STh 2, 301 u. Pannenberg, Sünde, Freiheit, Identität, 292ff. Zu Röm 7,15ff. vgl. Teil III, 1.2.1.
[37]A, S.115.
[38] A, S.115. Pannenberg setzt voraus, dass es ein 'objektiv Gutes' gibt. Hier müsste betont werden, dass theologisch die Rede vom 'objektiv Guten' ausschließlich von der Offenbarung Gottes in Jesus Christus her begründet werden kann und nicht mit einem gesellschaftlich 'objektiven Guten', einer bestimmten Norm verwechselt werden darf. Auf dieser Ebene kann die Täuschung bei der Beurteilung einer Wahl (s.o.) nicht nur auf der Seite des Wählenden, sondern ebenso auf der Seite der Beobachtenden liegen.
[39] A, S.116.

che Struktur, die in der Tradition mit *peccatum originale* bezeichnet worden ist und von Pannenberg mit der Verankerung der Sünde in den Naturbedingungen menschlichen Daseins zum Ausdruck gebracht wird.[40]

3.1.4. Verantwortung für 'das Böse'

Im Blick auf die Naturbedingungen des Daseins, „die aller Wahl vorgegeben sind" fragt Pannenberg, ob Verantwortung überhaupt in Urheberschaft gründet. Wie eben dargestellt könne die Freiheit im Sinne einer Wahlfreiheit zwischen 'gut' und 'böse' nicht mehr als Erklärungsgrund für die Verantwortlichkeit des Menschen gelten.

Pannenberg findet daher eine andere Begründung für die Verantwortung des Menschen. Seiner Ansicht nach gewinnt Urheberschaft erst in Verbindung mit dem Aspekt der Identität ihre Bedeutung für die Zurechnung einer Tat. Da der Mensch die Identität mit seinem eigenen Leibe und dessen Handeln nicht leugnen kann, steht er „als Mensch unter der moralischen Zumutung, sein Verhalten als das seinige anzuerkennen"[41] und zu verantworten.

Ausgangspunkt für Verantwortung und Zumutung von Verantwortung liegen in moralischen Imperativen, die dann verbindlich werden, wenn sie vom Handelnden als Bedingungen seiner Identität, z.B. durch die Identifizierung mit einer Gruppe oder Gesellschaft, in der die Forderung gelten soll oder durch die Zugehörigkeit zu einer Glaubensgemeinschaft, die sich nach bestimmten Normen verhalten will, anerkannt werden. Bei der Erfahrung von Verantwortlichkeit geht es nach Pannenberg um das Verhältnis des Menschen zu sich selber: In dem noch unfertigen Selbstsein erkennt der Mensch seine Bestimmung, er ist es sich selbst schuldig, dieser Bestimmung zu entsprechen. Somit ist Verantwortung auch immer als Selbstverantwortung zu verstehen und zwar als eine Selbstverantwortung, die nicht als Gegensatz zu einer Verantwortung des Menschen vor Gott behauptet wird.[42]

Durch sein Bewusstsein weiß der Mensch um seine Bestimmung sowie um seine Verantwortung für sein Handeln und die Überführung seiner eigenen Lebenssituation aus ihren natürlichen und sozialen Gegebenheiten heraus in die

---

[40]Vgl. Pannenberg, Sünde, Freiheit, Identität, S.291. u. A, S.116. Die Frage nach der Verantwortung stellt Pannenberg auch bezüglich der Ausführungen Ricoeurs (Phänomenologie der Schuld). Dieser thematisiert den unfreien Willen, indem er eine Unterscheidung zwischen der wesentlichen Schwäche des Menschen und der Wirklichkeit des Bösen vornimmt. Der Mensch schafft das Böse, indem er ihm nachgibt. Diese Unterscheidung zwischen Fehlbarkeit und Gefallensein stellt nach Pannenberg eine Abstraktion ohne realen Sinn dar (A, 101f und Pröpper, Das Faktum der Sünde, S.274). Die Vorstellung von der 'Ansteckung' des Willens durch das Böse gibt nach Pannenberg der These von der Äußerlichkeit zu sehr nach (vgl. A, S.116).

[41]A, S.110.

[42]Vgl. A, S.111.

Verwirklichung seiner Bestimmung, die letztlich in Gott begründet ist und nur von ihm her realisiert werden kann.[43] In seiner Bestimmung ist der Einzelne jedoch verbunden mit anderen Menschen, so dass seine Verantwortung die Lebenssituation und das Verhalten der Mitmenschen mit umgreift.

Im Gegensatz zu dem unfreien Willen dient die Annahme der Willensfreiheit der Geschöpfe, so Pannenberg, der Entlastung des Schöpfers von der Verantwortung für das Böse in seiner guten Schöpfung.

Der unfreie Wille dagegen weist wiederum auf eine Motivationsstruktur zurück, die den Einzeltaten schon zugrunde liegt und als Ursprung der Selbstverfehlung gelten kann. Die Sünde wird in ihrem Ausgangspunkt in die 'Nähe' der 'Natur' bzw. Geschöpflichkeit des Menschen gerückt. So nennt Pannenberg die Zentriertheit des Menschen, in der er geschaffen ist, noch nicht sündhaft, auch steht diese nicht der exzentrischen Bestimmung des Menschen entgegen. Aber er betont, dass in der Lebensbewegung des Menschen, der Erhebung des Ich über alles Endliche, die Verkehrung zwischen der Endlichkeit des Ich und dem Absoluten so nahe liegt, „daß außer im Falle ausdrücklicher Selbstunterscheidung des Ich in seiner Endlichkeit von Gott faktisch immer das Ich selber sich zum unendlichen Boden und Bezugspunkt aller seiner Gegenstände wird und damit den Platz Gottes besetzt.“[44]

Somit schließt sich Pannenberg auch Augustins Betonung der Verantwortung des Schöpfers für die Entwicklung seiner Schöpfung an. Dabei ist der Gedanke von Bedeutung, dass Gott diese Verantwortung übernimmt in der Erlösung und Vollendung.[45] Pannenberg weist auf die Gefahr deterministischer Missdeutungen hin, hält aber die Rede von der Verantwortung des Schöpfers für einen würdigen Ausdruck an einen allmächtigen Schöpfergott. Die christliche Theologie sollte seiner Meinung nach „in der Zulassung der Sünde den Preis für die Selbständigkeit der Geschöpfe erkennen, auf die das Schöpfungshandeln Gottes abzielt.“[46]

Pannenberg beschreibt das Problem der Allgemeinheit und Radikalität der Sünde mit der Vorstellung vom unfreien Willen, welcher auf die Verwurzelung der Sünde in den Naturbedingungen menschlichen Daseins zurückweist. Dem

---

[43]Ebd., S.113.

[44]STh 2, S.299.

[45]Hier lässt sich auch eine Anlehnung an Hegels Theodizee aufzeigen. Hegel geht von einem objektiven Gang des 'Weltgeistes' aus, der nicht vom Negativen aufgehalten werden kann. Das individuelle Böse ist zwar ein negatives Moment der Weltgeschichte, hindert jedoch nicht den allgemeinen Vernunftsfortschritt des Ganzen. Übel und Böses gehören bei Hegel notwendig zum endlichen Dasein, der von Gott bewirkte Siegeslauf des Weltgeistes und die Herrschaft der Vernunft in der Geschichte können zur Versöhnung des Wissens mit dem Negativen und somit zur Theodizee genügen (vgl. Schulte, Christoph, Radikal böse, S.258ff).

[46]STh 2, S.303. Diese Argumentation Pannenbergs ist jedoch nicht unproblematisch. Aus den Ausführungen zum unfreien Willen ist deutlich geworden, dass Pannenberg dem Menschen zwar eine Selbständigkeit zuspricht hinsichtlich der Zusage zur Sünde, der Einwilligung in den 'Betrug' der Sünde, es aber eine klare Wahl zwischen gut und böse nicht geben kann. Die Argumentation, die Sünde sei der Preis der Selbständigkeit der Geschöpfe, setzt dagegen ein viel weiteres Freiheitsverständnis voraus (beispielsweise wie in der Position Pröppers (s.o.).

Problem der Allgemeinheit oder Universalität der Sünde ist auch auf andere Weise begegnet worden. Ausgehend von Kant ist man in der protestantischen Theologie, statt von der Erbsünde zu sprechen, auf den Gedanken eines 'Reiches' der Sünde oder des Bösen ausgewichen.[47] Die gebundene Freiheit des Menschen wird nicht ausschließlich auf seine 'naturhaften' Daseinsbedingungen, sondern insbesondere auf den überindividuellen Aspekt, auf sein Situiertsein in einen sozialen Lebenszusammenhang bezogen. Sünde vermittelt sich in den gesellschaftlichen Beziehungen, so dass der sich daraus herausbildende Lebenszusammenhang als „strukturell deformiert"[48] aufgefasst werden kann.

3.2. Zur Frage nach der 'strukturellen Sünde'

3.2.1. 'Reich des Bösen'- Sünde im sozialen Lebenszusammenhang

Nach Pannenberg werden Entwürfe, in denen die Verbreitung der Sünde vorrangig durch die sozialen Lebenszusammenhänge erklärt wird, problematisch, sobald sie die biblische Vorstellung missachten, dass der Mensch sich eben nicht von seiner eigenen 'bösen' Tat und auch nicht von der Macht der Sünde, die in ihm wohnt, distanzieren kann. Deshalb verweist Pannenberg zunächst auf Entwürfe, in denen weiterhin die Sündhaftigkeit des Individuums betont wird:
Zu nennen ist hier Kant, der in seiner Religionsphilosophie von dem 'Reich des Bösen'[49] spricht, welches nach Pannenberg die Vorstellung von der Erbsündenlehre ersetzt. Die Verbundenheit der Menschen in der Verkehrung der Rangordnung der Triebfedern werden als das 'radikale Böse'[50] dargestellt. Es herrscht insofern eine Gemeinschaft der Menschen im Bösen, als dass sie sich gegenseitig verderben und böse machen.[51] Pannenberg betont, dass also der 'Hang' zur Verkehrung bei Kant als jedem Einzelnen zugrundeliegend gedacht wird.
Eine Entsprechung findet sich bei Friedrich Schleiermacher, der allerdings anders als Kant, das Ende eines 'Gesamtlebens' der Sünde, in das der Einzelne

---

[47]Pannenberg nennt hier Schleiermacher und Ritschl (s.u.).
[48]STh 2, S.293.
[49]Kant, Die Religion innerhalb der Grenzen der bloßen Vernunft, S.82.
[50]Ebd., S.32; vgl. A, S.122; STh 2, S.294.
[51]"Der Neid, die Herrschsucht, die Habsucht und die damit verbundenen feindseligen Neigungen bestürmen alsbald seine an sich genügsame Natur, wenn er unter Menschen ist, und es ist nicht einmal nötig, daß diese schon als im Bösen versunken und als verleitende Beispiele vorausgesetzt werden; es ist genug, daß sie da sind, daß sie ihn umgeben, und daß sie Menschen sind, um einander wechselseitig in ihrer moralischen Anlage zu verderben und sich einander böse zu machen." (Kant, Die Religion innerhalb der Grenzen der bloßen Vernunft, S.93f).

verstrickt ist, nur durch einen Erlöser möglich zu machen sieht.[52] Die Entsprechung zwischen Schleiermacher und Kant besteht nach Pannenberg darin, dass die von beiden behauptete gemeinschaftliche und menschlich allgemeine 'Natur' der Erbsünde nicht aus einem natürlichen Abstammungsverhältnis, sondern aus der sozialen Verflechtung der Individuen und der Generationen begründet wird.[53] Allerdings gewichtet Schleiermacher im Gegenüber zu Kant den Gemeinschaftsaspekt der Sünde wesentlich stärker und bezeichnet die Teilnahme des Einzelnen an der Gesamttat der Sünde nicht als Schuld.[54]
Ausdrücklich als „Ersatz für die Annahme der Erbsünde"[55] bezeichnet Albrecht Ritschl die Fortführung der oben genannten Gedanken, seine Lehre vom 'Reich der Sünde'. Das selbstsüchtige Handeln eines jeden Einzelnen geschieht in Wechselwirkung zu allen anderen, die Verbindung der Einzelnen führt in das gemeinsame Böse.[56]
Diese Darstellung Ritschls hat nachhaltig gewirkt und konnte, wenn auch nicht als ausschließlicher Ersatz der Erbsündenlehre, doch z.B. bei Paul Althaus[57] und Emil Brunner[58] „als deren notwendige Ergänzung nach Seite des sozialen Lebenszusammenhanges der Individuen gelten."[59] Durch die starke Betonung der gesellschaftlichen Interaktion der Individuen und der daraus entstehenden 'Verflechtung' sieht Pannenberg in Ritschls Ausführungen eine größere Nähe zu der pelagianischen Auffassung von der Ausbreitung der Sünde durch Beispiel und Nachahmung als zur Erbsündenlehre in der Tradition Augustins.[60]
Als ähnliche Auffassung in der katholischen Theologie führt Pannenberg Piet Schoonenberg an, der die Erbsünde als „Situiert-sein der Person"[61] in seinem sozialen Lebenszusammenhang beschrieben hat. Schoonenberg möchte damit eine Abgrenzung der Erbsünde vom ausschließlich Naturhaften, Vor-Moralischen, aber auch von der persönlichen Entscheidung erreichen.[62] Mit Si-

---

[52]Vgl. Schleiermacher, Friedrich Daniel Ernst, Der christliche Glaube. Nach den Grundsätzen der evangelischen Kirche im Zusammenhang dargestellt (1821/22), in: Kritische Gesamtausgabe, I,7,1, hg. v. Hans-Joachim Birkner u.a., Berlin, New York 1980, §92ff (S.278ff).

[53]A, S.123.

[54]Vgl. STh 2, S.294.

[55]Ritschl, Albrecht., Die christliche Lehre von der Rechtfertigung und Versöhnung, Bd. III, Bonn [3]1888, S.326; vgl. A, S.123.

[56]Vgl. Ritschl, Die christliche Lehre von der Rechtfertigung und Versöhnung, S.317f.; vgl. A, S.123.

[57]Althaus, Paul, Die christliche Wahrheit, Gütersloh, [6]1962, 371ff.

[58]Brunner, Der Mensch im Widerspruch, S.125.

[59]A, S.124.

[60]STh 2, S.294f. Auch wenn Pannenberg grundsätzlich die Möglichkeit, Sünde als Nachahmung zu deuten, ablehnt, kennt auch er die gemeinschaftliche Dimension 'des Bösen'. Er weist darauf hin, dass sich in aller Gemeinschaftsbildung ein „bestimmter Geist" äußert (Geist einer Schule, einer Familie, eines Volkes...), der zwar jeweils eine Manifestation des in allen Lebensbereichen wirkenden Gottesgeistes zu denken ist, sich aber von der Beziehung zu Gott losreißen und sich ins Dämonische verkehren kann. Wird die Übereinstimmung mit anderen als ausreichender Hinweis der Wahrheit gesehen, werden möglicherweise andere Stimmen übergangen oder gar als 'böse' gebrandmarkt, so dass sich der Gemeingeist selber als 'böse' erweist.

[61]Schoonenberg, Piet, Theologie der Sünde. Ein theologischer Versuch, Einsiedeln u.a. 1966, S.122.

[62]Vgl. A, S.124f. Schoonenbergs Anliegen besteht darin, den Zusammenhang von individueller Sünde und Solidarität in der Sünde wieder zu verdeutlichen. Dazu greift er den biblischen Terminus „Sünde der Welt"

tuiert-sein ist jedoch ein nicht nur äußerlich bleibendes, sondern ein inneres, die eigene Existenz betreffendes „Bestimmtsein hinsichtlich der eigenen Freiheit durch die Sünden der ersteren“[63]gemeint.
Pannenberg erhebt jedoch Bedenken gegen jene Interpretationen der Erbsündenlehre. Die Vorstellung vom 'Situiert-Sein' vermag den Kern der augustinischen Position nicht zum Ausdruck zu bringen. Dieses gelingt nach Pannenberg nur, „wenn in der Sünde *ein Grundbestand naturaler Verfaßtheit verkehrten Lebens* beim Individuum“[64] gesehen wird.
Das entscheidende Charakteristikum der Radikalität der Sünde ist für Pannenberg, dass die sündige Verkehrtheit allen Menschen von Geburt an eigen und gemeinsam ist. Diese Radikalität der Sünde entzieht sich somit jeder persönlichen Stellungnahme.[65]
Solch einer persönlichen Stellungnahme geht zwar nach Schoonenberg auch das 'Situiert-sein' in soziale Lebenszusammenhänge voraus, aber diese können nach Pannenberg vom Individuum als fremd erkannt werden, der Mensch kann sich von seinen sozialen Lebenszusammenhängen unterscheiden, distanzieren, auch wenn er dieser ihn von seinem eigentlichen Selbst entfremdeten Welt nicht entkommen kann. Nur wenn man die Sündhaftigkeit als Verkehrung der Subjektivität, die schon von Anfang an mit dem werdenden Ich verbunden ist, versteht, besteht kein Recht mehr zu dieser Distanzierung.[66]
An dieser Stelle kann auf die Kritik von Hans Schwarz[67] an Pannenbergs Sündenverständnis als Ausgangspunkt für die Diskussion einer weiteren Perspektive genannt werden. Schwarz ist der Meinung, dass eine gesellschaftliche Komponente der Sünde bei Pannenberg zu wenig beachtet wird. Zwar stimmt er Pannenberg zu, dass die Sünde ein Sich-verschließen vor der Realität Gottes und somit ein Verschließen der potentiellen Offenheit des Menschen zur Welt und zu Gott ist. Doch müsste seiner Meinung nach diese Verengung viel deutlicher auf ihre Konsequenzen für die menschliche Gemeinschaft hin untersucht

---

(Joh 1,29) auf und stellt damit den Sündenbegriff auf ein breiteres biblisches Fundament als dieses in der klassischen Erbsündenlehre der Fall war (vgl. Sievernich, Schuld und Sünde, S.70f). „Sünde der Welt“ bringt zwei Momente zum Ausdruck: 1.) Die universale Verbreitung der Sünde, die Gesamtheit aller individueller Sünden; 2.) Den inneren Zusammenhang all dieser Sünden, ihr Verbindungsglied. Dieses Bindeglied bezeichnet Schoonenberg als 'Situation' (vgl. ebd., S.81).

[63]Schoonenberg, Theologie der Sünde, S.122. Nach Schoonenberg hebt das Situiert-sein der Person die Freiheit also nicht auf: „Es geht hier nur um ein Bestimmt-sein der Freiheit *in ihrem Spielraum*, ein Bestimmt-sein der Gegenstände, über die unsere Freiheit ihre Entscheidungen trifft, und der Einsichten und Einladungen, von denen eine solche Entscheidung ausgeht.“ (Ebd. 123). Freiheit der Person wird demnach als „situierte Freiheit“ (ebd.) verstanden. Als die extremste Form des Situiert-seins nennt Schoonenberg die „existentiale Situation“ (S.134f), indem er den „Teufelskreis“ (S.136) des Milieus beschreibt, in dem ein Mensch aufwächst. Wird dieser Aspekt weitergedacht, lässt sich auch von „geschichtlichen Sünden“ (S.136) sprechen.

[64]STh 2, S.295.

[65]A, S.125.

[66]Vgl. A, S.125. Versuche, das Problem der Verantwortlichkeit durch die Annahme eines übergeschichtlichen mythischen Falls des Einzelnen zu lösen, hält Pannenberg für problematisch (Vgl. A, S.126ff).

[67]Schwarz, Im Fangnetz des Bösen (1994).

werden. Schwarz verweist an dieser Stelle auf befreiungstheologische Entwürfe, die als Korrektiv hilfreich sein könnten.[68]
Auf die Sündeninterpretation der Befreiungstheologie verweist Pannenberg lediglich in einer Anmerkung[69] und zwar im Kontext seiner Überlegungen zum Zusammenhang von individuellem und sozialem Leben. Hier räumt er ein, dass Sünde sich auch auf soziale Lebensformen auswirken kann, fragt jedoch, „ob es sich dabei um Auswirkungen eines Sachverhalts handelt, der seine Wurzel im Leben jedes einzelnen hat, oder ob umgekehrt die Gesellschaft der eigentliche Sitz des Bösen ist."[70]
Bei der letztgenannten Möglichkeit wird nach Pannenberg der biblische Sinn des Redens von der Sünde verfehlt. Die Sünde ist so verstanden ein äußerliches, strukturelles Problem, von dem sich der Einzelne, wie oben bereits beschrieben, noch distanzieren kann. Dagegen besteht der wesentliche Punkt in der biblischen Vorstellung von Sünde darin, dass der Einzelne sich selber als Sünder erkennt.[71]

Aufgrund dieser Anmerkungen entsteht die Frage nach dem Sündenverständnis in der Theologie der Befreiung, um zu prüfen, inwieweit die aufgezeigte Gefahr, Sünde werde zu etwas 'Äußerlichem', von dem der Mensch sich distanzieren kann, in dieser Allgemeinheit gegenüber befreiungstheologischen Entwürfen seine Berechtigung hat. Gleichzeitig kann durch das Aufzeigen der befreiungstheologischen Perspektive deutlich werden, dass Pannenbergs starke Verhaftung an dem Gedanken der Verwurzelung der Sünde in den Naturbedingung menschlicher Existenz angesichts bestimmter existentieller Erfahrungen einseitig und als ausschließliche 'allgemeingültige' Deutung problematisch ist.

3.2.2. Strukturen der Sünde - Impulse aus der lateinamerikanischen Befreiungstheologie

Zunächst ist darauf hinzuweisen, dass es schwierig ist von *der* lateinamerikanischen Theologie der Befreiung zu reden. Es handelt sich hier um ein kulturell und theologisch vielseitiges und vielschichtiges Phänomen mit unterschiedlichsten Ausprägungen, die sich bereits weiterentwickelt und gegenseitig korrigiert haben.[72] Der wichtigste Kontext, der lateinamerikanische Befreiungstheo-

[68]Vgl. Schwarz, Im Fangnetz des Bösen, S.155.
[69]Vgl. STh 2, S.293.
[70] STh 2, S.293.
[71]Vgl. STh 2, S.293f.
[72]Walter Kasper nennt in Anschluss an Juan Carlos Scannone drei Hauptströmungen in der Theologie der Befreiung: 1. Die kirchlich anerkannte Theologie der Befreiung, die vor allem in kirchlichen Dokumenten zum Ausdruck kommt, in der es um befreiende evangelisierende kirchliche Praxis geht; 2. Militante Einzelchristen

logie prägt, ist die Situation massiver Armut, des Hungers und der Unterdrückung eines Großteils der lateinamerikanischen Bevölkerung. Daher besteht eine entscheidende Option befreiungstheologischer Reflexion darin, *aus der Perspektive der Unterdrückten und Armen* von Gottes Handeln und Gottes Gnade zu sprechen und Formen des Menschseins Orientierung zu geben, die nicht von Strukturen der Unterscheidung in Reichtum und Armut, Akzeptanz und Verachtung, geprägt sind.[73]

Hinsichtlich der theologischen Rede von der 'Sünde' bestimmt Christof Gestrich diejenigen Theologien als Befreiungstheologie, „die im letzten Vierteljahrhundert einen neuen politischen oder einen neuen sozialen Begriff der Sünde aufgestellt haben" sowie „die Sünde an den Leidenserfahrungen der wirtschaftlich, sozial und rechtlich, sowie durch Rassismus und durch Geschlechterdiskriminierung unterdrückten oder benachteiligten Menschengruppen"[74] festmachen.

Wenn im Folgenden aus der Theologie Gustavo Gutiérrez'[75] einige Impulse zum Sündenverständnis aus der lateinamerikanischen Theologie der Befreiung gegeben werden, so geschieht dies hinsichtlich der eben aufgezeigten Problematik nicht mit dem Anspruch auf Vollständigkeit oder Allgemeingültigkeit. Die Aspekte können als Versuch betrachtet werden, auf die unterschiedlichen theologischen Deutungen von Wirklichkeit aufmerksam zu machen und die Perspektive von Befreiungstheologen exemplarisch darzustellen.

Für den Befreiungstheologen Gutiérrez bedeutet Sünde das egoistische Konzentrieren auf sich selbst, ein Verneinen der Hinwendung zu anderen und zu Gott. Dieser Bruch der Freundschaft mit Gott und den Mitmenschen stellt für Gutiérrez den letzten Grund für alle Unterdrückung und Ungerechtigkeit dar.

---

und Theologen, zusammengeschlossen vor allem in der Bewegung „Christen für den Sozialismus"; 3. Die dazwischen stehende Gruppe uneinheitlicher Befreiungstheologen wie Gustavo Gutiérrez und Leonardo Boff (vgl. Kasper, Walter, Die Theologie der Befreiung aus europäischer Perspektive, in: Metz, Johann Baptist (Hg.), Die Theologie der Befreiung: Hoffnung oder Gefahr für die Kirche? Mit Beiträgen von Kardinal Paulo Evaristo Arns u.a., Düsselorf 1986, 77-98, S.77ff). Unterscheidet man die Formen der Theologie der Befreiung jedoch weniger nach dem Grad ihrer kirchlichen 'Anerkennung', sondern dem Stand ihrer Reflexion, so ist von professioneller, pastoraler und popularer Theologie der Befreiung zu sprechen. Die professionelle (wissenschaftliche) Theologie der Befreiung arbeitet mit dem methodischen Dreischritt der sozioanalytischen, der hermeneutischen und der praktischen Vermittlung. Auf der Ebene der mehr organischen und praxisverbundenen pastoralen Theologie der Befreiung, die ihren Ort in Pastoralinsituten/ -bildungszentren hat, lässt sich dieser Dreischritt mit Sehen, Urteilen Handeln beschreiben. In der mehr diffus und verzweigten, spontanen popularen Theologie der Befreiung der Basisgemeinden geht es um die Konfrontation von Evangelium und Leben (vgl. Boff, Clodovis, Wissenschaftstheorie und Methode der Theologie der Befreiung, in: Ellacuria, Ignacio/ Sobrino, Jon (Hgg.), Mysterium Liberationis. Grundbegriffe der Theologie der Befreiung („Mysterium Liberationis. Conceptos fundamentales de la teologia de la liberación" 1990), Bd. 1, dt. Luzern 1995, 63-98, S.74ff).

[73]Vgl. Chopp, Rebecca S., Lateinamerikanische Befreiungstheologie, in: Ford, David (Hg.), Theologen der Gegenwart, 1993, 291-308, S.391f.

[74]Gestrich, Die Wiederkehr des Glanzes, S.86.

[75]Gutiérrez, Gustavo, Theologie der Befreiung („Teologia de la liberación" 1972). Mit einem Vorwort von Johann Baptist Metz, München [6]1982, S.40f.

Das bedeutet nicht, dass Gutiérrez nicht strukturelle Gründe und Bedingungen der derzeitigen Lage sieht. Er möchte vielmehr betonen, „daß die Dinge sich nicht rein zufällig ereignen, daß vielmehr hinter einer ungerechten Struktur ein persönlicher oder kollektiver Wille steht, der Gott und die anderen von sich weist. Auch soll daran erinnert werden, daß eine soziale Veränderung, mag sie noch so radikal sein, nicht automatisch die Überwindung aller Übelstände mit sich bringt."[76]

Gutiérrez weist auf die großen sozialen Probleme in Lateinamerika hin, er spricht davon, dass die Mehrzahl der Menschen in „der Situation der Unterdrückung und Entfremdung"[77] lebt, in einer Situation, die eine Beleidigung für die Menschen und auch für Gott darstellt. Theologisch wird diese Situation von etlichen lateinamerikanischen Kirchenvertretern als „Situation der Sünde"[78] gewertet. Konkret lautet die Forderung in einer Deklaration einer bedeutenden Priestergruppe, dass die Ungerechtigkeit im Bereich der Löhne, der Mangel an täglichem Brot sowie Unterdrückung und Ausbeutung als Zeichen des Bösen und der Sünde anzuklagen sind.[79] In diesem Zusammenhang wird in der lateinamerikanischen Theologie von 'struktureller Sünde' oder von 'Strukturen der Sünde' gesprochen.[80]

Sünde als Bruch mit Gott wird sowohl als innergeschichtliche persönliche als auch als gesellschaftliche Wirklichkeit verstanden, die bis in das tägliche Leben des Menschen hineinwirkt und es in seiner Entwicklung hemmt.[81]

Dabei geht es in der Theologie der Befreiung nach Gutiérrez besonders darum, die gesellschaftsbezogene Dimension der Sünde wieder bewusst zu machen. Sünde ist eben nicht nur reine Innerlichkeit, die geistiger Erlösung bedarf, sondern die gegenwärtige soziale und geschichtliche Ordnung muss als Sünde erkannt und in Frage gestellt werden.[82]

Das mehrschichtige Verständnis von Sünde wird auch durch den Kontrastbegriff der Befreiung deutlich, der als Zentralbegriff in der Theologie Gutiérrez' gelten kann. Er ist hinsichtlich verschiedener Aspekte zu deuten und kann nicht mit einer rein politischen oder sozialen Befreiung gleichgesetzt werden[83]: Die

---

[76] Ebd., S.41.

[77] Ebd., S.61.

[78] So in den Dokumenten von Medellin, zit. nach Gutiérrez, Theologie der Befreiung, S.104.

[79] Vgl. Gutiérrez, Theologie der Befreiung, S.104.

[80] Vgl. Faus, José Ignacio Gonzáles, Sünde, in: Ellacuria, Ignacio/ Sobrino, Jon (Hgg.), Mysterium Liberationis, Bd. 1, 1995, S.725-740, S.730ff. Faus verweist - wie oben schon Schoonenberg - auf die johanneische Kategorie der 'Sünde der Welt', welche als grundlegender Begriff in lateinamerikanischer Befreiungstheologie von Bedeutung ist. Sünde als Verschleierung und Unterdrückung der Wahrheit wird hier auf die ökonomisch-gesellschaftlichen Strukturen bezogen (vgl. ebd., S.731f).

[81] Vgl. Gutiérrez, Theologie der Befreiung, S.138.

[82] Vgl. ebd., S.169.

[83] Neben dem konfliktgeladenen Charakter des wirtschaftlichen, politischen und sozialen Befreiungsprozesses sieht Gutiérrez Befreiung als kulturellen Veränderungsprozess, in dem der Mensch sein Schicksal selbst in die Hand nimmt und zum Ziel hat, alle Dimensionen des Menschen zu entfalten und zur Schaffung eines neuen Menschen in einer qualitativ anderen Gesellschaft zu gelangen. Als dritter Aspekt wird die Befreiung von der

Vorstellung von der gesellschaftlichen Befreiung macht das Erlösungswerk Christi nicht überflüssig. Somit wird deutlich, dass innerhalb der Theologie der Befreiung die Radikalität der Sünde nicht - wie von Pannenberg vermutet - als durch eine persönliche Distanznahme oder Änderung der gesellschaftlichen Lebensumstände überwunden gedacht wird.
Auch der individuelle Aspekt der Sünde wird in befreiungstheologischen Entwürfen nicht generell vernachlässigt. Trotz der Notwendigkeit struktureller Veränderungen hat der Befreiungstheologe Juan Carlos Scannone davor gewarnt, das Volk zu idealisieren bzw. als Letztinstanz zu sehen. Auch unter der armen Bevölkerung gibt es Entfremdung und Sünde, die persönliche Bekehrung darf deshalb ihre zentrale Stellung nicht verlieren.[84]
So wird auch in der Befreiungstheologie die menschliche Verblendung, das Nichterkennen und Erfahren der eigenen Sünde mitbedacht.[85] Dabei wird das allgemeine Umfeld des Einzelnen nicht aus dem Blick gelassen: „Bewußtseinsbildung, Lernprozesse müssen stattfinden, damit der Einzelne (!) seine persönliche Verstrickung, seine Mitbeteiligung und Kollaboration an der landesweiten oder gar weltweiten Sünde erfährt und erkennt: sein träges Hinnehmen, seine Scheu davor, sich zum politischen Kampf organisieren zu lassen, sein unsensibles Verdrängen von Unmoral und Unterdrückung, seinen Egoismus."[86]

Anhand dieser wenigen Aspekte wird bereits deutlich, dass man nicht generell davon ausgehen kann, Theologie der Befreiung vernachlässige die Radikalität und den individuellen Aspekt der Sünde. Die Vorstellung von der strukturellen Sünde tritt aber als Konsequenz und notwendige Folge zu der Vorstellung von der Entfremdung des Einzelnen von Gott hinzu.
Hier ergibt sich eine klare Differenz zu dem Entwurf Pannenbergs, der ausschließlich in der Betonung des augustinischen *superbia* und der Verflochtenheit der Sünde in den Naturbedingungen menschlicher Existenz den Kern der Erbsündenlehre wiedergegeben und somit angemessen zum Ausdruck gebracht sieht. Diese Gegenüberstellung macht die grundsätzliche Problematik deutlich, in welche Beziehung Aussagen aus der lateinamerikanischen Befreiungstheologie zu europäischer Theologie gebracht werden können. Es ist zu fragen, ob nicht Theologie der Befreiung der europäischen Theologie in bestimmten Aspekten wesentliche Anregungen bringen kann.[87]

Sünde als Ursache jeder Ungerechtigkeit durch Jesus Christus und die Gemeinschaft mit ihm genannt. Alle drei Aspekte stehen nicht parallel nebeneinander sondern bilden einen komplexen Prozess, „der seinen tiefen Sinn und seine volle Verwirklichung im Erlösungswerk Christi findet." (Gutiérrez, Theologie der Befreiung, S.42).
[84]Vgl. Scannone, Juan Carlos, Das Theorie-Praxis-Verhältnis in der Theologie der Befreiung, in: K.Rahner u.a. (Hgg.), Befreiende Theologie, Stuttgart u.a. 1977, 77-96, 94f.
[85]Vgl. Metz, Johann Baptist, Glaube in Geschichte und Gesellschaft. Studien zu einer praktischen Fundamentaltheologie, Mainz 1977, S.97.
[86]Gestrich, Die Wiederkehr des Glanzes, S.87.
[87]Vgl. Kasper, Die Theologie der Befreiung, S.96.

Gerade die Reflexion der geschichtlichen Praxis ist ein Element, von dem europäische Theologie unter Umständen lernen kann. Schärfer formuliert wird dieses von Kasper folgendermaßen: „Ein solches Konzept...stellt eine heilsame Korrektur dar gegenüber einer Art von Theologie, welche sich von ihrem „Sitz im Leben“ entfremdet und um die Heilsmysterien einen Stacheldraht abstrakter Begriffe, privater Theorien und fragwürdiger Hypothesen legt. Eine Theologie der Praxis, welche die Theologie aus dem elfenbeinernen akademischen Turm herausholt, ist uns Europäern höchst heilsam.“[88]
Einem Hinweis von Johann Baptist Metz folgend soll jedoch zu bedenken gegeben werden, dass die Entwürfe der lateinamerikanischen Theologie der Befreiung nicht ohne weiteres auf andere Situationen und Lebensbereiche als allgemeingültig übertragen werden können. Eine europäische Theologie, die sich in gesellschaftskritischer Arbeit verantwortet, steht in der westlichen Technologiegesellschaft größtenteils vor anderen Problemen und Aufgaben.[89]
Auch Dorothee Sölle vertritt die Ansicht, dass Menschen in einer Situation der Unterdrückung und Ausbeutung die biblische Tradition aus anderer Perspektive betrachten und so z.B. den Begriff der Sünde auch mit anderen Erfahrungen in Beziehung bringen als ein europäischer Theologe.[90]
Mit Kasper ist zu betonen, dass es bei der theologischen Diskussion der unterschiedlichen Perspektiven immer um das eine Evangelium geht, nicht um ein ‘Sonderevangelium’ für Europa oder Lateinamerika. Weiter führt er aus: „Es gibt jedoch eine spezifisch lateinamerikanische und eine spezifisch europäische Perspektive. Die im Evangelium verkündete Liebe Gottes gilt ja nicht etwa anthropologischen Abstraktionen, sondern konkreten Menschen aus Fleisch und Blut; sie gilt Menschen, welche jeweils in einer konkreten Kultur und in einer konkreten sozialen Situation mit ihren Konflikten und Spannungen leben.“[91] Wichtig ist, dass die verschiedenen Theologien im Dialog miteinander stehen, sich gegenseitig ergänzen, korrigieren und bereichern.[92]

3.2.3. Fazit

Die Gegenüberstellung der Rede von der Allgemeinheit der Sünde bei Pannenberg mit befreiungstheologischen Aspekten zum Verständnis von Sünde verdeutlicht, dass Pannenbergs Konzentration auf die Verflochtenheit in den ‘Naturbedingungen’ menschlicher Existenz *eine* Deutungsmöglichkeit von

[88]Kasper, Die Theologie der Befreiung, S.85.
[89]Vgl. Metz, Johann Baptist, Vorwort zur deutschen Ausgabe, in: Gutiérrez, Die Theologie der Befreiung, S.XI.
[90]Vgl. Sölle, Gott denken, S.85.
[91]Kasper, Die Theologie der Befreiung, S.80.
[92]Vgl. ebd., S.81.

Wirklichkeit darstellt, welches „die Wahrheit der christlichen Lehre [...] als konsistent denkbar aufweist und so erhärtet“[93]. Gerade sein Anspruch, sich in Einklang mit dem Erfahrungswissen über die Welt und den Menschen zu begeben und so die Allgemeingültigkeit theologischer Aussagen zu stärken,[94] kann hinsichtlich der Rede von der Sünde der Perspektive lateinamerikanischer Befreiungstheologie nicht gerecht werden. In dieser Deutung wird die Sünde des Einzelnen nicht vernachlässigt, besondere Betonung erfährt die Rede von der ‘strukturellen Sünde’, auf die wegen der gesellschaftlichen Situation der Ungerechtigkeit nicht verzichtet werden kann: Eine Bestreitung des Begriffs der ‘strukturellen Sünde’ würde der Behauptung gleichkommen, „daß der gegenwärtige Zustand der Welt (und konkret derjenigen der Länder der Dritten Welt) keine Situation darstellt, die die Ablehnung und den Zorn Gottes hervorruft“[95]. Die Rede von der strukturellen Sünde ist daher als notwendige Ergänzung zu Pannenbergs Ausführungen zu begreifen. Vor- und Nachteile beider Entwürfe und ihr jeweiliger Bezug zur Rede von ‘dem Bösen’ sollen im Folgenden noch akzentuierter zum Ausdruck gebracht werden.

[93]STh 1, S.70. Vgl. Teil I, 3.1.

[94]Im Vorwort seiner Systematischen Theologie betont Pannenberg, dass er im Unterschied zu einer beispielweise lateinamerikanischen Theologie keine ausschließlich europäische Theologie vertritt, sondern dass es ihm „um die Wahrheit der christlichen Lehre und des christlichen Bekenntnisses schlechthin“ (STh 1, S.19) geht.

[95]Faus, Sünde, S.733.

3.3. *Erfahrung der 'Macht des Bösen' und der Erlösungsbedürftigkeit - Zusammenfassung*

Im Abschnitt 2.5. wurde (über Pannenberg hinausgehend) als erstes Teilergebnis dieser Arbeit zusammenfassend festgestellt, dass die theologische Rede von 'dem Bösen' eine Glaubensinterpretation bestimmter zerstörerischer Phänomene darstellt. 'Das Böse' ist eine Bezeichnung für Handlungen und Erfahrungen im zwischenmenschlichen Bereich und gleichzeitig ein Hinweis dafür, dass diese Erfahrungen im Kontext der Bestimmung des Menschen zur Gemeinschaft mit Gott und den Mitmenschen thematisiert werden. 'Das Böse' ist als Bezeichnung für all diejenigen Erfahrungen zu verstehen, die im Geist des Glaubens als Erfahrungen der Nicht-Anerkennung des Lebens anderer und damit als eine Ausdrucksform des Bruches zwischen Gott und Mensch, den Zustand der Sünde, bewertet werden. Die theologische Rede von 'dem Bösen' benennt die Differenz zwischen dem faktischen Sein der Welt und ihrer Bestimmung als gottgewollter Schöpfung.

In diesem Kapitel wurde neben dem gerade erläuterten (sich auf eher individuelle Phänomene beziehenden) Aspekt 'des Bösen' eine weitere Dimension von 'Sünde' und 'Bösem' aufgezeigt. Pannenberg geht es darum, den Kern der 'Erbsündenlehre' aufrecht zu erhalten, indem er die Vorstellung von der Naturhaftigkeit, Radikalität und Universalität der Sünde aus anthropologischer Perspektive begründet. Auf einen minimalen Kern reduziert bedeutet die Annahme dieser drei Kernmomente, *dass jeder Mensch von Geburt an als Sünder gedacht und die Sünde selbst als etwas gedacht wird, das tiefer sitzt als einzelne Taten*. Damit wird deutlich, dass der Begriff der Sünde nicht nur ein Ausdruck für den Zustand der Gottesferne darstellt, in der sich der einzelne Mensch befindet, indem er seine Lebenswirklichkeit nicht als von Gottes schöpferischem, versöhnenden und erlösenden Handeln durchdrungen bekennt und dementsprechend nicht seiner Bestimmung gemäß als Geschöpf Gottes lebt. Sondern 'Sünde' kennzeichnet darüber hinaus ein Phänomen, dem gegenüber Menschen ihre Freiheit als gebundene Freiheit erfahren.
Pannenberg hat in diesem Zusammenhang die Unfreiheit des Willens expliziert[96] und darauf hingewiesen, dass dieser auf eine Struktur zurückweist, die den Einzeltaten zugrunde liegt[97] und jeder persönlichen Stellungnahme schon vorausgeht.[98] Diese Radikalität und Allgemeinheit der Verkehrung der menschlichen Exzentrizität, in der Pannenberg die Allgemeinheit der Sünde implizit benennt, wird durch jenes Verhalten widergespiegelt, das hinsichtlich der Be-

---

[96]Vgl. A, S.113f.
[97]Vgl. ebd., S.117.
[98]Vgl. ebd., S.125.

stimmung des Menschen als 'böse' bezeichnet werden kann. Pannenberg bringt zum Ausdruck: Durch Vernunft und Recht können Ausbrüche zerstörerischer Bosheit verhindert werden.[99] Der Mensch wird nicht als triebgebundenes Wesen verstanden[100], sondern er muss für sein Handeln, nicht aber für die natürlichen Ausgangsbedingungen seiner Existenz, Verantwortung übernehmen.[101] Aber die Verwurzelung der Möglichkeit 'des Bösen' in den natürlichen Ausgangsbedingungen des Menschen lässt sich weder durch persönliche Distanznahme, noch durch das Schaffen einer neuen Gesellschaft entfernen.[102] Endgültige Befreiung erlangen die Menschen nur da, „wo durch das Wirken des göttlichen Geistes im Leben der Menschheit das Bild des Sohnes Gestalt annimmt"[103]. Deshalb bedarf der Mensch der Erlösung, um von der Wurzel seiner Entfremdung befreit zu werden.[104]

Die Sehnsucht nach Erlösung, die im Vaterunser anklingt, lässt sich aus der Perspektive des nach Gottes Willen handeln wollenden Menschen heraus deuten (vgl. Röm 7,15ff).[105] Im Bewusstsein seiner Bestimmung reflektiert der Mensch sein gegenwärtiges Verhalten als Trennung von Gott.[106]

Gleichzeitig kann aus dieser Perspektive heraus die Sehnsucht nach Erlösung auch als Frage an den Schöpfer zurückgewendet werden: Indem sich Menschen als Geschöpfe Gottes bekennen, wird die Dissonanz zwischen der gottgegebenen Selbständigkeit und der sich aus den natürlichen Bedingungen menschlicher Existenz entwickelnden radikalen Verselbständigung und Selbstbehauptung als Quelle zerstörerischer Handlungen deutlich, und kann zum Ausgangspunkt der Theodizeefrage werden.[107]

---

[99]Vgl. STh 2, a.a.O., S.314.

[100]Vgl. A, S.140.

[101]Vgl. A, S.109f.

[102]Hier verwendet Pannenberg 'das Böse' wieder als empirisch-moralischen Begriff, der die zerstörerische Auswirkungen der Radikalität der Sünde zum Ausdruck bringen soll. Diese Verwendungsweise fällt hinter sein *theologisches* Verständnis vom 'Bösen' zurück. In diesem Verständnis ist 'das Böse' nicht nur eine 'empirische Beschreibung' eines Phänomens, sondern eine *Glaubensinterpretation* zerstörerischer Phänomene (vgl. 2.5.).

[103]STh 2, S.314.

[104]Vgl. STh 2, S.208.

[105]Zu Röm 7,22f. führt Pannenberg aus, dass das hier geschilderte Problem nicht so misszuverstehen sei, als befinde sich der Mensch in einem ständigen Zustand der Persönlichkeitsspaltung. Vielmehr ist es nach Pannenberg eher so, dass Menschen im Augenblick nüchterner Überlegung dem Gesetz Gottes zustimmen, aber dazu neigen, dieses in aktuellen Situationen als nicht zutreffend zu betrachten, bzw. an der göttlichen Autorisierung zu zweifeln, sobald ihrem Inhalt eine bestimmte Verhaltensorientierung entgegensteht (vgl. A, S.114f).

[106]Vgl. STh 2, S.300f. Pannenberg weist in diesem Zusammenhang auf Psalm 51 hin, in dem der Betende im rückblickenden Bekenntnis seine Schuld als Sünde erkennt: „An dir allein habe ich gesündigt" (Ps 51,69; vgl. A, S.142). Gleichzeitig ist zu betonen, dass diese Interpretation Pannenbergs der Sünde als Folge des Evangeliums ansonsten in seinem Entwurf hinter der anthropologischen Begründung der Allgemeinheit der Sünde durch die Betonung der Verflochtenheit der Sünde in den Naturbedingungen menschlichen Daseins zurücktritt.

[107]Vgl. STh 2, S.199ff.

Um diese Glaubenserfahrung der Unfreiheit zu thematisieren, greift theologische ‘Glaubenssprache’ auch auf andere Bilder zurück, die solche paradoxe Erfahrung wie das Ineinander von Freiheit und Ohnmacht und der Erlösungsbedürftigkeit des Menschen zum Ausdruck bringen. Die Rede ist dann auch von der ‘Macht des Bösen’; Schwarz formuliert diese Erfahrung als ein Sein im „Fangnetz des Bösen“[108]. Claret möchte darüber hinaus das noch stärkere Bild des ‘Teufels’ als Symbol für das Böse bewahren.[109] Zum einen macht er damit den Aspekt der ‘Versuchung’ deutlich: Sündigen heißt für den Menschen, dass er einem ‘Äußeren’ nachgibt. Zum anderen hilft das Symbol des Teufels ‘das Böse’ als das unfassbar Sinnlose zu charakterisieren. Angesichts von Erfahrungen des ‘eminent Bösen’, für die eine geschilderte Szene aus Dostojewskis Roman „Die Brüder Karamasoff“ steht, spricht Claret daher von „satanischer Grausamkeit“[110] und dem „Bösen, das eine satanische Qualität erreicht“[111].
Auch die Rede vom ‘Reich des Bösen’ (Kant), der ‘Macht der Situation’ (Schoonenberg), der ‘strukturellen Sünde’ (Befreiungstheologie)[112] bringt das Ineinander von Ohnmacht und Freiheit des Menschen zum Ausdruck und betont dabei die Gemeinschaft der Menschen, die sozialen Lebenszusammenhänge als Begründung für die ‘Allgemeinheit’ von Sünde und Bösem.
Als ein weiteres Ergebnis der Arbeit ist daher festzuhalten, dass theologische Rede vom ‘Bösen’ nicht nur eine Glaubensinterpretation individueller Phänomene darstellt, sondern in einer weiteren Dimension auch den Aspekt der gebundenen Freiheit des Menschen als ‘Macht’ interpretiert und zum Ausdruck bringt. Die Perspektive des Leids und der Erschütterung und Fassungslosigkeit angesichts ‘des Bösen’ oder die Erfahrung des Verstricktseins in das ‘strukturelle Böse’, findet in Pannenbergs Analyse der Sünde und der Unfreiheit des Willens dagegen wenig Ausdruck. Pannenberg verzichtet auf die Rede von der ‘Macht des Bösen’, er bringt die gebundene Freiheit des Menschen (die Radikalität der Sünde) ausschließlich mit der Rede von der ‘Macht der Sünde’, die ‘so etwas wie Subjektivität’ besitzt, zur Sprache.[113]
Durch die Gegenüberstellung mit Aspekten der Theologie der Befreiung ist jedoch in Bezug auf die vorne aufgeworfenen Frage nach dem Verzicht Pannenbergs auf das Bild des Teufels[114] deutlich geworden, dass Pannenbergs einseitige Begründung der Allgemeinheit und Radikalität der Sünde (und der gebundenen Freiheit) durch die Verwurzelung der *superbia* in den Naturbedingungen menschlicher Existenz nicht jeder menschlichen Perspektive gerecht

[108]Schwarz, Im Fangnetz des Bösen, S.3 (Titel).
[109]Vgl. Claret, Geheimnis des Bösen, S.304; vgl. 2.1.2.
[110]Ders., Systematisch-theologische Klärungen in der Frage nach dem Ursprung des Bösen, in: Schlagheck, Michael (Hg.), Theologie und Psychologie im Dialog über das Böse, 1998, 15-61 S.36.
[111]Ebd., S.38.
[112]Vgl. die Ausführungen unter 3.2.1.
[113]Vgl. STh 2, S.301.
[114]Vgl. 2.1.2.

wird. Um dieses zu verdeutlichen, soll der Vorschlag erfolgen, zwischen der theologischen Rede von der 'Macht der Sünde' (im pannenbergschen Verständnis) und 'Macht des Bösen' zu differenzieren und so zu betonen, dass die theologische Rede von der Macht 'des Bösen' eine notwendige Ergänzung zu Pannenbergs Analyse von der Allgemeinheit der Sünde darstellt, um die Erlösungsbedürftigkeit der Menschen zum Ausdruck zu bringen.
Was die Bezeichnung der gebundenen Freiheit des Menschen betrifft, könnten 'Macht der Sünde' und 'Macht des Bösen' zunächst als austauschbar interpretiert werden. Bei genauerer Betrachtung wird aber deutlich, dass die Rede von der 'Macht der Sünde' und der 'Macht des Bösen' zwar ähnlichen Erfahrungskontexten zugeordnet werden können, dass aber doch eine unterschiedliche Akzentuierung besteht. Vor dem Hintergrund von Pannenbergs Interpretation von Sünde ist dessen Rede von der 'Macht der Sünde' konsequenterweise dahingehend weiterzudenken, dass die 'Macht der Sünde' auch als Macht interpretiert werden kann, die den Menschen in seinem 'Verzweifelt-nicht-man-Selbst-sein-Wollen' festhält und ihn in die Selbstverleugnung treibt.[115] Diese Form der 'Sünde' ist genauso wie die 'Macht der Sünde', die Menschen in die Zerstörung anderen Lebens treibt, nach Pannenberg in den Naturbedingungen des menschlichen Lebens verwurzelt und tritt nicht von außen auf den Menschen zu. Dieses ist ein entscheidender Unterschied zu theologischer Rede von der Macht 'des Bösen'.

Mit 'Macht des Bösen' soll nun innerhalb dieser Arbeit diejenige 'Macht' bezeichnet werden, in die Menschen immer wieder einwilligen, von der sie sich 'faszinieren' lassen und in deren 'Sog' sie zerstörerisch handeln. Dabei tritt der Gedanke der Verwurzelung der Möglichkeit 'des Bösen' in jedem Menschen (wie von Pannenberg thematisiert) zurück hinter die Vorstellung eines Einwilligen in etwas Äußeres. Die Rede von der 'Macht des Bösen' hilft, eine weitere Perspektive der Erfahrung der gebundenen Freiheit zum Ausdruck zu bringen.[116] Vor diesem Hintergrund erhält dann auch die Bitte um Erlösung von dem Bösen (Mt. 6,13) eine besondere Bedeutung: Für Heinz Zahrnt ist die Bitte um Erlösung „wie ein Schrei von der Erde zum Himmel - es ist ein Schrei der Verzweiflung und der Hoffnung und darum ein menschlicher, ein menschenwürdiger Schrei."[117] In ihrer Hoffnung nach Erlösung vor dem 'Sog des Bösen' wenden sich die Menschen aus ihrer geschichtlichen Situation heraus an Gott:

---

[115]Vgl. 2.2.5.
[116]Härle will allgemein mit der Rede von 'dem Bösen' (neutr. und/oder masc.) den Machtcharakter der Sünde hervorheben (vgl. *ders.*, Dogmatik, S.491). Diese vorgeschlagene Verwendungsweise greift jedoch nicht hinsichtlich der Rede von der Sünde bei Pannenberg, da er nicht den Machtcharakter der Sünde grundsätzlich vernachlässigt, aber die *von außen* auf den Menschen zukommenden und ihn beeinflussenden 'Mächte' zu wenig beachtet. Aus diesem Grund wird Pannenbergs Rede von der Sünde die Rede von der 'Macht des Bösen' in dem im obigen Textabschnitt entfalteten Sinn gegenübergestellt.
[117]Zahrnt, Leben als ob es Gott gibt, S.190.

„Denn Erlösung kann nur von außen durch eine fremde Tat geschehen. Selbsterlösung ist ein Widerspruch in sich selbst.“[118]
Diese Perspektive lässt es verständlich erscheinen, dass die Radikalität des Bruchs mit Gott, wie z.B. in Entwürfen der Theologie der Befreiung, in der Situation des Leides und der Unterdrückung aufgezeigt wird. Damit soll nicht grundsätzlich die Frage nach der Ursache für Erfahrungen des Bösen vom einzelnen Menschen weg verschoben werden.[119] Es soll statt dessen gezeigt werden, dass 'das Böse' eine eigene Dynamik besitzt, dass den Menschen das Böse, das sie tun, über den Kopf wächst und sie kollektiv und strukturell beherrschen kann, so dass sie unfrei werden. Es entstehen sogenannte 'Teufelskreise', aus denen sie sich nicht selbst befreien können. Es wird die Erfahrung thematisiert, dass 'das Böse' „quasi-objektive Gewalt über den Menschen“[120] gewinnt.
Auch Schoonenbergs „offener und unverbrauchter Situationsbegriff“[121] ist durchaus in der Lage, gegenwärtige Unheilserfahrungen theologisch zu fassen.[122] Schoonenberg zeigt in seinen Ausführungen zur Sünde als Situiert-sein, dass Menschen in existentialen Situationen auf Erlösung angewiesen sind: Am Beispiel des familiären Milieus macht er deutlich, dass ein Mensch so lange Gefangener des Milieus bleibt, bis eine andere Person den Teufelskreis dieses Milieus aufbricht und in ihn eindringt. Erlösung bedeutet dann, aus diesem Milieu entrissen, in eine Gemeinschaft aufgenommen zu werden, in welcher der mangelnde Wert vorgelebt wird und zum mitleben einlädt. Dem persönlichen Tod auf einem bestimmten Gebiet steht nach Schoonenberg auf demselben Gebiet die Erlösung durch personale Gemeinschaft gegenüber.[123]

---

[118]Ebd., S.193.
[119]Nach Gestrich darf nicht bestritten werden, dass zugefügte Gewalt Menschen verbiegen und in ebenfalls antisoziales Verhalten treiben kann. Aber bei der grundsätzlichen Frage nach dem Ursprung des Bösen hat das Verschieben der Ursache des Bösen auf andere bereits eine logische Grenze: „Warum quälen die Quäler? Warum unterdrücken die Unterdrücker? Hierauf kann geantwortet werden: Weil es ihnen von klein auf ähnlich erging: Und warum diese? Antwort: Falsche Ideen, inhumane religiöse Normen und Volkssitten sind letztlich schuld daran. - Doch woher kommen diese? Schließlich steht man eben doch vor der Tatsache, daß Individuen aus sich selbst heraus böse sein können“ (vgl. Gestrich, Die Wiederkehr des Glanzes, S.172f).
[120]Moltmann, Jürgen, Zwölf Bemerkungen zur Symbolik des Bösen, S. 6. An dieser Stelle ist auch auf die Problematik der 'anthropogenen Übel' hinzuweisen: Die Unterscheidung zwischen Übel, als das den Menschen von außen Bedrängende und dem Bösen als dem, was aus dem Menschen kommt, funktioniert nicht mehr. „Wir erfahren immer häufiger ein *Übel*, das uns eindeutig als eine fremde Gewalt von außen aufgezwungen wird, das aber auch eindeutig „anthropogen“ ist und für das es dennoch kaum 'Schuldige' gibt und kaum ein Heilmittel. Inzwischen wissen wir: Es handelt sich hierbei oft um die Erfahrung der unvermeindlichen Kehrseite ursprünglich guter, humanistischer Bestrebungen und Realisationen - beispielsweise um die negativen Folgen bei der 'Dialektik der Aufklärung'!“ (Gestrich, Die Wiederkehr des Glanzes, S.173).
[121]Sievernich, Schuld und Sünde, S.93.
[122]Sievernich begründet seine Wertung anhand eines Vergleiches mit Auszügen moderner Literatur, die er als authentische Artikulation der menschlichen Lebenssituation versteht. Als exemplarisches Beispiel sei hier auf Friedrich Dürrenmatts Tragikkomödie „Der Besuch der alten Dame“ verwiesen. Hier schaffen die Bürger der Kleinstadt Güllen eine 'Situation', deren Opfer sie selbst sind, in die sie unentrinnbar verstrickt sind. Deutlich wird die Unmöglichkeit der Selbsterlösung (vgl. ebd. S.95ff).
[123]Vgl. Schoonenberg, Theologie der Sünde, S.136.

Die Gegenüberstellung der Deutung der 'Macht der Sünde' bei Pannenberg und der 'Macht des Bösen' als zusammenfassende Bezeichnung für die aufgeführten Aspekte des strukturellen, situationsbehafteten 'Bösen' macht deutlich, dass bei beiden Dimensionen auch immer die Frage nach der 'Ursache' mitschwingt. Bei Pannenberg ist es die Verwurzelung der Sünde in den Naturbedingungen des menschlichen Daseins, in der Theologie der Befreiung sowie bei Schoonenberg sind es die gesellschaftlichen oder sozialen Lebenszusammenhänge. Beide Ansätze haben ihre Vor- und Nachteile. Pannenbergs Ansatz entschärft die Gefahr, dass 'das Böse' ausschließlich als das von außen auf den Menschen Zukommende gedeutet wird und in Folge dessen bestimmte Strukturen und damit auch andere Menschen als 'böse' verteufelt werden. Sein Ansatz betont, dass 'das Böse' mit rein menschlichen Maßstäben nicht zu überwinden ist. Die Rede vom 'strukturellen Bösen' nimmt demgegenüber den Schmerz und die Situation der Leidenden ernst und versucht ihnen eine Perspektive zu verschaffen. Oftmals steht die Rede vom 'strukturellen Bösen' in engem Zusammenhang mit einem praktischen Anspruch, konkrete Leiden verringern oder gar verhindern zu wollen. Hier besteht die Gefahr, dass Menschen dieses Glaubensbild dazu missbrauchen, auf eigene Verantwortung gänzlich zu verzichten, sondern 'das Böse' in der Umgebung, in der Lebensstruktur zu suchen. Sowohl die Frage, ob die Erlösung, die aus dieser Perspektive des Leidens heraus im Vaterunser erbeten wird, nur eine „temporäre Erleichterung“[124] verschafft, die den Menschen noch nicht grundsätzlich aus seinem Elend befreit, und auch die Frage, wo aus christlicher Perspektive ein Sich-Einlassen „auf das postmoderne Abenteuer der politischen, kulturellen, sozialen Emanzipation und Freiheit“[125] seine Notwendigkeit und Grenzen findet, muss in die theologisch-ethischen Überlegungen aufgegriffen werden.[126]

In Rückbesinnung auf die mögliche Aufgabe theologischen Arbeitens[127] lässt sich die These aufstellen, dass ein theologischer Streit hinsichtlich einer Ursache der Phänomene, die aus theologischer Perspektive als 'Sünde' oder 'das Böse' interpretiert werden, Theologie zwischen andere Humanwissenschaften einreiht und damit ersetzbar werden lässt. Die Eigenständigkeit theologischer Rede 'vom Bösen' besteht gerade darin, angesichts der Offenbarung Gottes in Jesus Christus wahrzunehmen und mit Bildern der Glaubenssprache zum Ausdruck zu bringen, dass Menschen sich und gegenüber der 'Radikalität der Sünde' (Pannenberg) und den 'Strukturen des Bösen' (Moltmann, Befreiungstheo-

[124] STh 2, S.314.
[125] Tracy, David, „...und bewahre uns vor dem Bösen“: Die Erlösung und das Böse in heutiger Zeit, in: Conc(D) 34(1998), 96-106, 102.
[126] Vgl. Teil III.
[127] Vgl. Teil I, 3.1.

logie, Schoonenberg) als erlösungsbedürftig erkennen. Dabei ist deutlich geworden, dass der Lebenskontext bzw. die Sichtweise, aus der theologisch argumentiert wird, eine Rolle dabei spielt, ob die Erlösungsbedürftigkeit eher in den 'Naturbedingungen menschlicher Existenz' (Pannenberg) oder in den Strukturen der Ungerechtigkeit (Befreiungstheologie) gesehen wird. In beiden Fällen wird aber deutlich, dass sowohl die theologische Rede von der 'Macht der Sünde' als auch von der 'Macht des Bösen' die Differenz zwischen dem gegenwärtigen, unerlösten Dasein der Welt und der Hoffnung auf eschatologische Vollendung der Schöpfung zur Sprache bringen. In diesem Zustand der Erlösungsbedürftigkeit sehen sich Menschen, sei es in der Vorstellung von der naturalen Verfasstheit verkehrten menschlichen Lebens oder in der Vorstellung von der Verstrickung der Menschen in bestimmte Strukturen der Ungerechtigkeit aufgrund der Botschaft vom erlösenden Handeln des dreieinigen Gottes und bringen diese Differenzerfahrung zum Ausdruck.

Theologisch wird mit 'Erlösung' etwas beschrieben, was über ein zwischenmenschliches Geschehen hinausgeht. Mit der Hoffnung auf Erlösung 'vom Bösen' ist die Hoffnung auf die endgültige 'Überwindung des Bösen' durch Gottes schöpferisches und versöhnendes Wirken verbunden. Zum Ausdruck gebracht wird diese Hoffnung auf Gottes Handeln in den Seligpreisungen (Mt 5,3-12; Lk 6,20-49), wo es heißt: „Selig sind, die da Leid tragen; denn sie sollen getröstet werden“ (Mt 5,4). Auch in der Offenbarung des Johannes kommt diese Hoffnung zur Sprache: „...und Gott wird abwischen alle Tränen von ihren Augen, und der Tod wird nicht mehr sein, noch Leid noch Geschrei noch Schmerz wird mehr sein; denn das Erste ist vergangen“ (Off 21,4). Die theologische Rede von der 'Überwindung des Bösen' bedarf daher einer soteriologischen und eschatologischen Entfaltung.

4. Die Frage nach der 'Überwindung des Bösen'[1]

4.1. Vorbemerkung und Problemskizze

Im Kontext seiner eschatologischen Überlegungen kommt Pannenberg auf *die Überwindung des Bösen und der Übel durch Gott selbst*[2] zu sprechen. Die Kernpunkte seiner Ausführungen geben einen guten Überblick darüber, mit welchen Fragen er sich in Hinblick auf eine Darstellung der Rede von der 'Überwindung des Bösen' im soteriologischen und eschatologischen Kontext auseinandersetzt.

Zunächst weist Pannenberg darauf hin, dass die biblische Eschatologie in vielfältiger Weise den Gedanken der Überwindung des Bösen und der Übel berührt. Am deutlichsten wird das seiner Meinung nach anhand der eindrücklichen Bilder, welche in der Offenbarung vom Weltgericht entworfen werden. Er nennt jedoch auch die Rede von der Auferstehung der Toten, weil sich auch dort die 'Überwindung des Bösen und der Übel' der gegenwärtigen Welt vollzieht: „Die Gemeinschaft des Gottesreiches beruht auf der Überwindung der Ungerechtigkeit, die die Wurzel der Friedlosigkeit in den Beziehungen der Menschen und zwischen den Völkern und Staaten ist."[3]

Die 'Überwindung des Bösen' beinhaltet nach Pannenberg auch „die Überwindung alles falschen Gottesdienstes"[4] der sich in das Gotteslob der vollendeten Gemeinde wandeln wird.

Wie Pannenberg nun weiter ausführt, besteht das spezifisch Christliche dieser Erwartung darin, dass sie an das Heilsgeschehen der Versöhnung im Kreuzestod Jesu geknüpft ist. Dieses Versöhnungsgeschehen „ist in sich schon Überwindung des Bösen und bewirkt Errettung aus der Macht von Sünde und Tod"[5] und stellt damit eine reale Antizipation der christlichen Erwartung dar. Trotzdem bedarf es noch einer Vollendung[6], die die Wahrheit des Heilsgeschehens bekräftigt.

Die in der jüdischen Tradition entstandenen eschatologischen Fragen nach Gottes Gerechtigkeit gegenüber dem Einzelnen und dem erwählten Volk finden im

---

[1] Mit der Kennzeichnung durch halbe Anführungszeichen soll darauf hingewiesen werden, dass die Rede von der 'Überwindung des Bösen' diese nur vorläufig bestimmen kann, dass die Struktur der Rede von der 'Überwindung' im Kontext des christlichen Bekenntnisses die der Hoffnung und Verheißung ist. Für diesen noch genauer zu erörternden Zusammenhang ist aber bereits eine Unterscheidung zu ausschließlich innerweltlichen Möglichkeiten der Überwindung angedeutet.

[2] Pannenberg, Wolfhart, Systematische Theologie, Bd. 3, Göttingen1993 (zit. STh 3), S.684-689.

[3] Ebd., S.684.

[4] Ebd.

[5] Ebd.

[6] Zu den Verwendungsweisen von Erlösung, Versöhnung und Vollendung bei Pannenberg vgl. Teil II, 1. Anm. Pannenberg betont, dass die Vollendung, die das Empfangen des eschatologischen Heils bedeutet, deutlich über den Gedanken der Versöhnung hinausgeht. Das eschatologische Heil meint Teilhabe am ewigen Leben Gottes, welches an der Auferweckung Christi schon erschienen ist (vgl. STh 2, S. 458).

Christentum, also in dem Gedanken der Versöhnung und ihrer Vollendung, Ausdruck. Der Begriff der Versöhnung enthält, so Pannenberg, ein „Moment der Verwandlung"[7]. Indem die Glaubenden die Einladung zur Versöhnung annehmen, werden sie aus ihrem Zustand der Gottesferne herausgehoben, das Leben wandelt sich in die Gemeinschaft mit Gott. „Dabei ist im Bewußtsein der Versöhnung die künftige Gemeinschaft mit Gott durch Teilhabe an seinem ewigen Leben, die für den Glaubenden noch Zukunft ist, schon gegenwärtig. Das schließt auch die Überwindung alles Bösen und Übels in sich, das mit der Selbstabsonderung des Geschöpfes von Gott und ihren Folgen zusammenhängt."[8]
Der Begriff der Versöhnung impliziert die Spannung zwischen zukünftiger Heilsvollendung und bereits geschehenem Heil: Durch die Verbindung in der Taufe mit Tod und Auferweckung Christi hat Gott bereits unseren Tod hinweggenommen. Gleichzeitig wird den Glaubenden jetzt schon die Zuversicht der eschatologischen Überwindung gegeben und so der Zugang zum zukünftigen Heil erschlossen. Abschließend betont Pannenberg: „Daß Gott in dieser Weise der eschatologischen Überwindung des Bösen und der Übel durch ihn selber zuvorkommt mit seinem Einhergehen in die Zeit seiner Geschöpfe, das erst läßt den künftigen Sieg Gottes über das Böse zur Rettung der Geschöpfe werden, indem sie durch solches Zuvorkommen Gottes die Chance erhalten, als Geschöpfe - nach Überwindung ihrer Entfremdung von Gott - Anteil zu gewinnen an seinem kommenden Reich."[9]

Als Pannenbergs Kerngedanken, um die sein Reden von der 'Überwindung des Bösen' kreist bzw. in deren Zusammenhang es eingeordnet wird, sind zunächst die Begriffe Entfremdung, Versöhnung und Vollendung zu nennen. Pannenbergs Systematik folgend wurde deshalb in dieser Arbeit zunächst die Entfremdung und der Erlösungsbedürftigkeit der Menschen diskutiert. Dabei wurde jedoch deutlich, dass die Rede von der Entfremdung des Menschen bei Pannenberg von dem dominierenden Sündenbegriff überdeckt wird.[10]
In einem nächsten Schritt soll nun der Begriff der Versöhnung genauer expliziert werden. Wie lässt sich vom Heilsgeschehen als 'realer Antizipation'; als 'Errettung aus Sünde und Tod' sprechen? Hier ist die neutestamentliche Termi-

[7]STh 3, S.685. Pannenberg betont, dass bei der endzeitlich gedachten Verwandlung die eschatologische Vollendung der Schöpfung mit dem gegenwärtigen irdischen Leben der Geschöpfe identisch ist, d.h. dass die konkreten aber fragmentarischen Erfahrungen unseres Lebens umfasst werden (vgl. ausführlicher 4.3.7.).
[8]Ebd.
[9]Ebd., S.689.
[10]Während in dem Begriff der Entfremdung die relationale Dimension des Menschen zu Gott besonders betont wird, ist der Begriff der Sünde bei Pannenberg stark an sein Anliegen gebunden, Sünde in den Ausgangsbedingungen menschlicher Existenz aufzuweisen. Während der Begriff der Entfremdung menschliches Leben und Handeln im Beziehungsraum Gott-Mensch verortet und interpretiert, wird Sünde bei Pannenberg häufig als ein Zustand beschrieben, der mit *Konkupiszenz* und *amor sui* als empirisches Phänomen gelten kann (vgl. 2.5.).

nologie von 'Opfer', 'Sühne' und 'Stellvertretung' kritisch zu betrachten und hinsichtlich ihrer soteriologischen Bedeutsamkeit zu hinterfragen. Im Zusammenhang von Versöhnung durch Jesus Christus als Heilsgeschehen und der gehofften Vollendung wird es anschließend um die eschatologische Spannung gehen müssen, denn angesichts der Erfahrungen 'des Bösen' bleibt die Rede von der 'Überwindung des Bösen' zunächst angefochten. Es soll dabei auch erörtert werden, inwieweit die Rede von der 'Überwindung des Bösen' als Ausdruck christlicher Hoffnung und nicht als Projektion menschlicher Bedürfnisse gelten kann. Um zu verdeutlichen, dass Hoffnung (im christlichen Verständnis) nicht mit gesellschaftlichen Utopien gleichgesetzt werden kann, ist eine Explikation der Begriffe 'Hoffnung' und 'Verheißung' vorzunehmen. Anschließend ist die eschatologische Spannung auch auf ihre gegenwärtige Bedeutung für die Christen zu befragen und als Ausgangspunkt der Theodizeeproblematik zu sehen. Einerseits wird die Hoffnung auf die eschatologische Vollendung als Antwort auf die Theodizeefrage gegeben, andererseits bietet sie selbst Anlass dazu, diese Frage zu stellen. Mit der Auseinandersetzung dieser Problematik schließt dieses Kapitel ab.

4.2. Heil und Versöhnung - soteriologische und christologische Aspekte der 'Überwindung des Bösen'

Die Hoffnung auf 'Überwindung des Bösen' ist eine konkrete Heilserwartung der Menschen. Sie spiegelt zunächst die Sehnsucht der Menschen nach Ordnung und Heil wider. Geknüpft wird die Heilserwartung an das soteriologische Wirken, der Geschichte und der Person Jesu. Dabei kann es jedoch nach Pannenberg nicht darum gehen, alle menschlichen Heilsinteressen und Erwartungen ungebrochen auf die Person Jesu zu projizieren und somit die Soteriologie in Abhängigkeit von geschichtlich bedingten Heilshoffnungen zu thematisieren.[11] Im Gegensatz dazu bekommen vielmehr alle noch so unterschiedlichen Heilshoffnungen eine neue Qualität, wenn sie auf die Person Jesu bezogen werden: „Erst an Jesu Wirken und Geschichte ist offenbar, was den Menschen wirklich zum Heile dient und in welchem Sinne er der universale Heilbringer,

[11]Wenn die Hoffnung auf Heil ausschließlich aus individuellen Bedürfnissen, Interessen und Wünschen hervorgeht, besteht auch die Gefahr, dass alles, was diesen Bedürfnissen im Wege steht, als böse oder negativ, gleichsam als „Verkörperung des Bösen" (Schwarz, Im Fangnetz des Bösen, S.10) charakterisiert und bekämpft wird.

der Erlöser der Menschen ist."[12] In diesem Zusammenhang ist nach Pannenberg Soteriologie als Funktion der Christologie zu verstehen.[13]
Um zu erörtern, inwieweit ein Zusammenhang zwischen der Hoffnung auf 'Überwindung des Bösen' und dem durch Jesus vermittelten Heil bestehen kann, soll im Folgenden der Bedeutungshintergrund des Ausdrucks 'Heil' im Neuen Testament, auf den Pannenberg zurückgreift, geklärt werden.

4.2.1. Aspekte des neutestamentlichen Heilsverständnisses als Gegenpol 'des Bösen'

Nach der in den synoptischen Schriften zum Ausdruck gebrachten Botschaft Jesu wird das Heil durch das in der Gemeinschaft mit Gott begründete Leben, welches auch die erneuerte Gemeinschaft der Menschen untereinander umschließt, benannt. Im Wirken und in der Botschaft Jesu hat das Heil der Gottesherrschaft bereits begonnen. Inbegriff des Heils ist das Teilhaftigwerden der Gottesherrschaft, die Zugehörigkeit zum „Himmelreich" (Mt, 5,3-10; 19,14; Lk 6,20) sowie das Eingehen in die Gottesherrschaft, das Hineinkommen in das Reich Gottes (Mk 9,47; 10,14f., vgl. Mt 25,10; Joh 3,3).
Die apostolische Botschaft konzentriert sich in der Bestimmung des Heils auf die Überwindung des Todes, auf die Gemeinschaft mit dem Gekreuzigten und damit im Besonderen auf die Hoffnung auf Teilhabe an dem *neuen Leben*, das in Christi Auferweckung erschienen ist. Nach Pannenberg ist beiden inhaltlichen Bestimmungen des Heils sowohl die darin zum Ausdruck gebrachte Gemeinschaft mit Gott, insbesondere aber ihre eschatologische Dimension, gemeinsam. Es geht jeweils um eine Heils*zukunft*, die schon *gegenwärtig* beim Glaubenden anbricht. Diese eschatolgische Dimension charakterisiert den neutestamentlichen Begriff von Heil als *soteria* und bestimmt ebenfalls die weiteren soteriologischen Vorstellungen, die Aussagen über Rechtfertigung, Versöhnung und Befreiung der Menschen.[14]
Ähnlich wie das Wort 'Heil' im Deutschen die Semantik von 'Unversehrtheit des Lebens', von 'Integrität des Lebens' im Sinne des Gelingens und Ganzwerdens besitzt, bezieht sich nach Pannenberg auch das griechische Wort *soteria* auf die Ganzheit und Integrität des Lebens, womit sowohl ein Vorgang der Rettung als auch das daraus gewonnene neue Leben eingeschlossen sind.[15] Die-

---

[12] STh 2, S.441.
[13] Vgl. *Ders.*, „Christologie und Soteriologie" in: Grundzüge der Christologie (1964), Gütersloh [4]1972, 32-44. Dort heißt der vorausgehende Leitsatz: „Das Bekenntnis zu Jesus ist nicht zu trennen von Jesu Bedeutung für uns. Aber das soteriologische Interesse kann nicht Prinzip christologischer Lehre sein." (Ebd., S.32).
[14] Vgl. STh 2, S.442f.
[15] Pannenberg sieht an dieser Stelle in Bezugnahme auf Gerhard v. Rad eine Parallele zwischen der alttestamentlichen Vorstellung vom Frieden (shalôm) und dem Begriff des Heils.

se Ganzheit des Lebens ist im Gang der Geschichte immer gefährdet, ihre Vollendung hängt nach der neutestamentlichen Botschaft von der Zukunft ab, wobei entscheidend das Verhältnis der Menschen zur Zukunft Gottes ist (vgl. Mk 8,35 parr). Das Heil wird demnach nicht als etwas verstanden, was der Mensch selbst verwirklichen kann, sondern als Rettung aus der Verlorenheit seines Daseins, aus den Mächten von Sünde und Tod.[16]
In diesem Punkt ist die besondere Akzentuierung des paulinischen Gebrauchs von *soteria* von Bedeutung. Aus der Perspektive jüdischer Zukunftserwartung wird bei Paulus mit *soteria* vorwiegend das Heil als Rettung im bevorstehenden Weltgericht bezeichnet (Röm 5,9; vgl. 1.Thess 1,10; 5,9f.), welches den Glaubenden aber schon gegenwärtig gewiss ist. Diese Heilsgegenwart wird im Allgemeinen als Zustand der *Rechtfertigung* bezeichnet (Röm 5,9; vgl. 8,3f) oder als Frieden mit Gott. Im Rechtfertigungsglauben erfahren Menschen wiederum das Ereignis der *Versöhnung* mit Gott durch den Tod seines Sohnes (Röm 5,10; vgl. 5,18). Pannenberg weist darauf hin, dass diese Unterscheidungen bei Paulus gelegentlich verfließen, da Versöhnung, Rechtfertigung und Rettung im zukünftigen Gericht „ein unauflösliches Ganzes"[17] bilden.
In deuteropaulinischen und johanneischen Schriften lässt sich nach Pannenberg jedoch eine Verschiebung des Sprachgebrauchs erkennen, was die eschatologischen Teilhabe am Heil betrifft. Es geht nicht nur um eine Rettung aus dem Gericht, sondern durch die Taufe haben die Glaubenden schon Rettung erfahren (Tit 3,4f.). Der Begriff *soteria* bezieht sich nun auch auf die Botschaft und das Wirken Jesu (Joh 3,17); im Hebräerbrief wird deutlich gemacht, dass das Heil seinen Anfang in der Verkündigung Jesu nahm (Hebr 2,3).[18]

Pannenberg hält zusammenfassend folgende Aspekte als Grundlage eines theologischen Redens vom 'Heil' fest: Das Heil ist an die Zukunft Gottes gebunden, welche in Jesus Christus schon Gegenwart dieser Welt geworden ist. Die Vollendung des Heils steht aber noch aus. Der zweite Aspekt besteht in der Vermittlung der Teilhabe am Heil durch die Geschichte Jesu und seinen Kreuzestod, was von Paulus mit dem Ereignis der *Versöhnung* beschrieben worden ist.

Setzt man nun die Rede vom 'Bösen' und vom Heil in Beziehung, so wird als erstes deutlich, dass beide Begriffe sich gegenseitig ausschließen. Als erstes Ergebnis dieser Arbeit wurde festgestellt, dass aus theologischer Sicht Handlungen als 'böse' bezeichnet werden, die sich gegen das geschöpfliche Leben richten, die Leben stören oder sogar zerstören. 'Das Böse' ist damit ein Kennzeichen dafür, dass Menschen nicht in Hoffnung auf die Gemeinschaft mit

---

[16] Vgl. STh 2, S.443.
[17] Ebd., S.444.
[18] Vgl. STh 2, S.445f.

Gott, also ihrer Bestimmung gemäß leben und handeln. 'Das Böse' ist eine Ausdrucksform der Sünde, der Trennung und Entfremdung von Gott, in der sich die Menschen befinden. Das Verstricktsein der Menschen in Todesverfallenheit, Daseinsangst, übermäßige Ichsucht und Begierden aber auch Situationen der Unterdrückung und Strukturen von zerstörerischen gesellschaftlichen Prozessen können als solch eine Differenzerfahrung, als 'das Böse', interpretiert und gedeutet werden. In diesem Sinne kann vom 'Bösen' durchaus als *Un-Heil* gesprochen werden, da mit 'Heil' gerade die Ganzheit und Unversehrtheit des Lebens in einer ungestörten Gemeinschaft mit Gott und den Mitmenschen gemeint ist.[19]
Der eschatologische Charakter des Heils macht deutlich, dass die Menschen das vollendete Heil nicht alleine herbeiführen können.[20] Das ist bereits ein erster Hinweis für die Thematik der 'Überwindung des Bösen'. Wenn das Heil als Zustand geglaubt wird, in dem kein Raum mehr für 'das Böse' ist, so kann auch die 'Überwindung des Bösen' nur eschatologisch gedacht werden. Im theologischen Verständnis kann mit der 'Überwindung des Bösen' dann keine ausschließlich 'menschliche Lösung' gemeint sein.
Bevor der eschatologische Charakter der 'Überwindung des Bösen' näher erläutert wird, soll zunächst eine Annäherung an die oben bereits angeschnittene Frage nach der Vermittlung des Heils in der Versöhnung stattfinden.

---

[19]Hier wird noch einmal die Spezifik theologischen Redens 'vom Bösen' (vgl. 2.5. und 3.3.) deutlich: Wird 'das Böse' als das Leben Zerstörende bezeichnet, ist das auch aus philosophischer Perspektive nachzuvollziehen. Der Gegenbegriff 'zum Bösen' wäre dann 'das Gute' oder 'das gute Leben'. Ist jedoch vom geschöpflichen Leben die Rede, welches durch 'das Böse' bedroht oder zerstört wird, wird die Perspektive des Glaubens an den dreieinigen Schöpfergott deutlich. Bestimmte Erfahrungen werden in die Beziehungsebene Gott-Mensch gerückt und vor dem Hintergrund des verheißenen Heils als 'böse' gedeutet. 'Das Böse' ist aus dieser Perspektive eine Erfahrung der Differenz zwischen dem faktischen Sein und der Vollendung der menschlichen Bestimmung (vgl. Teil III, 1.1.).

[20] Körtner macht mit Hinweis auf Gerhard Ebeling (Das Verständnis von Heil in säkularisierter Zeit, in: ders., Wort und Glaube III, Tübingen 1975, 349-361) darauf aufmerksam, dass die neuzeitliche Kritik an Metaphysik und Religion den Glauben an die christliche Heilsvorstellung ins Wanken gebracht hat. Der Zusammenhang von Vollendung und Ende der Welt scheint unhaltbar geworden zu sein. So hat vielerorts eine Verschiebung von einer Vorstellung eines geschichtstranszendenten Heils hin zu diversen Heilsprogrammen und Utopien „des gesellschaftlichen, technologischen, ökonomischen oder auch medizinischen Fortschritts“ (Körtner, Wie lange noch, S.54) stattgefunden, für die allein der Mensch verantwortlich ist.

4.2.2. Versöhnung durch Gottes Handeln

Die 'Überwindung des Bösen' bezeichnet nach Pannenberg nicht nur eine Heilserwartung, sondern das Geschehen der Versöhnung wird von ihm bereits als reale Antizipation der 'Überwindung des Bösen' gedacht.[21] Um diesen Zusammenhang genauer erörtern zu können, ist zuerst das Ereignis der Versöhnung bzw. die Verbindung der Versöhnung mit dem Tod Jesu näher zu beschreiben.

Im paulinischen Sprachgebrauch ist Gott das handelnde Subjekt im Versöhnungsgeschehen: „Denn Gott war in Christus und versöhnte die Welt mit sich selber und rechnete ihnen ihre Sünden nicht zu und hat unter uns aufgerichtet das Wort der Versöhnung" (2. Kor 5,19).
In der Geschichte der christlichen Lehre hat sich die Vorstellung von der Versöhnung jedoch dahingehend verschoben, dass Gott durch den Gehorsam Jesu bzw. das Opfer Jesu am Kreuz versöhnt werden müsste, nachdem er von der Sünde Adams bzw. der Menschheit beleidigt worden ist.[22] Zum Ausdruck gebracht wurde diese Sichtweise besonders durch die Satisfaktionslehre Anselm v. Canterburys.[23]
Während die reformatorische Theologie in unterschiedlicher Akzentuierung noch am Gedanken des den Zorn Gottes über den Sünder versöhnenden Sühnopfers beibehielt, ist nach Pannenberg der ursprüngliche paulinische Bedeutungsgehalt der Versöhnung erst nach der Auflösung der Satisfaktionslehre durch die rationale Kritik der Sozinianer[24] sowie im Anschluss daran durch die

---

[21] Vgl. STh 3, S.684ff.

[22] Zur Entwicklung dieser Vorstellung: Vgl. STh 2, S.448f.

[23] Maßgebend war hier die Schrift Anselms 'Cur Deus homo?'(1098), die sich in ihrer Argumentation an Juden und Muslime wendet, welche die Inkarnation des Gottessohnes und den Sühnetod als unsinnig in Frage stellen (vgl. Wagner, Harald, Art. Satisfaktionstheorien, in: EKL[3], Bd. 9(2000), 82-83, Sp. 82). Die Grundzüge der anselmschen Versöhnungslehre lassen sich nach Gunther Wenz (Geschichte der Versöhnungslehre in der evangelischen Theologie der Neuzeit, Bd. 1, München 1984 [MMHST, Bd. 9], Bd. 1 teilw. zugl.: München, Univ., Habil-Schr., 1980) folgendermaßen zusammenfassen: Sünde bestehe darin, dass der vernunftbegabte Mensch sich nicht dem Willen Gottes füge und ihm so die gebührende Ehre nicht erweise. So würde die Ordnung des Universums verletzt und Gottes Ehre beleidigt. Da Gottes Wesen als unbedingt gerecht zu gelten habe, könne die begangene Sünde nicht ohne Folgen bleiben. Dieses könne nur geschehen, indem Gott Satisfaktion geleistet würde. Da jedoch der Mensch selbst diese große Schuld nicht begleichen könne, müsse die Versöhnung Gottes durch ein Subjekt erfolgen, das sowohl Mensch als auch Gott sei. Durch dessen freiwilligen Tod würde eine Genugtuung geleistet, die aufgrund der Sündlosigkeit und Würde des Gottmenschen hohen Wert habe. Da der Gottmensch aufgrund seiner Vollkommenheit keiner Belohnung bedürfe, komme die Belohnung Gottes für diese einzigartige Tat des Gottmenschen den sündigen Menschen zugute. Ihre Sünden werden aufgehoben und die Menschen seien somit gerettet (vgl. ebd., S.42ff).

[24] Das Haupt der frühaufklärerischen Bewegung, Fausto Sozzini, schrieb 1578 die Schrift 'De Jesu Christo Servatore', welche ausführliche Kritik an der traditionellen Genugtuungslehre enthält. Hier wird besonders betont, dass das Sein Gottes sich völlig selbst genüge und dass der göttliche Willensentschluss von keiner Bedingung abhängig sei. Begangene Sünden kann der als unmittelbar gedachte göttliche Wille daher nach

protestantische Theologie der Aufklärung[25] wieder in den Mittelpunkt gerückt. Pannenberg würdigt es als Verdienst der neueren protestantischen Theologie, betont zu haben, dass die Versöhnung der Welt durch Christus „als Auswirkung der sich gegen alle Widerstände der Gottesfeindschaft der Menschen durchsetzenden Liebe Gottes“[26] zu verstehen ist.
Trotzdem wurde hier die konstitutive Bedeutsamkeit des Todes Jesu für den paulinischen Gedanken der Versöhnung (Röm 5,10; 2.Kor 5,21; vgl. 5,14) nach Pannenberg nicht ausreichend erfasst. Pannenberg verweist u.a. auf Albrecht Ritschl[27], welcher den Gedanken der Versöhnung mit Gott als eine Wirkung des Rechtfertigungsbewusstseins im Glaubenden auffasst. Es geht ihm nicht um eine 'versöhnende Tätigkeit' des Erlösers, sondern Versöhnung vollzieht sich ausschließlich im Bewusstsein des Glaubenden.[28]
Im Anschluss an Martin Kähler[29] betont Pannenberg dagegen die Notwendigkeit der Annahme eines geschichtlichen Handelns Gottes, in dem sich das Versöhnungsgeschehen vermittelt. Christus hat nicht nur irrige Ansichten über die Liebe Gottes, an die der Sünder wegen seines Schuldgefühls nicht mehr zu glauben wagt, berichtigt, sondern er hat selbst eine veränderte Sachlage begründet. Insofern deutet Pannenberg Christi Tod „als reale Überwindung des Elends der Menschheit“[30], also als Überwindung der Verfallenheit an Sünde und Tod sowie der damit verbundenen Entfremdung von Gott. Der Tod Jesu Christi bedeutet als geschichtliches Ereignis die Versöhnung der Welt mit Gott.

Gott wird als handelndes Subjekt des Versöhnungsgeschehens gedacht, da dieses nur aus der Perspektive der Auferweckung Jesu durch den Schöpfer seine Kraft erhält.[31] Indem nun das Versöhnungsgeschehen als Handeln Gottes betont wird, erhebt sich die Frage nach der Rolle des Menschen als Empfänger der Versöhnung. Damit kommt die schwierige Vorstellung der *Stellvertretung* in das Blickfeld. Diese Vorstellung besteht darin, dass die Menschen insofern am Versöhnungsgeschehen beteiligt gesehen werden, als dass sie von dem Mensch gewordenen Jesus Christus vertreten wurden.[32] Auf diese Vorstellung soll im Folgenden deshalb kritisch eingegangen werden, da der Gedanke der Versöhnung von Pannenberg bereits als 'Überwindung des Bösen' gedacht wird und

---

Belieben übergehen. Die Bestrafung der Sünden sei Privatsache Gottes, es sei keine verletzte Ordnung des Universums wieder ins Recht zu setzen (vgl. Wenz, Geschichte der Versöhnungslehre, S.119-127).
[25]Hier weist Pannenberg insbesondere auf Friedrich Schleiermacher (Der christliche Glaube, §100f) hin.
[26] STh 2, S.452.
[27]Vgl. Ritschl, Die christliche Lehre von der Rechtfertigung und Versöhnung, Bd. III, §15.
[28] STh 2, S.454f.
[29]Kähler, Martin, Zur Lehre von der Versöhnung (1889), Gütersloh ^{2}1937, 267ff.
[30] STh 2, S.456.
[31]Dabei ist zu betonen, dass Pannenberg die Versöhnung der Welt mit Gott als Handeln des trinitarischen Gottes denkt (vgl. STh 2, S.497 u. Punkt 4.2.5.) Eine besondere Betonung Gottes als Subjekt des Versöhnungsgeschehens findet sich nach Pannenberg auch bei Karl Barth, KD IV/1, S. 79 u.ö. Die Versöhnung wird hier als „göttlicher Souveränitätsakt“ (ebd. S.85*)* benannt.
[32]Vgl. STh 2, S.460.

die Vorstellung von der Stellvertretung somit als Voraussetzung für diese 'Verwandlung' zu sehen ist. Die Rede von der 'Überwindung' des Bösen kann nur dann sinnvoll auf das Versöhnungsgeschehen bezogen werden, wenn zum einen durch die Stellvertretung auf Seiten der Menschen der Grund ihrer Entfremdung von Gott entfällt und wenn zum zweiten 'das Böse' als Konsequenz aus dieser durch die Versöhnung überwundenen Entfremdung gedacht wird.

4.2.3. Stellvertretung, 'Sühne' und Inklusion

Die Vorstellung der Stellvertretung deutet die neutestamentlichen Aussagen, dass Jesus Christus 'für uns gestorben' ist. Besondere Bedeutung sieht Pannenberg in der Verbindung des „für uns gestorben" mit der Wendung „für unsere Sünden" (u.a.1. Kor 15,3).[33]

Pannenberg verwendet in seinen Ausführungen die Terminologie von exklusiver und inklusiver Stellvertretung. Das exklusive Moment der Stellvertretung ist der Sühnecharakter des Todes Jesu.[34] Wenn von 'Sühne' gesprochen wird, ist damit gemeint, dass ein Vergehen mit seiner Schuldverhaftung und deren Folgen aufgehoben wird. In diesem Sinne versteht Pannenberg auch die paulinische Charakterisierung des Todes Jesu „als Sühne in seinem Blut" (Röm 3,25).[35]

Die Rede von der 'Sühne' beinhaltet verschiedene Schwierigkeiten. Zum einen schwingt in ihr der kultische Opfergedanke mit, was die Frage hervorruft, ob Jesus als Opfer für Christen eine angemessene Deutung des Heils darstellen kann.[36] Pannenberg versucht auf diese Schwierigkeit insofern einzugehen, als

---

[33]Vgl. STh 2, S.463f.

[34]Vgl. ebd, S.482. Pannenberg verzichtet darauf, die Anahme, Jesus habe seinen Tod selbst in diesem Sinne gedeutet, als Voraussetzung für eine Erörterung der Sühnefunktion des Todes Jesu zu begreifen (vgl. ebd., S.462f).

[35]Vgl. ebd., S.456f. Die Rede von der 'Sühne' weist auf die alttestamentliche Opferterminologie zurück. Nach der alttestamentlichen Sühnopfervorstellung wird die Schuldverhaftung eines Täters auf ein Opfertier übertragen, mit dessen Opferung die Schuld beseitigt und der Täter von den verderblichen Folgen seiner Tat befreit wurde (vgl. Lev 4-5). Vgl. auch Rendtorff, Rolf, Studien zur Geschichte des Opfers im Alten Israel, Neukirchen-Vluyn 1967 [WMANT; Bd. 24], S. 199-234.

[36]Dalferth weist darauf hin, dass gerade die Opferkategorie zum Zielpunkt einer vielfältigen Kritik am christlichen Glauben geworden ist (vgl. *ders.*, Der auferweckte Gekreuzigte, S.237-315). Die vorgebrachte *logische* Kritik zielt darauf, dass opfertheologisches Verständnis des Todes Jesu einer Selbstaufhebung des Evangeliums gleichkommt. Die Vorstellung vom Opfer des Unschuldigen für die Sünden der Schuldigen macht das Christentum nach Nietzsche zum widerlichen, barbarischen, schauderhaften Heidentum (vgl. Nietzsche, Antichrist. Fluch auf das Christentum (1888), in: KSA, Bd. 6, München 1988, §41 (214f)).
Daran anknüpfen lässt sich auch die *theologische* Kritik, wie sie beispielsweise von feministischen Theologien vorgetragen wurde. Hier geht es um das Gottesverständnis, das durch den Opferbegriff vorausgesetzt wird: Gott erscheint als sadistischer Patriarch und blutrünstiger Tyrann, der durch das Opfer seines Sohnes versöhnt werden muss (vgl. Schottroff, Luise, Art. Kreuz I/II, in: Gössmann, Elisabeth u.a. (Hg.), Wörterbuch der Feministischen Theologie, Gütersloh 1991, S.226-231, S.226ff.; Sölle, Dorothee, Leiden (1973), Freiburg i. Br. 1993, S.32-39).

dass er den Tod Jesu zwar als Sühnetod bezeichnet, ihn aber nicht primär als Sühn*opfer* verstanden wissen will.[37] Denn das Kreuzesgeschehen kann auch „als von Gott selbst in seinem Handeln an Jesus und durch Jesus beschaffte Sühne oder Sühnemöglichkeit in *Konkurrenz* zum kultischen Opferwesen und als dessen Abrogation verstanden sein."[38]

Die Rede von der 'Sühne' bringt auch eine Verständnisproblematik mit sich. Sie repräsentiert eine Terminologie, die den Denkvoraussetzungen der heutigen Menschen nicht mehr entspricht, die uns fremd ist. Den Hinweis, dass aus diesem Grund heute ganz anders von der Bedeutung des Todes Jesu geredet werden müsste, lässt Pannenberg aber nicht gelten. Er befürchtet eine gewisse Beliebigkeit in der Deutung des Todes Jesu. Die Vorstellungen von Sühne oder Stellvertretung sind seiner Ansicht nach nicht ohne weiteres ersetzbar. Es kommt ihm viel mehr darauf an, die traditionellen Vorstellungen durch Interpretation hinreichend intensiv und verständlich zu erläutern und so ihren Sinn lebendig zu erhalten.[39]

Pannenbergs Vorstellung vom exklusiven Moment der Stellvertretung weist zurück auf den paulinischen Gedankens des Platzwechsels. Dabei geht es um mehr als um mitmenschliche Solidarität. Christus tritt an die Stelle der Sünder in unsere Existenzbedingungen (2.Kor 5,21) und gibt sein Leben für uns (Röm 5,6). Zwar bewahrt er die Menschen nicht vor ihrem eigenen Sterben, „aber er bewahrt sie doch im Gericht Gottes zum ewigen Leben"[40]. In Jesu Tod ist das Gericht bereits vorweggenommen, so dass das Sterben anderer Menschen aufhört, Gerichtsfolge zu sein.[41]

Es entsteht aber die Frage, wie dieser Platztausch die Menschen in ihrer Eigenständigkeit mit einbeziehen kann. Nach Paulus geschieht dieses durch die Taufe (Röm 6,3ff). Hier sieht Pannenberg den Übergang des exklusiven Moments, das Sterben Jesu *anstelle* der Menschen, in ein komplexeres, inklusives Verständnis von Stellvertretung. Es geht um die freie Annahme der Versöhnung durch den Menschen, durch das Bekenntnis und die Taufe. Durch die Vorweg-

---

[37]Vgl. STh 2, S.462. Es ist festzustellen, dass Pannenberg den Gedanken einer Satisfaktionslehre, dass durch das Opfer Jesu am Kreuz Gott in seinem Zorn versöhnt werden müsse, in seinen Ausführungen konsequent widerlegt (vgl. ebd., S.447ff). Auch ist seiner Ansicht nach der Versöhnungstod Jesu kein an Gott gezahltes Bußgeld (vgl. ebd., S.475).

[38]Ebd., S.457.

[39]Vgl. ebd., S.467f.

[40] Ebd., S.466.

[41]Dieser Gedankengang kommt nach Pannenberg besonders im Römerbrief zum Ausdruck, wo es von Gott heißt: „...er sandte seinen Sohn in der Gestalt des sündigen Fleisches und um der Sünde willen und verdammte die Sünde im Fleisch..." (Röm 8.3b). In Verbindung mit Gal 3,13 und 2. Kor 5,21 wird deutlich, dass es sich bei der Verurteilung der Sünde im Fleisch Christi um das Todesurteil handelt, das der Sünde gebührt und das über Jesus gefällt wurde (vgl. ebd., S.464). Die Vorstellung von der 'Sühne' konnte insofern entstehen, da durch das Ostergeschehen Jesus als gerechtfertigt gegenüber den Anklagen der Menschen geglaubt wurde. Er konnte nicht um seiner eigenen Sünden willen gestorben sein. Im Lichte der Auferweckung Jesu wurden die Ankläger selbst zu Schuldigen, denen in Wahrheit das Todesurteil drohte. Nach dieser Vorstellung starb Jesus also buchstäblich anstelle derer, die ihn verurteilt hatten, also anstelle seiner Richter und des ganzen von ihnen repräsentierten Volkes (vgl. ebd., S.469-471).

nahme und Verbindung des eigenen Todes mit dem Tode Jesu in der Taufe empfängt der Christ die Hoffnung auf Teilhabe an dem in Jesu Auferstehung bereits erschienenen neuen Leben. So wird die durch Taufe und Glauben vermittelte Teilhabe an Christi Leiden und Tod zum Medium der Versöhnung (2. Kor 5,17ff). In diesem Zusammenhang ist auch die Bitte des Apostels Paulus als Bitte und Einladung anstelle Christi zu verstehen:"Lasst euch versöhnen mit Gott!" (2. Kor 5,20).[42]
Der Gedanke, dass Jesus als der „Unschuldige" anstelle der „Schuldigen"[43] trat und stellvertretend die Verurteilung erlitt, beschreibt nach Pannenberg die Vorwegnahme des eschatologischen Gerichts Gottes und die Hoffnung auf die Gerechtigkeit Gottes. Der eigene Tod bedeutet nicht mehr den endgültigen Ausschluss aus dem Leben mit Gott, sondern es besteht die Hoffnung auf die Teilhabe an dem neuen Leben.

Es fällt an dieser Stelle bereits auf, dass Pannenberg eine eng an die neutestamentliche Terminologie angelegte Vorstellung vom Sühnetod entfaltet. Insgesamt ist festzustellen, dass Pannenberg weder den Tod Jesu primär als Opfertod verstanden wissen will, noch gänzlich auf die Terminologie des Opfers zur Erläuterung der Bedeutung des Todes Jesu verzichtet.[44] Es ist jedoch zu fragen, ob die Opferkategorie deswegen auch für die Soteriologie, für ein sachgemäßes christliches Heilsverständnis maßgeblich ist.[45]

---

[42]Vgl. STh 2, S.466.
[43]Ebd. S.473.
[44]Eine Begründung, warum der Tod Jesu nicht als Opfer verstanden werden kann, gibt Pannenberg durch eine Eingrenzung der Bedeutung des Opfergedankens auf die Hingabe des eigenen Lebens für das Leben eines anderen. Dieser Sachverhalt trifft nach Meinung Pannenbergs so jedoch nicht auf den Tod Jesu zu, da diejenigen 'für die' Jesus gestorben ist, noch ihren eigenen Tod vor sich haben (vgl. STh 2, S.466). Die im deutschen Sprachgebrauch stattgefundene Säkularisierung und Ausweitung des Opferbegriffs (ein Opfer kann auch allgemein als ein schmerzlicher Verzicht zugunsten eines anderen Menschen verstanden werden) ist jedoch ein Grund dafür, dass es schwer fällt, hinsichtlich der Ausführungen Pannenbergs die Vorstellung von Jesus als einem 'Opfer' gänzlich fallenzulassen. Zwar lehnt Pannenberg die Vorstellung einer lang vorausgeplanten Selbstaufopferung des Sohnes ab, da er zwischen dem Leiden Jesu und dem darin handelnden, verborgenen gegenwärtigen, Gottessohn unterscheidet (ebd. S.486). Wenn er aber davon spricht, dass Jesus derjenige ist, der das „stellvertretende Strafleiden"(ebd., S.473) und „das Gericht an unserer Stelle trug" (ebd., S.467), der den Tod auf sich genommen hat (vgl. ebd., S.482), wird durch die Ambivalenz von 'passio-actio' unterschwellig die Vorstellung vom 'Opfer Jesu' genährt. Dieses liegt auch darin begründet, dass Pannenberg sich mit der Entfaltung der Begriffe 'Sühne' und 'Stellvertretung' weiterhin einer Terminologie bedient, die ihre Wurzel in dem alttestamentlichen Sühnopferkult findet. Auch ist teilweise keine klare Trennung zwischen der Sprache des Neuen Testamentes, vor allem der Opferthematisierung im Hebräerbrief, und den Ausführungen und Erläuterungen Pannenbergs erkennbar (vgl. ebd., S.490). Der Opfergedanke tritt dagegen zurück, wenn Pannenberg davon spricht, dass Gott selber in seinem Sohn das Gericht über die Sünde auf sich nimmt, wenn es also Gott selbst ist, der am Kreuz stirbt (vgl. ebd., S.467). Aber der Gedanke des leidenden Gottes, so wie vor allem Moltmann das Kreuzesgeschehen gedeutet hat, wird an dieser Stelle nicht vertieft. An anderer Stelle ist dagegen von der Selbst*aufopferung* des in der Geschichte handelnden inkarnierten Gottessohnes die Rede (vgl. ebd., S.495).
[45]Dalferth betont, dass es sich bei der neutestamentlichen Rede von Jesus Christus, seinem Leben, Tod und seiner Auferweckung, um frühchristliche *Bekenntnisse* handelt, welche sich z.T. in ihrer Sprache, in den verwendeten Bildern und in ihrer Ausführlichkeit unterscheiden und je in ihrer Weise „das definitive eschatologische Heilsereignis" (Dalferth, Der auferweckte Gekreuzigte, S.239) zum Ausdruck bringen. Bezüglich der

Gleichzeitig ist festzustellen, dass die Heilsbedeutung des *Todes* Jesu am Kreuz stark betont wird. Dabei darf nicht übersehen werden, dass dem Tod Jesu eine Heilsbedeutung nur vom Licht der Auferweckung her zugesprochen werden kann. Vom Osterglauben her erfährt der Tod Jesu seine Bedeutung, infolge dessen kann nur in Form der Antizipation davon gesprochen werden, dass im Kreuz Christi die Welt mit Gott bereits versöhnt worden ist. Die Rede von der Versöhnung hat also proleptische Struktur.[46]
Des Weiteren ist anzumerken, dass für die Hoffnung auf 'Überwindung des Bösen' eine Deutung des Todes Jesu und seiner Auferstehung als Vorwegnahme des eschatologischen Gerichtes jedoch nicht ausreicht. Zwar leben die Menschen nun im Zustand der Rechtfertigung, doch es stellt sich die Frage, wieso Pannenberg durch diese Versöhnung der Menschen mit Gott bereits die 'Überwindung des Bösen' angebrochen sieht. Aus diesem Grund soll nun, auch in Rückblick auf die Ausführungen zur Bestimmung des Menschen, der weitere Aspekt in der Deutung des Todes und der Auferstehung Christi, den Pannenberg betont, nämlich die Vollendung der Gottebenbildlichkeit und Bestimmung des Menschen, aufgegriffen werden.

Hermeneutik der opfertheologischen Texte kommt Dalferth zu dem Schluss, dass mit Hilfe der Opferkategorie zum Ausdruck gebracht wird, dass der Vollzug des Opfers sowie das Opfer als Denkform des Heils durch Gottes eschatologisches Heilshandeln in Jesus Christus überflüssig geworden ist. Die gestörte Gemeinschaft zwischen Gott und Mensch braucht nicht mittels Opfer wiederhergestellt zu werden, da diese „*auf ganz anderem Weg* ein für allemal und ewig gültig wiederhergestellt, bereinigt und neu geordnet ist: durch Gottes eschatologische Selbstvergegenwärtigung in Kreuz und Auferweckung Jesu Christi."(Ebd., S.299). Da Gott selbst das Heil seiner alles neu machenden Nähe bewirkt hat, bedarf es keiner Opfer mehr. Auch der soteriologische Gebrauch der Opfervorstellung ist überholt, da Gott in und durch Jesus Christus das Heil bewirkt hat (vgl. ebd. S. 292). In diesem Sinne ist Jesus Christus als Ende aller Opfer zu verstehen. Als eine dogmatische Konsequenz nennt Dalferth die Notwendigkeit, Bilder und Vorstellungen als hermeneutische Hilfsmittel zu betrachten, mit deren Hilfe die Sache als solche, nämlich Gottes Heilshandeln in Jesus Christus, aufzuspüren ist (vgl. ebd., S.301).

[46]Vgl. STh 3, S.457f. Während bei Pannenberg die Heilstat Christi verbunden mit dem Kreuzesgeschehen im Vordergrund steht, hebt Dalferth den Inkarnationsgedanken in seiner allgemeinen Bedeutung, d.h. die Menschwerdung Gottes in der Person und Geschichte Jesu hervor. Im Anschluss an Jüngel bezeichnet er Christus nicht nur als *exemplum*, sondern als *sacramentum* unseres Heils (vgl. Dalferth, Der auferweckte Gekreuzigte, S.306). In seinem Leben verkündete und lebte er die Nähe stiftende Liebe Gottes, die Christen in seinem Sterben und Auferwecktwerden manifestiert sehen (vgl. ebd., S.304).

4.2.4. Annahme der Endlichkeit

In der paulinischen Tradition gilt Christus als der neue Adam, in dem die Bestimmung des Menschen zur Gottebenbildlichkeit endgültig verwirklicht ist (vgl. 1. Kor 15, 45-49). Durch seinen 'Sohnesgehorsam'[47], wie Pannenberg formuliert, offenbart Jesus Christus Gott als Vater. Jesu irdisches Auftreten und die Behauptung des Anbruchs der Gottesherrschaft durch sein Wirken wurden trotz seiner Selbstunterscheidung vom Vater missverstanden als Wille, sich Gott gleichzumachen. Die Konsequenz war seine Verurteilung und Hinrichtung als Gotteslästerer und Volksverführer. Seine Gegner zwangen ihm so die Endlichkeit auf, der er sich ihrer Meinung nach entziehen wollte. In diesem Sinne war der Tod „das Siegel der Endlichkeit“[48]. Indem Jesus diesen Tod jedoch als Konsequenz seiner Sendung auf sich nahm, kann sein Tod als „Siegel der Selbstunterscheidung von Gott“ und der „Bewährung seiner Einheit mit Gott als Sohn des himmlischen Vaters“[49] verstanden werden. Pannenberg möchte verdeutlichen, warum jeder andere Mensch in seiner jeweiligen Besonderheit nur durch den Tod Jesu hindurch an der Versöhnung teilhaben kann. Indem nämlich Jesus als Mensch durch seinen Leidensgehorsam sich als Sohn Gottes erwiesen hat, überwindet er darin die Feindschaft der Menschen zu Gott. Diese besteht darin, dass die Menschen sein wollen wie Gott, sie aber keinen Raum neben Gott finden, sondern dem Tode verfallen sind, in Todesangst leben. Da Jesus den menschlichen Tod starb, also nicht alle anderen Menschen in ihrer Andersheit zurückdrängte, gab er auch anderen Menschen Raum neben sich: „Er eröffnet den Zugang dazu, in der Annahme der eigenen Endlichkeit wie Jesus und in der Gemeinschaft mit ihm des Lebens aus Gott teilhaftig zu werden und schon dieses irdische Leben aus der Zuversicht der die Todesschranke überwindenden Gemeinschaft mit dem ewigen Gott leben zu können.“[50] Da die Menschen ihren Tod in der Taufe mit dem Tod Jesu verbunden sein lassen, erlangen sie Zuversicht über eine Teilhabe an dem Leben mit Gott über den eigenen Tod hinaus.

Während im Sühnecharakter das exklusive Moment des stellvertretenden Sterbens Jesu zum Ausdruck kommt, bringt die Selbstunterscheidung Jesu vom Vater das inklusive Moment der Stellvertretung der Menschheit zum Ausdruck. Das Geschehen wird als paradigmatisch für die ganze Menschheit gedacht, da die übrigen Menschen in das Bild des Sohnes, des 'neuen Adams', erneuert werden sollen. Eingeschlossen ist so die Annahme der eigenen Endlichkeit in

[47]Der Ausdruck des 'Gehorsam' ist an dieser Stelle missverständlich: Gehorsam meint bei Pannenberg nicht den fremdbestimmten Gehorsam eines Sklaven, sondern ist Ausdruck freier Übereinstimmung mit dem Vater: Der Sohn lässt sich dabei durch den Geist Gottes führen (Röm 8,14) (vgl. STh 2, S.357).
[48] STh 2, S.479.
[49]Ebd.
[50] STh 2, S.480f.

der Taufe. Beide Momente der Stellvertretung greifen aber ineinander, da gerade durch das exklusive Moment der Sühne, dem Menschen, der durch das inklusive Moment an der Versöhnung mit Gott teilhaftig geworden ist, eine neue Selbständigkeit ermöglicht wird. Jeder Mensch lebt nun sein eigenes, besonderes Leben, mit der Gewissheit an der Teilhabe am neuen Leben mit Gott, welches in der Auferstehung Jesu den Tod überwunden hat. Gekennzeichnet ist diese Selbständigkeit der Menschen durch die christliche Freiheit, Freiheit von der Herrschaft der Sünde und der Todesangst, in der Hoffnung darauf, dass die Sünde an ihr Ende kommen wird.

An diesem Punkt lässt sich an den Gedanken der 'Überwindung des Bösen' anknüpfen. Als eine mögliche Quelle 'des Bösen' wurde die allgemeine Daseinsangst, die Angst um das eigene Ich bestimmt. Dem entgegengesetzt wurde ein Leben in Vertrauen auf Gottes Gnade. Gerade das Angebot der Versöhnung, auf das Menschen mit ihrem Bekenntnis und Glauben eingehen können, stellt ein Leben in Vertrauen auf Gott her. Menschen dürfen so in der Gewissheit leben, dass 'das Böse' ein Ende haben wird, dass es im Tode und der Auferstehung Jesu bereits überwunden ist. So wird die Vorstellung vom verwandelten Leben verständlich.[51]
In diesem Verständnis von christlicher Freiheit sieht Pannenberg den Gedanken der Versöhnung eng mit dem Thema der Befreiung verbunden, die er aber nicht primär im politischen Sinne versteht, sondern radikaler als Befreiung von der Knechtschaft der Sünde und des Todes denkt, in der alle Menschen leben. Aber diese Befreiung muss sich nicht nur im privaten Bereich der Individuen auswirken, sondern ihre Folgen wirken bis zu den Grundlagen der politischen Herrschaftsordnung.[52]
Die christliche Freiheit vermittelt Distanzfähigkeit. Sie schafft ein Unabhängigkeitsverhältnis gegenüber der Welt und ihren Mächten, aber auch die Möglichkeit, zu sich selbst in Distanz zu treten und seiner besonderen Berufung nach als Kinder Gottes zu leben (Gal 4,4-6). Vermittelt ist diese Freiheit durch den stellvertretenden Tod Jesu, aber vollendet ist die Versöhnung durch den Geist: „Der Herr ist der Geist; wo aber der Geist des Herrn ist, da ist Freiheit.“ (2. Kor 3,17).[53]
Gerade mit der Entfaltung der Versöhnung auch als Thema der Pneumatologie macht Pannenberg deutlich, dass der dreieinige Gott als Versöhner der Welt zu denken ist. Dabei ist für die Frage nach der 'Überwindung des Bösen' von Bedeutung, ob diese Überwindung bereits durch die Versöhnung in der Kraft des heiligen Geistes 'endgültig' erwirkt wird oder ob sie aufgrund des eschatologi-

---

[51]Vgl. STh 3, S.684.
[52]Vgl. STh 2, S.482
[53] Vgl. ebd., S.482f.

schen Charakters der Versöhnung nicht ebenfalls als eschatologisches Geschehen zu erhoffen ist.

4.2.5. Die Kraft des Heiligen Geistes

In der Versöhnung soll die durch die Sünde und das Böse gestörte Gemeinschaft der Menschen mit Gott verwirklicht werden. Um die Selbständigkeit der Menschen nicht zu missachten, muss die Versöhnung auch auf Seiten der Menschen wirklich werden. Nach dem christlichen Bekenntnis ist dieses exemplarisch in dem Menschen Jesus von Nazareth geschehen.[54] Pannenberg betont, dass der Sohn in der Annahme des Todes als äußerster Konsequenz der Selbstunterscheidung des Sohnes vom Vater in seiner Person stellvertretend die Menschen mit Gott versöhnte. Christus gilt also als Mittler zwischen Gott und den Menschen (1. Tim 2.5). Dabei ist nach Pannenberg die Teilnahme der Menschen an der Versöhnung nicht als ein ihnen von außen widerfahrendes Geschehen zu denken. Zwar können die Menschen nicht aus eigener Kraft die Versöhnung herbeiführen, aber wie oben erläutert, wird Versöhnung als Befreiung zur eigenen Identität gedacht. Beide Aspekte können insofern ernst genommen werden, weil Versöhnung als Wirken des Heiligen Geistes bekannt wird, durch welches die Versöhnung den Menschen nicht ausschließlich von außen widerfährt, sondern durch das sie selber auf die angebotene Versöhnung eingehen.[55]

Das Wirken des Heiligen Geistes wird von Pannenberg nun folgendermaßen beschrieben: Durch den Heiligen Geist werden die Menschen über ihre eigene Endlichkeit hinausgehoben und haben so im Glauben an dem teil, was außer ihnen selbst liegt: an der in Jesu Tod geschehenen Versöhnung. In diesem Zusammenhang benutzt Pannenberg auch den Begriff der Ekstase. Der Glaubende, der ekstatisch außer sich ist, ist bei Christus (Röm 6,6 ; 6,11) und Christus in ihm (Röm 8,10).[56]

---

[54]Vgl. STh 2, S.496. Pannenbergs Formulierung ist an dieser Stelle unklar. Die Rede von Jesus von Nazareth verweist auf die historische Ebene des Kreuzesgeschehens. Hinsichtlich der Versöhnung wäre jedoch besonders die bekennende, theologische Rede von Christus als dem Gottessohn zu betonen, um das Versöhnungsgeschehen als Handeln des dreieinigen Gottes zu interpretieren. Der dreieinige Gott wird somit als Subjekt des Versöhnungsgeschehens bekannt, nicht der Mensch.

[55]Vgl. ebd., S.497.

[56]Vgl. ebd., S.498. Mit der Wendung, der Glaubende sei „in Christus", will Pannenberg keine Einigungsmystik im Sinne einer Verschmelzung von Mensch und Gott zum Ausdruck bringen. Um dieses Verständnis zu verhindern wäre es wichtig, die Wendungen als Metaphern anzuerkennen, als Momente der Bildsprache des Glaubens, die nicht wort-wörtlich ausgedeutet werden können. Dieser Hinweis fehlt bei Pannenberg auch im folgenden Abschnitt in der Beschreibung der Teilhabe am Geist (vgl. ebd. S.499; zu Pannenbergs Metaphernverständnis vgl. 4.3.9.).

Ekstase meint hier weder etwas Unnatürliches, etwa einen Zustand der Entrückung aus dieser Welt, noch extreme Rauschzustände, Phänomene der Verfallenheit oder Hörigkeit. Sondern es geht bei dem 'Aus-sich-herausgetreten-Sein' um gesteigertes Leben, Erweiterung der Erfahrung, intensive Teilhabe am Geist. Das geschieht nach Pannenberg im Besonderen durch das Erleben von menschlicher Gemeinschaft, in der Begegnung der Geschlechter, in Familienstrukturen und allen anderen sozialen Beziehungen: „Nur im anderen Menschen begegnet ein Leben, das in seinem Lebensgefühl so oder so vom Wissen um den unendlichen Grund der Welt durchdrungen ist und von der darin begründeten Verheißung der Ganzheit des Lebens, die je individuell und doch zugleich allen gemeinsam ist.“[57]
So wird die exzentrische Bestimmung[58] des Menschen vollends realisiert, das Sein beim anderen als einem anderen bestimmt nach Pannenberg das Wesen des Menschen. Dieses Außersichsein durch den Geist im Glauben an Jesus Christus bedeutet Befreiung und zwar sowohl in dem Sinne der Erhebung über die eigene Endlichkeit, als auch im Gewinnen eines neuen, vom Schöpfer bejahten Daseins. Der Glaubende ist befreit von der Knechtschaft der Sünde „zu einem Leben in der Welt aus der Kraft des Geistes“[59]. Daher sieht Pannenberg in der Versöhnung die 'Überwindung des Bösen' bereits angebrochen. Durch das Wirken des Heiligen Geistes hat der Glaubende Anteil an einem 'neuen Leben', befreit von der Todesangst als einer 'Quelle des Bösen'.[60]

Konkret wird das Wirken des Geistes in der Verkündigung. Um an der Versöhnung teilhaben zu können, muss die Bedeutsamkeit der Geschichte Jesu den Menschen entfaltet und nahegebracht werden. Dieses geschieht in der Verkündigung der Apostel und der Kirche. Durch die Bitte des Apostels „Lasset euch versöhnen mit Gott“ (2. Kor 5,20) wird deutlich, dass die Verkündigung selbst zum Vollzug der Versöhnung gehört.[61]
Gegenstand der Verkündigung ist das Evangelium. Paulus spricht vom „Evangelium Christi“ (2.Kor 2,12; 9,13; 10,14) oder „Evangelium Gottes“ (1. Thess 2,2 u. 8; 2. Kor 11,7; Röm 1.1), das er verkündigt. Damit kommt zum Ausdruck, dass Jesus als Gekreuzigter und Auferstandener selbst zum Inhalt des Evangeliums wurde, da in ihm das Heil des Gottesreiches schon angebrochen ist. Paulus bezeichnet das Evangelium als „Kraft Gottes“ (Röm 1,16), da darin die Gerechtigkeit Gottes offenbar wird. In der Botschaft von der Versöhnung zeigt sich „die Vatergüte des Schöpfers, der seine Geschöpfe nicht dem Verderben überläßt.“[62]

[57] STh 2, S.227.
[58] Zur Exzentrizität des Menschen vgl. Teil II, 1.3.5.
[59] STh 2, S.499.
[60] Die Frage nach der Funktion der Versöhnung für die 'Überwindung des Bösen' wird in Punkt 4.2.6. vertieft.
[61] Vgl. STh 2, S.501.
[62] Ebd., S.504.

Die Rede von dem Evangelium als „Kraft Gottes“ macht nach Pannenberg weiterhin deutlich, dass es sich hierbei nicht nur um eine Bekanntmachung der Heilstat Jesu Christi handelt, sondern dass die Verkündigung selbst bereits als ein Heilshandeln Gottes zu verstehen ist. Vom Evangelium als eschatologischer Botschaft von der in Jesus Christus bereits angebrochenen Heilszukunft Gottes geht eine Geisteskraft aus, die den Hörer ergreift und Zuversicht und Gewissheit erwirkt (1.Thess 1,5).[63]

Im Blick auf die ‘Überwindung des Bösen’ ist gerade dieser Zusammenhang wichtig. Wenn Pannenberg darauf hinweist, dass im Heilsgeschehen Christi, im Eingehen Gottes in die Zeit seiner Geschöpfe, Gott der eschatologischen Überwindung des Bösen und der Übel durch ihn selber zuvorkommt, so dass die Glaubenden Zuversicht erlangen, ist die Zuversicht auf das Ende alles Bösen und aller Übel in die allgemeine Zuversicht auf die endgültige Vollendung der Schöpfung mit eingeschlossen. Auch die ‘Rede von der Überwindung des Bösen’, gehört zum Evangelium, wird gehört, geglaubt, wirkt sich auf das Leben der Glaubenden aus. Die ‘Überwindung des Bösen’ ist für die Glaubenden insofern schon gegenwärtig, als dass sie schon jetzt teilhaben an der Zuversicht auf das Kommen des Reiches Gottes, an der Gewissheit, dass sie nicht in Gottverlassenheit leben, sondern dass Gott sie nicht ihrem Dasein, das von Erfahrungen ‘des Bösen’ durchzogen ist, überlässt. Glaubende leben, was die ‘Überwindung des Bösen’ angeht, also in einer eschatologischen Spannung: In der Gewissheit der durch das Evangelium verkündeten gegenwärtigen Güte Gottes und in der Hoffnung auf eine endgültige ‘Überwindung des Bösen’ durch Gott in seinem kommenden Reich.[64]
Für die Rede von der ‘Überwindung des Bösen’ ist also nicht nur die Versöhnung, als das bereits angebrochenes Heil, sondern der *eschatologische* Charakter der Versöhnung, die Spannung zwischen angebrochenem Heil und der noch ausstehenden Vollendung, wichtig. Dieser Zusammenhang wird im Abschnitt 4.3. eingehend erläutert werden. Es kann zusammenfassend betont werden, dass Pannenberg die Versöhnung der Welt mit Gott als Handeln des trinitarischen Gottes denkt: „Wie die Selbsthingabe des Sohnes zur Versöhnung der Welt und sein Dahingegebenwerden durch den Vater ein und dasselbe Geschehen und einen einzigen Handlungsablauf bilden, so sind auch das Wirken des erhöhten

[63]Vgl. ebd., S. 505f. Die Besonderheit des urchristlichen Geistverständnisses liegt darin, dass der Geist Gottes als eschatologische Gabe gedacht wird. Er wirkt nicht nur als unsichtbares Kraftfeld von außen, sondern er ist den Glaubenden als Geschenk zu eigen. Damit ist gemeint, dass der Geist in die Glaubenden eingeht und so eine freie, spontane Annahme des Versöhnungsgeschehens und Teilhabe an der Dynamik der versöhnenden Liebe Gottes ermöglicht (vgl. STh 3, S.19ff). Der Geist äußert sich in einer Vielzahl von Geistesgaben (1.Kor 12,4-6). Auch die Liebe ist ein Gnadengeschenk, von Paulus als Charisma beschrieben (1. Kor 13), die durch den Geist in unsere Herzen ausgegossen ist (Röm 5,5). Sie befähigt dazu, der Schöpfergüte und der erlösenden Liebe Gottes zu entsprechen. Liebe ist nicht nur menschliches Tun, sondern eine Sphäre, „in der wir uns bewegen, ein Kraftfeld, das von Gott ausgeht und uns mit ihm verbindet.“ (Ebd., S.93).
[64]Vgl. STh 3, S.689.

Christus und das des Geistes in den Menschen als unterschiedene Momente des einen Gotteshandelns zur Versöhnung der Welt zu begreifen."[65]
In der Betonung des Versöhnungsgeschehens als Handeln des dreieinigen Gottes kann zusätzlich ein impliziter Hinweis gesehen werden, dass die Rede vom 'Sühnetod' Christi ein glaubenssprachliches Bild ist, welches als abstrakter Begriff bzw. nach einer wort-wörtlichen Ausdeutung nicht dazu ausreicht, die Unterschiedlichkeit der Dimensionen göttlichen Handelns im Beziehungszusammenhang Gott-Mensch zu beschreiben. Die Rede von der Sühne fällt in die Sprache der kultischen Opfervorstellungen und ist daher wie oben bereits angedeutet missverständlich und Zielpunkt von Kritik.

4.2.6. Die Funktion der Versöhnung für die 'Überwindung des Bösen'

Die neutestamentliche Botschaft verkündigt, dass durch die Versöhnung die Menschen Teilhabe an der göttlichen Liebe, am Heil, an der ungestörten Gemeinschaft mit Gott erhalten. Pannenberg hat diese Verheißung im Besonderen mit der Befreiung von der Todesangst hin zu einem Leben in Freiheit verdeutlicht. Dadurch wird eine mögliche 'Quelle des Bösen' implizit als überwunden gedacht. Durch die Inklusivität des Heilsgeschehens am Kreuz ist den Menschen die Möglichkeit eröffnet, am Heil teilzuhaben. Formale Struktur dieser Aussage ist die der Hoffnung, da von der Versöhnung nur im Licht der Auferstehung her und damit zunächst nur antizipierend gesprochen werden kann. Die durch Jesus Christus geschehene 'Überwindung' des Todes und damit auch 'des Bösen' durch das Kreuzesgeschehen ist durch die Kraft des Geistes gegenwärtig in der Verkündigung, im Glaubensbekenntnis und in der Zuversicht auf ein Ende des 'Bösen', durch die Menschen schon jetzt leben.[66]
Mit Dalferth ist ergänzend hinzuzufügen, dass die Bedeutung der eschatologischen Selbstvergegenwärtigung Gottes am Kreuz und in der Auferstehung nicht mit der Kategorie des Opfers erfasst wird. Die neutestamentliche Opferterminologie - verstanden als ein hermeneutisches Hilfsmittel - beschreibt Jesus Christus als Ende aller Opfer, da das Heil auf ganz anderem Weg, nämlich durch Gottes alles neu machende Nähe in seiner Menschwerdung erwirkt worden ist. Die Begrenzung der Heilsbedeutung Christi auf einen Opfertod verengt außerdem den Gedanken der Inkarnation auf einen Gipfelpunkt des Lebens Jesu. Weitet man den Blick auf die neutestamentlichen Beschreibungen der Verkün-

---

[65]STh 2, S.497.
[66]In diesem Zusammenhang weist Oswald Bayer darauf hin, dass die Botschaft von der 'Überwindung des Bösen' ähnlich wie die Vorstellung vom vollendeten Friedenszustand (vgl. EG 179,1) nur im Modus des Zuspruchs gelten kann, so wie in dem christlichen Gruß: „Friede sei mit euch!" (Bayer, Oswald, Bleibt das Böse?, in: ders., Freiheit als Antwort. Zur theologischen Ethik, 297-302, S.298).

digung und des Handelns Jesu aus, wird auch hier Jesus als Ort der heilbringenden Nähe Gottes gegenwärtig und kann ein Leben und Handeln der Menschen gemäß der Hoffnung auf den Sieg der Liebe über 'das Böse' bewirken.
Der starke Bezug des Versöhnungsgeschehens auf Kreuz und Auferstehung Jesu bei Pannenberg betont die in Jesus Christus verankerte Hoffnung auf die Überwindung des Todes. Die Angst vor dem Tod als Hinaussterben aus aller Gemeinschaft, als Verlust aller Beziehungen zu Gott und den Menschen, die Menschen dazu treiben kann, ihre Endlichkeit nicht annehmen zu wollen, wird durch das Ostergeschehen als grundsätzlich überwunden gedacht. Denn durch die Botschaft der Auferweckung Christi, die in den Bekenntnissen des Neuen Testaments verkündigt wird, wird den Glaubenden die Gewissheit vermittelt, dass die Konsequenz der Gottverlassenheit aus ihrem Tod herausgebrochen worden ist.[67] So gründet sich in dem Osterglauben die Hoffnung auf die endgültige 'Überwindung des Bösen' wie sie im Christusgeschehen bereits antizipierend gedacht wird. Denn durch die Überwindung der Todesangst werden Menschen aus ihrer Ichfixierung, aus dem Zwang, ihre Endlichkeit mit allen Mitteln durchsetzen und sich selbst rechtfertigen zu müssen, befreit zu einem Leben im Glauben, in Vertrauen auf Gottes heilvolle Nähe.[68]
Diese Aspekte sind für theologiosches Reden von der 'Überwindung des Bösen' von großer Bedeutung. Anderseits besteht bei einer starken Betonung des Heilstodes immer die Gefahr, dass dieser wie oben erläutert als 'Opfertod' missverstanden wird. Deshalb können Dalferths Ausführungen in diesem Punkt als hilfreiche Ergänzungen verstanden werden:
Auch Dalferth spricht von der Bedeutung des Todes, bettet diesen aber in die Geschichte der Person Jesu insgesamt ein. Dabei ist das Leben Jesu, aber auch das Leben Gottes und das je eigene Leben der dreifache Kontext zum Verständnis des Todes Jesu.[69] Wie im Philipperhymnus beschrieben (Phil 2,6-11) kennzeichnet der Tod Jesu im Kontext des Lebens Gottes die Ankunft Gottes am tiefsten Punkt menschlicher Wirklichkeit und transformiert das dem Tode verfallene Dasein in seine eigentliche Bestimmung, in die Gemeinschaft mit Gott. Von diesem Kontext her richtet sich der Blick der Christen auch auf die

---

[67]Vgl. Joest, Wilfried, Dogmatik, Bd. 1: Die Wirklichkeit Gottes, Göttingen ^{3}1989 [UTB; 1336], S.256f.

[68]Körtner betont, dass nicht völlige Angstlosigkeit den christlichen Glauben kennzeichnet, sondern „ein spezifischer Mut zur Angst". Die apokalyptische Weltangst kann im Vertrauen darauf, dass Jesus Christus die Struktur der Wirklichkeit durchbrochen hat, ertragen werden. In diesem Zusammenhang steht auch Joh 16,33: „In der Welt habt ihr Angst; aber seid getrost, ich habe die Welt überwunden."(Körtner, Ulrich H.J., Die Entdeckung der Endlichkeit. Zur theologischen Herausforderung apokalyptischen Denkens an der Jahrtausendwende, in: GlLern 14(1999), 35-46, S.45).

[69]Auch Pannenberg expliziert das göttliche Handeln in der Versöhnung als trinitätstheologisch und hinsichtlich der oben genannten drei Ebenen (Vgl. STh 2, S.484ff). Bezüglich des Handelns Gottes im Tod Jesu spricht er allerdings im traditionellen Sinne vom Handeln des Vaters im Sohne. Obwohl er beide als Subjekte des Handelns beschreibt, liegt eine Assoziation zur Opferthematik nahe, wenn es heißt: „Bei der Kreuzigung Jesu lag das Gesetz des Handelns letztlich nicht bei seinen Henkern, sondern durch alle Niedertracht, Feigheit und Brutalität der beteiligten Menschen hindurch hat Gott der Vater in diesem Geschehen gehandelt entsprechend seiner den Lauf der Geschichte lenkenden Vorsehung" (Ebd., S.484).

Geschichte Jesu. In seinem Leben verkündete und lebte er die Nähe stiftende Liebe Gottes, die Christen in seinem Sterben und Auferwecktwerden manifestiert sehen.[70] Das Kommen der Heilszeit Gottes ist unmittelbar mit Jesus verbunden. Sie wird durch Jesus nicht nur angekündigt, sondern ist in seinem Reden und Handeln präsent.[71]

In diesem Sinne können auch neutestamentliche Geschichten und Bilder, in denen Jesus in den Kontext der 'Überwindung des Bösen' gestellt wird, in den Blick genommen werden. Dabei geht es jedoch nicht darum, historisches Material zu sammeln, das zeigt, an welchen Punkten Jesus 'das Böse' bereits überwunden hat, sondern es geht darum, in diesen Geschichten Gottes Liebe zu den Menschen wahrzunehmen, sich in die Hoffnung hereinnehmen zu lassen, dass Gottes Liebe letztlich stärker als alles 'Böse' sein wird und gemäß dieser Hoffnung zu leben. Anlass zu solcher Hoffnung geben z.B. Texte, in denen zum Ausdruck gebracht wird, dass Jesus den unbedingten Heilswillen Gottes durchsetzt. Das ist der Fall bei den Erzählungen von Sabbatheilungen (vgl. Mk 1,21-28; 3,1-6; Lk 13,10-17), aber auch bei übrigen Heilungen (z.B. Mk 1,29-34.40-45; 2,1-12; 3,7-12). Als bewusste Reaktion auf die menschliche Heillosigkeit kann auch die bedingungslose Zuwendung Jesu zu den Sündern verstanden werden (vgl. Mk 2,13-17; Lk 5,1-11; 19,1-6).[72]

An dieser Stelle werden zwei Aspekte wichtig. Zum einen ist daran zu erinnern, dass das neutestamentliche Verständnis von 'Heil' nicht mit Gesundheit gleichzusetzen ist. So ist die Gesundheit nicht als Inbegriff, sondern als „Angeld"[73] des künftigen Heils, der Zukunft des Reiches Gottes zu verstehen. Im Neuen Testament wird das 'Heil' nicht ausschließlich als Integrität individuellen Lebens beschrieben, sondern als Wiederherstellung dieser Integrität hinsichtlich der zerbrochenen Beziehung zu Gott. Gegenwärtiges 'Heil' bedeutet deshalb

---

[70]Vgl. Dalferth, Der auferweckte Gekreuzigte, S.304ff.

[69] Vgl. ebd., S.101.

[72]Vgl. Söding, Thomas, Erlösung vom Bösen. Jesu Umgang mit Schuld und Leid, in: Kleer, Martin/ Söling, Caspar (Hgg.), Wie böse ist der Mensch?, 1999, 73-104, S.85ff; vgl auch Haag, Teufelsglaube, S.313. Hinsichtlich der Heilungen Jesu betont Haag, dass eine Verbindung der Krankheitsdämonen mit dem Wirken Satans für Jesus und seine Zeitgenossen fremd war. Seiner Meinung nach lässt sich Jesu Handeln daher nicht als 'Beweis' dafür verstehen, dass Jesus seine Sendung als Kampf gegen den Satan verstanden habe (vgl.ebd., S.313). Dem widerspricht Schwarz. Er versteht die gesamte Mission Jesu „als ständige Konfrontation mit Satan" (Schwarz, Hans, Im Fangnetz des Bösen, S.87). Als Belegstellen gibt er u.a. die Versuchung Jesu (Mk 1,12f), die Austreibung der bösen Geister (Mk 3,22-27) sowie Jesu Äußerung zum Ende des Satans (Lk 10,18) an. Ich folge an dieser Stelle Haag, der betont, dass in den synoptischen Evangelien nicht schwerpunktmäßig von der Macht des Teufels gesprochen wird, die es zu bekämpfen gilt, sondern vielmehr von der Geduld der Jünger, die allein durch die Liebe die vielfältigen Formen der Feindschaft und des Hasses überwinden kann (vgl. Haag, Teufelsglaube, S.325). Haag ist also nicht der Meinung, dass Jesus 'das Böse' ignoriert hätte, sondern er betont, dass Jesus es sah und sich zu seiner Überwindung gesandt wusste (vgl. ebd., S.313). Michael Wolter hebt ebenfalls in diesem Zusammenhang hervor, dass gerade die Szene in Lk 10,17-20 die Übermacht Jesu über 'das Böse' demonstriert: „Der Blick auf die überindividuelle Macht des Bösen ist von vornherein durch die Perspektive ihrer Überwindung bestimmt, weil sie durch das Kommen Jesu ihren Schrecken verloren hat." (Wolter, Michael, „Der altböse Feind". Der Umgang mit dem Bösen im Neuen Testament, in: GlLern, 12(1997), 22-30, S.25).

[73]Körtner, Wie lange noch, S.67.

Teilhabe an der göttlichen Liebe, das Erlangen von Beziehungs- und Liebesfähigkeit.[74]
Eng damit verbunden ist der zweite Aspekt. Es geht in den Heilungserzählungen nicht nur um Jesus als historische Person oder Vorbild, sondern um den sich in ihm zeigenden Heilswillen, die Heil bewirkende Nähe Gottes.
Die Hoffnung darauf, dass die Liebe und Barmherzigkeit Gottes stärker ist als die Kraft 'des Bösen', zeigt sich dann, wenn erzählt wird, dass Jesus der Sünde nicht mit Gewalt begegnete (Joh 8, 1-2), sondern die Sünde verzieh (Mk 2,5 par: Lk 7,47 vgl. 23,34) und selber keine Sünde beging (Joh 8,46; 1. Petr. 2,22). Auch die Aussage, dass Jesus gegen den Hass der Welt die Verkündigung der Schrift setzt (Joh 7,7.15.18) und in der Kraft des Geistes durch das Tun des Guten gegen 'das Böse' anging (Apg 10,38), bringen die Hoffnung zum Ausdruck, dass Gott in seiner Barmherzigkeit und durch die Kraft der Liebe 'dem Bösen' ein Ende gesetzt hat. Dabei wird deutlich, dass die Bereinigung des Verhältnisses nicht durch die Beseitigung '*der* Bösen', sondern durch die Befreiung *vom* 'Bösen' geschieht.[75]
Die Heilsbedeutung Christi manifestiert sich also nicht nur in seinem Tod und seiner Auferstehung, sondern in seinem Leben, in seiner Person und in seinem Handeln. Hier offenbart sich die Liebe Gottes, die dort, wo sie wirksam ist, keinen Raum gibt für lebenszerstörende, 'böse' Handlungen.
Dementsprechend geht es im Glaubensbekenntnis und auch im Abendmahl nicht um ein Werk Jesu, sondern um seine Person selbst. Im Gedächtnis an Jesus Christus wird im Abendmahl Brot gegessen und Wein getrunken, damit die Glaubenden sich klar machen, dass ihre Gewissheit, dass Gott auch ihnen im Tod so nahe bleibt, davon lebt, dass sie ihr Leben ganz und ausschließlich an Jesus Christus und der durch ihn erschlossenen Nähe Gottes orientieren.[76] Die Wahrnehmung dieser Gottesnähe aufgrund der Zusage des Evangeliums ist das einzige, was Christen im Glauben anderen Sündern voraus haben.[77]

Zusammenfassend lässt sich daher feststellen, dass die Botschaft von der Versöhnung und des Heilsgeschehens in der Person Jesus Christus ein wichtiger Bestandteil der Rede von der 'Überwindung des Bösen' darstellt. Durch die Gewissheit der bedingungslosen Annahme der Menschen durch Gottes Liebe, durch die Verkündigung Gottes als einem Zum-Menschen-Kommenden, der die Menschen aus ihrem verlorenen Dasein herausholen will, wächst die Zuver-

---

[74]Vgl. ebd., S.67. Körtner führt weiter aus, dass sich aus diesem Verständnis heraus das Verhältnis von Krankheit und Gesundheit relativiert, weil die neu geschenkte Beziehungsfähigkeit unabhängig von Gesundheit oder Krankheit gelebt werden kann. Im Glauben manifestiert sich die Heilsgewissheit, mit allen Verfehlungen und Krankheiten angenommen zu sein, das Dasein in Krankheit ist kein Unwert mehr (vgl. ebd. S.67f).
[75]Vgl. Weder, Hans, Die Arbeit an der Utopie, in: Einblicke ins Evangelium. Exegetische Beiträge zur neutestamentlichen Hermeneutik, Göttingen 1992, 239-246, S.243.
[76]Vgl. Dalferth, Der auferweckte Gekreuzigte, S.252.
[77]Vgl. ebd., S.314.

sicht, dass lebens- und gemeinschaftszerstörenden Erfahrungen dort, wo die Liebe Gottes wirksam ist, kein Raum mehr gegeben wird.
Allerdings ist die Versöhnung der Menschen mit Gott kein ausreichender Aspekt, die 'Überwindung des Bösen' *gänzlich* zu beschreiben. Rückblickend auf die Frage, wann die Rede von der 'Überwindung des Bösen' sinnvoll auf das Versöhnungsgeschehen bezogen werden kann[78], ist festzuhalten, dass zum einen die allgemeine Daseinsangst, die durch die Versöhnung hin zu einem Leben in Vertrauen auf Gott überwunden werden kann, als nur eine mögliche 'Quelle des Bösem' genannt wurde. Auch die Entfremdung und Abwendung des Menschen von Gott wurde von Pannenberg nicht als ursprüngliches Phänomen beschrieben, aus dem dann alles Fehlverhalten der Menschen abzuleiten wäre, sondern als etwas den verschiedenen Ausdrucksformen der Sünde implizit Innewohnendes. Demzufolge kann eine Versöhnung der Menschen mit Gott auch nicht als ein die 'Quelle alles Bösen' Beseitigendes gedacht werden. Die Annahme der Versöhnung schließt nach Pannenberg deshalb zunächst nur die 'Überwindung des Bösen' ein, welche mit der Selbstabsonderung der Geschöpfe von Gott und deren Folgen zusammenhängt.[79] Die Erfahrungen der 'Macht des Bösen', der Verstrickungen in Teufelskreise und der gebundenen Freiheit bleiben.[80]
Die Wahrnehmung der Wirklichkeit, in der glaubende Christen leben, spricht also dagegen, in dem Versöhnungsgeschehen die endgültige 'Überwindung des Bösen' zu sehen. Obwohl sie sich vor Gott gerechtfertigt wissen und im Glauben Anteil an Gottes Gerechtigkeit haben, gelingt es längst nicht immer, diese Gewissheit auch im Leben zu verwirklichen. Luther formulierte dieses Paradox, indem er den Menschen als *simul iustus et peccator* beschrieb.[81] Das, was der Glaubende in Christus schon ist, nämlich gerecht gesprochen und von der Macht der Sünde befreit, hat sich in seinem empirischen Dasein noch nicht immer ausgewirkt, das Dasein des Menschen bleibt unvollendet und in unheilvolle Erfahrungen verstrickt.[82]
Diese Einschätzung ist in ihrer Radikalität sehr realistisch. Es würde nicht der Wirklichkeit entsprechen, zu behaupten, alle glaubenden Christen wären in ihrem Verhalten davor geschützt, etwas 'Böses' zu tun oder 'dem Bösen' nachzugeben. Deshalb beten Christen mit den Worten Jesu: „und führe uns nicht in Versuchung, sondern erlöse uns von dem Bösen“ (Mt 6,13).

---

[78]Vgl. 4.2.2.
[79]Vgl. STh 3, S.685.
[80]Gebara schlägt deshalb vor, nicht von 'dem Heil', sondern von einzelnen Heilserfahrungen zu sprechen. Ohne die Perspektive eines jenseitigen, vollkommenden Heils gänzlich leugnen zu wollen beschreibt sie das gegenwärtige Heil als „ein Glas Wasser, das für einen Moment den Durst stillt, der aber - vielleicht stärker noch als zuvor - wiederkommt“ (*dies.*, Die dunkle Seite Gottes, S.160).
[81]Luther, Vorlesung zum Römerbrief (1515/16), WA 56, 3-528, S. 272, 17.
[82]Vgl. STh 3, S.245f.

Weiterhin kann auch der Glaube an die Kraft des Wortes der Versöhnung (1.Kor 5,19) und die Kraft der Liebe (1.Kor 13) durchaus durch Erfahrungen 'des Bösen' erschüttert werden, wenn massive Grausamkeit und Brutalität das Leben vieler Menschen bedroht oder zerstört. So wird die Aufforderung „Laß dich nicht vom Bösen überwinden, sondern überwinde das Böse mit Gutem" (Röm 12,21) immer wieder zu einer Herausforderung, wenn nicht sogar zu einer Überforderung des Einzelnen. Es entsteht die Hoffnung auf das vollkommene Heil, auf ein Leben, dass nicht mehr 'vom Bösen' gestört oder zerstört wird.[83]
Dieser Gedankengang weist auf die oben entfalteten Aspekte christlichen Heilsverständnisses zurück. Dort war herausgestellt worden, dass das vollendete Heil nur als eschatologisches Heil gedacht werden kann und dass sich diese Vorstellung auch auf die 'Überwindung des Bösen' bezieht. Im christlich-theologischen Zusammenhang beinhaltet die Rede von der 'Überwindung des Bösen' immer eine eschatologische Komponente. Wer von der 'Überwindung des Bösen' spricht, tut es in der „Sprache der Verheißung und der begründeten Hoffnung"[84]. Um diesen eschatologischen Charakter der Rede von der 'Überwindung des Bösen' herausarbeiten zu können, muss sie in grundlegende Aussagen der allgemeinen und individuellen Eschatologie eingeordnet werden. Dabei wird sich die Eschatologie auch immer der Anfrage stellen müssen, ob es sich bei der Hoffnung auf die Vollendung der Schöpfung durch Gott selbst nicht um das Ergebnis menschlicher Wünsche und Projektionen handelt.

---

[83]Insofern erscheint es naiv, wenn Russell von der Liebe als „Rezept" (Russell, Biographie des Teufels, S.272) für den Sieg über das Böse spricht, das gleichgeblieben sei und nur endlich befolgt werden müsse.

[84]Moltmann, Jürgen, Der Weg Jesu Christi. Christologie in messianischen Dimensionen, München 1989, S.245. Moltmann beschreibt hier die Sprache des christlichen Auferweckungsglaubens, der noch nicht auf vollendete Tatsachen zurückblickt. In diesem Zusammenhang lässt sich die Wendung auf die Rede von der 'Überwindung des Bösen' übertragen, da auch hier die Vollendung noch aussteht: „Solange diese Welt von den Tatsachen der Gewalt und des Leidens bestimmt wird, ist sie für die Auferstehung des Lebens und für die Vernichtung des Todes nicht beweisfähig." (Vgl. ebd).

4.3. *Die eschatologischen Aspekte der 'Überwindung des Bösen'*

4.3.1. Vorbemerkung zur Verwendung des Begriffes 'Eschatologie'

Um eine erste Orientierung der Bedeutung des Eschatologiebegriffes zu erhalten lassen sich nach Gerhard Sauter drei typische Verwendungsweisen von 'Eschatologie' benennen.[85] In der Bedeutung *'Lehre von den letzten Dingen'* schließt die Eschatologie die Dogmatik als letztes Kapitel ab und thematisiert mit Tod, Weltende, Auferstehung und Gericht Gottes das, was als das Letzte in der Zukunft erwartet wird. Damit wird eine Hoffnung auf ein Jenseits nach dem Tod ausgeführt, die Gegenstände dieser eschatologischen Hoffnung sind biblischen Texten entnommen, die zu einer Gesamtschau zusammengefügt werden. Die Problematik dieser Darstellungsweise liegt oftmals darin, dass die Lehre 'von den letzten Dingen' isoliert von den anderen zentralen theologischen Themen steht, so dass die christliche Hoffnung droht, „zum Schlußlicht zu werden"[86]. Wenn die Darstellungsweise der 'letzten Dinge' einer Beschreibung von Vorgängen in Raum und Zeit entspricht und somit als Fortsetzung des irdischen Lebens erscheint, ist ebenfalls Kritik anzumelden. Eine Inanspruchnahme biblischer Hoffnungstexte als transzendentes Wissen ist insbesondere dann unangemessen, wenn sich die Lehre ein Urteil anmaßt über den „doppelten Ausgang der Menschheitsgeschichte"[87] und das endgültige Urteil Gottes.
In einem *geschichtstheologischen* Verständnis von Eschatologie geht es auch um die Frage, was für die Zukunft erhofft werden kann, es wird jedoch darauf verzichtet, die Grenzen menschlicher Wirklichkeitswahrnehmung zu überschreiten. Die geschichtliche Zukunft steht im Mittelpunkt und zwar nicht nur hinsichtlich dessen, was zu erwarten ist, sondern besonders dahingehend, wie die Zukunft herbeizuführen sei. Dabei wird die Überzeugung vertreten, Gott habe einen Plan mit der Menschheitsgeschichte, der erkennbar sei. Diesem Plan müsse das menschliche Handeln entsprechen, denn der menschliche Einsatz entscheide über den Gang der Geschichte zu diesem End-Ziel hin. Problematisch an diesem Ansatz ist insbesondere der Entwicklungs- und Fortschrittsgedanke, der in den vielfältigen Ausprägungen von Geschichtstheologie zu unterschiedlichen Konsequenzen führt. Diese können im Extremfall in der Überzeugung bestehen, dass das Ziel der Geschichte dadurch zu erreichen sei,

---

[85]Vgl. Sauter, Einführung in die Eschatologie, S. 2-21.
[86]Ebd., S.7.
[87]Ebd., S.8.

dass ‘das Böse’ auf Erden ausgerottet werden muss.[88] Andererseits kann die Ausrichtung auf ein Ziel von Geschichte auch als Gegenpol zu einem durch die ‘Lehre von den letzten Dingen’ ausgelösten Vertrösten von drängenden Aufgaben der Gegenwart verstanden werden.
Als dritte Verwendungsweise von Eschatologie nennt Sauter den Typus der *‘radikalen Eschatologie’*. Dieser betont im Gegensatz zu geschichtstheologischen Ansätzen, dass auf Gottes Erlösung und Neuschöpfung, auf sein alleiniges Wirken zu hoffen ist. Gott wird als der ‘ganz Andere gedacht’, der nicht aus den geschichtlichen Ereignissen heraus erschlossen werden kann: „Gott ist vielmehr der Kommende, der Menschen in ihrer Geschichte entgegentritt.“[89] Eschatologie wird so zum Hinweis einer Wahrnehmung der Gegenwart, ein Erkennen der eigenen Begrenztheit im Angesicht der Ewigkeit. Es wird nicht nach den ‘letzten Dingen’ gefragt, sondern radikale Eschatologie fordert die gesamte Theologie, indem sie „alle Dinge radikal in Frage gestellt sieht“[90]. Dabei will sie so von Gott reden, dass sie selber zum Zeichen der Hoffnung wird, die man nicht ‘haben’ sondern nur empfangen kann.
Diese drei Verwendungsweisen von Eschatologie nennt Sauter selbst „idealtypisch“[91] und ordnet ihnen bewusst keine Vertreter zu. Es wäre ebenso vereinfachend, Pannenbergs Eschatologie in einen der drei skizzierten Kontexte einordnen zu wollen. Es können lediglich einige Bezüge zu den verschiedenen ‘Verwendungstypen’ hergestellt werden.

Pannenbergs Eschatologie steht zwar auch am Ende seiner Systematischen Theologie und thematisiert Aspekte wie Tod, Weltende, Auferstehung, sie ist aber nicht im Sinne einer ‘Lehre von den letzten Dingen’ als isoliertes Kapitel zu verstehen, sondern sie bestimmt die Perspektive für die christliche Lehre in ihrer Gesamtheit.[92]
Gleichzeitig sind in Pannenbergs Eschatologie durchaus geschichtstheologische Züge zu lesen. Diese verweisen jedoch nicht auf ein innerweltliches Entwicklungsgeschehen, sondern auf einen universalgeschichtlichen Zusammenhang: Das Reich Gottes wird als Eintritt der Ewigkeit in die Zeit gedacht.[93] Von dieser Zukunft Gottes, der Vollendung der Schöpfung, hängt die Wahrheit der christlichen Lehre ab.[94] Obwohl Zukunft bei Pannenberg nicht im Sinne der radikalen Eschatologie als Zu-uns-Kommen, sondern strikt futurisch gese-

---

[88]Vgl. ebd., S.9-18. Als Beispiel verweist Sauter auf den amerikanischen Präsidenten Ronald Reagan, welcher in seiner Amtszeit einen nuklearen Weltkrieg nicht nur für unvermeidlich gehalten, sondern ihn auch als „Endkampf gegen die Macht des Bösen“ (ebd. S.15) stilisiert habe.
[89]Ebd., S.19.
[90]Ebd.
[91]Ebd., S.21.
[92]Vgl. STh 3, S.572f.
[93]Vgl. ebd., S.641ff.
[94]Vgl. ebd., S.573; Vgl. Sauter, Einführung in die Eschatologie, S.128ff.

hen wird, betont auch er die Verheißung Gottes, auf welcher als einziger die Hoffnung auf die Zukunft Gottes basieren kann.[95]
Pannenberg hält „jede nur innerweltlich vorgestellte Eschatologie“[96] für unvollkommen und will der Kritik am Jenseitsgedanken entgegentreten. Er ist sich dessen bewusst, dass gerade die Eschatologie mit der Entfaltung der christlichen Hoffnung auf ein Leben nach dem Tode in scharfem Gegensatz zu den gegenwärtigen säkularen Erwartungen an die Lebenserfüllungen im Diesseits stehen.[97] Es kommt deshalb die Frage auf, in welcher Art und Weise die neutestamentlichen Verheißungen zum ewigen Leben interpretiert werden können, um gegenüber den eben angedeuteten kritischen Anfragen Bestand zu haben. Ein wichtiger Aspekt ist dabei der Umgang mit der Sprache der Eschatologie: Eschatologische Aussagen sind von komplexen Begriffen wie ‘Auferstehung’, ‘Gericht’ oder ‘ewiges Leben’ durchzogen.
Um nun Pannenbergs Einordnung dieser sprachlichen Phänomene und eng damit verbunden seine Vorstellung von der Funktion eschatologischer Aussagen beleuchten zu können, müssen zunächst die eschatologischen Ausführungen Pannenbergs in ihren Grundzügen dargestellt werden. Dabei werden schwerpunktmäßig diejenigen Aspekte ausgewählt, die gerade nach möglichen Deutungsmomenten der Hoffnung auf ‘Überwindung des Bösen’ befragt werden können.

---

[95]Vgl. ebd., S.582ff.
[96]Ebd., S.631.
[97]Vgl. Pannenberg, Die Aufgabe christlicher Eschatologie, in: ZThK 92(1995), 71-82, S.71. Für Pannenberg stellt die Hoffnung auf ein Leben nach dem Tod nicht einen Verrat am irdischen Leben, eine Weltflucht, dar, sondern eine Kraftquelle zur Bejahung des gegenwärtigen Lebens, welche die Endlichkeit und Zerbrechlichkeit irdischen Lebens nicht ignoriert und zur Zerstörung von Leben beiträgt (vgl. ebd., S.72). Die Hoffnung auf die Vollendung der Schöpfung kann einen Orientierungspunkt für das Handeln bieten, bleibt aber ein Jenseitiges, ein „Ende der durch menschliches Handeln und seine Antagonismen geprägten Geschichte“ (ebd., S.76). Mit seinen Ausführungen will Pannenberg auch religionskritischen Anfragen, die seit Hegel besonders durch Ludwig Feuerbach ausgesprochen wurden, begegnen (vgl. STh 3, S.574ff).

4.3.2. Verheißung als Grund eschatologischer Aussagen zur 'Überwindung des Bösen'

Wie bereits oben herausgestellt wurde, ist die Rede von der 'Überwindung des Bösen' von der Sprache der Hoffnung und Verheißung geprägt. Beide Begriffe nehmen auch in Pannenbergs Begründung eschatologischer Aussagen eine zentrale Bedeutung ein. In ihrem Bezug auf die göttliche Verheißung besteht die Besonderheit der christlichen Hoffnung.

Christliche Hoffnung unterscheidet sich also dadurch von anderen menschlichen Hoffnungen, die aus Extrapolationen gegenwärtiger Erfahrungen abgeleitet sind, dass sie sich auf die Erfüllung der Verheißung richtet, die mit dem Erscheinen Christi bereits angebrochen ist.[98] Der Inhalt der Hoffnung ist dadurch gekennzeichnet, dass er alle sonstigen menschlichen Erfahrungen und Erwatungen übersteigt: „So glauben auch die Christen gegen alle sonstige Analogie menschlicher Erfahrung an das ihnen in der Auferweckung Jesu verheißene Heil eines neuen Lebens über den Tod hinaus"[99] Die Hoffnung richtet sich letztlich auf Gott und eine von jeglicher Erfahrung 'des Bösen' ungestörte Gemeinschaft mit ihm und den Menschen.

Im Verheißungsbegriff wird, so Pannenberg, die Situation der Menschen, die unter ihrer Unerfülltheit und Verfehlung leiden, mit der durch Jesus Christus den Menschen entgegenkommenden Zukunft der Vollendung zusammengebracht. Die Verheißung bringt zum Ausdruck, „daß und wie der Heilsbedürftigkeit der Menschen die Zukunft Gottes entgegenkommt."[100]

Da die Verheißung als im Christusgeschehen bereits geschichtlich angebrochen gedacht ist, folgt Pannenberg der dem christlichen Glaubensbewusstsein eigen-

---

[98]Vgl. STh 3, S.197f. Pannenberg unterscheidet sich hier von Moltmanns Interpretation, da dieser das Heilsgeschehen in Jesus Christus selbst als Verheißung deutet (Moltmann, Jürgen, Theologie der Hoffnung. Untersuchung zur Begründung und zu den Konsequenzen einer christlichen Eschatologie (1964), Gütersloh [13]1997, 132f., 137ff). Nach Pannenberg ist im Heilsgeschehen die Verheißung dagegen bereits angebrochen (vgl. STh 3, S.580). In Moltmanns neuerem Band „Das Kommen Gottes. Christliche Eschatologie" (Güthersloh 1995) stellt der Verheißungsbegriff allerdings nicht mehr den tragenden Grundbegriff zur Begründung eschatologischer Aussagen dar (vgl. Pannenberg, Wolfhart (Rez.), Anbrechende Zukunft. Jürgen Moltmanns Eschatologie, EvKomm 2(1996), S.76-78, S.76). Es geht Moltmann jetzt mehr um die Inhalte der Hoffnung und den Gott der Hoffnung, dessen Zukunft als 'Adventus' bestimmt wird: „Gottes Sein ist im Kommen[...]." (Vgl. Moltmann, Das Kommen Gottes, S.40).

Im Zusammenhang der Deutung des Heilsgeschehens in Christus vgl. auch den Hinweis Körtners, dass die christliche Weltsicht sich gerade durch den Umstand, dass ein geschichtliches Ereignis als bereits angebrochenes und die Unheilsgeschichte durchbrechendes Heil bewertet wird, von einer apokalyptischen Weltsicht grundlegend unterscheidet (vgl. Körtner, Entdeckung der Endlichkeit, S.44).

[99]STh 3, S.198.

[100]Ebd., S.587. Pannenberg sieht in der Weltoffenheit des Menschen die anthropologische Wurzel der Hoffnung, welche durch „die Erfahrung des verheißungsvollen Vorscheins solcher Heilszukunft" (*ders.*, Thesen zur Theologie der Kirche, München [2]1974 [Claudius Thesen; H. 1] 54 (S.27)) geformt wird. Allerdings ist Berufung auf die Verheißung Gottes umgekehrt nicht ohne einen Bezug auf die gegenwärtige Situation und die Bedürfnisse der Menschen zu denken.

tümlichen Vorstellung von der eschatologischen Spannung als Spannung zwischen 'schon' und 'noch nicht'.[101]

Des Weiteren fragt Pannenberg nun doch nach den anthropologischen Implikationen des Verheißungsbegriffes. Gegenstände der Verheißung müssen seiner Ansicht nach „in einer *positiven Beziehung* stehen zur Eigenart und zum tiefsten Sehnen der Menschen und der Welt, auf die sie sich beziehen."[102] Dabei macht Pannenberg aber deutlich, dass es sich beim Aufzeigen von anthropologischen Bezugspunkten der eschatologischen Verheißung nicht um 'Beweise' handelt, sondern dass die anthropologische Argumentation nur eine begrenzte Funktion haben kann, da die eschatologische Hoffnung letztlich an der Wirklichkeit Gottes und nicht der des Menschen hängt. Die anthropologischen Entsprechungen sind jedoch insofern notwendig, als dass die verkündete Verheißung auch als verheißungs*voll* und als *glaubwürdige* Verheißung Gottes gehört wird.[103]

4.3.3. Die Polarität von Eschatologie und Erlösungsbedürftigkeit

Als wichtigsten Beitrag der gegenwärtigen Theologie zu einer anthropologischen Begründung und Interpretation eschatologischer Aussagen nennt Pannenberg den Entwurf Karl Rahners[104]. Wenn es sich bei der Vollendung des Heils um die Ganzheit 'des Menschen' handelt, muss Eschatologie nach Rahner sowohl individuelle als auch allgemeine Eschatologie sein, was dem Menschsein als Individuum und Wesen der Gemeinschaft entspricht, und muss sich ebenfalls auf 'den Menschen' als personal geistiges als auch als leibliches Wesen beziehen.[105]

---

[101]Vgl.STh 3, S.587.

[102]Ebd., S.583. Dabei geht es Pannenberg gerade nicht um ein beliebiges Verlängern allgemeiner menschlicher Projektionen, sondern um die Überwindung der egoistischen Struktur menschlicher Hoffnungen: „Die Christen hoffen nicht nur für ihre jeweilige eigene Person, wo dann allzu häufig die Hoffnung des einen auf Kosten der Hoffnungen anderer geht. In Christus nehmen die Christen an einer allgemeinen Menschheitshoffnung teil." (STh 3, S.201). Dementsprechend spricht Körtner von einer solidarischen Hoffnung, die nicht primär Ausdruck des eigenen Lebenswillens ist, „sondern als Gestalt der Nächstenliebe verstanden werden muß, die über den Tod hinaus fortdauert und im Gedächtnis der Toten und ihrer Leiden Gestalt gewinnt." (Körtner, Wie lange noch, S.104).

[103]Vgl. STh 3, S.584. Eine Argumentation, die auf die Basis der Anthropologie beschränkt bleibt, bringt es nach Pannenberg nur zu Postulaten, die dem Verdacht ausgesetzt bleiben, auf subjektiven Projektionen zu beruhen. Pannenbergs Ausführungen können jedoch kritisch dahingehend befragt werden, ob gänzlich darauf verzichtet werden kann, eschatologische Sätze als Postulate zu bezeichnen (vgl. 4.2.8.).

[104]Rahner, Karl, Schriften zur Theologie, Bd. IV(1960), Einsiedeln u.a. [5]1967, 401-428.

[105]Vgl. STh 3, S.585f; vgl. Rahner, Schriften zur Theologie, S.422f.
Pannenberg weist darauf hin, dass die Formen christlicher Zukunftshoffnung sich aus dem alttestamentlich-jüdischen Denken heraus entwickelt haben. Die vorherrschende Vorstellung im alten Israel bis zur Exilszeit, dass der Einzelne dadurch lebendig bleibt, dass seine gesegneten oder verfluchten Taten sich auf die nachfol-

Bei einem Verständnis einer wechselseitigen Beziehung von anthropologischen und eschatologischen Aussagen, wie es hier bei Rahner und auch bei Pannenberg geschieht, lassen sich der Polarität von individueller und allgemeiner Eschatologie die menschlichen Erfahrungen von Erlösungsbedürftigkeit gegenüberstellen. 'Das Böse' als Bezeichnung für lebens- und beziehungsbedrohende und zerstörende Aktivitäten bezog sich zum einen auf den einzelnen Menschen. Durch die Nähe 'des Bösen' zum Begriff der Sünde war deutlich geworden, dass aus theologischer Sicht grundsätzlich jeder Mensch in der Möglichkeit gesehen wird, 'böse' Handlungen zu begehen. Durch das Geschehen der Versöhnung werden die Menschen eingeladen, nicht mehr in Daseinsangst und Ichfixierung, sondern im Vertrauen auf Gottes heilvolle Nähe und durch die Kraft des Geistes in Freiheit von Sünde und Tod zu leben. Doch bleibt die theologische Sichtweise auch in diesem Punkt realistisch: Die Rechtfertigung muss jeden Tag aufs Neue aktualisiert werden, der Glaubende bleibt *simul iustus et peccator*, gerät immer wieder „in Versuchung“ (Mt 6,13), doch 'das Böse' zu tun. Darüber hinaus darf nicht vergessen werden, dass gar nicht immer genau feststeht, ob eine Handlung als lebenszerstörend oder lebensfördernd einzuschätzen ist. So erfahren sich Menschen auch in Hinsicht dieser möglichen Irrtümer und vorschnellen Entscheidungen als erlösungsbedürftig und beten um das Kommen des Reiches Gottes, um wirklich in der ungestörten Gemeinschaft mit Gott und den Mitmenschen leben zu können.

Zum anderen geht es bei den Erfahrungen mit 'dem Bösen' immer auch um die Perspektive derjenigen, die Zielpunkt einer lebensbedrohenden oder zerstörenden Handlung oder Handlungsfolge werden und sich quasi einer 'Macht des Bösen' ausgeliefert sehen. Dieses wurde besonders in den Ausführungen zu der Theologie der Befreiung ersichtlich. Dabei geht es nicht darum, den Einzelnen von jeglicher Verantwortung freizusprechen. Es soll hingegen darauf hingewiesen werden, dass es gesellschaftliche Strukturen der Unterdrückung geben kann, die zum einen Handlungen des Bösen begünstigen, aber gerade deshalb selbst in ihrer Komplexität als 'Böse' erfahren werden können. Dieser anthro-

---

gende Generation und die Lebensgemeinschaft des Volkes auswirkten, wurde durch den Untergang des Staates Juda zu Beginn des 6. Jahrhunderts erschüttert. Die Gerechtigkeit Gottes war für das Volk im Gang der Geschichte nun nicht mehr ersichtlich. So kam das zynische Sprichwort auf: „Die Väter haben saure Trauben gegessen, aber den Kindern sind die Zähne davon stumpf geworden“ (Ez 18,2; Jer 31,29). Aber auch die neue Ordnung, durch Jeremia und Ezechiel proklamiert, dass jeder für seine eigenen Strafen zu büßen habe, konnte nicht in Übereinstimmung mit der Lebenserfahrung der Menschen und dem Glauben an Gottes Gerechtigkeit gebracht werden: Oftmals scheint es den Gottlosen besser zu gehen als den Frommen (Koh 8,14). In der Auseinandersetzung mit diesen Erfahrungen begannen die Glaubenden mit einem individuellen Leben über den Tod hinaus zu rechnen, von dem die ausgleichende Gerechtigkeit erhofft wurde (Dan 12,2). Die Auferstehung der Gerechten, die dann in ihrer Gemeinschaft das eschatologische Gottesvolk darstellten, wurde mit dem Ende der Tage zusammengedacht. Die christliche Hoffnung auf die Gerechtigkeit Gottes geht aus diesen Vorstellungen hervor, beruht aber auf dem Glauben, dass auch Nichtjuden Erben der Hoffnung Israels sind. Denn das Reich Gottes ist im Wirken Jesu schon Wirklichkeit geworden (vgl. STh 3, S.590f).

pologischen Erfahrung stehen die Aussagen der allgemeinen Eschatologie gegenüber, die Hoffnung auf die Vollendung des Reichs Gottes.
Die Verheißung des Heils umschließt also sowohl die individuelle als auch allgemeine Hoffnung auf Erlösung und Vollendung. Beide Aspekte greifen ineinander und sind nicht losgelöst voneinander zu betrachten. Die Heilswirklichkeit des Reichs Gottes übersteigt den Partikularismus der Individuen, aber umfasst auch das Verlangen und Sehnen des Einzelnen.[106]
Die christliche Hoffnung richtet sich somit auf einen Zustand, der als Zielpunkt eines gesellschaftlichen Prozesses kaum zu denken ist und jeder bisherigen Erfahrung widerspricht. Aus diesem Grund könnte man von einer 'radikalen' Hoffnung sprechen, gegenüber der auch Glaubende einen „ungeschlichteten Zwiespalt"[107] empfinden können. Für eine Deutung der 'Überwindung des Bösen' liegt die Stärke der christlichen Eschatologie auf der einen Seite darin, dass sie Trost und Zuversicht geben kann. Andererseits ist es gerade ihre Radikalität, die Skepsis gegenüber einem Zukunftsoptimismus hervorruft, einem Optimismus der angesichts 'des Bösen' in der Welt so unwirklich oder gar utopisch erscheint. Um diese Spannung zu verdeutlichen, soll die Besonderheit christlicher Eschatologie Im Folgenden noch einmal genauer dargestellt werden.

4.3.4. Vollkommene 'Überwindung des Bösen' als 'radikale Hoffnung'

Um lebensbedrohende und -zerstörende Handlungen zwischen Menschen einzuschränken und damit ein friedliches Zusammenleben zumindest theoretisch zu gewährleisten, kommt nach der Ansicht Pannenbergs keine Gesellschaft ohne ein Rechtssystem und Institutionen aus, die das für alle geltende Recht im Rahmen politischer Macht wahren und durchsetzen.[108] Die Herrschaft von Menschen über Menschen kann aber in verzerrter Form immer auch selber Quelle von Ungerechtigkeiten, Willkür und Gewaltmissbrauch[109] bis hin zu

---

[106]Vgl. STh 3, S.201.
[107]Zahrnt, Heinz, Wie kann Gott das zulassen? Hiob - Der Mensch im Leid, München ^{5}1991 [SP; 453], S.92.
[108]Dieses ist eine Interpretation von den Bedingungen menschlichen Zusammenlebens in einem gesellschaftlichen System. Es ist auch die entgegengesetzte Auffassung zu erwähnen, die von der grundsätzlichen Kooperationsfähigkeit oder einem angeborenen Gemeinschaftssinn 'des Menschen' ausgehen, der in der Lage ist, eine Gesellschaft zu bilden, in der die Notwendigkeit, das Recht durch Institutionen durchsetzen zu müssen, entfällt. Dazu zählen beispielweise Pazifisten wie Ghandi und Anarchisten wie Kropotkin (vgl. Baum, Gregory, Keine Gesellschaft ohne Gewalt?, in: Conc(D) 34(1998), 14-20, S.16).
[109]Die Rede von Gewalt wird dadurch erschwert, dass es keine einheitliche Definition von Gewalt gibt. Neben physischer Gewalt kann es auch psychische Gewalt geben: Neben ungesetzlicher Gewalt wird z.T. auch der legale Einsatz psychischer Mittel zur Durchsetzung der Rechtsordnung als Gewalt bezeichnet. Eine weitere Schwierigkeit liegt in dem gespaltenen Verhältnis, das Menschen gegenüber Gewalt entwickeln. Auf der einen Seite besteht große Furcht und Abneigung gegenüber Gewalttaten, die einen bedrohen, auf der anderen Seite scheint die gewaltsame Bestrafung von Menschen, die als kriminell angesehen werden, oft begrüßt zu werden

Folter und Mord sein oder sich als unzureichend erweisen, um tatsächlichen Mißständen zu begegnen. Dieser Gewalt wird oftmals wiederum mit Gewalt begegnet, es kommt zu Umstürzen, Zusammenbrüchen politischer Systeme, kriegerischen Auseinandersetzungen.[110]
Selbst wenn es einer Gesellschaft gelingen könnte, ein allen berechtigten Ansprüchen genügendes Recht zu formulieren, müsste bei allen Teilnehmern dieser Gesellschaft der Wille bestehen, dieses Recht auch einzuhalten.[111]
Angesichts der menschlichen Sünde, deren Macht im Verhalten der Menschen untereinander deutlich wird, scheint die biblische Überlieferung realistisch. Daher ist die jüdische Vorstellung von der vollen Realisierung des Reiches Gottes nicht nur an das Ende der Herrschaft von Menschen über Menschen geknüpft, sondern darüber hinaus auch an die Vorstellung einer „Umwälzung der Naturbedingungen des menschlichen Daseins selber“[112]. Zur endgültigen Verwirklichung wird auf „einen neuen Himmel und eine neue Erde“ (Apk 21,1; vgl. 20,11; Jes 65,17) gehofft.
Mit diesem Punkt knüpft Pannenberg nun an sein Verständnis von Sünde an. Während er bei der Entfaltung seiner anthropologischen Überlegungen die Sünde, also die Verfehlung der menschlichen Bestimmung, als „eng verflochten mit den Naturbedingungen menschlichen Daseins“[113] charakterisierte, spricht er im Anschluss an die biblische Überlieferung davon, dass der durch die Herrschaft der Sünde bedingte zwischenmenschliche Antagonismus „tief in den Naturbedingungen des gegenwärtigen Daseins verwurzelt“[114] ist. Somit wird hinsichtlich der Hoffnung auf das Reich Gottes der Gedanke der kosmischen Erneuerung der Welt verbunden mit der Auferstehung der Toten für Pannenberg zu einer Notwendigkeit. Denn solange es zu der Schwäche 'des Menschen' gehört, seine Ichzentriertheit mit allen Mitteln durchsetzen zu wollen und gegen seine Bestimmung 'böse' zu handeln, ist eine innerweltlich gedachte endgültige 'Überwindung des Bösen' ein unwahrscheinliches Hoffnungsziel.

---

und eine gewisse Befriedigung hervorzurufen. Das Verhältnis der Menschen zur Gewalt scheint nicht nur rationaler, sondern auch unausweichlich emotionaler Art zu sein (vgl. Baum, Keine Gesellschaft ohne Gewalt?, S.14f).

[110]Vgl. STh 3, S.628f. Hannah Arendt differenziert in diesem Zusammenhang zwischen Macht und Gewalt, die sie als Gegensätze bezeichnet. Macht gehört zum Wesen staatlicher Gebilde, Gewalt jedoch nicht: „Gewalt tritt auf den Plan, wo Macht in Gefahr ist; [...] ihr Ziel und Ende [...ist] das Verschwinden von Macht.“ (Arendt, Hannah, Macht und Gewalt („On Violence“ 1970), dt. München [9]1994 [SP; 1].

[111]Genau vor diesem Problem stand auch der Prophet Jeremia, denn seine Verheißung lautet, dass der Rechtswille Gottes in die Herzen aller Menschen eingehen und dort lebendig und wirksam sein werde (Jer 31,33f). Das wiederum bedeutet, dass Gott selbst in den Herzen der Menschen herrschen müsste, so dass diese einander anerkennen, sich gegenseitig vergeben und beistehen. „Dann erst würde jede Herrschaft von Menschen über Menschen überflüssig geworden sein samt der damit verbundenen Ungerechtigkeit.“ (Vgl. STh 3, S.229).

[112]Ebd.

[113]STh 2, S.299, vgl.,A, S.104.

[114]STh 3, S.629.

Radikale Wandlung ist vom Neuen Testament her gedacht nur als Widerfahrnis göttlicher Kreativität denkbar.[115]

Pannenberg macht aber noch auf ein weiteres Motiv aufmerksam, auf dem der Gedanke des endzeitlichen Gottesreiches beruht. Die Vorstellung der Vollendung der menschlichen Bestimmung beinhaltet auch die Versöhnung von Indiviuum und Gesellschaft. Die Vollendung der Menschheit als ganzer kann nur stattfinden unter der Teilnahme aller ihrer Glieder. Das ist der zweite Grund, warum Pannenberg über die Vorstellung einer innerweltlichen Vollendung hinausgeht: Nur durch die Teilhabe aller Individuen der Menschheit an der Vollendung ihrer Bestimmung, also auch der bereits Verstorbenen, gibt es eine Versöhnung von Mensch und Gesellschaft. Dieses kommt in der christlichen Eschatologie durch die Verbundenheit der Vorstellung von der Vollendung des Reiches Gottes mit der Auferstehung der Toten zum Ausdruck. Jede nur innerweltlich vorgestellte Eschatologie der Gesellschaft bleibt hinter dem Begriff einer Vollendung der Bestimmung des Menschen zurück.[116]
Selbst wenn der 'Zustand des ewigen Friedens'[117] in der Geschichte erreicht würde, könnten doch ausschließlich die Mitglieder der dann lebenden Generation daran teilhaben. Alle Menschen, die zu ihren Lebzeiten unterschiedliche Erfahrungen 'des Bösen' gemacht haben, wären von diesem Frieden ausgeschlossen. Auch in diesem Punkt übersteigt die christliche Hoffnung in ihrer 'Radikalität' alle innerweltlich gedachten Zielvorstellungen und Utopien und entlarvt diese nach Pannenberg „als sehr unvollkommene Ausdrucksformen der Hoffnung auf eine künftige Vollendung der Menschheit"[118], in denen das Glück der Gegenwärtiglebenden dem angeblichen Menschheitsziel bedenkenlos zum Opfer fällt. Sie wären nur vorübergehende Mittel für das Leben der Ziel-Gesellschaft.

Aus den genannten Gründen ist es für Pannenberg nur sinnvoll, wenn vom Reich Gottes als Ende der Geschichte geredet wird. Diese Vorstellung bedarf allerdings genauerer Erläuterung, da sie zunächst „eine die Einbildungskraft empörende Vorstellung"[119] darstellt. Jeder Zeitpunkt scheint doch in der menschlichen Vorstellungskraft ein 'Danach' zu besitzen. Angesichts dieser Einwände sollen daher die Begründungen Pannenbergs noch präziser in den Blick genommen werden.

---

[115]Vgl. hier auch Weder, Hans, Die Abwesenheit der Tugend. Neutestamentliche Überlegungen zum Problem des Tugendhaften, in: Einblicke ins Evangelium, 1992, 287-296, S.292.

[116]Vgl. STh 3, S.631.

[117]Vgl. Kant, Immanuel, Zum ewigen Frieden. Ein philosophischer Entwurf (1795), in: AA, Bd. VIII, Berlin 1968, 341-386, 348ff.

[118]STh 3, S. 631.

[119]Pannenberg zitiert hier die Kritik Kants (Kant, Immanuel, Das Ende aller Dinge (1794), in: AA, Bd. VIII, Berlin 1968, 325-340, S. 334). Kant gebe jedoch auch zu Bedenken, dass der Gedanke eines Endzweckes menschlicher Bestimmung die Annahme eines solchen Endes fordere (vgl. STh 3, S.632).

4.3.5. Das Reich Gottes als Ende der Geschichte

Vollendung ist für Pannenberg notwendig mit dem Ende der Geschichte und, damit verbunden, mit dem Ende der Zeit verknüpft. Würde man die Vollendung ohne ein Ende der Zeit denken, wäre die weiterlaufende Zeit eine Art inhaltsleeres Vakuum. Auch ein unbegrenztes Fortschreiten geschichtlicher Erfahrung lässt sich nicht mit dem Gedanken eines 'Endzwecks' des menschlichen Daseins vereinbaren. Es kann nach Pannenberg nur dann von der Vollendung der Geschichte des Menschen gesprochen werden, wenn die Vollendung selber geschichtliches Ereignis wird und damit die Geschichte beendet: „Schwebt die Idee der Vollendung nur über der Geschichte, ohne in sie einzutreten als diese Geschichte beendendes Ereignis, so heißt das, daß es für das geschichtliche Dasein der Menschen und der Menschheit gar keine Vollendung gibt."[120]

Dem naturwissenschaftlichen Weltbild steht die Vorstellung eines Weltendes nicht unbedingt entgegen. Es wird nicht ausschließlich die These von der unendlichen Ausdehnung des Universums in Raum und Zeit vertreten.[121] Aber wie im ersten Teil der Arbeit herausgestellt worden ist, kann es nicht darum gehen, für theologische Aussagen Analogien im naturwissenschaftlichen Bereich zu suchen, mit denen theologische Erkenntnisse dann gestützt werden bzw. mit denen das Ende womöglich berechnet wird. So kann nach Pannenberg auch die ökologische Krise - im markinischen Sinn - ausschließlich als Zeichen des Endes (Mk 13,32), aber nicht als das Ende selbst verstanden werden. Für die Annahme eines Endes der Geschichte müssen nach Pannenberg andere Anhaltspunkte gesucht werden.[122]

Als einen solchen Anhaltspunkt bezeichnet Pannenberg „die innere Logik der Geschichtlichkeit unseres Sinnbewußtseins"[123]. Jede Einzelerfahrung, die gemacht wird, hat ihre Bedeutung nur im Zusammenhang eines Kontextes. Da das Bedeutungsganze jedoch in Blick auf die offene Zukunft nur antizipiert werden kann, tritt auch in den Einzelerfahrungen nur die Antizipation des noch nicht vollendeten Ganzen in Erscheinung. Wenn wir aber jede Einzelerfahrung mit einer bestimmten Bedeutung verbinden, heißt dass, dass immer schon ein Ganzes von Wirklichkeit vorausgesetzt wird. Pannenberg fasst daher zusammen: „Jede Einzelerfahrung setzt als Bedingung ihrer Bestimmtheit ein Ende der Ge-

---

[120]STh 3, S.632f.

[121]Vgl. STh 2, S.177ff., 180ff.

[122]Vgl. STh 3, S.635.

[123]STh 3, S.636. In seinem Verständnis von Geschichte als Sinnzusammenhang, in der die Vollendung - wie ein Textganzes - die Integration aller Sinnmomente darstellt, folgt Pannenberg der Hermeneutik Wilhelm Diltheys (1833-1911) und überträgt die Texthermeneutik auf sein Verständnis von Welt als Geschichte (vgl. Sauter, Einführung in die Eschatologie, S.133; vgl. Pannenberg, Wolfhart., Über historische und theologische Hermeneutik, in: Grundfragen systematischer Theologie, Bd. 1(1967), Göttingen ^{2}1971, 123-158, 142ff. ; vgl. WT, S.286ff). Nach Sauter legt Pannenberg deshalb Wert darauf, in seinem Geschichtsverständnis nicht von Hegel abhängig zu sein, weil Hegels Geschichtsphilosophie totalitäres Denken nicht ausschließt, so dass durch Unterjochung geschichtlicher Konstellationen das Sinnganze und damit die Zukunft verstellt wird.

schichte voraus, von dem her die Geschichte nicht nur der Menschheit, sondern des Universums als Gesamtprozeß konstituiert ist."[124]
Auch dieser Gedankengang trägt nicht zu einer *Faktizität* der Annahme eines Endes der Geschichte bei. So kritisiert Ignace Berten[125] Pannenbergs Argumentation als zirkulär und plädiert für einen Verzicht des Begriffes des Endes. Seiner Meinung nach lässt sich das Ende der Geschichte nur unter der Annahme der Existenz Gottes behaupten. Pannenberg verfahre dagegen umgekehrt und daher zirkulär, indem er davon ausgehe, dass nur durch die Offenbarung Gottes in der Geschichte etwas über Gott ausgesagt werden kann und dass diese Offenbarung von der Vorstellung eines Endes der Geschichte abhängt. Pannenberg weist wiederum den Einwand mit dem Hinweis darauf zurück, dass auch in der Argumentation Kants der Gottesbegriff nicht zur Annahme des Endes der Geschichte vorausgesetzt ist.[126]

Die hier nur kurz dargestellte Diskussion macht deutlich, dass es nicht möglich ist, Aussagen der Eschatologie als „supranaturales Offenbarungswissen"[127] zu handeln. Gerade weil die Frage nach dem Ende der Geschichte strittig ist, kann sie nur als offene Frage dargestellt und nicht beantwortet werden. Es ist jedoch trotzdem möglich, den Schwierigkeiten, die sich mit der gedanklichen Vorstellung eines Endes der Geschichte und der Zeit ergeben, den Gedanken entgegenzusetzen, dass Gott und nicht das Nichts das Ende der Zeit ist. Vollendung beschreibt Pannenberg deshalb als „Eintritt der Ewigkeit in die Zeit"[128].
Die Teilnahme der Geschöpfe an der Ewigkeit Gottes ist mit dem Gedanken der radikalen Verwandlung verknüpft.[129] Diese Verwandlung bezieht sich nicht nur auf die Aufhebung der Zeit in die göttliche Gleichzeitigkeit, sondern vor allem auf die Menschen als Sünder, als in Trennung zu Gott und in Antagonismus

---

[124]STh 3, S.636. Pannenbergs Ausführungen zur Weltoffenheit des Menschen (vgl. Teil II, 1.3.5.) stehen in Korrespondenz zu der universalgeschichtlichen Begründung der Geschichtlichkeit von Wahrheit. Die für den Menschen wesentliche Weltoffenheit besteht darin, dass der Mensch sich nicht an Gewesenes hängt, sondern vorwärtsgewandt intentional über die Zeit hinaus und auf Gott hin zielt. Es bleibt jedoch unklar, in welchem Verhältnis die anthropologische und die universalgeschichtliche Begründung bei Pannenberg zueinander stehen, ob eine Begründung die andere Konzeption tragen soll (vgl. Sauter, Einführung in die Eschatologie, S.130f).

[125]Berten, Ignace, Geschichte, Offenbarung, Glaube. Eine Einführung in die Theologie Wolfhart Pannenbergs („Histoire, Révélation et Foi. Dialogue avec Wolfhart Pannenberg"), dt. München 1970, 77ff.

[126]Vgl. STh 3, S.638.

[127]Körtner, Wie lange noch, S.105.

[128]STh 3, S.649.

[129]Pannenberg betont, dass trotz der Vorstellung der Verwandlung der Gedanke von der Identität des zukünftigen mit dem gegenwärtigen Leben einen grundlegenden Aspekt der christlichen Hoffnung darstellt. Nicht etwas anderes nimmt die Stelle des gegenwärtigen Lebens ein, sondern das gegenwärtige, elende Leben soll durch das ewige Heil erlöst werden. Er hält es jedoch für problematisch, die Seele als dasjenige Moment anzusehen, das dem Tod entgeht und so die menschliche Identität sichert. Die Kontinuität unserer persönlichen Identität über den Tod hinaus wird nach Pannenberg einzig und allein durch Gott selbst, durch die Verwahrung jedes einzelnen Lebens in Gottes 'Gedächtnis' gewährleistet (vgl. Pannenberg, Die Aufgabe christlicher Eschatologie, S.77).

untereinander lebende Geschöpfe. Die Rede von der Verwandlung macht deutlich: 'Der Mensch' kann nicht als Sünder in Gottes Ewigkeit eingehen. Deshalb ist mit der Verwandlung die Frage nach dem Gericht Gottes verbunden.[130]
Im alttestamentlich-jüdischen Denken entstand die Hoffnung auf ein Leben über den Tod hinaus aufgrund der erfahrenen Ungerechtigkeiten im irdischen Dasein. Die Gerechten erhofften einen Ausgleich für die im irdischen Leben nicht erfahrenen Entsprechung von Tun und Ergehen. Auch in der Botschaft Jesu (Mt 5,3ff, Lk 6,24f.) wird deutlich, dass die eschatologische Verwandlung ein Moment der Kompensation für die gegenwartigen Leiden und Versagungen des irdischen Lebens enthält.[131] Auch dieser Gedanke ist für eine Hoffnung auf 'Überwindung des Bösen' durch die Vollendung von Bedeutung.

4.3.6. Das Gericht als Ausdruck der 'Reinigung' des Lebens von 'dem Bösen'

Bereits die frühe dialektische Theologie hat nach Pannenberg mit Recht betont, dass die Ewigkeit das Gericht ist. Dabei darf der Gedanke des Gerichtes nicht einfach mit der Vorstellung einer Vernichtung irdischen Lebens gleichgesetzt werden. Um die Bedeutung des Gerichts zu verdeutlichen, greift Pannenberg, wie eben bereits entfaltet, auf die Kategorie der Zeit zurück. Während im irdischen Dasein die Zeiterfahrung in die drei Zeitmodi auseinanderfällt, ist die Ewigkeit als ewige Gleichzeitigkeit zu verstehen. Als Sünder leben Menschen im Widerspruch zu Gott und der menschlichen Bestimmung. Dabei kommt es, auch aufgrund des zeitlichem Nacheinanders der Lebensmomente, zu sich widersprechenden Lebenserfahrungen. Oft werden diese aufgrund des Fortganges der Zeit jedoch verdrängt oder durch Fassaden und Masken übertüncht, um auch schon in diesem Leben eine Identität, eine „Treue in der Übereinstimmumg mit uns selber“[132] anzustreben.
In der Sphäre der ewigen Gleichzeitigkeit klingen nun alle gelebten, sich widersprechenden Lebensmomente gleichzeitig in einer „schrillen Dissonanz“[133] zusammen. Das Gericht bedeutet somit die Konfrontation des Sünders mit dem Zusammenklang aller seiner Lebensmomente. Verdrängungen, Masken und Fassaden können eine selbstkonstruierte Identität nicht mehr bewahren. Die Ewigkeit bringt somit die Wahrheit an das Licht, denn „die Wahrheit der Zeit ist der Zusammenklang allen Geschehens in einer ewigen Gegenwart.“[134]

---

[130]Vgl. STh 3, S.653f.
[131]Vgl.ebd., S.686.
[132] STh 3, S.656.
[133]Ebd.
[134]Pannenberg, Was ist der Mensch?, S.53f. Vgl. auch STh 3, S.657.

Pannenberg betont selbst, dass diese Vorstellung von der Verewigung des Lebens eher ein Bild der Hölle nährt als das der ewigen Seligkeit. Es kommt unwillkürlich die Frage auf, ob das menschliche Leben in der Perspektive der Ewigkeit Gottes an seinen inneren Widersprüchen, an der schrillen Disharmonie zugrunde gehen muss, weil es sich selbst überlassen bleibt. Dem widerspricht jedoch die Botschaft von Gottes Liebe und seinem Willen zur Versöhnung. Gott selbst hat sich erniedrigt, um die Menschen zur Versöhnung einzuladen. Er hält auch als Richter an seinem Schöpferwillen fest und lässt sein Geschöpf gerade nicht an den Dissonanzen seines Lebens zugrunde gehen. Nach Pannenberg wird so zwar auch der Versöhnte mit der Ewigkeit, also dem Gericht konfrontiert, aber nicht in der Erwartung der Vernichtung seines Lebens, sondern der „Reinigung vom Mißklang der Sünde und alles dessen, was der göttlichen Schöpfungsabsicht widerspricht“[135].

Um diesen Aspekt der ‘Reinigung’ zu erläutern, verwendet Pannenberg das Bild des Feuers (vgl. Jes 1,25). Das Christus übertragende Gericht ist nicht vernichtendes, sondern reinigendes oder läuterndes Feuer. Im Gericht selbst vollzieht sich somit die Verwandlung, von der Paulus spricht (1. Kor 15,50ff). Das ist die mit dem christlichen Glauben verbundene „erlösende Umprägung“[136] der Gerichtsvorstellung. Die richtende Wahrheit ist dieselbe, die aufgebrochen ist, um die Menschen zu retten.[137]

Wenn nun diese Reinigung abhängig ist von dem Eingehen der Menschen auf die Versöhnung, wenn also Jesu Botschaft Norm des göttlichen Urteils ist, kommt die Frage auf, was mit denjenigen Menschen geschieht, die in ihrem Leben nie von der Botschaft Jesu gehört haben. Pannenberg weist deshalb darauf hin, dass die Teilhabe am Heil nicht von historischen oder zeitgeschichtlichen Zufälligkeiten abhängig sein kann. Das Gleichnis vom Weltgericht (Mt 25, 31-46) macht deutlich, dass Menschen, die Jesu Botschaft nicht gekannt, aber in Liebe gehandelt haben, also seiner Botschaft entsprechen, am Heil teilhaben und vom Gericht freigesprochen werden. Dagegen bleiben die „nur nominellen Christen“[138] vom Heil ausgeschlossen. Auch diejenigen Menschen, auf die sich die Seligpreisungen (Mt 5,3ff; Lk 6,20ff) beziehen, haben am kommenden Heil teil, unabhängig davon, ob sie die christliche Botschaft kennen oder nicht.

Wenn das Gericht als ‘Reinigung’ des Lebens von allen „Spuren und Folgen des Bösen“[139] gedacht werden kann, ist in dieser Aussage die endgültige

---

[135] STh 3, S.657.

[136] Pannenberg zitiert hier Joseph Ratzinger, Eschatologie - Tod und ewiges Leben, Regensburg [6]1990 [KKD; Bd. 9], S.169.

[137] Vgl. STh 3, S.663. Pannenberg weist darauf hin, dass die Zukunft Gottes ähnlich wie das Reich Gottes auch schon mit dem ‘reinigenden Feuer im Gericht’ in Form von Buße und Taufe zur Vergebung der Sünde in die Gegenwart hineinwirkt (vgl. STh 3, S.658f).

[138] Ebd., S.662.

[139] Ebd., S.652.

'Überwindung des Bösen' impliziert. Durch die radikale Verwandlung der Geschöpfe werden diese in ihre engültige Bestimmung geführt, in ein vom 'Bösen' ungestörtes Zusammenleben mit Gott und den Mitgeschöpfen.
Der Hinweis auf die Seligpreisungen macht jedoch deutlich, dass mit dem Gericht auch die Hoffnung einer 'ausgleichenden Gerechtigkeit' verbunden ist. Die Botschaft der Seligpreisungen richtet sich auch gerade an diejenigen, die Leid tragen, die nach Gerechtigkeit hungert und die um der Gerechtigkeit willen verfolgt werden (vgl. Mt 5,3ff).[140]
Wird das Gericht wie in 1. Kor 3,13-15 mit einem Feuer verglichen, das alles verbrennt, was vor Gottes Ewigkeit keinen Bestand hat, kommt damit nach Pannenberg zum Ausdruck, dass das Gericht nicht „der billige Ausweg einer Allversöhnung" darstellt, also ein Geltenlassen auch damit, „womit es keine Versöhnung geben darf."[141] Paulus betont, dass ein Glaubender, dessen Werke verbrennen, durch das Feuer hindurch gerettet wird (1. Kor 3,15). Pannenberg stellt nun die Frage, ob es innerhalb dieses biblischen Verständnisses auch Menschen geben kann, bei denen das Feuer des Gerichtes nichts übrig lässt. Auf der einen Seite legen viele biblische Worte dieses in der Form der Drohung nahe. Auf der anderen Seite stehen die Aussagen zur Schöpfung der Menschen nach dem Bilde Gottes.[142] Pannenberg hält die Vorstellung von der „ewigen Verdammnis einzelner"[143], die darauf beharren, mit Gott unversöhnt zu bleiben, für einen Grenzfall, der für die in 1. Kor 3 geschilderte Vorstellung vom Gerichtsfeuer nicht konstitutiv ist. Hier geht es eher um die Hoffnung, durch die Verbundenheit mit Jesus Christus im Glauben, durch seine besondere Zuwendung zu den Leidenden (Mt 5,3ff) oder durch eine Verbundenheit in Unwissenheit (Mt 25,31-46) genau vor diesem Grenzfall bewahrt zu werden. Das letzte Urteil über diese Fragen, so betont Pannenberg, muss Gott selbst überlassen bleiben.[144]

Wie bereits oben angedeutet sind die Ausführungen Pannenbergs zur Eschatologie, besonders zum Gericht, stark von bildhaften Ausdrücken geprägt. Gleichzeitig ist die Skepsis wahrzunehmen, welche die säkularisierte Gesellschaft gerade der Thematisierung einer endgeschichtlichen Eschatologie entgegenbringt. Eine Betrachtung der Sprache der Eschatologie könnte dazu verhelfen, anschließend mögliche Funktionen eschatologischer Rede auch gegenüber Einwänden der 'Eschatologiekritik' zu verdeutlichen.

---

[140] Vgl. ebd., S.686.
[141] Pannenberg, Die Aufgabe christlicher Eschatologie, S.78.
[142] Vgl. ebd., S.78f.
[143] STh 3, S.667.
[144] Vgl. Die Aufgabe christlicher Eschatologie, S.79.

4.3.7. Zur Sprache eschatologischer Aussagen

In einen Exkurs geht Pannenberg selbst auf die Sprache der Eschatologie ein.[145] Nicht nur das Bild des Feuers und die Rede vom Gericht selbst, sondern auch die Aussagen über die Heilszukunft der Toten als Auferweckung oder Auferstehung bezeichnet Pannenberg als Metaphern. In letzteren sieht er Vorstellungen, die ihren Anschauungsgehalt den menschlichen Erfahrungen des Aufweckens und Aufstehens vom Schlafe verdanken.[146] Der metaphorische Wortgebrauch innerhalb der Eschatologie macht nach Pannenberg deutlich, dass die hier zur Sprache gebrachten Geschehen menschliches Begreifen in besonderer Weise übersteigen, da sie über den Erfahrungshorizont der Menschen hinausreichen. Damit ist nicht gesagt, dass eschatologische Aussagen nicht zu begründen wären oder keinen Bezug zu gegenwärtigen Erfahrungen haben, sondern dass im Gegenteil gerade durch sie die „Defizienz der gegenwärtig erfahrenen Wirklichkeit der Menschen und ihres Geschicks, sowie die Spannung des Gottesbewußtseins zu dieser Defizienz“[147] ihren Ausdruck findet.
Methaphorische Wortbildungen im Bereich der Eschatologie unterliegen nach Pannenberg nicht einer „dichterischen Freiheit“[148], sondern die Grundlagen, die zu den metaphorischen Aussagen führen, sind einer argumentativen Darlegung zugänglich, so dass sie prinzipiell auch bestritten werden können. Allerdings weist Pannenberg die Forderung zurück, dass auf die Fragen der Eschatologie „literal and not metaphorical answers“[149] gegeben werden müssten. Über ein „buchstäblich zu nehmendes Wann und Wo“[150] menschlicher Teilhabe an der Ewigkeit Gottes gibt auch die neutestamentliche Botschaft Jesu keine Auskunft (Mk 13,32).
Im Folgenden ist Pannenbergs Metaphernverständnis jedoch kritisch zu betrachten. So wird deutlich, dass Pannenberg ‘die Sache’ von der Metapher als ‘Form der Aussage’ unterscheidet, da seiner Meinung nach die „Sache selbst“[151] nicht Metapher ist. Daher hält er es für unstatthaft, aufgrund der metaphorischen Form eschatologischer Aussagen die darin zur Sprache gebrachte Sache als irreal zu bezeichnen und weist darauf hin, dass ‘die Sache’ durchaus argumentativer Darlegung zugänglich ist. Durch die Trennung von Form und Sache missversteht Pannenberg Metaphern nun doch als „realistische Beschrei-

---

[145]Vgl. STh 3, S.667f.
[146]Hier liegt bei Pannenberg bereits eine weitere Metapher zugrunde, nämlich die im jüdischen und griechischen Denken verbreitete Vorstellung vom Tod als Schlaf. Diese Vorstellung findet sich primär in apokalyptischen Schriften (Dan 12,2; äth. Henoch 49,3; 100,5 u.ö.; Syr Bar 11,4; 21,24 u.ö.), aber auch schon bei Jeremia (51,39), in den Psalmen (13,4) und bei Hiob (3,13; 14,2). (Vgl. STh 2, S.388).
[147] STh 3, S.667.
[148]Ebd.
[149]Hick, John, Death and Eternal Life, London 1976, S. 224.
[150]STh 3, S.668.
[151]Ebd.

bungen einer Wirklichkeit“[152], welche in ihrer ontologischen Struktur mit der semantischen Textur der Metaphern korreliert und so bestimmt werden kann. Dagegen ist zu betonen, dass Metaphern als sprachliche Bilder anzuerkennen sind, die nicht in irgendeiner Realität ein Vorbild haben und dementsprechend nicht als Abbilder verstanden werden können. Die Metapher ist somit auch nicht verlustfrei zu übersetzen und ist gerade deshalb präzisierende und nicht ‘uneigentliche Sprache’.[153]

Weiter weist Pannenberg darauf hin, dass es neben metaphorischen Aussagen auch Ausdrücke anderer Struktur, z.B. die Rede vom ‘Leben’ oder der ‘Ewigkeit’ gibt. Diese Rede geschieht im Sinne der Rückkehr in das irdische Leben (Lk 8,54; Mk 5, 41; Joh 11,11) oder im Sinne eines Überganges in ein anderes, neues Leben (2. Kor 4,10; 5,4; Röm 5,10), das „ewige“ Leben (Gal 6,8; Röm 2,7; 5,21; 6,22f), welches das Leben im vollen Sinne darstellt (vgl. Joh 1,4; 5,26; 14,6 u.ö. mit 3,15.36; 4,14 u.ö.; 6,53f). Während der Begriff des Lebens nach Pannenberg also nicht als Metapher zu verstehen ist, gilt für den Übergang vom Tod zum Leben, dass er als ein den menschlichen Erfahrungsbereich übersteigender Vorgang der metaphorischen Benennung bedarf. Trotz der metaphorischen Ausdrucksweise, so betont Pannenberg, ist mit der Auferstehung jedoch durchaus ein „reales Ereignis“[154] gemeint. Als aufgrund seiner Komplexität uneindeutig charakterisiert Pannenberg den Ausdruck ‘Reich Gottes’. Dieser enthält zwar metaphorische Züge, ist aber insgesamt nicht als Metapher zu kennzeichnen, da die Momente von Macht und Herrschaft zu den Implikationen des Gottesgedankens als solchem gehören.[155] Insgesamt bleibt an dieser Stelle uneindeutig, durch welche Kriterien Pannenberg hier metaphorische von begrifflicher Sprache unterscheidet, warum also die Rede von der ‘Ewigkeit’ keine Metapher darstellt. [156]

---

[152]Dalferth, Ingolf U., In Bildern denken. Die Sprache der Glaubenserfahrung, in: EK 3(1997), 165-167, S.166.

[153]Vgl. ebd.; vgl. Weder, Hans, Sprache und Wirklichkeit, in: ders., Einblicke ins Evangelium, 1992, 167-181, S.171.

[154]STh 2, S.388. Deutlich wird das besonders bei Pannenbergs Ausführungen zur Historizität der Auferstehung Jesu. Historizität meint dabei nicht ‘historisch beweisbar’ sondern in erster Linie „die Tatsächlichkeit eines zu bestimmter Zeit geschehenen Ereignisses“ (vgl. STh 2, S.403). An dieser Stelle kritisiert Körtner, dass es zu einer äquivoken Verwendung des Begriffs des Historischen kommt, wenn Pannenberg die Auferstehung Jesu zu einem „raum- zeitlich lokalisierbaren und prinzipiell verifizierbaren Ereignis erklärt“ (Körtner, Wie lange noch, S.107), da sich der Begriff des Historischen unter der Hand verändert.
Pannenbergs Anliegen, dem Auferstehungsereignis Historizität zuzusprechen, wird auch daran deutlich, dass er Lüdemanns Anfragen nach den Anfängen und dem Verlauf des Ostergeschehens ernst nimmt. Obwohl er im Ergebnis Lüdemanns Meinung für einen Weg der säkularen Anpassung hält, betont er als Verdienst Lüdemanns, „die christliche Osterüberlieferung ausdrücklich zum Gegenstand historischer Urteilsbildung erklärt zu haben“. (Pannenberg, Wolfhart, Die Auferstehung Jesu - Historie und Theologie, in: ZThK 94(1994), 318-323, S.320).

[155]Vgl. STh 3, S.668.

[156] Darüber hinaus berücksichtigt Pannenberg nicht, dass unter einer Metapher im Allgemeinen kein einzelnes Wort, sondern die Struktur eines Satzes verstanden wird. Die Metapher enthält mindestens ein Subjekt, eine Kopula und ein Prädikatsnomen (bekanntestes Beispiel: Achill ist ein Löwe). Der semantische Wert einer Me-

Die Funktion metaphorischer Sprache innerhalb der Eschatologie wird von Pannenberg schwerpunktmäßig darin gesehen, dass durch die Metapher etwas zum Ausdruck gebracht werden soll, das die menschliche Erfahrung übersteigt. Die Metapher bringt in bildhafter Rede das zur Sprache, was eine begriffliche Sprache nicht leisten kann.

Eine entscheidende Funktion, die mit metaphorischer Sprache unmittelbar verbunden ist, wird von Pannenberg dagegen nicht genannt. Dadurch, dass die Metapher überraschende Zusammenhänge herstellt, erzielt sie eine bestimmte Wirkung beim Hörer: Die bildhafte Sprache bewegt den Menschen, sie bricht herkömmliche Erfahrungsmuster auf. Dabei hat die Metapher nicht nur eine didaktische Funktion, die Wahrheit über 'Tod' und 'Leben' Jesu Christi besser oder angenehmer als begriffliche Sprache zum Ausdruck zu bringen, sondern sie vermag, *etwas Neues* semantisch zu inszenieren.[157]

Es ist also wichtig, Metaphern als 'Sprechakt' mit performativem Charakter[158] zu begreifen. Metaphern geben nicht nur eine Information, indem sie Wirklichkeit beschreiben, sondern sie schaffen neue Wirklichkeit, die menschliche Wirklichkeit mit Neuem verknüpfen. Metaphern bewähren sich in Gebrauchssituationen, sie können als „Sinnexperimente mit offenem Ausgang"[159] begriffen werden. Der performative Charakter der Rede von der Auferstehung Christi wird besonders in dem Ostergruß, den sich glaubende Christen gegenseitig zusprechen können deutlich: „Christus ist auferstanden! - Er ist wahrhaftig auferstanden!". Hier geht es nicht um das Entwerfen einer metaphysischen Theorie, sondern um den *Zuspruch* des Evangeliums, was beim Hörer durch die Kraft des Heiligen Geistes Glauben an und Hoffnung auf die alles neu machende Schöpferkraft und Liebe Gottes erwecken kann. Hier unterscheidet sich die theologische Metapher von einer 'gewöhnlichen': Sie bringt nicht nur „Welt und Welt, sondern Gott und Welt"[160] in sprachliche Zusammenhänge. Auch die Metapher vom 'Gericht' erwirkt etwas beim Hörer. Sie lokalisiert das Leben des Menschen in die Wirklichkeit Gottes hinein und regt somit eine kritische Selbstreflexion des eigenen Daseins an. Dabei eröffnet sie durch das implizite

---

tapher beruht auf einem 'Verstoß' gegen den eigentlichen Sprachgebrauch durch die Kombination durch eine scheinbare 'unpassende' Prädikatszuschreibung. Auf diese Weise wird eine semantische Spannung erzeugt und so zur Wahrnehmung von Neuem provoziert (vgl. Weder, Sprache und Wirklichkeit, S.171; Dalferth, In Bildern denken, S.166).

[157] Vgl. Dalferth, In Bildern denken, S.166.

[158] Der von J.L. Austin in die öffentliche Diskussion eingebrachte Sprechakt-Terminus macht auf sprachliche Ausdrücke aufmerksam, die primär etwas tun und nicht primär etwas sagen (vgl. Lorenz, Kuno, Art. Sprechakt, in: EPhW, Bd. 4(1996), 68-71, S.68). Gemeint ist also Sprache, die *performance* (eine Wirksamkeit) hat, die nicht beschreibt, sondern 'handelt'. Als Beispiel für solche handelnde Sprache nennt Weder den Satz aus der Trauliturgie „Ich nehme diesen NN zum Mann". In diesem sprachlichen Vorgang wird die Wirklichkeit dessen, was ausgesagt wird, geschaffen (vgl. Weder, Hans, Wirksame Wahrheit. Zur metaphorischen Qualität der Gleichnisrede Jesu, in: *ders.* (Hg.), Die Sprache der Bilder. Gleichnis und Metapher in Literatur und Theologie, mit Beitr. v. François Bovon u.a., Gütersloh 1989 [ZZ; Bd. 4], 110-127, 113f).

[159] Dalferth, In Bildern denken, S.166.

[160] Weder, Sprache und Wirklichkeit, S.173.

Moment der Verwandlung Hoffnungsraum für diejenigen, die unter der Unerfülltheit ihres Lebens leiden. Auch die Hervorhebung des performativen Charakters der metaphorischen Rede vom 'Gericht' könnte in den Ausführungen Pannenbergs, ähnlich wie im Versöhnungsgeschehen, den 'Modus des Zuspruches' betonen.

Eine weitere Dimension eschatologischer Sprache wird von Pannenberg in seinem Exkurs nicht angesprochen. Pannenberg thematisiert die eschatologische 'Überwindung des Bösen' in seinem Kapitel „Die Rechtfertigung Gottes durch den Geist"[161] und ordnet die 'Überwindung des Bösen' in den Prozess der endgültigen Offenbarung der Herrlichkeit Gottes und des Erweises seiner Gottheit ein. Dieses Geschehen interpretiert er als Handeln Gottes, die 'Überwindung des Bösen' kann nicht durch menschliches Handeln erreicht werden. Die menschliche Bitte um Erlösung 'vom Bösen' und Vollendung der Schöpfung wird dagegen nicht aufgegriffen. Dabei sieht Pannenberg in der Ermutigung zum Bittgebet die Beteiligung der Geschöpfe an der Heraufführung des Reiches Gottes.[162] Im Gebet (Mt 6,9-13) bekommt die Sprache der Eschatologie die Struktur der Bitte. In den Ausführungen von P. Althaus[163], auf den Pannenberg an zahlreichen Punkten seiner eschatologischen Überlegungen Bezug nimmt, findet sich der Gedanke von der Eschatologie, auch im Neuen Testament, die die Form von *Postulaten* hat. Dabei sind ihre Sätze nicht eigenwillige Ansprüche unseres Glücksbegehrens oder Lebensverlangens, sondern „erwachsen aus dem, was Gott ist und an uns getan hat, Postulate des Glaubens-Gehorsams gegen die Verheißung, die Gottes Heils-Offenbarung bedeutet. Ihre Logik ist die der Gottheit und Treue Gottes, die er uns ins Herz gegeben hat."[164]
Während Pannenberg auf den metaphorischen Charakter einzelner eschatologischer Aussagen hinweist, könnten ergänzend dazu christliche Hoffnungssätze als Postulate bezeichnet werden. Dabei ist in diesem Fall das Postulat nicht primär als Denknotwendigkeit oder Forderung zu verstehen, sondern als Bitte, „welche die göttliche Verheißung nicht wörtlich, wohl aber beim Wort nimmt"[165].

Der Gedanke, dass Menschen um die 'Erlösung vom Bösen' bitten, kann dabei Pannenbergs Betonung der aus der Eschatologie erwachsenen Begrenzung

---

[161] STh 3, S.677ff.
[162] Vgl. Pannenberg, STh 3, S.236.
[163] Althaus, Paul, Die letzten Dinge. Lehrbuch der Eschatologie, Gütersloh ^{5}1949.
[164] Ebd., S.37. Der Hinweis auf die Kennzeichnung eschatologischer Aussagen als Postulate ist von Körtner, Wie lange noch, S.107ff übernommen.
[165] Körtner, Wie lange noch, S.110.

menschlichen Anspruches, die Vollendung des Heils selbst herbeizuführen, unterstützen.[166]

Die Verheißung der endgültigen Vollendung der Schöpfung und damit der Überwindung alles 'Bösen', auf welche die Bitte um Erlösung Bezug nimmt, enthält jedoch auch ein kritisches Moment. Die Erfahrung des Leids und der Ohnmacht gegenüber 'dem Bösen' kann so groß sein, dass die Frage entsteht, warum der Schöpfer seine Geschöpfe nicht schon jetzt gänzlich erlöst. Eindrucksvoll wird in Psalm 13 diese Frage als Klage an Gott gestellt: „Herr, wie lange willst du mich so ganz vergessen?", dabei betont die dreifache Wiederholung des 'Wie lange?' die Dringlichkeit des Gebets. Deutlich wird, dass die Vorstellung von der eschatologischen Erlösung direkt mit der Theodizeeproblematik im Zusammenhang steht.

[166]Vgl. Pannenberg, Die Aufgabe christlicher Eschatologie, S.71f.

4.4. 'Überwindung des Bösen' - Theodizeeproblematik und Frage nach der Allmacht Gottes

4.4.1. 'Das Böse' und die Selbständigkeit der Geschöpfe

Die Theodizeethematik[167] wird von Pannenberg in den Zusammenhang von Schöpfung und Eschatologie eingeordnet. So nennt er das Phänomen 'des Bösen' und dessen zeitweiligen „Erfolg"[168] in der Schöpfung als einen Grund für den Zweifel an der Güte und Allmacht Gottes sowie seines Schöpfungswerkes. In Bezugnahme auf Dostojewskis Roman „Die Brüder Karamasow"[169] betont Pannenberg, dass das Leiden und Sterben von Kindern als das schlagendste Argument gegen den Glauben an Gott als den allmächtigen und gütigen Schöpfer der Welt bestehen bleibt. Nur eine reale Überwindung dieses sinnlosen Leidens, so wie es die christliche Eschatologie im Glauben an die Auferstehung der Toten und der Vollendung der Schöpfung durch Gottes Handeln erhofft und im Christusgeschehen bereits angebrochen sieht, kann nach Pannenberg die Diskrepanz zwischen Weltwirklichkeit und Annahme der Güte Gottes auflösen. Jede nur theoretische Theodizee, wie sie beispielsweise durch Leibniz vorge-

[167]Es kann im Rahmen dieser Arbeit kein umfassender Überblick über die historische Dimension und die Entwicklung der unterschiedlichen philosophischen und theologischen Akzentuierungen der Theodizeeproblematik gegeben werden. Für eine allgemeine Einführung in die Thematik verweise ich auf folgende Literatur: Sparn, Walter, Leiden - Erfahrung und Denken. Materialien zum Theodizeeproblem, München 1980 [Theologische Bücherei; Bd. 67]; Oelmüller, W (Hg.) Theodizee - Gott vor Gericht? Mit Beiträgen von Carl-Friedrich Geyer u.a., München 1990; *ders.*, Worüber man nicht schweigen kann. Neue Diskussion zur Theodizee-Frage. Mit Beiträgen von Hendrik Johan Adriaanse u.a., München 1992; Geyer, Carl-Friedrich, Die Theodizee, Diskurs, Dokumentation, Transformation, Wiesbaden/Stuttgart 1992; Wagner, Harald (Hg.) Mit Gott streiten. Neue Zugänge zum Theodizee-Problem, Freiburg/Br. 1998 [QD; Bd. 169]. Der Beitrag von Armin Kreiner (Gott im Leid. Zur Stichhaltigkeit der Theodizee-Argumente, Freiburg i. Br. 1997 [QD; Bd. 168]) nimmt insofern eine besondere Stellung innerhalb der genannten Literatur ein, da hier diejenigen Argumente der Traditionsgeschichte aufgegriffen werden, „mit denen eine Lösung des Problems angestrebt wurde und wird" (ebd., S.10). Kreiner wehrt sich gegen die Praxis, das Theodizeeproblem einerseits für unlösbar zu erklären und andererseits weiter Gottes Güte und Allmacht zu verkünden (vgl. ebd.). Er kommt in seinen Ausführungen zu dem Schluss, dass es zwar nicht rational zwingend, aber doch rational gerechtfertigt ist, trotz einer Welt voller Leid an einen allmächtigen und guten Gott zu glauben (vgl. S.393). Hierzu macht Kreiner u.a. die These von der Willensfreiheit des Menschen stark (vgl. ebd. S.207-274; vgl auch *ders.*, Warum der gute Gott den Sündenfall nicht verhinderte?, in: Kleer, Martin/ Söling, Caspar (Hgg.), Wie böse ist der Mensch?, 1999, 61-72). Kritisch zu sehen ist dabei, dass Kreiner auf der Suche nach einer 'Lösung' der Theodizeeproblematik kreuzestheologischen Entwürfen (Sölle, Moltmann) die Fähigkeit zur argumentativen Auseinandersetzung abspricht bzw. deren Theismuskritik als unangemessen abwehrt (vgl. *ders.*, Gott im Leid, S.177ff).

[168]STh 2, S.189.

[169]Dostojewski, Fjodor M., Die Brüder Karamasow (1880), übertr. von E.K. Rahsin. Mit e. Nachw. von I. Rakusa, München ^{24}1990 [SP; 402]. Im Kapitel 'Die Empörung' schildert Iwan seinem Bruder Aljoscha jene Szene, die ihm von einem Bulgaren erzählt wurde: „Stell dir vor: ein Säugling auf den Armen seiner zitternden Mutter, um sie herum die eingedrungenen Türken. Sie haben sich ein lustiges Späßchen ausgedacht: sie liebkosen das Kleine, lachen, um es zu erheitern, was ihnen auch gelingt: Der Säugling strahlt. Da hält ein Türke seine Pistole vor das Köpfchen des Kleinen. Der Knabe juchzt auf, streckt die Ärmchen dem blanken Ding entgegen, um es anzufassen, und plötzlich drückt der 'Künstler' den Hahn ab, ihm gerade ins Gesicht, und zerschmettert ihm das Köpfchen...Raffiniert, nicht wahr? Übrigens sagt man, die Türken liebten sehr Süßigkeiten." (Ebd., S.387f).

legt wurde, bleibt dagegen der Kritik ausgesetzt, nämlich dass durch eine Umdeutung der Wirklichkeit eine Bagatellisierung 'des Bösen' und der Leiden erfolgt.[170]
Auch angesichts der Hoffnung auf die eschatologische Vollendung, die eine endgültige Überwindung alles 'Bösen' mit einschließt, bleibt die Frage offen, warum der allmächtige Schöpfer die Welt nicht von vornherein ohne Leid und Schuld geschaffen hat. Nach Pannenberg handelt es sich bei den Bemühungen, mit dem Hinweis auf die Entscheidungs- und Handlungsfreiheit der Geschöpfe den Schöpfer von der Verantwortung für das Böse in seiner Schöpfung freizusprechen, um eine falsche Herangehensweise an die Problematik 'des Bösen', die nicht auf dem neutestamentlichem Zeugnis basiert: Gott selbst hat durch den Kreuzestod Jesu die Verantwortung für seine Schöpfung übernommen und getragen.
Der Gedanke von der Entscheidungs- und Handlungsfreiheit der Geschöpfe ist in anderer Weise für Pannenbergs Ausführungen wichtig. Es kann nicht darum gehen, Gott von der Verantwortung für 'das Böse' freizusprechen, denn der Mensch bleibt auch in seiner Freiheit Geschöpf Gottes. 'Das Böse' kann aber als 'nicht-gottgewollt' deutlich werden: „Wenn der Schöpfer ihm gegenüber selbständige und freie Geschöpfe wollte, die aus ihrer eigenen Spontaneität heraus ihn in seiner Gottheit anerkennen und so ihrerseits der Gemeinschaft des Sohnes mit dem Vater entsprechen können, die in Jesus realisiert ist, dann liegt im Entschluß zur Schöpfung auch das Risiko eines Mißbrauchs solcher geschöpflicher Freiheit“[171]. Diese Deutung Pannenbergs geschieht aus der (menschlichen) Perspektive des Glaubens an Gott den Schöpfer, Versöhner und Vollender und ist daher als vorläufige Hypothese und nicht als supranaturales Wissen über universale Zusammenhänge aufzufassen.

Phänomene 'des Bösen' entsprechen nicht dem Willen Gottes oder dienen einem bestimmten Zweck, sie werden in diesem Gedankenzusammenhang von Pannenberg als „faktische Begleiterscheinungen und so als *Bedingungen* geschöpflicher Realisierung der Absicht Gottes mit seiner Schöpfung“[172] be-

---

[170]Vgl. STh 2, S.191. Die Einsicht, dass die Frage der Theodizee nicht ausschließlich theoretisch beantwortet werden kann, sondern dass dazu die reale Geschichte der Versöhnung notwendig ist, hat nach Pannenberg bereits die idealistische Geschichtsphilosophie gewonnen (vgl. STh 3, S.683). Allerdings hat Hegel die in Jesus Christus geschehene Versöhnung als bereits abgeschlossen betrachtet, so dass es in der geschichtlichen Gegenwart nur noch einer Realisierung des innerweltlichen Eschatons bedarf. Dieses geschieht in einem „Stufengang der Entwicklung“ (Hegel, Georg Wilhelm Friedrich, Vorlesungen über die Philosophie der Weltgeschichte (1822ff), Bd. I: Die Vernunft der Geschichte, hg. v. Johannes Hoffmeister, Hamburg 1994 [PhB, Bd. 171a], S.155), wobei das christliche Zeitalter die Stufe der Erhebung in die reine Freiheit darstellt: „Im christlichen Zeitalter ist der göttliche Geist in die Welt gekommen, hat in dem Individuum seinen Sitz genommen, das nun vollkommen frei ist [...].Dies ist die Versöhnung des subjektiven Geistes mit dem objektiven. Der Geist ist mit seinem Begriffe versöhnt, vereint [...]. Dies alles nun ist das Apriorische der Geschichte, dem die Erfahrung entsprechen muß.“ (Vgl. ebd., S.157).
[171]STh 2, S.193f.
[172]Ebd., S.194.

zeichnet, die unter dem Blickwinkel der göttlichen Weltregierung, welche ja auf die Versöhnung und Erlösung hin gerichtet ist, hingenommen werden.
Nur im Zusammenhang damit, dass 'das Böse' nicht dem göttlichen Willen entspricht, hat die Rede vom 'Bösen' als ontologisch nichtig ihre Berechtigung. Zurückzuweisen ist die These von der Nichtigkeit dann, wenn damit versucht wird, Gott aus der Verantwortung für das Böse, die er durch dessen 'vorausschauende' Zulassung mit trägt, herauszulösen oder die Realität des Bösen zu verharmlosen.[173] Pannenberg sieht in diesem Gedankengang aber die Frage nach dem Grund für die Zulassung 'des Bösen' noch nicht geklärt.
Hinsichtlich der Frage nach der Zulassung 'des Bösen' nimmt Pannenberg Bezug auf die von Leibniz als metaphysisches Übel bezeichnete geschöpfliche Unvollkommenheit der Menschen, die im Gegensatz zu Gottes Vollkommenheit steht.[174] Das Geschöpf kann sich in seinem beschränkten Wesen täuschen und Fehler begehen. Die geschöpfliche Daseinsform der Endlichkeit enthält so die Möglichkeit zum 'Bösen'. Der unfreie Wille als Hinweis auf die Verwurzelung der Sünde in den Naturbedingungen menschlichen Daseins werden von Pannenberg als Indizien ontologischer Schwäche oder Defizienz betrachtet.[175] Doch diese Zurückführung des Bösen auf eine Beschränktheit der Geschöpfe reicht Pannenberg nicht aus. Er betont, dass die Wurzel 'des Bösen' nicht in der Endlichkeit oder Beschränktheit des Geschöpfes als solcher liegt, sondern dass sie im Aufstand gegen die Schranke der Endlichkeit, in der Selbständigkeit der Geschöpfe zu suchen ist. So ist die Selbständigkeit zum einen wesentlich für den Besitz eigenen Daseins. Auf der anderen Seite enthält sie das Risiko, dass das Geschöpf sich von Gott abwendet und sein eigenes Dasein auf Kosten anderer als absolut setzt, sich radikal verselbständigt.[176]
Um der Selbständigkeit der Geschöpfe willen musste der Schöpfer 'das Böse' als mögliche Folge der Verselbständigung der Geschöpfe in Kauf nehmen und darüber hinaus „die Verborgenheit seiner eigenen Gottheit in seiner Schöpfung, ihre Verdeckung und Infragestellung durch die Selbständigkeit seiner Geschöpfe, auf sich nehmen“[177].
Eine Antwort auf die Theodizeefrage ist nach Pannenberg nur in der Hoffnung auf eschatologische Überwindung der mit der Endlichkeit der Geschöpfe ver-

---

[173]Um eine solche Verharmlosung zu vermeiden hat Karl Barth (KD III/3: Die Lehre von der Schöpfung, Zürich 1961, 327-425, § 50) nach Ansicht Pannenbergs das Nichtige „zu einer realen, obwohl von Gott verneinten Macht aufgewertet“ (STh 2, S.196). Barth selbst charakterisiert das Nichtige als die „reale Entsprechung des göttlichen Nichtwollens“ (KD III/3, S. 406), als „störrisches Element“ und „Fremdkörper“ (ebd., S.327).
[174]Leibniz, Theodizee I, 23-26 (S.112ff). Leibniz unterscheidet metaphysisches, physisches und moralisches Übel (vgl. Teil I, 2.1.3.). Pannenberg weist darauf hin, dass der Gedanke des metaphysischen Übels bei Leibniz zwar zur Argumentation dienen soll, die bestehende Welt als die bestmögliche zu behaupten, aber auch von dieser These unabhängig wahrgenommen werden kann. Sie ist Ausdruck eines „ernüchternden Realismus“ (STh 3, S.681).
[175]Vgl. STh 2, S.197.
[176]Vgl. ebd., S.197ff.
[177]Ebd., S.200.

bundenen Realität 'des Bösen' möglich. Erst die eschatologische Vollendung der Schöpfung kann die Güte und Gerechtigkeit Gottes offenbaren.[178]
In den Ausführungen zu der Frage nach Verantwortung für 'das Böse'[179] wurde bereits angedeutet, dass die Argumentation mit der Selbständigkeit der Geschöpfe missverständlich ist. Es geht Pannenberg gerade nicht um die Freiheit der Geschöpfe im Sinne einer Wahlmöglichkeit zwischen 'gut' und 'böse'. Durch die Explikation des unfreien Willens ist deutlich geworden, dass es nach Pannenberg eine solche Wahl nicht geben kann. Vielmehr kann das Geschöpf die radikale Verselbständigung, aus dem auch das zerstörerische Böse werden kann, aus eigenem Wollen gar nicht vermeiden. Dieses macht besonders die paulinische Interpretation der Sünde als Macht deutlich. Die Ohnmachtserfahrung angesichts der Macht der Sünde stellt weniger die Frage nach der Selbständigkeit der Geschöpfe als nach der Verankerung der Radikalität der Sünde in den 'Naturbedingungen' menschlichen Daseins. Es erstaunt daher, dass Pannenberg innerhalb seines Argumentationsganges die Frage nach der 'ontologischen Schwäche' der Geschöpfe überbietet durch die Frage nach der Selbständigkeit der Geschöpfe. Dieses soll, wie Pannenberg selbst betont, nicht einen Entlastungsversuch des Schöpfers darstellen, denn die Geschöpfe bleiben auch in ihrer Selbständigkeit gottgewollte Geschöpfe, sondern 'das Böse' kann so als 'nicht-gottgewollt' aufgefasst werden. Es ist das 'Risiko', dass der Schöpfer in Kauf nimmt, um das Ziel der freien Gemeinschaft des Geschöpfes mit Gott realisieren zu können. Diese universalgeschichtliche Theorie Pannenbergs impliziert durch ihren Anspruch, den göttlichen Heilsplan zu erörtern, wenigstens ein abgeschwächtes Moment einer traditionellen 'Verteidigung Gottes'. Dieser Versuch berücksichtigt aber noch nicht die in Pannenbergs anthropologischen Ausführungen im Mittelpunkt stehende Frage nach dem 'Warum' der Radikalität der Sünde.

Gleichzeitig enthalten die Ausführungen eine weitere Problematik. Wenn Pannenberg herausarbeitet, dass der Schöpfer um der Selbständigkeit der Geschöpfe willen 'das Böse' als mögliche Folge der Verselbständigung der Geschöpfe in Kauf nimmt, so könnte der Gedanke entstehen, dass das gegenwärtige 'Böse' und das damit verbundene Leid zwar nicht dem göttlichen Willen entspricht, dass der Schöpfer jedoch nicht 'eingreift', um die Selbständigkeit seiner Geschöpfe nicht anzutasten.
Dieser Gedankengang entspräche dann jedoch einer Gottesvorstellung vom 'Ein-Mann-Gott', der aus der Distanz 'das Böse' wahrnimmt, aber seine 'Allmacht' aus dem eben formulierten Grund nicht einsetzt. Von hier aus ist es nur

---

[178]Vgl. STh 2, S.201. Pannenberg verweist hier auf Wolfgang Trilhaas (Dogmatik, Berlin [3]1972, S. 176), welcher betont, dass die Theodizeefrage keine beantwortbare Frage, sondern eine persönliche Glaubensfrage sei. In diesem Sinne könne es keine Theodizee ohne Eschatologie geben.
[179]Vgl. Teil II, 3.1.4.

ein kleiner Schritt zu der Vorstellung eines harten, unbarmherzig herrschenden Gottes. Es wird deutlich, dass es problematisch ist, in einem metaphysischen System die Güte Gottes, die Allmacht Gottes, die Verständlichkeit Gottes und die Existenz des Bösen in der Welt miteinander zu vereinen. Eine göttliche Sinngebung oder eine Verharmlosung 'des Bösen' erweist sich besonders angesichts von solch unbegreiflichen Dimensionen wie den unfassbaren Entwürdigungen, der Brutalität, der Morde wie sie in Auschwitz erfahren und erlitten wurden, als vollkommen absurd. Daher ist zu fragen, ob bzw. wie angesichts solcher Erfahrungen die Gottesprädikate der Güte und Verstehbarkeit Gottes aufrecht erhalten werden können.[180] Dieser Frage hat sich insbesondere der jüdische Religionsphilosoph Hans Jonas gewidmet.

4.4.2. Exkurs: Hans Jonas, „Der Gottesbegriff nach Auschwitz"

Anlässlich der Verleihung des Leopold-Lucas-Preises der Evangelisch-Theologischen Fakultät der Universität Tübingen legt Jonas 1984 einen Versuch vor, wie 'nach Auschwitz' von Gott zu reden sei.[181] Dabei sieht er sich zum einen in der Schuld all jener, die wie seine Mutter in Auschwitz ermordet wurden. Es ist sein Anliegen, „ihnen so etwas wie eine Antwort"[182] auf ihre längst verklungenen Schreie zu einem stummen Gott nicht zu versagen. Für Jonas ist Auschwitz ein Ort eminenter Leidenserfahrung, der vehement die Frage nach Gott herausfordert.
Die Frage nach Gott verschärft sich „durch das Rätsel der Erwählung, des angeblichen Bundes zwischen Israel und seinem Gott"(10). Dabei ist nach Jonas die Erklärung des Bruches dieses Bundes durch die Schuld des Volkes aufgrund des Grauens in Auschwitz obsolet geworden. Er betont: „Nicht um des Glaubens willen starben jene dort (...), und nicht wegen ihres Glaubens (...) wurden sie gemordet."(12) Und doch - „Paradox der Paradoxe", wie Jonas sagt, war es die Fiktion einer physisch-biologischen Zugehörigkeit zum „Volk des Bundes" unter welcher die Juden aus der

---

[180]Innerhalb der christlichen Theologie ist dieser Frage besonders mit einer Betonung der Kreuzestheologie und damit verbundenen Theismuskritik begegnet worden (vgl. Moltmann, Jürgen, Der gekreuzigte Gott. Das Kreuz Christi als Grund und Kritik christlicher Theologie, München 1972 [KT; Bd. 16]). Moltmann betont, dass Gott nicht nur das „verborgene Gegenüber" ist, nach dem ein Mensch in seinem Leiden schreit, „sondern in einem tieferen Sinne der menschliche Gott, der mit ihm schreit und mit seinem Kreuz für ihn eintritt, wo der Mensch in seiner Qual verstummt" (ebd., S.239f). In Konsequenz dieser Sichtweise nimmt Dorothee Sölle (Leiden, 1993) daher Abschied von dem Traum der göttlichen Liebe als überirdischer, eingreifender und sich behauptender Macht. Gott hängt mit den Leidenden am Kreuz, er ist nicht im Himmel. Selbst eine spätere Aufhebung der jetzigen Leiden können nach Sölle nicht das wiedergutmachen, was beispielweise in Auschwitz geschehen ist (vgl. S.181). Die Konsequenz, die daraus folgt, ist die Erkenntnis, dass Menschen im Umgang mit Leid an Grenzen stoßen, die sich nicht überschreiten lassen. Die einzige Möglichkeit, die bleibt, besteht darin, in Christi Namen - quasi als 'seine Hände' - den Leidenden beizustehen, die Last und den Schmerz tragen zu helfen und ihren Schrei zu unterstützen (vgl. S.217).

[181]Jonas, Hans, Der Gottesbegriff nach Auschwitz. Eine jüdische Stimme, Frankfurt/M. 1987 [st; 1516].

[182]Ebd., S.7. (Im Folgenden werden die Seitenangaben aus Jonas Schrift in Klammern im laufenden Text angegeben).

Zerstreuung zu ihrer Gesamtvernichtung ausersehen waren: „...die gräßliche Umkehrung der Erwählung in den Fluch, der jeder Sinngebung spottete."(13) Vor diesem Hintergrund fragt Jonas: Was für ein Gott konnte Auschwitz geschehen lassen? Jonas sieht bei dieser Frage den Juden in einer schwierigeren Lage als den Christen, welcher das wahre Heil vom Jenseits erwarte, während für die Juden, die im Diesseits den Ort der göttlichen Schöpfung, Gerechtigkeit und Erlösung sehen, Gott eminent der Herr der Geschichte ist. Und gerade diese Vorstellung vom Herrn der Geschichte gilt es angesichts des eminent Bösen in Frage zu stellen. Das gelingt Jonas in der Form eines hypothetischen Mythos[183], dem eine Selbstauslegung folgt. Dabei kristallisieren sich folgende Punkte besonders heraus:

Der Gott in Jonas' Mythos ist ein leidender Gott. Dieses unterscheidet sich dadurch von der christlichen Vorstellung des leidenden Gottes am Kreuz, dass der Gott des Mythos sich nicht in einem einmaligen Akt, sondern „vom Augenblick der Schöpfung an"(25) in einer Leidenssituation befindet. Trotz der biblischen Vorstellung von der „göttlichen Majestät" zeigt Jonas, dass in der hebräischen Bibel auch der Gott begegnet, „der sich vom Menschen mißachtet und verschmäht sieht und sich um ihn grämt", der bereut, dass er den Menschen schuf, ein Gott, der Kummer und Enttäuschung an seinem Volk erleidet.

Als zweites zeichnet der Mythos das Bild vom werdenden Gott, „der in der Zeit hervorgeht, anstatt ein vollständiges Sein zu besitzen, das mit sich identisch bleibt durch die Ewigkeit."(27) Der klassischen philosophischen Lehre von Gott als dem ewigen, unbewegten Beweger wird eine Absage erteilt. Gott wird von dem, was in der Welt geschieht, verändert, „wird fortschreitend anders durch die Verwirklichung des Weltprozesses"(29).

Gott erscheint auch als ein sich sorgender Gott, ein Gott „der nicht fern und abgelöst und in-sich-beschlossen, sondern verwickelt ist in das, worum er sich sorgt"(31). Dabei betont der Mythos jedoch *einen* Aspekt deutlicher, als die jüdische Tradition. Gott ist, so Jonas, kein „Zauberer", „der im Akt des Sorgens zugleich auch die Erfüllung seines Sorgeziels herbeiführt: Er hat anderen Akteuren etwas zu tun gelassen und hat damit seine Sorge von ihnen abhängig gemacht. Er ist daher auch ein gefährdeter Gott, ein Gott mit eigenem Risiko."(32) Dieses zeigt sich daran, dass die Welt nicht im „Zustand permanenter Vollkommenheit" (32) ist. Dieses könnte nach Jonas daran liegen, dass es gar keinen Gott gibt. Doch der Mythos verweist darauf, dass Gott „durch einen Akt unerforschlicher Weisheit oder Liebe (...) darauf verzichtet, die Befriedigung seiner selbst durch seine eigene Macht zu garantieren" (32).

---

[183]Jonas ist er sich dessen bewusst, dass er nur so etwas „wie" eine Antwort geben kann, seinen Beitrag bezeichnet er selbst als „Gestammel" (48) und arme Worte (49). Was er zu bieten hat, „ist ein Stück unverhüllt spekulative Theologie"(7), die um ihre Vorläufigkeit und Endlichkeit weiß, sich nicht in Gottesbeweisen versteigt, sondern an dem Gottesbegriff arbeitet(9). Jonas wählt die Form des selbsterdachten Mythos als Mittel der bildlichen aber glaublichen Vermutung, begründet sein spekulatives Vorgehen so mit einem Verweis auf Plato, der den Mythos für die Sphäre jenseits des Wissbaren als geeignet sah (15). Im Gegensatz zu einem Grundmythos, der keine Fragen beantwortet, weil er etwas erfindet, bevor Fragen gestellt werden und damit sie nicht gestellt werden, antwortet ein Kunstmythos mit Geschichten auf Fragen, die aus einem Dogma hervorgehen. Dieses ist auch bei Jonas der Fall. Seine Frage „Was für ein Gott konnte es geschehen lassen?" impliziert die klassische Vorstellung vom allmächtigen Gott und deutet gleichzeitig die Suche nach einem neuen Gottesbegriff an.

Aus all diesem ergibt sich nun die wichtigste Aussage Jonas': „Dies ist nicht ein allmächtiger Gott"(33). Diese althergebrachte Doktrin absoluter und unbegrenzter göttlicher Macht will Jonas nicht aufrecht erhalten. Das begründet er sowohl logisch als auch theologisch. Jonas bestimmt Macht als einen relationalen Begriff (35). Sie wird dementsprechend nur ausgeübt, wenn es ein Gegenüber gibt. Diesem Gegenüber kommt aber durch seine bloße Existenz bereits ein Minimum an Macht zu. Deshalb muss Macht geteilt sein, damit es überhaupt Macht gibt. Damit ist der Begriff der Allmacht als „ein sich selbst widersprechender, selbstaufhebender, ja sinnloser Begriff" enttarnt (34).
Die theologische Argumentation wird durch die vorhin bereits angedeutete Problematik des Zusammendenkens der Gottesattribute Allmacht, Verstehbarkeit und Güte angesichts des Bösen bestimmt. Auf die Frage, welches Attribut als weniger kräftig gelten kann und den anderen weichen muss, betont Jonas, dass die Güte untrennbar von unserem Gottesbegriff ist und keiner Einschränkung unterliegen kann. Das gilt auch für die Verstehbarkeit, denn die Vorstellung vom deus absconditus, vom gänzlich verborgenen, sowie unverstehbaren Gott, ist eine „zutiefst unjüdische Vorstellung"(38). Gott hat sich in Geboten und Gesetz und durch die Propheten mitgeteilt. Wenn also Gottes Verstehbarkeit nicht aufgehoben werden kann, dann muss sein Gutsein mit der Existenz des Bösen vereinbar sein und das ist es nur, wenn Gott eben nicht all-mächtig ist. Da der Begriff der Allmacht ja bereits aus logischen Punkten zweifelhaft erschien, ist es also das Attribut der Allmacht, das weichen muss.
Dabei betont Jonas, dass die Verneinung der göttlichen Omnipotenz radikal zu denken ist. Es genügt nicht, die Selbstzurücknahme Gottes als ein Zugeständnis zu interpretieren, dass er von Zeit zu Zeit widerrufen kann, um „mit starker Hand" in das Weltgeschehen einzugreifen. In den Jahren des „Auschwitz-Wütens" schwieg Gott, die kleinen rettenden Wunder, die geschahen, kamen von Einzelnen, oft unbekannt gebliebenen Menschen. „Und da sage ich nun: nicht weil er nicht wollte, sondern weil er nicht konnte, griff er nicht ein."(41) Gott hat für die Zeit des fortgehenden Weltprozesses auf jede „Macht der Einmischung in den physischen Verlauf der Weltdinge"(42) verzichtet. Er antwortet dagegen „mit dem eindringlich-stummen Werben seines unerfüllten Zieles"(42). Durch den Verzicht der göttlichen Macht ist die menschliche Freiheit zugelassen. „Nachdem (Gott) sich ganz in die werdende Welt hineingab, hat Gott nichts mehr zu geben: Jetzt ist es am Menschen, ihm zu geben."(47)
Die Machtentsagung Gottes ist trotz allem zum Lobe: „Denn der Verzicht geschah, daß wir sein könnten."(48f). Und so lautet Jonas' Antwort an Hiob: „daß in ihm Gott selbst leidet. Ob sie wahr ist, können wir von keiner Antwort wissen."(49)
Obwohl einerseits Jonas Schrift als einer der „eindrücklichsten Versuche, Gott 'nach Auschwitz' zu denken"[184] hervorgehoben und auch für den christlichen Glauben als fruchtbarer Anstoß weitergedacht wurde[185], ist sie andererseits auch befragt und kriti-

[184]Jüngel, Eberhard, Gottes ursprüngliches Anfangen als schöpferische Selbstbegrenzung. Ein Beitrag zum Gespräch mit Hans Jonas über den 'Gottesbegriff nach Auschwitz', in: ders., Wertlose Wahrheit. Zur Identität und Relevanz des christlichen Glaubens. theologische Erörterungen III [BEvTh 107], München 1990, 151-162, S.155.
[185]Vgl. Schiwy, Günther, Abschied vom allmächtigen Gott, München 1995.

siert worden. Hier sind vor allem Walter Groß und Karl-Joseph Kuschel[186] zu nennen, die in drei Punkten die Problematik der Rede vom schwachen und leidenden Gott aufzeigen.
Der erste theologische Einwand besteht in der Frage, ob die Rede vom ohnmächtigen Gott nicht die konkreten Leiden verdoppele, universalisiere oder sogar ästhetisiere. Die Ohnmacht Gottes fungiert leicht, wenn sie abstrakt und in spekulativer, allgemeiner Weise geschieht, als Verdoppelung der Ohnmacht der Leidenden und damit als Verdoppelung der Macht der Täter und ihrer Verbrechen, denen auf diese Weise zynisch bescheinigt wird, dass kein Gott ihrer Allmacht mehr entgegentreten kann. So führt das Leid ins Nichts, da es aufhört, Leiden an Gott zu sein.[187]
Hieraus ergibt sich bereits der zweite Einwand, der von der psychologisch-seelsorgerischen Seite her gedacht wird. Es wird angezweifelt, dass ein leidender Gott noch Trost geben kann, dass es einem leidenden Menschen hilft zu hören, dass Gott mit ihm leidet, aber ohnmächtig ist. Wird diese Perspektive weitergedacht, erscheint der ohnmächtige Gott, der hilf- und tatenlos dem Leid innewohnt, ebenso anstößig, wie der allmächtige Gott. Die Verohnmächtigung Gottes scheint keine befriedigende Lösung der Theodizeeproblematik.[188]
Der dritte Einwand ist biblisch-theologischer Natur, der fragt, ob die Rede von dem ohnmächtigen Gott überhaupt schriftgemäß ist. Kuschel und Groß vertreten hier die These, dass sowohl im Alten, wie auch im Neuen Testament nirgendwo die Rede davon ist, dass in Schmerz und Leid der Unterschied zwischen Gott und Mensch aufgehoben ist.[189] Es folgt daraus die beinahe fundamentalistische Mahnung, dass keine biblisch orientierte Theologie das Recht habe, „den Glauben an die Macht und Herrschaft Gottes in der Welt und über die Welt (und all ihr Übel) preiszugeben."[190] Als zentrale Bibelstelle, die ihre These, dass Gott kein machtloser ohnmächtiger Gott sein kann, stützt, führen die Autoren Jes 45,7 an: Ich bin der Herr, „der ich das Licht mache und schaffe die Finsternis, der ich Frieden gebe und schaffe Unheil. Ich bin der Herr, der dies alles tut."

Auf alle drei Einwände könnte nun wiederum ein Gegeneinwand erfolgen: Es ist zu fragen, ob ein Mythos überhaupt mit formalistisch-rationaler Kritik angegangen werden kann, ob die Bibelzitation von Kuschel u. Groß nicht einseitig ist und ob nicht auch die Vorstellung vom leidenden Gott doch Trost geben kann, wie es Jürgen Moltmann aufgrund biographischer Erfahrungen betont hat.[191] Auch der Behauptung, dass ein Leiden 'an Gott'akzeptabler ist als ein Leiden, das ins Nichts führt, kann die Frage entgegengestellt werden, ob es nicht weniger zynisch ist, von der Sinnlosigkeit des Leides zu sprechen.

---

[186]Groß, Walter/ Kuschel, Karl-Joseph, „Ich schaffe Finsternis und Unheil!" Ist Gott verantwortlich für das Übel?, Mainz 1992.
[187]Vgl. ebd., S.184f.
[188]Vgl. Bauke-Ruegg, Jan, Die Allmacht Gottes, Systematisch-theologische Erwägungen zwischen Metaphysik, Postmoderne und Poesie, Berlin/ New York 1998 [TBT; Bd. 96], zugl.: Zürich, Univ., Diss., 1996, S.194f.
[189]Vgl. Kuschel/ Groß, „Ich schaffe Finsternis und Unheil!", S.185ff.
[190]Ebd., S.187f.
[191]Vgl. Moltmann, Jürgen, Wer ist Jesus Christus für uns heute?, Gütersloh 1994 [KT; 129] S.30f.

Diese Fragen verdeutlichen die Schwierigkeit, losgelöst vom Mythos und angesichts des Bösen ein 'eindeutiges' Gottesbild entstehen lassen zu wollen. Es erweist sich als höchst problematisch, die Vorstellungen von der Allmacht und Ohnmacht Gottes als sich ausschließende Alternativen gegeneinander auszuspielen.
Ein zweiter Blick auf den Mythos macht deutlich, dass zu Beginn des Mythos der unbestimmte Willensakt Gottes steht. Dadurch wird in die Ewigkeit Gottes eine vorher-nachher Unterscheidung eingeführt. Das göttliche Wesen scheint vor dem Ratschluss der Selbstentsagung ein allmächtiges und damit ein anderes zu sein als nach seinem Ratschluss. Die Vorstellung von der Selbstbegrenzung Gottes ist aber nur vor dem Hintergrund von Gottes Allmacht möglich, Selbstbeschränkung, so wird auch in christlicher Tradition betont, ist gerade der Ausdruck göttlicher Allmacht.[192]
Diese Beobachtung unterstützen die eben formulierte Vermutung, dass das Postulat der Allmacht Gottes nicht zugunsten einer 'Ohnmacht Gottes' gänzlich zurückgewiesen werden kann. Selbst im Mythos Jonas' kann trotz der Erfahrung des ohnmächtigen Gottes implizit die Allmacht Gottes als anfängliche Selbstbegrenzung aufgespürt werden.
Jonas hat sich mit Recht gegen die Vorstellung eines mit „starker Hand und ausgestrecktem Arm" (42) in die Geschichte eingreifenden Gottes gewehrt. Ein solches Verständnis vom 'Alleskönnen' oder 'in allem die Macht besitzen' scheint nicht zu greifen. Es kommt daher die Frage auf, wie Allmacht Gottes verstanden werden kann, ohne dass die Theodizeeproblematik dabei aus dem Blick gerät. Vor diesem Hintergrund soll Pannenbergs Verständnis von der Allmacht Gottes betrachtet werden.

4.4.3. Allmacht Gottes als allmächtige Liebe

Für Pannenberg hängen Allmacht und Allgegenwart Gottes untrennbar zusammen. Die Behauptung der Allgegenwart Gottes impliziert die Vorstellung, dass Gott „*allen Dingen* auch *am Ort ihres eigenen Daseins* gegenwärtig ist: Gottes Gegenwart erfüllt Himmel und Erde (Jer 23,24)."[193] Gottes Gegenwart umgreift in unermesslicher Weise alle Dinge und ist so auch dem geringsten seiner Geschöpfe noch gegenwärtig.
Dabei wird die Gegenwart Gottes bei den Geschöpfen am jeweiligen Ort ihres Daseins von Pannenberg in der Form der schöpferischen Gegenwart des Geistes Gottes gedacht. Durch den Geist ruft Gott seine Geschöpfe ins Dasein und erhält sie (Ps 104, 29f; vgl. Hi 33,4).[194]

---

[192]Vgl. Bauke-Ruegg, Die Allmacht Gottes, S.175. Er verweist auf Søren Kierkegaard, welcher formuliert: „Allein die Allmacht kann sich zurücknehmen, indem sie sich hingibt, und dies Verhältnis ist ja eben die Unabhängigkeit des Empfangenen. Gottes Allmacht ist darum seine Güte." (Kierkegaard, Søren, Reflexionen über Christentum und Naturwissenschaft (1846), Anhang zu: Eine literarische Anzeige, Ges. Werke 17. Abt., übers. v. E. Hirsch, Düsseldorf 1954, 124f).
[193] STh 1, S.444.
[194]Vgl. STh 1, S.447.

Hinsichtlich dieser Grundannahme von der Allgegenwart Gottes unterscheidet Pannenberg die Verborgenheit Gottes in Erfahrungen von Leid und 'dem Bösen' von seiner scheinbaren Abwesenheit oder Machtlosigkeit. Aus der neutestamentlichen Botschaft erwächst der Gedanke, dass „der verborgene Wille Gottes, das 'Mysterium' seines Heilsplans, durch Vergänglichkeit und Tod hindurch letztlich auf das Heil seiner Geschöpfe“[195] zielt (Röm 11,55ff; 16,25; Eph 1,9f., Kol 1,26ff).
Pannenberg betont nun, dass die Allgegenwart die Bedingung der Allmacht Gottes darstellt. Allmacht entspricht der Struktur des wahrhaft Unendlichen, die Realisierung des vollen Begriffs der Allmacht geschieht erst durch das trinitarische Leben Gottes. In Verbindung mit dem Gedanken des Unendlichen meint Allmacht also zunächst, dass die Macht Gottes keine Grenzen hat, grenzenlos ist. Als Belege zieht Pannenberg Hiob 42,2; Jer 32,17 heran. Die Schöpfung ist hier 'Ausweis' von Gottes Allmacht. Schöpfersein schließt darüber hinaus auch das Recht ein, das misslungene Geschaffene wieder zu zerstören (Jer 18, 1-12). Gott ist derjenige, der Licht und Unheil schafft (Jes 45,7). Der hier vertretende Schriftverweis Pannenbergs mutet zunächst als „vorkritische Metaphysik“[196] an, dient jedoch dazu, einen Spannungsbogen aufzubauen, anhand dessen Pannennenberg die Allmacht Gottes trinitarisch zu entfalten sucht. Pannenberg weist nämlich darauf hin, dass die biblisch begründete Beschreibung der Allmacht Gottes leicht dazu führt, die Vorstellung von Gottes Herrschaft mit der sich angemaßten Allmacht tyrannischer Herrschaft gleichzusetzen, wenn nämlich die Allmacht Gottes *im Gegensatz* zu ihrem Gegenüber als das schlechthin Bestimmende, der das durch sie Bestimmte willkürlich ausgeliefert ist, verstanden wird. Während diese Beschreibung von willkürlicher Macht mit dem Kennzeichen der Entgegensetzung nach Pannenberg den Gedanken der Allmacht nicht wirklich erreicht, entfällt in Bezug auf die Allmacht Gottes das Prinzip der Entgegensetzung: „Die Macht Gottes aber hat kein anderes außer sich, das ihr vorgegeben wäre, sondern sie ist dadurch gekennzeichnet, daß sie dasjenige überhaupt erst hervorbringt, dessen sie mächtig ist.“[197] Aus diesem Grund ist in den biblischen Schriften die Rede von der Allmacht Gottes immer mit dem Schöpfungshandeln Gottes verbunden. Dabei entspricht der creatio ex nihilo die Vorstellung von der Auferstehung der Toten (Röm 4,17), welche das Schöpfungshandeln vollendet und nach Pannenberg eine nicht zu überbietende Bekräftigung des Schöpferwillens hinsichtlich des seiner Geschöpfe darstellt.[198] Die Schöpfung aus nichts und die Auferweckung der Toten bilden die Höhepunkte der Lehre von der Allmacht Gottes. Damit widerspricht Pannenberg der Prozessphilosophie Whiteheads, welche ange-

---

[195] STh 1, S.448.
[196]Bauke-Ruegg, Die Allmacht Gottes, S.236.
[197] STh 1, S.450.
[198]Vgl. STh 1, S.451.

sichts des Bösen und der Übel in der Welt die Macht Gottes als beschränkt auffassen. Als Folge und Nachteil dieser Lehre konstatiert Pannenberg, „daß das Geschöpf nicht allein von Gott abhängt, sondern auch von anderen Mächten, also vernünftigerweise nicht sein ganzes Vertrauen auf Gott allein setzen kann für die Überwindung des Übels in der Welt“.[199]

Wie oben bereits entfaltet zielt nach Pannenberg das Schöpfungshandeln Gottes auf die Selbständigkeit der Geschöpfe. Aufgrund dieser Selbständigkeit kommt es zur Abwendung der Geschöpfe von der Quelle ihres Lebens, zum Verfallen der Geschöpfe in die Nichtigkeit. Gott bleibt angesichts dessen jedoch nicht ohnmächtig, sondern er bringt seine Allmacht dadurch zum Ausdruck, dass er das sich von ihm abwendende Geschöpf aus der Nichtigkeit retten kann. Dieses geschieht jedoch nicht durch eine Offenbarung der Macht und Heiligkeit Gottes gegenüber dem abtrünnigen Geschöpf, sondern dadurch, dass sich Gott selbst an den Ort des Geschöpfes begibt und unter den Bedingungen des menschlichen Daseins die Bestimmung des Geschöpfes, das von Gott gewollte Verhältnis der Geschöpfe zu Gott realisiert ohne die Selbständigkeit der Geschöpfe anzutasten. Als höchsten Ausdruck der Allmacht Gottes begreift Pannenberg daher die Menschwerdung des Sohnes. Diese Selbstunterscheidung des Sohnes vom Vater impliziert eine „Unterordnung unter die Monarchie des Vaters“, welche „zum Grundgesetz auch für das Verhältnis der Geschöpfe zum Schöpfer“ wird.[200] Die Geschöpfe können so ein selbständiges und von Gott unterschiedenes Dasein gewinnen und in Annahme ihrer Endlichkeit in Gemeinschaft mit Gott leben. Durch das Versöhnungsgeschehen, der unendlichen Bejahung der Geschöpfe in ihrer Besonderheit, betätigt sich die Allmacht Gottes demzufolge als *allmächtige Liebe* und nicht als willkürliche Selbstdurchsetzung gegen etwas Entgegenstehendes.[201]

Liebe ist dabei nicht nur als ‘Tätigkeit’ der trinitarischen Personen Vater, Sohn und Geist zu verstehen, sondern als konkrete Gestalt der Einheit des göttlichen Wesens: „Die Liebe als die Macht, die sich in den Beziehungen der trinitarischen Personen zueinander manifestiert, ist nach 1.Joh 4,8 und 16 identisch mit dem göttlichen Wesen.“[202] Somit wird auch die Schöpferkraft des Geistes

---

[199]STh 2, S.31. Bauke-Ruegg stellt bezüglich dieser Ausführungen in Frage, warum die Überwindung der Übel an Allmacht gebunden sein soll. Sicherlich hat er mit seinem Hinweis recht, dass auch ein nicht allmächtiges Wesen wie der Mensch Übel überwinden kann. Pannenberg hat jedoch vermutlich die endgültige, eschatologische Überwindung des Bösen und der Übel im Blick, wenn er von der Allmacht Gottes als unverzichtbarem Moment spricht. Mit Recht besteht jedoch Bauke-Rueggs Einwand, warum Vertrauen auf einen nicht-allmächtigen Gott nicht vernünftig sein soll. Die Vorstellung vom ohnmächtigen Gott (vgl. z.B. H.Jonas) hat, auch wenn sie nicht unbestreitbar ist, nicht zur Folge, dass einem solchen Gott nicht Vertrauen entgegengebracht werden kann (vgl. Bauke-Ruegg, Die Allmacht Gottes, S.238).

[200]STh 1, S.455.

[201]Vgl. ebd., S.454ff.

[202]Ebd., S.461.

durch die Liebe bestimmt. Die Kraft der Liebe lässt geschöpfliches Leben 'als das andere sein'.[203]

Pannenberg führt weiter aus, dass die Eigenschaften und die Wirksamkeit der göttlichen Liebe sich mit Güte, Barmherzigkeit, Gnade und Huld, Gerechtigkeit und Treue, Weisheit und Geduld Gottes beschreiben lassen.[204] Dabei ist Liebe nicht als ein abstrakter Sammelbegriff zu verstehen, sondern als eine Wirklichkeit, die all diese Momente vereint. So erweist sich die Güte Gottes in seiner Fürsorge gegenüber seinen Geschöpfen (Mt 6,30), sein schöpferisches und erhaltendes Wirken. Eng verbunden damit ist Gottes rettendes und vergebendes Handeln als Ausdruck seines Erbarmens (Mt 18,33; Lk10,37). In der Überwindung der Macht der Sünde und des Todes durch den Gehorsam Jesu Christi (Röm 5,20f) zeigt sich Gottes Gnade, in der dadurch bewirkten Versöhnung seine Gerechtigkeit. Als Treue lässt sich die Beständigkeit der göttlichen Zuwendung zu seinen Geschöpfen aufgrund der göttlichen Heilsabsicht bezeichnen, wobei diese Zuwendung durch Geduld gekennzeichnet ist. Angesichts des Verhaltens der Geschöpfe bezeichnet Pannenberg Gottes Geduld weder als „gleichgültige Toleranz“, noch als „das ohnmächtige, aber tapfere Ausharren im Ertragen von Zuständen, die man nicht ändern kann“, sondern als „ein Moment seiner schöpferischen Liebe, die das Dasein seiner Geschöpfe will“[205] Die göttliche Weisheit findet ihren Ausdruck in der Erhabenheit und Verborgenheit des göttlichen Heilswillens und der Wege zu dessen Verwirklichung.

Pannenberg räumt ein, dass angesichts der Erfahrungen der Konflikte in der Welt die Wahrheit der biblischen Offenbarung Gottes als allmächtige Liebe in Frage steht. Erst durch die künftige Vollendung des Reiches Gottes kann abschließend offenbar werden, dass der Gott der Liebe sich in Jesus Christus offenbart hat und wahrhaft Gott ist.[206]

Es ist deutlich geworden, dass Pannenberg die Allmacht Gottes vom Missverständnis einer Willkür-Macht freistellt und als Allmacht der Liebe beschreibt. Bezieht man diese Einsicht auf den ersten Artikels des Glaubensbekenntnisses - „Ich glaube an Gott, den Vater, den Allmächtigen, den Schöpfer des Himmels und der Erde“ - lassen sich angesichts von Erfahrungen 'des Bösen' folgende Aspekte hervorheben:

---

[203]An dieser Stelle ist es wichtig, auf die theologische Unterscheidung zwischen dem *Gefühl* und dem *Geist* der Liebe hinzuweisen. Gefühle stellen subjektives, inneres Erleben dar. Das Gefühl der Liebe steht dabei in kausaler Abhängigkeit zum Objekt der Liebe: „Es ist die Attraktivität der geliebten Person, die uns für sie entflammen läßt.“ (Fischer, Johannes, Gefühl der Liebe und Geist der Liebe, in: ZThK 97(2000), 88-109, S.106). Der Geist der Liebe ist dagegen von kausaler Unabhängigkeit gekennzeichnet. Dieses ist entscheidend für das christliche Verständnis von göttlicher Liebe: „Diese ist gerade auf das nicht Liebenswerte - den Sünder - gerichtet, um es in ein Liebenswertes - den gerechtfertigten und versöhnten Menschen - zu verwandeln.“ (Ebd).

[204]Vgl. STh 1, S.466ff.

[205]STh 1, S.473.

[206]Vgl. ebd., S.476f.

Im Gegensatz zu Handlungen 'des Bösen' ist die Allmacht der Liebe eine sich zurücknehmende Macht, welche geschöpfliche Freiheit ermöglicht und nicht zerstört. Dadurch gewinnen die Geschöpfe ein selbständiges und von Gott unterschiedenes Dasein und können in Annahme dieser Unterschiedenheit in Gemeinschaft mit Gott leben. Pannenberg betont, dass die Geschöpflichkeit des Menschen und seine Bestimmung zur Gemeinschaft mit Gott die Personalität und Würde jedes Menschen gründet.[207] Während 'das Böse' gerade das Leben angreift und zerstört, kann in Hinblick auf die Allmacht der Liebe Gottes als Freiheit schenkender Kraft das Leben in der Person jedes einzelnen Menschen als unantastbar verstanden werden.
Wenn Pannenberg davon spricht, dass das schöpferische Wirken Gottes sich in seiner unablässigen Treue und Geduld für das Leben zeigt, müsste 'Allmacht als Liebe' bedeuten, dass diese nicht mit Zwang und Gewalt gegen 'das Böse' durchgesetzt wird, sondern dass zur Liebe Gottes auch die Erfahrung von Leiden und Ohnmacht gehört. „Nicht die Allmacht bestimmt den Liebesbegriff, sondern die Liebe den Allmachtsbegriff und qualifiziert ihn so vollkommen neu."[208] Dieser Aspekt wird von Pannenberg in seinen Ausführungen jedoch vernachlässigt und ist ergänzend hinzuzufügen.
Das Bekenntnis „Ich glaube an Gott den Allmächtigen..." ist eine Vertrauens- und Hoffnungsaussage mit doxologischem Charakter. Die Rede von der Allmacht Gottes geschieht aus der jeweiligen eigenen Situation heraus und nicht abstrakt und objektivierend.[209] Gleichzeitig muss sich Gottes Allmacht als Allmacht der Liebe und damit seine Zuverlässigkeit „je und je immer erst noch erweisen"[210]. Auf die noch ausstehende Offenbarung Gottes weist Pannenberg besonders hin. Aber die Vollendung der Schöpfung als endgültige Verwirklichung der Allmacht der Liebe und 'Überwindung des Bösen' steht bei ihm eher im Lichte der Selbstverwirklichung Gottes und seiner Geschichte als dass sie einer Hoffnung für die leidenden Geschöpfe entspricht. Pannenbergs Interpreta-

---

[207]Vgl. STh 2, S.204; vgl. Punkt 1.2. Die 'Bestimmung' des Menschen darf hier nicht missverstanden werden, als seien erst bstimmte Bedingungen zu erfüllen, bevor dem Menschen durch die Liebe Gottes Personalität und Würde zukomme. In reformatorischem Verständnis ist die Liebe Gottes gerade bedingungs- und voraussetzungslos, ist allein in der Freiheit Gottes begründet (vgl. Ringeling, Hermann, Art. Liebe VIII, in: TRE, Bd. 21(1991), 170-177, S.171). In seiner Schrift „Von der Freiheit eines Christenmenschen" (1520, in: WA, Bd. 7(1966), 12-38) betont Luther, daß wir keines Werkes bedürfen, um Frommsein und Seligkeit zu erlangen. Sondern frei ist der Christenmensch allein aus Glauben (vgl. WA 7,10 (S.24): „Alßo sehen wir, das an dem glaubenn ehn Christenmensch genug hatt, darff kehnis wercks, das er frum seh").

[208]Bauke-Ruegg, Was heißt: „Ich glaube an den allmächtigen Gott"?, in: ZThK 97(2000), 46-79, S.75; Eberhard Jüngel formuliert diese Einsicht folgendermaßen: „Göttliche Allmacht und göttliche Liebe sind [...] weder im Verhältnis der Subordination noch auch nur der Dialektik aufeinander bezogen. Gottes Allmacht ist vielmehr als die Macht seiner Liebe zu verstehen." (*Ders.*, „Meine Theologie" - kurz gefasst (1985), in: Wertlose Wahrheit. Zur Identität und Relevanz des christlichen Glaubens. Theologische Erörterungen III, München 1990 [BEvTh 107], 1-15, S.9

[209]Neben der doxologischen Sprachform nennt Bauke-Ruegg die narrative Sprachform, in der von Gottes Allmacht erzählt wird (z.B. Exodusgeschehen) (vgl. *ders.*, Was heißt: „Ich glaube an den allmächtigen Gott"?, S.69).

[210]Ebd., S.77.

tion der Liebe Gottes gerät in Gefahr als ein Moment gelesen zu werden, das den Anspruch auf Etablierung einer universalgeschichtlichen Theologie untermauert.[211] Die Problematik, dass Pannenberg vorrangig eschatologisch argumentiert und er die Theodizeethematik innerhalb der Denkfigur der Selbstrechtfertigung Gottes entfaltet, besteht darin, dass somit das menschliche Leiden und die Erfahrungen 'des Bösen' ungewollt als Mittel zur Erreichung eines göttlichen Zwecks oder Willens - z.B. des göttlichen Schöpfungswillens, selbständiges Dasein zu bejahen - gerechtfertigt wird.[212]
Im Gegensatz zu der eher eschatologischen Argumentation, die - obwohl auch sie helfen kann, im gegenwärtigen Leid zu bestehen, auch als 'Vertröstung' empfunden werden kann[213] - können die trinitätstheologischen Ausführungen Pannenbergs für den Gedankens von der Verborgenheit Gottes im Leid vertieft werden. Pannenbergs trinitarische Analyse der Allmacht Gottes als Macht der göttlichen Liebe wirkt sich auf seine Ausführungen zur Theodizeeproblematik nicht in der Weise aus, dass die Frage nach der Gegenwart Gottes im Leid in den Blick genommen würde: Der Glaube daran, dass Gott nicht nur Liebe hat, sondern Liebe ist (1.Joh 4,8.16)[214] und dass diese Liebe die Einheit des schöpferischen, versöhnenden und erlösenden Wirkens des trinitarischen Gottes bildet, kann die Theodizeefrage - noch klarer als dieses bei Pannenberg der Fall ist - weg von einer Anklage eines willkürlich allmächtigen 'Ein-Mann-Gottes' und hin zu der Frage verlagern, wie trinitätstheologisch von Gott angesichts des Leids gesprochen werden kann.

---

[211]Bauke-Ruegg kritisiert in Rückgriff auf Bultmann, dass bei Pannenberg weniger die Freiheit Gottes zum Tragen kommt, als „die Macht eines absoluten theologischen Geistes, der überlegen über der skizzierten Gottesgeschichte steht" und welcher souverän Bescheid weiß über die Universalgeschichte Gottes. Damit begibt sich Pannenberg in einen Standpunkt 'außerhalb' oder 'oberhalb' und läuft damit in Gefahr, den Gegenstand seiner Verstehensbemühungen sowie das Überraschende und Lebendige der Gottesbeziehung zu verlieren (Bauke-Ruegg, Die Allmacht Gottes, S.241f). Bauke-Ruegg kritisiert darüber hinaus, dass Pannenbergs Ausführungen zur Liebe Gottes konstruiert und „eigentümlich kalt" erscheinen (ebd., S.240). Er verweist hier auf Jüngel, der in Pannenbergs Dogmatik die „existentielle Dimension" vermisst (Vgl. Jüngel, Eberhard, Nihil divinitatis, ubi non fides. Ist christliche Dogmatik in rein theoretischer Perspektive möglich? Bemerkungen zu einem theologischen Entwurf von Rang, in: ZThK 86(1989), 204-235, S. 234). Die beschriebene innertrinitarische Liebe Gottes entspreche eher Bildern der Dynamik physikalischer Felder, manifestiere sich als Macht, sie entspreche weniger „dem Lebendigen und Überraschenden einer Liebesbeziehung" (Bauke-Ruegg, Die Allmacht Gottes, S.240). Hier ist allerdings zurückzufragen, ob Bauke-Ruegg nicht die sinnvolle Unterscheidung von Gefühl und Geist der Liebe missachtet und so ein romantisches Verständnis von Liebe entwickelt (s.o.).

[212]Vgl. Körtner, Wie lange noch, S.46.

[213]Vgl. Küng, Hans, Gott und das Leid, Einsiedeln/ Zürich/ Köln [7]1980 [ThMed; Bd. 18], S.65.

[214]Dabei ist ergänzend hinzuzufügen, dass in unserem heutigen Sprachgebrauch dieses Gottesbild „immer mehr zu dem sprichwörtlich gewordenen 'lieben Gott' heruntergekommen" ist (Claret, Systematisch-theologische Klärungen... S.20). Dagegen betont Claret gerade, dass diese absolute Liebe nicht etwas „rein Geistiges, Abstraktes, dem menschlichen Leben Fernes und schon gar nicht etwas Harmloses" (S.21) ist. Die Liebe ist absolut, die sich traut, „sich 'selber nackt und bloß in unsere enge Kreatürlichkeit hinein[zustürzen]', und sich nicht scheut...sich selbst mit der Erde und vor allem mit dem Menschen... zu verbinden" (S.20f).

Es geht also um die Gegenwart Gottes *im* Leid, die sich darin äußert, dass sie den Menschen Trost und Mut zum Leben gibt, dass sie als Glaube, Liebe und Hoffnung gegenwärtig wirkt.

4.4.4. Ergänzende trinitätstheologische Überlegungen zur Theodizeeproblematik

Im Neuen Testament finden sich Anknüpfungspunkte, die Vorstellung von Gottes trinitarischem Wirken auf die Frage nach dem Leid zu beziehen. Besonders die Emmausgeschichte (Lk 24,13-35) macht deutlich, dass Jesus Christus den Suchenden, Verzweifelten und Leidenden oft näher ist, als sie zu denken wagen.[215] Dabei liegt die Pointe darin, dass die Erkenntnis der heilvollen Nähe Gottes sich nicht zwingend durch historisches oder theologisches Wissen einstellt, sondern dass sie sich als Stifterin neuen Mutes dort ereignet, wo sich Menschen im Namen Christi Brot und Wein teilen und weiterreichen. Zwar bedeutet die Feier des Abendmahls keinesfalls das Ende aller Erfahrungen 'des Bösen' und des Leidens, aber die „Not, die Fragen und Bedrohungen enttäuschter Menschen werden da zur Ruhe gebracht und ihre Herzen wieder begeistert, wo sie sich im Namen Jesu Christi zum gemeinsamen Mahl versammeln“[216].

Es wird nicht immer möglich sein, in gemeinsamer Freude beim Mahl die Nähe des Auferstandenen zu erfahren. Der Schmerz kann so groß sein, dass es nicht möglich ist, sich von der Begeisterung des Abendmahls anstecken zu lassen. Oder es besteht die Gefahr, dass das Abendmahl zu einem Gelage ausgedehnt werden müsste, um alles Leid zu betäuben. Der Apostel Paulus versucht daher, die Leiden in den alltäglichen Weg der Nachfolge zu integrieren. Paulus' Blick richtet sich dabei nicht primär auf den Auferstandenen, sondern auf den Gekreuzigten, mit dessen Leiden die eigenen Leiden parallelisiert werden (vgl. 2. Kor 4,7-12): „Christen sind in jeder Hinsicht Weggenossen Jesu Christi - im Leiden wie auch in der Hoffnung auf das ewige Leben.“[217]

Bei Paulus werden Erfahrungen des Leids und des Bösen jetzt schon zu Zeichen für die Erkenntnis von Tod und Auferstehung Christi. Das ist aber nicht in dem Sinne zu verstehen, dass das Leid Mittel zum Zweck ist, die Güte und Allmacht Gottes zu demonstrieren. Denn Gott ist bei Paulus nicht nur der ferne, erhabene Gott, sondern derjenige, der als Mensch sich mit den Leidenden

---

[215] Auf diesen Zusammenhang macht Werner Brändle aufmerksam: *ders.*, Gott und das Leiden. Überlegungen zur Theodizeethematik, in: GlLern 12(1997), 42-56.

[216] Ebd., S.50.

[217] Ebd., S.52.

solidarisiert hat.[218] Im Blick auf das Kreuz können Menschen verstehen lernen, dass die Zeichen der Nähe Gottes im Alltag des Leids da sind; „*wer sich dabei an den gekreuzigten Christus hält und ihm glaubt, der ist schon neu geworden.*“[219]
Gott ist nahe im Geiste des Glaubens, der sich in Leidenserfahrungen zeigt als Geduld und Hoffnung, in den Geistesgaben der Gemeindeglieder sowie in dem Mut, sein eigenes Leiden in Analogie zu Jesu Leiden zu stellen.[220] Bei Lukas wird die heilvolle Nähe durch das Abendmahl erfahren, bei Paulus über den Geist des Glaubens: „*Die heilvolle Nähe des dreieinigen Gottes ist da zu suchen, wo gelitten wird*; sie ist in der Wirklichkeit des Leidens selbst zu finden, und Menschen brauchen - um mit Paulus zu sprechen - weder in den Himmel zu steigen noch in die Hölle zu fahren (vgl. Röm 10,6f), um sie zu finden.“[221]
Somit kann Leiden sogar zu einer Chance werden, im Geist des Glaubens die unverhoffte Nähe Gottes wahrzunehmen.

In diesen Kontext lässt sich nun auch die göttliche Allmacht als Allmacht der Liebe stellen. Gottes Schöpferwillen wird als Liebeswillen geglaubt und dadurch bestimmt gesehen, dass Gott selbst in Jesus Christus in die geschöpfliche Wirklichkeit eingegangen ist und dass er immer wieder durch die Kraft seines Geistes seinen Geschöpfen in ihrem Leid nahekommt. Seine Macht erweist sich dabei nicht als ein von außen eingreifendes Handeln, sondern Gottes Wirken gilt es als eine in Beziehungen wirkende, das Neue schaffende Liebe zu begreifen, von der gehofft werden darf, dass sie immer wieder Leidenden Kraft und Mut gibt, trotz der Verzweiflung sich bei Gott aufgehoben zu wissen.
Es darf jedoch nicht die Schwierigkeit übersehen werden, dass es unmöglich erscheint, über die Leidenden zu reflektieren, ohne in klerikale Zynismen zu verfallen.[222] So darf es um der Leidenden willen nicht darum gehen, die heilvolle Nähe Gottes im Leid aus einer Beobachterperspektive vermitteln zu wollen. Das kann nur im Geiste des Glaubens durch das Hören des Evangeliums im Leiden selbst erkannt und bekannt werden.[223]
Desweiteren ist zu bedenken, dass den Leidenden selbst in Situationen des unverwandelbaren Schmerzes oder größter Not die Passion Christi nichts mehr

---

[218]Aus diesem Grund ist es wichtig, die Teilhabe am Leiden Christi nicht mit einer masochistischen Leidenssucht zu verwechseln (vgl. Sölle, Dorothee, Zur Kritik des christlichen Masochismus, in: *dies.*, Leiden, Freiburg i.B. [2]1993, 17-44, hier S.31f).
[219]Brändle, Gott und das Leiden, S.53.
[220]In diesem Zusammenhang betont Hans Küng, dass zur christlichen Existenz das Leid zwar gehört, dass aber die Kreuzesnachfolge, also das Wahrnehmen von Leiden in der Entsprechung zu Jesus Christus, weder zu einer selbstquälerischen Suche nach Leid, noch zu einer stoischen Hinnahme des Leides auffordert. Es geht vielmehr darum, realistisch an der Eingrenzung von Leiden anderer mitzuwirken (vgl. Küng, Gott und das Leid, S.59ff).
[221]Brändle, Gott und das Leiden, S.55.
[222]Vgl. Sölle, Leiden, S.182.
[223]Vgl. Brändle, Gott und das Leiden, S.55f.

bedeuten kann. Gerade um die sinnlos leidenden Menschen wäre ein allmächtiger, von außen eingreifender, Gott notwendig, aber gerade angesichts dieser Menschen ist von diesem 'Traum' Abschied zu nehmen.[224] Hinsichtlich eines theologischen Andenkens der Allmacht Gottes und der Theodizeeproblematik ist es daher wichtig den Einzelnen in seinem Leid und seinem Anspruch auf hilfreiche Antwort und seinem Wunsch auf ein Ende des Leidens ernstzunehmen und in diesem Sinne als Grenze theologischen Denkens zu respektieren. Gleichzeitig gilt es, Gott in seiner Unverfügbarkeit anzuerkennen und aufgrund dessen auf eine allgemeingültige und endgültige 'Lösung' der Frage nach Gottes Wirken angesichts bzw. im Leid zu verzichten.[225] Als eine wichtige Aufgabe christlicher Theologie ist daher das Offenhalten der Theodizeefrage zu verstehen: Die Frage, warum es Zeiten und Orte gibt, in denen sich Gottes Liebe keinen Raum zu schaffen vermag, in denen im Gegenteil Erfahrungen des Bösen alles an Leben und Hoffnung zu ersticken drohen, ist nicht beendet. Die Klage - und nicht die Antwort oder Lösung - dass zwar nicht Gott, der sich selbst als Liebe offenbart hat, aber Gottes Werk, nämlich das Wirken seines Geistes verborgen und unverstehbar ist, bleibt bestehen. Aber im Geist des Glaubens verhallt diese Klage nicht im leeren Raum, sondern wird in die Zukunft Gottes hineingesprochen, auf welchen im Bekenntnis Gottes als Schöpfer, Versöhner und Erlöser gehofft wird. In dieser Hoffnung, dass Gott durch seinen Geist 'das Böse', das seinem Schöpferwillen jetzt in der Welt und in uns Menschen widerspricht, überwinden wird, bleiben Menschen, indem sie betend und handelnd am Liebeswillen Gottes teilhaben.

4.5. Zusammenfassung

Die Systematische Theologie Pannenbergs diente als Bezugsrahmen für den Versuch, eine spezifisch christliche Beschreibung zur Charakteristik 'des Bösen' vorzunehmen. Dogmatik als Darstellung christlicher Lehre ist für Pannenberg nur in Form einer systematischen Darstellung und wechselseitigen Bezugnahme ihrer Einzelthemen möglich, nur so kommt die Wahrheit Gottes ins Spiel. Die Wirklichkeit Gottes hängt ab von „Gottes Ehre als Schöpfer, Erhalter, Versöhner und Vollender dieser Welt“[226]. Die Aufgabe systematischer Theologie besteht nach Pannenberg darin, „ein Modell von Welt, Mensch und Geschichte als in Gott begründet“ zu entwerfen, welches die Wirklichkeit Gottes und die Wahrheit der christlichen Lehre „als konsistent denkbar ausweist

---

[224]Vgl. Sölle, Leiden, S.174f.
[225]Vgl. Brändle, Gott und das Leiden, S.43.
[226] STh 1, S.70.

und so erhärtet".[227] Die methodische Vorgehensweise ist daher sowohl assertorisch als auch hypothetisch. Im Disput mit anderen dogmatischen Modellen kann die Differenz zwischen dem Modell und der Wahrheit Gottes in Erscheinung treten. Trotzdem kann den verschiedenen Modellen doch die Funktion zugesprochen werden, antizipierend die Wahrheit Gottes darzustellen, deren endgültige Offenbarung in der Welt noch aussteht.[228]
Innerhalb dieses 'Modells' wurde die Realität 'des Bösen' thematisiert. Diese Vorgehensweise bietet den Vorteil, 'das Böse' nicht ausschließlich auf seine 'Ursache' befragen zu müssen, sondern seine Realität auf den Spannungsbogen von Schöpfung und Schöpfungswillen, Bestimmung des Menschen, Offenbarung seines Elends, Versöhnung des Menschen mit Gott und Vollendung der Schöpfung zu beziehen. Wenn Gott als „alles bestimmende Wirklichkeit"[229] gedacht wird, so ist auch die Realität 'des Bösen' als keine Macht außerhalb Gottes Wirklichkeit zu denken. Christliche Theologie kann daher die Hoffnung formulieren, dass im Versöhnungsgeschehen die 'Überwindung des Bösen' bereits angebrochen ist und dass sie in der eschatologischen Vollendung der Schöpfung endgültig wird.

Hinsichtlich der Frage nach der 'Überwindung des Bösen' konnten Pannenbergs soteriologische und eschatologische Ausführungen hilfreiche Interpretationsräume liefern. Dabei ist in Rückbezug auf die Erlösungsbedürftigkeit der Menschen deutlich geworden, dass die Versöhnung ein wichtiges Moment in der 'Überwindung des Bösen' darstellt. 'Überwindung des Bösen' spielt sich immer wieder neu durch das Wirken des dreieinigen Gottes in der Beziehung zu den Menschen ab und ist kein 'rein' zwischenmenschliches Ereignis. Erst durch die Kraft des Geistes nehmen Menschen die Einladung zur Versöhnung an. Gleichzeitig ist aber deutlich geworden, dass die in Jesus Christus bereits Wirklichkeit gewordene Versöhnung nicht 'ausreicht', um die Radikalität der Sünde und 'des Bösen' als bereits endgültig überwunden zu deuten. Wird 'das Böse' als Kennzeichen der Differenz zwischen dem erfahrbaren Zustand der geschöpflichen Welt und der geglaubten geschöpflichen Bestimmung begriffen, wäre eine 'Überwindung des Bösen' als Aufhebung dieser Differenz zu verstehen. Durch die Versöhnung sehen sich Christen zwar im Zustand der Rechtfertigung und als von Gott geliebte Geschöpfe, erfahren sich aber weiterhin als Sünder (simul iustus et peccator) und sind vertstrickt in Todesangst und die 'Macht des Bösen'. Diese realistische Einschätzung Pannenbergs bietet den großen Vorteil, bei der Interpretation 'des Bösen' im menschlichen Handeln,

[227]Ebd.
[228]Ebd., S.70f.
[229]Pannenberg, Die Krise des Schriftprinzips (1962), in: *ders.*, Grundfragen systematischer Theologie. Gesammelte Aufsätze, Göttingen ^{2}1971, 11-21, S.11. Dabei ist nach Pannenberg diese Wirklichkeit Gottes als „die alles, was ist, bestimmende Macht"(ebd.) zu denken.

eine vielfach praktizierte moralische Unterscheidung zwischen Christen (als Inbegriff des 'guten' Menschen) und Nicht-Christen (als dem zum 'Bösen' hingeneigten Menschen) als eine dem christlichen Glauben und der Wirklichkeit der Welt *nicht* entsprechende Einschätzung zu enttarnen. Seine Ausführungen bieten den Impuls, 'das Böse' als Kategorie moralischer Urteile neu zu überprüfen.[230]

Angesichts dessen, dass von der Versöhnung nur in Form der Antizipation gesprochen werden kann, wird die Frage nach der eschatologischen Vollendung um so dringlicher. Durch die Explikation der Momente vom Ende der Zeit und Ende der Geschichte wird die eschatologische Vollendung denkbar und nachvollziehbar.

Hier besteht jedoch die Gefahr, dass z.B. die Rede vom 'Gericht' durch ihre präzise begriffliche Entfaltung ihrer metaphorischen Kraft beraubt wird, so dass die Entfaltung des systematischen Denkmodells das verstellt, was metaphorisches Reden leisten kann: Im Rückgriff auf sprachlich Vertrautes stellt sie Unerwartetes so zusammen, dass sie zur Wahrnehmung von Neuem provoziert.[231]

Auf die Gefahr, dass Pannenberg sich dabei in eine Art Außenperspektive begibt, indem er das Offenbarungsgeschehen als Antizipation „des göttlichen Geschichtsplans“[232] interpretiert und trinitätstheologisch entfaltet, ist bereits hingewiesen worden. Die jeweils existentiellen Erfahrungen einzelner Menschen in ihrer Beziehung zu Gott drohen in dem dogmatischen Modell vernachlässigt zu werden. Das ist der Fall in der Erfahrung 'des Bösen' als 'ontologischer Schwäche' in der geschöpflichen Wirklichkeit, wenn diese ausdrücklich auf die 'Naturbedingungen des Daseins' bezogen und dabei Erfahrungen der Unterdrückung, der 'Versuchung', die von außen kommt vernachlässigt werden.

Ebenso ist diese Problematik bezüglich der Theodizeethematik deutlich geworden. Der universaltheologische Entwurf droht das Leid des einzelnen zu verstellen und die Theodizeefrage zumindest 'antizipatorisch' zu beantworten. Der Offenheit der eschatologischen Zukunft Gottes mit den Menschen und damit der Unverfügbarkeit Gottes wird so vorgegriffen.

Mit seiner klaren Absage an einen allmächtigen Gott und der Vorstellung vom werdenden und um sein Ziel werbenden Gott steht Jonas im klaren Gegensatz zu den Ausführungen Pannenbergs. Während für die Vorstellung Jonas' vom mitleidenden Gott sich in den kreuzestheologischen Ausführungen Pannenbergs über Gottes Selbsterniedrigung Anknüpfungspunkte finden lassen, lässt sich der Verzicht auf die eschatologische Vollendung als Ende der Geschichte in Pannenbergs Theologie kaum integrieren. Es ist daher zu überlegen, worin

---

[230]Vgl. Teil III, 2.

[231]Vgl. Dalferth, In Bildern denken, S.166.

[232]STh 1, S.280.

die Funktion einer Gegenüberstellung der beiden unterschiedlichen Deutungen von Wirklichkeit bestehen könnte. Auch wenn es sich bei Jonas um einen Kunstmythos, bei Pannenberg dagegen um ein dogmatisches Modell handelt, kann durch die Gegenüberstellung die Begrenztheit und Vorläufigkeit der jeweiligen Entwürfe zum Ausdruck kommen, die Differenz zwischen gedeuteter Wirklichkeit und der Wahrheit Gottes kann so bewusst gemacht werden.[233]
Jonas und - auf der Ebene christlicher Argumentation - Sölle haben aufgezeigt, dass es Erfahrungen 'des Bösen' gibt, die eine Rede vom 'Bösen' als Risiko der Selbständigkeit der Geschöpfe unmöglich werden lassen. In solchen Situationen wird jede Deutung zum blanken Zynismus. Die Frage nach der Theodizee wird so weiterhin offen gehalten.
Aber auch in umgekehrter Beziehung kann eine beschränkende Funktion einer Beantwortung der Theodizeefrage ausgemacht werden. Jonas und auch Sölle haben die Theodizeefrage 'beendet', indem sie Abschied von Gott als dem allmächtigen Schöpfer nehmen. Die Theodizeefrage wird somit zur Anthropodizee, das Leiden kann ausschließlich durch ein menschliches Handeln aufgehoben werden. Hier hilft nun wiederum Pannenbergs Betonung der eschatologischen Vollendung, die Theodizeefrage und damit auch Gottes zukünftiges Handeln offen zu halten und leidenden Menschen den Raum zu geben, den dreieinigen Gott um die Erlösung vom Bösen zu bitten. Aus trinitätstheologischer Perspektive ist dabei zu betonen, dass das erlösende Handeln Gottes nicht ausschließlich als ein abstraktes, von außen eingreifendes Geschehen zu denken ist, sondern sein Nahekommen im Leid ist zu begreifen als Kraft des Geistes, von der gehofft wird, dass sie Leidenden Gewissheit gibt, in der Verheißung Gottes zu leben, und dass sie den Mut gibt, trotz der Verzweiflung das Auferstehungsbekenntnis ernst zu nehmen.

Die Ausführungen haben deutlich gemacht, dass 'das Böse' auch nach 'Ostern' die Differenz von wirklichem und gewollten Sein sowie zwischen altem und neuen, vollendeten Sein oftmals radikal zum Ausdruck bringt. Die Rede von der 'Überwindung des Bösen' hat somit *doxologischen* und keinen beschreibenden Charakter: Solange die Rede von der allmächtigen Liebe des dreieinigen Gottes als Tod und Leid besiegende Kraft durch Erfahrungen 'des Bösen' angefochten wird, können Menschen in dem versöhnenden Handeln Gottes zwar nicht die 'Überwindung des Bösen' als 'Tatsache' feststellen, sie können aber aufgrund dieses Handelns, in dem sich Gott als Kraft der Liebe offenbart, auf 'Überwindung des Bösen' hoffen und darum bitten.
Dabei kommt die Frage auf, wie die Funktion christlichen Redens 'über das Böse' und der Umgang mit 'dem Bösen' im moralisch-ethischen Kontext zu bestimmen ist. Die 'Radikalität des Bösen' wurde zwar als durch menschliches

[233] Vgl. STh 1, S.71.

Handeln nicht überwindbar dargestellt, doch muss das nicht bedeuten, dass jegliches (sprachliches) Handeln angesichts 'des Bösen' (moralisch) funktionslos sei. Auf diese Problematik soll im Folgenden Teil der Arbeit eingegangen werden.

Teil III:

Funktionen und Grenzen theologischer Rede 'vom Bösen'

1. Differenzerfahrungen zur Sprache bringen - zur Funktion theologischer Rede vom 'Bösen'

Im vorherigen Teil der Arbeit ist anhand der Darstellung und teilweisen Erörterung der Theologie Pannenbergs die Rede 'vom Bösen' inhaltlich konkretisiert und in christologisch-eschatologischen Aspekte der Theologie Pannenbergs eingeordnet worden. Damit wurde die Richtung 'des Bösen' als Angriff auf das geschöpfliche Leben bestimmt und die Frage nach dem Ende 'des Bösen' als offene, aber auf die sich aus der Botschaft von der Versöhnung begründende christliche Hoffnung hin bezogene Frage charakterisiert. Im Anschluss daran soll in diesem Teil der Arbeit nochmals auf die anfängliche Problemlage hinsichtlich der Perspektivität jeder Rede 'vom Bösen' zurückgeblickt werden. Dabei kommt die Frage auf, welche Funktionen die Rede von 'dem Bösen' aus der spezifisch theologischen Perspektive, wie sie sich im zweiten Teil der Arbeit herauskristallisiert hat, haben kann. Es ist deutlich geworden, dass die theologische Funktion der Beschäftigung mit 'dem Bösen' weniger in einer Erforschung von Ursächlichkeiten besteht, sich also nicht in Konkurrenz zu psychologischen oder soziologischen Entwürfen begibt. Sondern indem theologisch von 'dem Bösen' gesprochen wird, wird menschliches Handeln in Relation zu dem christlichen Bekenntnis an den dreieinigen Gott betrachtet. Aus der Perspektive des Glaubens kennzeichnen die vielfältigen Erfahrungen 'des Bösen' dabei eine Differenz zwischen dem, was faktisch und gegenwärtig ist und dem, was im Licht des christlichen Bekenntnisses sein soll und noch werden kann. Hinsichtlich dieses Gedankens werden die Ergebnisse des vorherigen Teils der Arbeit zusammenfassend konkretisiert und auf ihre moralischen und ethischen Implikationen hin untersucht.

1.1. 'Das Böse' als theologische Differenzbezeichnung

Dass das Sein der Welt im christlichen Glaubensbekenntnis unter drei Differenzgesichtspunkten verstanden werden kann, verdeutlicht Dalferth im Rückgriff auf Augustin. Geschöpfliche Wirklichkeit wird von Dalferth hinsichtlich der *ontologischen Differenz* zwischen Gott und Welt, der *ontischen Differenz* zwischen weltlicher Wirklichkeit und geschöpflicher Bestimmung und der *eschatologischen Differenz* zwischen gegenwärtigem Zustand und gottgewollter Vollendung bestimmt.[1]

Im Folgenden sollen diese drei Differenzgesichtspunkte näher erläutert werden. Dabei soll kritisch überprüft werden, inwieweit der Differenzierungsvorschlag Dalferths die bereits angedeutete Charakterisierung 'des Bösen' als theologischem Differenzbegriff noch weiter präzisieren kann, ob es sich anbietet, davon zu sprechen, dass in Erfahrungen, die aus theologischer Perspektive als 'das Böse' interpretiert werden, eine ontologische, ontische und eschatologische Differenz zum Ausdruck kommt. Theologische Rede vom 'Bösen' hätte damit die Funktion, auf die drei genannten Differenzgesichtspunkte hinzuweisen und so eine einseitige Moralisierung der Rede 'vom Bösen' zu vermeiden.[2] Um diese mögliche Funktion zu überprüfen, werden die hier verwendeten Begrifflichkeiten auf ihre Bedeutung hin genauer befragt.

Wenn Dalferth von der ontologischen Differenz zwischen Gott und Welt spricht, kommt damit zum Ausdruck, dass im Schöpfungsbekenntnis weltliches Sein als eine Wirklichkeit begriffen wird, das nicht aus und in sich selbst besteht, sondern das von Gott konstituiert und von ihm abhängiges, geschöpfliches Sein ist.[3] Diese Differenzierung zwischen dem Bekennen von gottverdanktem Sein und selbstverdankter Seinsgestaltung hat bei Dalferth eher eine doxologische Tendenz (gottverdanktes (!) Sein), als dass sie auf die Beschränktheit des geschöpflichen Seins im Sinne eines metaphysischen Übels (Leibniz) hin zielt. In diesem Sinne interpretiert jedoch Pannenberg die Verwurzelung der Sünde in den Naturbedingungen des menschlichen Daseins als ontologische Schwäche oder Defizienz.[4] Vor diesem Hintergrund wäre eine Rede 'vom Bösen' als Phänomen ontologischer Differenz verständlich. Hier besteht jedoch die Gefahr, dass 'das Böse' damit einen 'Sinn' verliehen bekommt, dass es innerhalb des göttlichen 'Ordnungssystems' erklärbar wird. Es ist dann der notwendige Preis, die metaphysische Unterschiedenheit zwischen Gott und Mensch zu bewahren. Aus diesem Grund soll hier auf die Formulierung verzichtet werden, im 'Bösen' käme die ontologischer Differenz zwischen

---

[1]Vgl. Dalferth, Zeit der Zeichen, S.215ff.
[2]Vgl. 2.1.
[3]Vgl. ebd., S.216.
[4]STh 2, S.197.

Gott und Welt zum Ausdruck. Wenn dagegen weltliches Sein im Bekenntnis als gottverdanktes Sein verstanden wird, so geben die Erfahrungen 'des Bösen' möglicherweise Hinweise darauf, dass Menschen ihre Geschöpflichkeit und Endlichkeit nicht anerkennen und dieses in ihrer Lebensgestaltung zum Ausdruck bringen.

Weiter spricht Dalferth von der *ontischen Differenz* zwischen weltlicher Wirklichkeit und geschöpflicher Bestimmung.[5] Diese Differenz ist auch aus Pannenbergs Ausführungen deutlich geworden. Erfahrungen 'des Bösen' im eigenen Handeln kennzeichnen die Diskrepanz zwischen der faktischen Wirklichkeit und der geschöpflichen Bestimmung. 'Das Böse' widerspricht der Vorstellung von einem geschöpflichen Dasein in der Gemeinschaft mit Gott und den Mitmenschen. Diese geschöpfliche Bestimmung ist dem Menschen nicht als Ziel, „sondern in dem unbestimmten Vertrauen, das den Horizont der Welterfahrung und der Intersubjektivität eröffnet, sowie anderseits im unruhigen Drang zur Überschreitung jeder endlichen Gegebenheit"[6] gegenwärtig. Diese Möglichkeit der Weltoffenheit, der Exzentrizität, steht immer wieder in Spannung und im Widerspruch zu der Ichbezogenheit des Menschen. Erfahrungen 'des Bösen' kennzeichen den Bruch im Ich, den Widerspruch des Ich zu seiner exzentrischen Bestimmung. Dieser Zustand der Differenz lässt sich mit Pannenberg als Nichtidentität benennen.[7]
Es ist nun jedoch zu fragen, ob mit dem Begriff der *ontischen Differenz* eine sinnvolle Präzisierung und eigene Dimension von Differenzerfahrung eingeführt wird. Es ist fraglich, ob die philosophische Prägung dieses Begriffes die christliche Hoffnung zum Ausdruck zu bringen vermag, dass es sich bei der Differenz zwischen weltlicher Wirklichkeit und geschöpflicher Bestimmung um keinen statischen Zustand, sondern um den Ausgangspunkt eines Prozesses handelt, der von der *eschatologischen Vollendung* überholt werden wird.[8] Aus diesem Grund soll ab jetzt 'vom Bösen' zwar als Merkmal der Differenz zwischen weltlicher Wirklichkeit und geschöpflicher Bestimmung gesprochen werden, die beschriebene Differenz soll jedoch ebenso wie der folgende Differenzzusammenhang als *eschatologische Differenz* verstanden werden.
Als eschatologische Differenz bezeichnet Dalferth die Differenz zwischen dem gegenwärtigen Zustand der Welt und dem Glauben an die gottgewollte Vollendung, die Differenz zwischen altem und neuen Sein.[9] Dalferth betont hier den

---

[5]Vgl. Dalferth, Zeit der Zeiten, S.216f.
[6] STh 2, S.263.
[7]Vgl. A, S.77f.
[8]Repräsentiert wird diese Hoffnung von der metaphorischen Rede von der Auferstehung: Im Glaubensbekenntnis wird deutlich, dass Tod und Kreuz (die Wirklichkeit des Leids) nicht 'das letzte Wort' haben.
[9]Dalferth weist darauf hin, dass die Differenzen nicht aufeinander rückführbar, noch durcheinander ersetzbar sind, wohl aber sich wechselseitig präzisieren können: „Auch das alte Sein der Welt steht unter dem Differenzgesichtspunkt wirklichem bzw. wahren Seins, auch ihr selbstverdanktes Sein unter dem Differenzgesichtspunkt

Prozesscharakter weltlichen Seins: „Weltliches Sein ist global und individuell im Prozeß, seiner wahren Bestimmung zugeführt zu werden: Es wird zu dem, was es sein soll und sein kann, indem Gott ihm dazu verhilft, seine Bestimmungsverfehlung zu überwinden und im Kontrast zu seiner faktischen Wirklichkeit seiner schöpfungsgemäßen Wahrheit gerecht zu werden.“[10] In diesem Punkt wird freilich eine Diskrepanz zwischen Dalferths und Pannenbergs Aussagen deutlich. Pannenberg formuliert die Vollendung als Geschehen, dass mit dem Ende der Zeit verbunden ist. Dalferth setzt den Schwerpunkt seiner Benennung der Zuführung des Menschen in seine Bestimmung auf den Liebeswillen Gottes, der nicht aufhört „geschöpfliche Wirklichkeit dazu zu verlocken, aus freien Stücken ihrer Bestimmung gerecht zu werden“[11] Trotzdem ist der Hinweis auf die eschatologische Differenz auch hinsichtlich der Theologie Pannenbergs fruchtbar zu machen. Wird auch die Frage nach der Vollendung als offene Frage betrachtet, lässt sich ‘das Böse’ in beiden Fällen als Erfahrung der Differenz zwischen gegenwärtigem Zustand und gottgewollter Vollendung, zwischen altem und neuem Sein benennen.

Betrachtet man theologisches Reden von ‘dem Bösen’ also als Hinweis auf die eschatologische Differenz zwischen der Erfahrung des gegenwärtigen, wirklichen Seins und der Hoffnung auf ‘wahres, vollendetes’ Sein, so zeichnet sich damit bereits auch eine Funktion theologischen Redens von ‘dem Bösen’ ab. Dabei ist es wichtig darauf hinzuweisen, dass nicht die Erfahrungen ‘des Bösen’ an sich funktionalisiert werden, indem sie mit der pädagogisch ‘guten’ Funktion belegt werden, die Menschen auf ihren unvollkommenen Zustand hinzuweisen. Vielmehr kann die theologische Rede *über* ‘das Böse’ ihre Funktion darin bestimmen, die Differenz der faktisch gegenwärtigen Wirklichkeit zu ihrer geschöpflichen Bestimmung zu benennem und damit Impulse für ethische Überlegungen zu geben.

---

alten und neuen Seins, und auch ihr wirkliches Sein unter dem Differenzgesichtspunkt gottverdankten und selbstverdankten Seins.“ (Dalferth, Zeit der Zeichen, S.217f.). Indem in dieser Arbeit auch die Differenz von wirklichen und wahrem Sein als eschatologische Differenz bezeichnet wird, soll die Eigenständigkeit dieses Differenzgesichtspunktes nicht verwischt werden. Es wird jedoch mehr als bei Dalferth der wechselseitige Zusammenhang zwischen den Aspekten ‘wirkliches Sein - wahres Sein’ und ‘altes Sein - neues Sein’ betont.

[10]Dalferth, Zeit der Zeichen, S.216.

[11]Ebd. S.217.

1.2. 'Das Böse' - Differenzerfahrung zwischen 'wirklichem' und 'wahrem' Sein

Versteht man Erfahrungen 'des Bösen' vor dem Hintergrund des christlichen Bekenntnisses als Kennzeichen der Differenz zwischen weltlicher Wirklichkeit und geschöpflicher Bestimmung, so kann dieser Hinweis nach Dalferth „zu einer Steigerung unserer Orientierungsfähigkeit in der Welt"[12] führen. Indem die Schöpfung als erlösungsbedürftig ausgewiesen wird, lässt sich zwischen schöpfungsgemäßem und schöpfungswidrigem Handeln unterscheiden. Dabei kann nicht nur die Welt kritisch gedeutet werden, sondern auch der Einzelne kann sein Handeln im Licht der zentralen Differenzgesichtspunkte betrachten und reflektieren. Im Glauben an den dreieinigen Gott können Erfahrungen 'des Bösen' als Erfahrung von nichterfülltem Leben interpretiert werden. Pannenberg spricht in diesem Fall von der Nichtidentität.[13] Auch ist in diesem Zusammenhang der Gewissensbegriff von Wichtigkeit und ist daher in seiner Bedeutung zu klären.

1.2.1. Gewissen als Wahrnehmung von Differenz - Gebet als Hoffnung auf Identität

Die Annahme, das die Bestimmung des Menschen und somit seine Identität schon einmal realisiert war und dann wieder verlorengegangen ist, entspricht mythischem Denken, dass der geschichtlichen Erfahrung des Menschen nicht angemessen ist.

Die Erfahrungen von Nichtidentität weisen auf eine andere Konsequenz hin: Der nicht mit sich identische Mensch ist - so lautet nach Luthers auch Kierkegaards Einschätzung - nicht in der Lage, durch Selbstverwirklichung die eigene Identität hervorzubringen, seine eigene Bestimmung zu erreichen.[14] Er bleibt

---

[12]Ebd. S.218.

[13]'Identität' wird in diesem Abschnitt in Anlehnung an Pannenberg theologisch interpretiert. Damit ergibt sich teilweise eine Spannung zu den Ausführungen zur Identität in der Psychoanalyse/ Psychologie (Freud, Erikson). Eine Diskussion der Tradition des Identitätsbegriffs sowie der Spannung zwischen 'Ich' und 'Selbst' wäre an dieser Stelle zu umfangreich. Verwiesen wird deshalb auf das Kapitel 'Die Identitätsproblematik' , vgl. A, S.185-235.

[14]Pannenberg sieht in Kierkegaards Beschreibung der verzweifelten Lage des menschlichen Bestrebens um Selbstrealisierung der eigenen Identität (vgl. Kierkegaard, Die Krankheit zum Tode, S.80f) eine Erneuerung des lutherischen Gedankens von der Gefangenschaft des Menschen in einem servum arbitrium (Luther, De servo arbitrio (1525) in: WA, Bd. 18, 600-787). (Vgl. STh 2, S.284f).

angewiesen auf Einwirkungen von außen, er muss über sich hinausgehoben werden.[15]

Es kommt nun die Frage auf, inwieweit der Mensch selbst an diesem Prozess beteiligt ist. Wenn vom Boden der Nichtidentität aus keine Selbstverwirklichung stattfinden kann, bzw. wenn diese nur tiefer in die Gebrochenheit menschlicher Identität hineinführt, scheint die geforderte Beteiligung an dem Prozess beinahe fraglich.

Aus diesem Grund soll nochmals der Blick auf den Prozess gelenkt werden, der aus der Perspektive des Glaubens als identitätsstiftend gesehen wird:

Aus den soteriologischen Ausführungen Pannenbergs zur Versöhnung hat sich ergeben, dass die Aufnahme der Menschen in die Gemeinschaft des in Jesus Christus Mensch gewordenen Sohnes mit dem Vater als Versöhnung und damit als Befreiung zu der verheißenen Identität der Menschen, die in der Taufe ihren Ausdruck findet, verstanden werden kann. Diese Befreiung geschieht weder durch ausschließlich eigene Kraft der Menschen, noch überkommt sie den Menschen von außen, sondern durch die Kraft des Geistes gehen Menschen selber auf die Versöhnung ein.[16]

Die durch die Taufe neu gewonnene bzw. verheißene Identität muss sich jedoch immer wieder aufs Neue bewähren. Nach Luther muss der 'alte Mensch' immer wieder von dem 'neuen Menschen' absorbiert werden.[17]

Es kann nun gefragt werden, welchen Beitrag die theologische Rede 'vom Bösen' im Prozess der Identitätsbildung leisten kann. Theologisches Reden 'vom Bösen' bezeichnet Erfahrungen der zwischenmenschlichen Zerstörung als Verfehlung menschlichen Handelns und Seins. Jeglicher Angriff des Lebens wird im Kontext der göttlichen Wirklichkeit als Verfehlung der menschlichen Bestimmung bezeichnet. Damit wird der Blick geschärft für 'das Böse', der Prozess der Bewusstmachung und Reflexion der eigenen Handlungen erhält einen Bewertungshinweis. In der theologischen Charakterisierung 'des Bösen' als eine teilweise bis zum Tod treibende Verweigerung der gegenseitigen Achtung wird sich der Glaubende bewusst, was es ist, das ihn von einem Leben in Gemeinschaft mit Gott, einem schöpfungsgemäßen Leben trennt. Spricht man aus theologischer Perspektive davon, dass 'im Bösen' eine Differenzerfahrung zum Ausdruck kommt, wird damit deutlich gemacht, dass Menschen nicht so leben wie sie es ihrer geschöpflichen Bestimmung gemäß sollen. Dalferth beschreibt diesen Aspekt als Spannung zwischen wirklichem und wahren Sein.[18]

---

[15] In diesem Bildungs-Prozess, vermittelt durch Religion und Sprache, Kunst und Wissenschaft, lokalisiert Herder das göttliche Wirken, s.o. (Teil 2), 1.2.3.

[16] Vgl. STh 2, S.497. In diesem Kontext ist auch der Zusammenhang zwischen Identität und Handeln von Bedeutung. Pannenberg weist darauf hin, dass Identität sich nicht durch Handeln des Menschen konstituiert (vgl. STh 2, S.231.).

[17] Vgl. STh 3, S.285.

[18] Dalferth, Zeit der Zeichen, S.217.

Da es bei den Erfahrungen 'des Bösen' neben den Erfahrungen von Nichtidentität auch immer um das konkrete Leiden von Menschen geht, impliziert die Rede 'vom Bösen' als Kennzeichen von Differenz auch die Hoffnung auf Veränderung. Hier wird nochmals deutlich, dass aus theologischer Perspektive die geschöpfliche Differenz kein statischer Zustand ist, sondern dass die eschatologische Hoffnung immer mit bedacht wird. Bei der Hoffnung auf Veränderung kann es zunächst darum gehen, die Verantwortung jedes Einzelnen zu stärken, sich selbst wahrzunehmen und das eigene Handeln zu reflektieren.
Hinsichtlich der Selbstwahrnehmung und Selbstreflexion lässt sich eine Parallele zu der antiken bzw. sokratischen Vorstellung der Gewissensbildung und Gewissenserforschung in Form des Selbstgespräches ziehen. Die im menschlichen Bewusstsein angelegte Selbstentzweiung des Einzelnen wird in der geistigen Übung des inneren Zwiegespräches aktualisiert und erweckt das Bedürfnis nach Übereinstimmung mit sich und anderen, sowie der Widerspruchsfreiheit im Handeln und im Denken.[19]
An dieser Stelle ist der Hinweis darauf hilfreich, dass das griechische *syneidesis* zunächst die Bedeutungen 'Mitwissen', 'Wissen', 'Bewusstsein' und 'Selbstbewusstsein' hatte, bevor es auch als bewertendes Bewusstsein einer negativen Handlung verstanden wurde.[20] Wird das Gewissen in diesem Sinne als Prozess der Selbstwahrnehmung von Sein und Sollen verstanden, welches das eigene Leben und Handeln in seinen Relationen zu den Mitmenschen und zu Gott in den Blick nimmt, hat hier auch das Nachdenken 'über das Böse' seinen Ort.[21]
Im Verhältnis zu sich selbst kann der Mensch 'das Böse' wahrnehmen, hier ist es nach Martin Buber „unmittelbar kennenzulernen, erst von hier aus wird es uns auch in der Welt zugänglich und deutbar."[22] Die Weigerung der Selbstwahrnehmung ist demzufolge schon der erste Schritt zum 'Bösen'. Buber verdeutlicht das an der Geschichte von Kain: „Zum Unterschied von den ersten Menschen antwortet Kain nicht auf Gottes Anrede; er weigert sich, Rede und Antwort zu stehen. Er weigert sich, dem Dämon an der Schwelle entgegenzutreten; damit liefert er sich dessen 'Sucht' aus. Die Vertiefung und Bestätigung der Entscheidungslosigkeit ist die Entscheidung zum Bösen."[23] Das Gewissen

---

[19]Vgl. Hübsch, Stefan, Philosophie und Gewissen. Beiträge zur Rehabilitierung des philosophischen Gewissensbegriffs, Göttingen 1995 [Neue Studien zur Philosophie; Bd. 10], zugl.: Heidelberg, Univ., Diss., (o.J.), S.236f.
[20]Vgl. Blühdorn, Jürgen-Gerhard, Art. Gewissen I, in: TRE, Bd. 13(1984), 192-213, S.198.
[21]'Gewissen' ist kein ausschließlich christlich-theologischer Begriff. Die Gewissenserfahrung kann auch stattfinden, wenn als Bezugspunkt, zu dem das eigene Dasein in Relation gestellt und reflektiert wird, *nicht* der dreieinige Gott ist, zu dem sich Christen bekennen.
[22]Buber, Martin, Bilder von Gut und Böse, Heidelberg 1964, S.28.
[23]Ebd. S.28.

bzw. der Gewissensprozess ist somit der Ort, wo die Differenz zwischen 'wirklichem' und 'wahrem' Sein wahrgenommen werden kann.[24]
Über 'das Böse', also das von Gott und den Mitmenschen Trennende, zu reflektieren kann nur derjenige, der in Relationen denkt und lebt und der eine Vorstellung davon hat, was 'das Böse' ausmacht. An dieser Stelle stößt man jedoch auf eine Problematik, die sich bereits im zweiten Teil der Arbeit abgezeichnet hat: Durch die theologische Bestimmung der Richtung 'des Bösen' ist jedoch längst nicht in jeder Situation klar, wie das eigene Dasein zu interpretieren ist. Im Prozess der Selbstwahrnehmung befindet der Einzelne sich nicht in einem 'neutralen' Raum, von dem aus alle die Bestimmung des Menschen störende Momente erkannt und in Zukunft vermieden werden können. Oftmals befinden sich Menschen gerade in einem Geflecht von Angst und Strukturen 'des Bösen', was eine kritische Reflexion der eigenen Situation bzw. die nötige Selbstdistanz verhindert. Selbst wenn 'das Böse' letztgültig identifiziert werden könnte und der Wille nach Vermeidung oder Überwindung 'des Bösen' im eigenen Dasein besteht, ist fraglich, ob auch die Differenz zwischen Wollen und Handeln aufgehoben werden kann.
Paulus beschreibt dieses Dilemma in Röm 7, besonders in den Versen 14-23. Zunächst geht es hierbei um die objektive Unkenntnis über das eigene Handeln, die Verwechslung zwischen den erwarteten Wirkungen meines Handelns und den tatsächlichen 'wahren' Folgen (V.15a). Daran schließt sich die Erkenntnis des Widerspruchs zwischen Wollen und Vollbringen an (V.15b), was mit dem existentiellen Konflikt zwischen dem Wollen des Guten und dem Tun des Bösen konkretisiert wird (V.19). Paulus beschriebt das 'Ich' im Widerspruch zwischen zwei Gesetzen, die den Menschen gefangenhalten (V.23): „das Gesetz des Vernehmens und das Gesetz des Agierens"[25] So bleibt bei Paulus zunächst nichts anderes als die Klage, der Ausdruck für das Erkennen der eigenen Verlorenheit (V.24). Nur die Hinwendung zu Gott kann das 'Ich' aus diesem Zwiespalt retten und ist durch Jesus Christus bereits gerettet. Eine 'Moral' *zur Überwindung* 'des Bösen' lässt sich aus der paulinischen Beobachtung nicht ableiten. Statt einer Forderung zur 'Moral' findet sich bei Paulus die Aufforderung „im Geist" (z.B. Gal 5,16) zu leben.[26] Es geht dabei nicht um das Konstituieren von Identität, sondern um die Antwort auf die neue Identität, um ein

---

[24]Dieses gilt nicht nur für Christen. Auch im säkularen Verständnis bietet es sich an, Gewissen nicht als 'mahnende Instanz' zu verstehen, sondern als reflexiven Prozess der Selbstwahrnehmung.
[25]Weder, Hans, Der Mensch im Widerspruch. Eine Paraphrase zu Röm 7,7-25, in: GlLern 4(1989), 130-142, S.141. Die Frage, ob das 'Ich' biographisch oder soziologisch festzulegen ist, wird von Weder abgewiesen. Es geht hier weder um die Repräsentation einer bestimmten Gruppe (Ungetaufte), noch um eine Definition vom Menschen. Sondern Paulus spricht die Menschen vielmehr auf ihre Erfahrungen an, er spricht zu denjenigen, die unter ihrem Widerspruch leiden. Seiner Meinung nach kann es sich deshalb auch um Erfahrungen von Christen handeln. Dieses Verständnis wird zum Teil bestritten (z.B. U. Wilckens, Der Brief an die Römer (Röm 6-11) Zürich/ Neukirchen-Vluyn ^{2}1987 [EKK; VI/2], S.117.).
[26]Vgl. Schulz, Siegfried, Neutestamentliche Ethik, Zürich 1987, S.349f.

Bleiben in der Hoffnung auf die Gemeinschaft mit dem dreieinigen Gott, der 'dem Bösen' letztlich nicht das letzte Wort geben wird.

Die Wahrnehmung der Komplexität 'des Bösen' in menschlichen Erfahrungen und Handlungsstrukturen sowie die Ambivalenz menschlicher Urteile können daher zum Anlass werden, um die 'Erlösung vom Bösen' zu bitten. Das Gebet geht über eine „Reflexion der Erfahrung"[27] hinaus, indem der Geist Gottes unseren Platz einnimmt, „daß er dort spricht, wo wir zu stehen kommen, und daß in uns und aus uns heraus redet, weil wir im Beten an die Grenzen unserer Sprache stoßen"[28]. Das ist jedoch nicht so zu verstehen, als würden die Glaubenden einfach „aufgesogen in die Dynamik des göttlichen Wirkens"[29], sondern gerade im Gebet äußert sich durch die freie Spontaneität die Personalität des Menschen vor Gott.
Das Gebet setzt also Gott und das Wissen von Gott bereits voraus. Gleichzeitig versteht es die Grundsituation des Menschen bestimmt durch seine Beziehung zu Gott.[30] Besonders in der Bitte beruft sich der Betende vertrauensvoll auf die Gnade Gottes. Indem er sich auf seine Bestimmung als Empfangender einlässt, beginnt er, er selbst zu werden. Im Gegenüber zu Gott geben Menschen ihrer Teilhabe an der Sohnschaft Ausdruck[31], die Suche nach Identität wird in die gemeinsame Zukunft mit Gott gestellt. Dabei kommt auch das Bewusstsein um die eigene Zerissenheit („und führe uns nicht in Versuchung") zur Sprache. Im Gebet lässt sich die eigene Situiertheit wahrnehmen und wird Gott anvertraut.

Die theologische Rede 'vom Bösen' als ein Hinweisen auf Nichtidentität bzw. Differenzerfahrung ist demnach durch eine Spannung charakterisiert. Auf der einen Seite ist sie auch im Prozess der Selbstwahrnehmung ein ambivalentes Moment. 'Das Böse' entzieht sich der eindeutigen Lokalisierung, das vermeintlich 'Gute' kann von anderen als bedrohlich oder zerstörerisch erfahren werden. Trotz dieser Einsicht kann auf die Rede 'vom Bösen' als Differenzerfahrung nicht verzichtet werden. Ein solcher Verzicht würde menschliche Erfahrungen des Leidens unter 'dem Bösen' verharmlosen. 'Das Böse' würde als Normalität, als das zur Identität der Menschen notwendig dazugehörige be-

---

[27]Bernet, Walter, Gebet, Stuttgart 1970, S.107; Vgl. zur Kritik: Schulz, Frieder, Art. Gebet VIII in: TRE Bd. 12(1984), 84-94, S.89; Für Barth ist es darüber hinaus wichtig herauszustellen, dass zwischen Gebet und (öffentlicher) Bezeugung der Gotteserkenntnis zu unterscheiden ist: „Gebet geschieht grundsätzlich im 'Kämmerlein', bei verschlossener Türe, im Verborgenen. Gebet ist die n u r G o t t zugewendete und insofern strikt die innere Seite des Lobes Gottes." (Barth, Karl, KD, III/ 4, Zürich [4]1957, S.96.) Darum ist das Gebet auch nicht als Instrument der Erbauung, nicht als verkleidete Predigt oder als Glaubensdemonstration misszuverstehen.

[28]Sauter, Gerhard, Zugänge zur Dogmatik, Göttingen 1998 [UTB; 2064], S.166.

[29] STh 2, S.231.

[30]Vgl. Ebeling, Gerhard, Reden zu Gott, in: Dogmatik des christlichen Glaubens, Bd. I: Prolegomena - Erster Teil: Der Glaube an Gott, den Schöpfer der Welt, Tübingen 1979, 192-244, S. 202.

[31]Vgl. STh 2, S.229.

stimmt und das faktische Dasein, das von Strukturen 'des Bösen' durchzogen ist, als 'so-sein-sollend' interpretiert oder durch einen 'Heile-Welt-Optimismus' verschleiert werden.[32] Im Gebet dagegen bringen Menschen diese Erfahrungen des Leids und 'des Bösen' in der vertrauensvollen Zuwendung zu Gott zur Sprache. Hier kommt durch das Zur-Sprache-bringen 'des Bösen' nicht nur die Differenz zwischen 'wirklichem' und 'wahren' Sein zum Ausdruck, sondern auch die Differenz zwischen gegenwärtigem und vollendetem Sein. Besonders im Beten des 'Vater unser' wird die eschatologische Spannung von Erfahrungen der Nichtidentität und die Hoffnung auf Identität, auf die vollendete Gemeinschaft mit Gott, deutlich.

Es ist erläutert worden, dass die Wahrnehmung 'des Bösen' im eigenen Dasein, der Gewissensprozess als Wahrnehmung von Sein und Sollen, aufgrund der gebundenen Freiheit des Menschen kein Garant für ein Vermeiden von zukünftigem 'Bösen' darstellt. Auch aus einem weiteren Grund wird deutlich, dass der Gewissensprozess nicht 'eingefordert' werden kann, um 'das Böse' zu vermeiden. Erhält nämlich der Hinweis auf die geschöpfliche Differenz als Nichtidentität, einen stark moralisch-fordernden Charakter, bekommt das christliche Glaubensleben ambivalente Züge und kann zum Zielpunkt von massiver Kritik werden. Die Entwicklung eines Schuldbewusstseins wird in diesem Fall von außen als krankhaft oder neurotisch wahrgenommen. Dieser Kritikpunkt ist besonders bei Nietzsche laut geworden und soll im Folgenden in die Überlegungen aufgenommen werden.

1.2.2. Schuldbewusstsein als Element der Identitätsbildung?

In seiner 'Genealogie der Moral' kritisiert Nietzsche den Gesamtzusammenhang von Sünde und Schuld und deutet ihn als Ausdruck von Selbstdestruktion. Das 'schlechte Gewissen' wird von Nietzsche als „die tiefe Erkrankung, welcher der Mensch unter dem Druck jener gründlichsten aller Veränderungen verfallen musste, die er überhaupt erlebt hat“[33] verstanden. Gemeint ist die Hem-

---

[32]Eine solche Tabuzone 'des Bösen' lässt sich oftmals in der medialen Werbung beobachten. Hier besteht ein Heile-Welt-Optimismus, in dem es keine wirkliche Verletzlichkeit des menschlichen Körpers gibt, die nicht mit den entsprechenden Produkten 'geheilt' werden könnte. Es kann in der Werbe-Welt nichts 'Böses' geben, das dem Ziel der modernen Zivilisation, Schmerz und Krankheit zu beseitigen, Glück durch Konsum und so das vollkommene Heil zu erreichen, im Wege steht (vgl. Riepe, Manfred, Das Gespenst der Gewalt. Was sie schon immer über Gewaltdarstellung wissen wollten, sich aber bislang nicht zusammenzureimen trauten, in: Das Böse, (Red. Florian Rötzer), 290-327, S.306ff.; Vgl. auch Körtner, Wie lange noch, S.62).

[33]Nietzsche, Zur Genealogie der Moral, II §16 (S.321). Verständlich wird dies im Zusammenhang mit Nietzsches Moralkritik. Die herrschende Moral sieht Nietzsche als die Rache der Niedrigen und Unterdrückten, als Instrument und Legitimierung von Herrschaft und Macht. Das 'schlechte Gewissen' dient nach Nietzsche als Kontrollinstanz, moralische Institutionen wie Strafe und Schuld seien „Rationalisierungen lebendiger Empfin-

mung der Entladung der Instinkte des Menschen nach außen, die sich nun gegen den Menschen selbst nach innen wenden. Das 'schlechte Gewissen' ist somit „das Leiden des Menschen a m M e n s c h e n , a n s i c h"[34] Verantwortlich für die Entstehung des 'schlechten Gewissens' und die Erfahrung von Schuldgefühlen sieht Nietzsche den christlichen Gottesglauben: „Die Heraufkunft des christlichen Gottes, als des Maximal-Gottes, der bisher erreicht worden ist, hat deshalb auch das Maximum des Schuldgefühls auf Erden zur Erscheinung gebracht."[35] Das Gewissen wird insofern als Erkrankung verstanden, weil sich nun alle 'Instinkte', wie Feindschaft, Grausamkeit, Lust an Zerstörung, die sich sonst nach außen entladen hätten, nach innen wenden.

Bezieht man diesen Einwand auf den eben erörterten Prozess der Selbstwahrnehmung, kommt die Frage auf, ob dieser, sowie das Anerkennen von 'bösem' Handeln und eigener Schuld für den Identitätsbildungsprozess förderlich ist oder diesen, wie von Nietzsche beschrieben, in Form von nach innen gewendeter Destruktion hemmt.

Pannenberg führt in diesem Zusammenhang eine Unterscheidung ein. In Nietzsches Kritik erkennt er säkularisierte Restbestände einer theologischen Urstandslehre, die Annahme des Verlusts ursprünglicher Identität. Nur in diesem Fall ist das Schuldgefühl, so betont Pannenberg, „Produkt einer Selbstaggression"[36], ist in eine Geschichte der Erkrankung, eines Verlustes einer ursprünglichen Integrität einzuordnen.

Demgegenüber spricht Pannenberg von dem Bewusstsein der Differenz bzw. Nichtidentität als Kennzeichen des Wissens um den Zustand der *noch nicht* erreichten Übereinstimmung mit der eigenen Bestimmung. Das Schuldbewusstsein markiert demnach die Tatsache, dass der Mensch seiner Identität - hier verstanden als Zielpunkt - noch fern ist.[37] Dabei ist das Schuldbewusstsein auf bestimmte Normverletzungen bezogen und impliziert sowohl das Wissen von der eigenen Identität und dem damit verbundenen geforderten Verhalten als auch ein Wissen um das Verfehlen dieses Verhaltens und der darin begründeten Nichtidentität.[38]

Im Anzeigen dieser Differenz hat das 'schlechte Gewissen' seine Funktion, es begründet die Übernahme von Verantwortlichkeit für das eigene Dasein. In diesem Verständnis ist nach Pannenberg das Bewusstsein der Selbstverfehlung, das Wahrnehmen 'des Bösen' als ein die menschliche Bestimmung störendes

---

dungen und Affekte" (Wulf, Christoph, Das Böse im Denken Nietzsches, in: Entdecken und Verraten. Zu Leben und Werk Friedrich Nietzsches, hg. im Auftr. der Stiftung Weimarer Klassik v. Rüdiger Schmidt und Andreas Schirmer, Weimar 1999, 353-360, S.356), die Begierden, Wünsche und Lebenskraft dem moralischen Sinn unterordnen sollen.

[34]Nietzsche, Zur Genealogie der Moral, II §16 (S.323).

[35]Ebd., II§20 (S.330).

[36]A, S.149.

[37]Vgl. A, S.148f.

[38]Vgl. ebd., S.278f.

Phänomen, ein wichtiges Moment im Prozess der Befreiung des Menschen zu seiner eigenen Identität: „Es durchbricht den Bann der Verkehrtheit, für die die eigene Identität unerreichbar bleibt, und zugleich vermittelt es die Kraft, die eigene Wirklichkeit anzunehmen im Bewußtsein der Selbstverantwortung und im Akt der Buße, der Identifikation ermöglicht noch mit dem in uns, was wir als unserem Selbstsein unangemessen beurteilen müssen.“ [39]
In diesen Zusammenhang lässt sich auch das Moment der Reue stellen. Nach Pannenberg kann es in der Reue gelingen, die wahrgenommene Nichtidentität zu überwinden, indem sich in der Reue der Täter von seinem Verhalten distanziert und sich mit der die Tat verurteilenden Instanz identifiziert.[40]
Pannenberg erkennt jedoch an, dass Schuldbewusstsein und Selbsthass nahe beieinanderliegen. Diese Ambivalenz des Schuldbewusstseins ist in der Geschichte des Christentums aufzuzeigen. Häufig haben Predigt und Seelsorge dazu beigetragen, selbstaggressive Emotionen freizusetzen.[41] Nach Pannenberg sollten Predigt und Seelsorge daher „streng auf ihre Funktion im Zusammenhang der Identitätsbildung des Menschen begrenzt bleiben“, denn nur wenn sie „als Momente im Geschehen der Befreiung des Menschen“ verstanden werden, sind sie „gegen solche Verkehrungen geschützt“.[42]
Anstelle von ‘Moralpredigten’ tragen zu diesem Prozess der Befreiung des Menschen zu seiner Identität eher biblische Erzählungen bei, die zeigen, dass Menschen ‘dem Bösen’ nicht hilflos ausgeliefert sind. Es kommt darauf an, sich Gottes Handeln und der Gabe des Heiligen Geistes anzuvertrauen, wie es beispielsweise von Noah erzählt wird. Dieses könnte ein Impuls gegen das „trostlose Räsonnement über das Wesen des Menschen oder die Verderbtheit der Welt“[43] sein.
Blickt man zurück auf die oben entfalteten Kritikpunkte Nietzsches, so sind diese nicht zum Verstummen gebracht. Das käme auch dem Anliegen dieser Arbeit nicht gleich. Nietzsches Kritikpunkte können vielmehr als Hinweis auf die Ambivalz der Rede von ‘dem Bösen’, hier hinsichtlich der Entwicklung eines Schuldbewusstseins, verstanden werden. Führt das Reden von ‘dem Bösen’ zu einem Hass, der sich nach innen wendet und einer Selbstdestruktion gleichkommt, hat theologisches Reden ‘vom Bösen’ als Kennzeichen der Differenz zwischen ‘wirklichem’ und ‘wahren’ Sein seine Grenze überschritten. Dagegen besteht die Funktion der Rede ‘vom Bösen’ darin, die Differenz zwischen dem

[39]Ebd., S.149.
[40]Vgl. ebd., S.301f.
[41]Vgl. *ders.*, Aggression und die theologische Lehre von der Sünde, S.164f. Zur Selbstaggression haben nach Pannenberg beispielsweise auch maximale Forderungen christlicher Moral beigetragen, die Frustrationen auslösen, wenn sie sich in der konkreten Lebenserfahrung als nicht einlösbar erwiesen (vgl. ebd., S.172).
[42]A, S.150.
[43]Ulrich-Eschemann, Karin, Biblische Geschichten und ethisches Lernen. Analysen - Beispiele - Perspektiven, Frankfurt/ M. 1996 [Beiträge zur theologischen Urteilsbildung; Bd. 2], zugl.: Hildesheim, Univ., Diss., 1995, S.121.

faktischen Sein und der noch nicht erreichten Identität offen zu halten. Der Akzent theologischer Rede 'vom Bösen' liegt daher immer darauf, angesichts der Botschaft des Evangeliums 'das Böse' als Kennzeichen eschatologischer Differenz wahrzunehmen und der Hoffnung auf Veränderung Ausdruck zu verleihen.
Wenn theologisch 'vom Bösen' geredet wird geht es jedoch nicht nur um die Differenz des Einzelnen zu seiner geschöpflichen Bestimmung, sondern es wird das gesamte Dasein als Schöpfung und Erlösung in den Blick genommen und als noch unvollkommener Zustand der gottgewollten Vollendung gedeutet. Das Aufzeigen dieser Spannung zwischen 'altem' und 'neuen' Sein, die durch 'das Böse' als bestehend wahrgenommen werden muss, soll in dem nächsten Abschnitt thematisiert werden.

1.3. 'Das Böse' - Differenzerfahrung zwischen 'altem' und 'neuem' Sein

Wenn 'das Böse' als Erfahrung der Differenz zwischen dem gegenwärtigen Zustand und der gottgewollten Vollendung verstanden wird, impliziert dieses Verständnis die Funktion einer Kritik an zwei unterschiedlichen Modellen der Wirklichkeitsdeutung. Zum einen sind Interpretationen von Wirklichkeit zu nennen, die Erfahrungen 'des Bösen' akzeptieren oder als notwendige Momente von menschlichem Dasein in ihre Deutungsmodelle integrieren. Aus theologischer Perspektive wird die Tatsache 'des Bösen' gerade nicht als eine *endgültige* Notwendigkeit verstanden, sondern als der schöpfungsgemäßen 'Wahrheit' entgegenstehend.[44] Im Bekenntnis Gottes als 'allmächtigem Schöpfer' wird dabei die Hoffnung deutlich, dass 'das Böse' - als das dem Schöpfungswillen Entgegenstehende - durch Gottes Liebe überwunden wird. Auch steht die Bestimmung 'des Bösen' als Merkmal der Differenz von gegenwärtigem Zustand und gottgewollter Vollendung in kritischer Spannung zu menschlichen Bemühungen, die Befreiung 'vom Bösen' als endgültigen Zustand *selbständig* zu erreichen. Hier ist rückblickend an die im ersten Teil aufgezeigten Gefahren einer 'Pathologisierung des Bösen' zu erinnern. Beide Aspekte sollen in den folgenden Abschnitten hinsichtlich einer Funktion theologischen Redens 'vom Bösen' erläutert werden.

[44] Vgl. Dalferth, Zeit der Zeichen, S.216.

1.3.1. 'Das Böse' als nicht-endgültigen Zustand zur Sprache bringen

In der Einleitung wurde auf das aktuelle Interesse bzw. die Faszination 'am Bösen' hingewiesen. Besonders in der medialen Bilderflut findet 'das Böse' reichhaltigen Nährboden, wird lokalisiert, interpretiert und inszeniert. Gerade in Hinblick auf die Darstellung 'des Bösen' als ominöse Macht, als Horror, der am Ende das letzte Wort behält, ist es populär. Aber auch in Blick auf Schilderungen menschlicher Verbrechen wird 'das Böse' zu einem „Pseudorealismus", der den Zuschauern die Fiktion vorgaukelt, „an jeder Ecke laure ein Mörder", die Zuschauer zu der Vorstellung anleitet, „Verbrechen sei normal".[45] Auch wenn hier nicht im einzelnen geklärt werden kann, welche Wirkung diese Art von Konsumierung 'des Bösen' auf die Zuschauer ausübt, ist die allgemeine Vermutung Adornos interessant, dass durch die medialen Erfahrungen - Adorno bezieht sich haupsächlich auf das Fernsehen - die Menschen eher an das Unvermeidliche fixiert als verändert werden: Er sieht die Tendenz, dass Menschen in ihren Bewusstseinsformen nicht länger über sich selber, den status quo hinausgehen, sondern diesen unablässig zu bekräftigen suchen und, wo er etwa bedroht wird, wiederherstellen.[46] Auch wenn in Adornos Ausführungen hauptsächlich auf das Phänomen versteckter ideologischer Botschaften in den Medien angespielt wird, lässt sich die Vermutung, dass Menschen durch die Medien an einen statischen Bewusstseinszustand fixiert werden, auch hinsichtlich der medialen Erfahrungen mit 'dem Bösen' aussprechen: Es besteht die Möglichkeit, dass dem Konsumenten 'das Böse' als das Unvermeindliche, als das überall Präsente, als das Normale und als ein Zustand, der nicht zu verändern ist, erscheint. Auch wenn 'das Böse' hier als Kennzeichen einer geschöpflichen Differenz zwischen 'sein' und 'sollen' wahrgenommen wird, ist in diesem Fall die Differenz eine 'Tatsache', die nicht abzuändern und daher statisch erscheint.

Die theologische Rede von 'dem Bösen' steht im Gegensatz zu dieser Möglichkeit der geschlossenen Wirklichkeitsdeutung. 'Das Böse' kennzeichnet keine statische, sondern die *eschatologische* Differenz zwischen dem gegenwärtigen Zustand und der verheißenen gottgewollten Vollendung, dem 'neuen' Sein.[47] 'Das Böse' ist kein 'normales', sondern ein störendes, zerstörendes Moment menschlicher Identität. Aus der Perspektive des Glaubens wird in der Sprache der Hoffnung 'das Böse' nicht als unvermeidlich, sondern als in Jesus Christus

[45]Adorno, Theodor W., Fernsehen als Ideologie, in: *ders.*, Gesammelte Schriften, Bd. 10.2: Kulturkritik und Gesellschaft II, hg. v. Rolf Tiedemann, Frankfurt/M. 1977, 518-532, S.522.

[46]Adorno, Theodor W., Prolog zum Fernsehen, in: *ders.*, Gesammelte Schriften, Bd. 10.2: Kulturkritik und Gesellschaft II, hg. v. Rolf Tiedemann, Frankfurt/M. 1977, 507-517, S.508.

[47]Vgl. Röm 6, 1-8. Die eschatologische Ausrichtung dieser Verheißung wird besonders in V.8 deutlich: „Sind wir aber mit Christus gestorben, so glauben wir, daß wir auch mit ihm leben werden."

überwunden geglaubt. Menschen glauben, dass Gott dem weltlichen Sein dazu verhilft bzw. verhelfen wird, gemäß seiner wahren Bestimmung zu leben, nicht im 'status quo' zu verweilen, sondern über sich hinauszugehen und einzugehen in die vollendete Gemeinschaft mit Gott.[48]

Das Zur-Sprache-kommen dieser Hoffnung kann die geschlossene Wirklichkeitsdeutung, die 'das Böse' bereits als dauerhafte Macht integriert hat, in Frage stellen. Im biblischen Bekenntnis geschieht das unter anderem in der Gleichnisrede. Besonders Hans Weder macht darauf aufmerksam, dass die Gleichnisrede Jesu die Eindeutigkeit der Welterfahrung zerbrechen lässt. Dieses hängt nach Weder mit dem metaphorischen Charakter der Gleichnisrede zusammen. Innerhalb von metaphorischen Wendungen verlieren Worte ihre Eindeutigkeit und nehmen damit auch der zuvor eindeutig beschriebenen Welt ihre Eindeutigkeit, durch welche „die Welt auf ihre Verschlossenheit in sich selbst festgelegt wird“[49]. Durch die Gleichnisrede zerbricht somit die in sich verschlossene Welt und Welterfahrung. Die Welt kann nicht nur Welt, sondern auch Gottes Geschöpf sein.

Ein Beispiel für das Zerbrechen der Welterfahrung ist nach Weder das Gleichnis vom Sauerteig (Mt 13,33). Dabei wird der Sauerteig offensichtlich zum Bild der Wirkungsmacht göttlicher Herrschaft, von der gelten soll, dass sie alles so durchdringt und verändert wie entsprechend eine große Menge Mehl durch den Sauerteig verändert wird.

Weder weist nun darauf hin, dass traditionell der Sauerteig nicht als Bild für die Gottesherrschaft, sondern für die Macht 'des Bösen' vorgesehen ist. Vermutlich entstand diese Metapher deshalb, weil die Wirkungsmacht 'des Bösen' einer so allgemeinen Welterfahrung entsprach, dass die wirkungsmächtige Substanz des Sauerteigs als Bild herangezogen wurde. Interessant ist nun die Frage, welche Wirkung entsteht, wenn die Metapher des Sauerteigs in der Gleichnisrede überraschend als Bild für die Gottesherrschaft eingesetzt wird. Weder sieht hier folgende Konsequenzen: Mit der Metapher könnte gleichzeitig die Eindeutigkeit der Welterfahrung zerbrechen, indem die Welterfahrung nicht mehr als Ort der Übermacht 'des Bösen', sondern als Ort, an dem man die Macht 'des Guten' sehen lernen kann, interpretiert wird. Es könnte darüber hinaus dazu anregen, dass diesem 'Guten' mehr Wirkungsmächtigkeit zuge-traut wird als 'dem Bösen', welches nun nicht mehr der einzige Sauerteig ist. Wenn diese Wirkungen eintreten, ist das nach Weder „ein Sieg des Guten, gleichsam ein Streiflicht der Neuen Welt“[50]. Die Erfahrung der Wirkungsmacht Gottes kann

---

[48]Vgl. Dalferth, Zeit der Zeichen, S.216.

[49]Weder, Neutestamentliche Hermeneutik, Zürich ^{2}1989, S.225. Weder betont dabei, dass die neutestamentlichen Texte selbst durch ihren ansprechenden Charakter den Menschen aus seinem Selbstgespräch, aus seiner Selbstverschlossenheit befreien können (vgl. ebd., S.106f.). Vgl. ausführlicher zum Metaphernverständnis Teil II, 4.3.9.

[50]Weder, Neutestamentliche Hermeneutik, S.226.

entstehen, indem die Selbstverständlichkeit der geschlossenen Welterfahrung zerbricht.

Theologische Rede von 'dem Bösen' als Erfahrung einer eschatologischen Differenz führt über die Welterfahrung und ihre Deutungsentwürfe hinsichtlich der 'Übermacht des Bösen' hinaus, indem sie der Hoffnung auf Gott Raum lässt, dass dieser durch sein Wirken die Welt zur Ganzheit bringen wird.[51]
Das darf jedoch nicht dahingehend missverstanden werden, dass Erfahrungen 'des Bösen' verharmlost werden sollen. 'Das Böse' in Form von Tod und Gewalt prägt als 'Faktum' das menschliche Dasein. Gerade aufgrund der Wahrnehmung der Radikalität 'des Bösen' als lebenzerstörendes Handeln kann es nicht als 'notwendiges Moment' erklärt und damit vernachlässigt werden. 'Das Böse' ist demgegenüber das, was als nicht gottgewollt menschliches Dasein zerstört und deshalb nicht zu akzeptieren ist. Biblische Texte und Geschichten vom Heilshandeln Christi[52] sind deshalb als Gegenworte zu dem Versuch, leidvolle Erfahrungen rechtfertigen zu wollen, zu verstehen.
An diesem Punkt entspringt jedoch die zweite oben genannte Problematik, nämlich der menschliche Versuch, 'dem Bösen' den Kampf anzusagen. Die geschichtliche Erfahrung hat gezeigt, dass die Versuche, 'das Böse' ausmerzen zu wollen, scheitern müssen. Aus theologischer Perspektive ist eine Überwindung 'des Bösen' letztlich nur durch die Kraft des Geistes Gottes zu denken. Dieser Glaube stellt für menschliches Handeln und Urteilen eine Begrenzung dar.

1.3.2. Grenzen menschlicher 'Überwindung des Bösen' aufzeigen

Eng verbunden mit dem Wunsch, 'das Böse' überwinden zu können, ist die Frage nach dem Ursprung 'des Bösen'. Diese Frage gehört aus religionswissenschaftlicher Perspektive zu den existentiellen Fragen von Menschen zu allen Zeiten. Zeugnis davon geben vielfältige Deutungsansätze und Mythen, die beispielsweise durch Zuhilfename von Dämonen oder zornigen Gottheiten Antworten auf Fragen nach dem Ursprung und damit der Ursache für das Bedrohliche und Zerstörende zu geben versuchen.[53] Obwohl sich gegenwärtig das Fragen in anderen 'Sprachspielen' zu bewegen scheint, z.B. das Fragen nach Ursprung von Gewalt, Unterdrückung oder Krieg, ist auch in diesen Zusammenhängen die Frage nach 'dem Bösen' vernehmbar. Ein Grund, warum Menschen nach dem Ursprung 'des Bösen' fragen, ist vermutlich der Wunsch, 'das

---

[51] Vgl. Dressler, Naturwissenschaft und Glaube, S.12.
[52] Vgl. Teil II, 4.2.6.
[53] Vgl. Keller, Carl-A., Art. 'Das Böse' I. Religionswissenschaftlich, in: RGG^4, Bd. 1(1998), Sp. 1703f.

Böse' bereits an seiner 'Wurzel zu packen' und in Zukunft vermeiden zu können. Dieser Wunsch zielt auf ein Ende 'des Bösen' hin ab.
Biblisches Reden 'vom Bösen' lässt die Frage nach dem Ursprung 'des Bösen' offen. 'Das Böse' wird nicht im Sinne einer automatisierten Ursache-Wirkungskette erläutert. Auch die Erzählung vom sogenannten 'Sündenfall' - in der selbst gar nicht von 'Sünde' die Rede ist - erhellt die Ursprungs-Frage nicht. Buber führt diese Erzählung daher unter dem Titel 'Der Baum der Erkenntnis' an und hält die Geschichte von Kain für die Geschichte der ersten 'Missetat'.[54] In der Geschichte vom Brudermord wird 'das Böse' in seiner Faktizität gesehen und dargestellt. Während also die Frage nach einer allgemeinen, letztlichen Ursache offen bleibt, ist von der Überwindung 'des Bösen nur in Bezug auf das erlösende Handeln Gottes die Rede. 'Das Böse' hält die Differenz zwischen faktischer Wirklichkeit und gottgewollter sowie gottgewirkter Vollendung offen.
Wenn theologisch 'vom Bösen' als Kennzeichen eschatologischer Differenz gesprochen wird, so kommt damit auch zum Ausdruck, dass die 'Überwindung des Bösen' und damit die Verwirklichung der geschöpflichen Bestimmung des Menschen zur vollendeten Gemeinschaft mit Gott noch aussteht und auf das Wirken des Geistes Gottes angewiesen bleibt. Durch die Charakterisierung der 'Überwindung des Bösen' als erhofftes geistgewirktes Geschehen bekommt theologisches Reden 'vom Bösen' die Funktion, menschliches Handeln und Urteilen, das auf eine ausschließlich menschliche 'Überwindung des Bösen' oder sogar Beseitigung 'der Bösen' hinzielt, zu begrenzen.
Ein Beispiel für biblische Rede 'vom Bösen', welche die Begrenzung menschlichen Urteilens und Handelns zum Thema macht, ist das Gleichnis vom Unkraut unter dem Weizen (Mt 13,24-30).[55] Nach Weder lassen sich Gleichnisse analog zu Metaphern verstehen. Das meint, dass Gleichnisse nicht abbilden oder informieren wollen, sondern dass sie anredenden Charakter haben und so den Hörer zur Wahrnehmung von Neuem anregen. Dieses geschieht, indem sie Geschichten erzählen, die auf eine Pointe hinführen, an der eine bestimmte Reaktion beim Hörer erfolgen soll.[56] Mt 13, 24-30 nimmt Bezug auf die Erfahrung in der ländlichen Arbeit. Auf dem Feld wächst Weizen und Unkraut nebeneinander. Der Welterfahrung entspricht die Vorgehensweise, dass Unkraut, wenn es entdeckt wird, ausgejätet wird (13,28), damit alle Lebenskraft aus dem Boden den 'guten Pflanzen' zukommt. Im Gleichnis wird diese logische Konsequenz jedoch nicht gezogen, sondern den Knechten gerade mit einem ausdrücklichen „Nein“ (13,29) untersagt. Unkraut und Weizen soll miteinander bis zur

---

[54]Vgl. Buber, Bilder von Gut und Böse, S.22.
[55]Man kann zwar von einer historischen Zuverlässigkeit der Gleichnisüberlieferung ausgehen und damit die Gleichnisse in ihrem Kern als authentische Jesusworte auffassen, in Hinblick auf Mt 13, 24-30 muss jedoch mit der Möglichkeit einer nachösterlichen Neubildung gerechnet werden (vgl. Klauck, Hans-Josef, Art. Gleichnis, Gleichnisforschung, in: NBL, Bd.1(1991), 851-856, S.854.).
[56]Vgl. Weder, Wirksame Wahrheit, S.114ff.

Ernte wachsen gelassen werden, dieses ist die Pointe der kurzen Erzählung. Was den Knechten nicht zugetraut wird, dass sie das Unkraut vom Weizen zu trennen vermögen, wird dagegen von den Schnittern erwartet (13,30). Die Knechte werden in dem Gleichnis zurückgehalten. Bei ihnen besteht die Gefahr, dass sie den Weizen mit ausraufen, wenn sie das Unkraut ausjäten (13, 29).

Die Deutung des Gleichnisses (Mt 13,36-43) erklärt, dass im Gleichnis „das Ende der Welt" (Mt 13, 40) thematisiert wird.[57] Die Welterfahrung besteht darin, dass „die Kinder des Bösen" inmitten der „Kinder des Reichs" (13,38) leben. Was im Gleichnis nur angedeutet wird, wird nun massiv betont: Die Bösen werden durch die Engel des Menschensohnes vernichtet. Über das Gleichnis hinaus wird aber auch die Verheißung von Errettung und Verklärung der Gerechten betont.[58]

Mit dem Gleichnis werden die Hörer auf „werbende Weise, die Einvernehmen herstellen will, den Adressaten aber auch zur Stellungnahme zwingt"[59] mit der Botschaft vom anbrechenden Reich Gottes konfrontiert. Neben der Verheißung der göttlichen Gnade kommt in diesem Gleichnis besonders die theologische Skepsis gegenüber dem menschlichen Vermögen, zwischen 'gut' und 'böse' eindeutig unterscheiden zu können, zum Ausdruck. Im Gegensatz zur geglaubten göttlichen Urteilskraft ist den Menschen ein „überlegen-vertrautes Umfangen"[60] der Gegensätze von 'gut' und 'böse', die selbständige Durchführung eines 'Endgerichtes' versagt und wird ihm auch nicht zugemutet. Die Rede vom 'Gericht Gottes' hält dagegen die Frage nach einem 'endgültigen Urteil' über 'gut' und 'böse' offen. Das Gleichnis ist insofern Trost und Mahnung zugleich. Es geht sowohl um das Vertrauen auf Gottes Gerechtigkeit als auch um ein Begrenzen des menschlichen Eifers, das Gottesreich herbeizwingen zu wollen.[61]

Theologisches Reden 'vom Bösen' bekommt vor diesem Hintergrund seine Bedeutung dort, wo Menschen diese Einsicht missachten und versuchen, einen Standpunkt „jenseits von Gut und Böse"[62] einzunehmen, um von dort aus über das Ende 'des Bösen' zu bestimmen. In Bezug auf Fragen nach dem Ursprung, dem Sinn und dem Ende 'des Bösen' kann theologisches Reden von 'dem Bösen' die Funktion innehaben, darauf hinzuweisen, dass eindeutige und absolute

---

[57]Indem die Deutung des Gleichnisses Schritt für Schritt die Bilder im Gleichnis übersetzt, verwandelt es das Gesamtbild des Gleichnisses zur Allegorie. Ihren Zusammenhalt erhält die Allegorie von der 'Sachhälfte' her, die aus den punktuell entschlüsselten Bildern zu entnehmen ist (vgl. Klauck, Art. Gleichnis, Sp. 852).

[58]Vgl. Klein, Hans, Bewährung im Glauben. Studien zum Sondergut des Evangelisten Matthäus, Neukirchen-Vluyn 1996 [BThSt, Bd. 26], S.76f.

[59]Klauck, Art. Gleichnis, Sp. 854.

[60]Buber, Bilder von Gut und Böse, S.17.

[61]Vgl. Vgl. Klein, Bewährung im Glauben, S.78.

[62]Vgl. Nietzsche, Jenseits von Gut und Böse.

Antworten auf diese Fragen problematisch sind bzw. wiederum Konsequenzen nach sich ziehen können, welche die Würde Einzelner verletzen.[63]

1.4. Zusammenfassung

Als 'das Böse' werden die Erfahrungen bezeichnet, die mitmenschliches Leben angreifen oder zerstören. In dieser ersten Beschreibung lässt sich unter theologischen und auch philosophischen Entwürfen eine Einigkeit erzielen. Theologisches Reden 'vom Bösen' ist aber darüber hinaus dadurch gekennzeichnet, dass die Bezeichnung 'das Böse' hinsichtlich der Relation Gott-Mensch seine Bedeutung und Begründung erhält: 'Das Böse' widerspricht der geschöpflichen Bestimmung der Menschen zur vollendeten Gemeinschaft mit Gott und den Mitmenschen und lässt sich daher als das von Gott Trennende, als Sünde bezeichnen. In diesem Verständnis kommt im 'Bösen' die eschatologische Differenz zwischen wirklichem und wahrem Sein sowie zwischen altem und neuem Sein zum Ausdruck. Theologisches Reden über 'das Böse' hat die Funktion, die Differenz zwischen der faktisch gegenwärtigen Wirklichkeit zu ihrer geschöpflichen Bestimmung zur Sprache zu bringen und damit Impulse für ethische Überlegungen zu geben.

Im Prozess der Identitätsbildung ist 'das Böse' als Differenzerfahrung auch als Erfahrung der Nichtidentität zu bezeichnen. Im Vertrauen auf Gott kann es in Selbstwahrnehmung und Selbstreflexion als das, was mich von Gott trennt wahrgenommen und bereut werden. Dabei ist jedoch die Einsicht zu berücksichtigen, dass der Mensch als im Widerspruch zwischen Wollen und Handeln stehend gedacht wird. Nicht nur die Ambivalenz 'des Bösen', auch die Tatsache, dass ein Schuldbewusstsein schnell in Selbsthass hinübergleiten kann, erschweren die Selbstreflexion über 'das Böse' und das Erkennen von Nichtidentität. Im Gebet bringen Menschen im Gegenüber zu Gott und durch die Kraft des Geistes diese ihre Erlösungsbedürftigkeit in Klage und Vertrauen auf Gott zur Sprache.

Theologische Rede 'vom Bösen' als Kennzeichen eschatologischer Differenz charakterisiert das von Erfahrungen 'des Bösen' durchzogene Dasein als nichtendgültigen Zustand. Damit werden geschlossene Wirklichkeitsdeutungen aufgebrochen und der Hoffnung auf ein Ende 'des Bösen' durch das Wirken des Geistes Raum gegeben. Gleichzeitig begrenzt die Rede 'vom Bösen' als eschatologischer Differenz menschliches Urteilen und Handeln. Ein umfassendes Vermögen, 'dem Bösen' ein Ende zu bereiten, wird den Menschen nicht zugetraut und auch nicht zugemutet. Theologische Rede 'vom Bösen' wird daher

---

[63]Vgl. Die Ausführungen zu 'Der Fall Judas' unter 2.1.

zur Kritik an Versuchen, die aus vermeintlich 'neutraler Perspektive' den Kampf gegen 'das Böse' führen. Diese Einsicht darf nicht verwechselt werden mit einem Rückzug in eine Passivität oder Innerlichkeit. Der paulinische Imperativ, alle Dinge „in der Liebe" (1. Kor 16,14) geschehen zu lassen, mutig und stark zu sein (V.13) ist weiterhin ernst zu nehmen und in einer „Theologie der Hoffnung"[64] so zu entfalten, dass Menschen in aktiver Hoffnung auf die verheißene Zukunft leben können.

[64]Moltmann, Theologie der Hoffnung.

2. 'Das Böse' - fragliche Kategorie moralischer Urteile

Bereits im ersten Teil der Arbeit hatte sich mit dem Hinweis auf die Pathologisierung 'des Bösen' die Fraglichkeit moralischer Urteile mit der Kategorie 'böse' angedeutet. Nachdem 'das Böse als Kennzeichen geschöpflicher und eschatologischer Differenz charakterisiert worden ist, sollen nun Probleme und Grenzen hinsichtlich der Verwendung 'des Bösen' im ethisch-moralischen Bereich erörtert werden.[1] Um zu verdeutlichen, dass die Metapher vom Gericht Gottes auch als Begrenzung theologischer Urteile verstanden werden kann und muss, soll zunächst die Ambivalenz moralischer Urteile unter Beteiligung von Theologie und Kirche herausgestellt werden. Damit diese Arbeit nicht selbst zu einem 'moralischen Urteil' wird, soll die Problematik an einem literarischen Beispiel aufgezeigt werden. Es wurde hierzu „Der Fall Judas" (W. Jens) ausgewählt, da es sich hier um einen fiktiven 'Fall' handelt, der jedoch konkrete Bezüge zur Kirchen- bzw. Theologiegeschichte, nämlich die Negativbesetzung der Judasfigur in der Tradition und die damit verbundene Konsequenz der Judenfeindlichkeit, aufweist.[2] Gleichzeitig eignet sich dieser Text durch seine formale Struktur, da die Vielschichtigkeit bzw. der Perspektivenreichtum 'festgefahrene' Wirklichkeitsdeutungen aufbricht. Weiterhin können von dem Text ausgehend die Fragen nach Begründungsstrukturen moralischer Verurteilungen sowie nach der Moral (theologisch-) moralischer Urteile in dringlicher Art und Weise gestellt werden.

---

[1]Der Umgang mit den Begrifflichkeiten 'Ethik' und 'Moral' ist nicht immer einheitlich. Ich schließe mich folgender sprachlichen Unterscheidung an: Ethik meint die theoretisch- kritische Reflexion und argumentative Begründung angemessenen Handelns und Verhaltens. Unter Moral wird „die Gesamtheit akzeptierter und durch Tradition stabilisierter Verhaltensnormen einer Gesellschaft oder Gruppe" (Honecker, Martin, Einführung in die Theologische Ethik, Berlin/ New York 1990, S.4.) verstanden. Im Gegensatz zur Ethik genügt zur Beschreibung von Moral das Verweisen auf den faktisch gelebten Konsens. Die Frage nach Ethik und Moral lässt sich dahingehend präzisieren, dass vier unterschiedliche Ebenen moralisch-ethischer Betrachtungsweisen genannt werden können: 1.) Die expressiv-evokative Ebene (impulsive, unreflektierte, spontane moralische Bewertung); 2.) Die moralische Ebene (Angesichts konkreter Aufgaben danach fragen, was zu tun ist, ob das, was ich tun will, auch wirklich gut ist, vorreflexiv); 3.) Die ethische Ebene (kritisch-reflexive Betrachtung der Argumente); 4.) Die meta-ethische Ebene (Fragen, wozu ein ethisches Urteil notwendig ist; Frage nach Kriterien, Unterscheidung ethischer und ästhetischer Urteile) (vgl. ebd., S.5f.). Diese Unterscheidung soll als Orientierung für die Bearbeitung verschiedener Texte dienen. Im Zweifelsfall wird die Terminologie der jeweiligen Verfasser übernommen.

[2]Als Beispiel für die Negativbesetzung der Judasfigur in der Tradition ist C. Daub, ein Vertreter des deutschen Idealismus, zu nennen. Dieser sieht in Judas „das Böse in seinem scheusslichsten Ausdruck" (Daub, Carl, Judas Ischariot oder das Böse im Verhältnis zum Guten, Bd. I, Heidelberg 1816-1818, S.2), den Abgrund der Verdorbenheit. H.L. Goldschmidt zeigt auf, wie der Zorn auf den 'Verräter' Judas in den z.T. mörderischen Zorn auf alle Juden umgeschlagen ist und deutet im Gegenzug auf das Heilvolle in Judas' 'Tat' hin (vgl. Goldschmidt, Hermann Levin, Das Judasbild im Neuen Testament aus jüdischer Sicht, in: Goldschmidt, H.L. und Limbeck, Meinrad, Heilvoller Verrat? Judas im Neuen Testament, Stuttgart 1976, S.9-36).

2.1. Der Hinweis auf die Ambivalenz moralischer Urteile: „Der Fall Judas" (Walter Jens)

2.1.1. Aufbau und Inhalt

Der 1975 erschienene Text „Der Fall Judas" gibt den Bericht eines fiktiven Prozesses, geschildert aus der Retroperspektive des Ettore P., Doktor des kanonischen Rechts, Lizentiat der Theologie und Prokurator der Ritenkongretation in Rom (7).[3]

In der Einleitung (5-7) wird zunächst ein kurzer Überblick über Anlass, Inhalt und Form des Prozesses gegeben: „Am 28. August 1960 stellte der Franziskanerpater Berthold B., ein Priester deutscher Herkunft, beim lateinischen Patriarchen von Jerusalem den Antrag, man möge ein förmliches Verfahren eröffnen, an dessen Ende die Erklärung stehen solle, daß Judas, der Mann aus Kerioth, in die Schar der Seligen aufgenommen worden sei - ein Märtyrer, der Jesus Christus bis zum Tod die Treue hielt."(5)

In dem Prozess, vom Patriarchen noch im selben Jahr eröffnet, wurde Pater B. zum offiziellen Postulator ernannt, ein Sachverständigen-Gremium aus ortsansässigen Theologen zusammengestellt und der Prior des Augustinerklosters als Glaubensanwalt, als 'Ankläger' des Judas, bestellt. Nach gründlicher Zeugenbefragung und theologischen Debatten vor dem Gerichtshof, der aus dem Patriarchen, zwei Synodalrichtern, einem weltlichen Priester und einem Ordensmann bestand, wurde der Prozess 1962 abgeschlossen. Die versiegelten Prozessakten wurden an die Ritenkongretation nach Rom übergeben, mit der Bitte dort in zweiter Instanz das apostolische Verfahren zu eröffnen.

In Rom erhält darauf Ettore P. den Auftrag, für den zuständigen Kardinalreferenten ein Exzerpt aus dem Informationsmaterial des Prozesses zusammenzustellen. Durch dieses Resümee des Ettore P., bzw. durch die Kommentierung der von ihm seinerzeit zusammengestellten Ergebnisse des Pozesses, erhält der Leser einen intensiveren Einblick über die Meinungen der 'Verteidigung' und der 'Anklage' des Judas sowie über den Verlauf des Prozesses. Dieses macht den Hauptteil des Textes aus (8-79).

Der Hauptteil umfasst fünf Sinnabschnitte. Der erste (8-18) beinhaltet das Resümee des von Pater B. gestellten Antrags. Dessen Kernthese lautet: „Ohne Judas kein Kreuz, ohne das Kreuz keine Erfüllung des Heilsplans."(8) Anschließend referiert Ettore P. das Begleitschreiben des Patriarchen, in dem dieser zunächst den Antragsteller als glaubenseifrigen und frommen Mann charakterisiert (19-22), der leidenschaftlich „bis an den Rand der Selbstaufgabe"(19) seine Pflichten erfüllt und hinsichtlich des von ihm gestellten Antrags weder Mit-

---

[3] Die im Folgenden angegebenen in Klammern gesetzten Seitenzahlen beziehen sich auf: Jens, Walter, Der Fall Judas, Stuttgart 1975.

tel scheut, noch Angst vor möglichem Verlust seines Status und guten Rufes hat.
Der dritte Abschnitt (24-50) stellt das Resümee der ersten Phase des Prozesses dar, in der zunächst versucht worden war, mögliche Beweggründe und Motive des Judas für den 'Verrat' zu finden. Die am Ende übriggebliebenen Thesen[4] wurden am Ende jedoch alle verworfen und das Gericht entschloss sich zu einem Neubeginn der Untersuchungen mit veränderter Fragehaltung. Der Fall Judas wurde nun bezüglich der drei möglichen theologischen Grundmodelle - Jesus als Judas' Opfer, Judas als Jesu Opfer und Judas und Jesus als gemeinsames Opfer des göttlichen Heilsplans - untersucht (51-63). Basierend auf den Ausführungen des dritten theologischen Grundmodells endet das Resümee mit der Befürwortung des Gerichtes, in Rom dem Antrag des Pater B. nachzukommen. Mit einer Darstellung der Argumentation des Glaubensanwaltes (64-79), der Judas eindeutig für schuldig hält und für eine Einstellung des gesamten Verfahrens plädiert, schließt der Hauptteil ab.
Im Schlussteil (79-93) des Textes berichtet Ettore P., dass die Fortführung des Prozesses in Rom auf unbestimmte Zeit hinausgezögert wurde, Pater B. durch seine hartnäckigen Nachfragen immer mehr in Misskredit der Theologen und der Kirche geriet und schließlich, dass er selbst, aufgrund seines Einsatzes für das Anliegen des Pater B., welcher ihn um Hilfe gebeten hatte, seiner Ämter und Würden enthoben wurde.
In seinem Nachwort (95) weist Jens darauf hin, dass „der Fall Judas, der ein Fall all jener Anderen ist, die, als Gebrandmarkte, auf den Gezeichneten am Kreuz verweisen," zur Neuentscheidung ansteht. „Die Akten sind offen"(95).

2.1.2. Zur Bedeutung der Formelemente

Der 'Fall Judas' zeichnet sich sowohl durch seine ekklesiastische Form[5] als auch durch eine verschachtelte, mehrfach gebrochene Erzählstruktur aus. Beide Formaspekte, die in engem Zusammenhang zueinander stehen, tragen zur Aussagekraft und Bedeutung des Textes bei und können somit als Grundlage für einen Interpretationsversuch dienen.

---

[4] 1. psychologische These, Judas handelte aus schnöder Gewinnsucht; 2. politische These, Judas als Zelot und 3. eschatologische These, Judas als Anwalt des Messianismus

[5] Vgl. Ziolkowski, Theodore, Theologie und Literatur: Eine polemische Stellungnahme zu literaturwissenschaftlichen Problemen, in: Jens, Walter und Kuschel, Karl-Josef (Hgg.), Theologie und Literatur. Zum Stand des Dialogs, München 1986, 130-128, S.125.

Zunächst kann die Form der Wirklichkeitsvermittlung, hier der fiktiven Wirklichkeit des Prozesses, in den Blick genommen werden. Bereits am Anfang des Textes wird der Leser mit drei unterschiedlichen Erzählerrollen konfrontiert. Das Vorwort beginnt mit der neutralen Schilderung eines kaum spürbaren Erzählers, der sich erst auf Seite 7 - für den Leser unerwartet - ausdrücklich als Ich-Erzähler, nämlich Ettore P., zu erkennen gibt. Da das Resümee des Ettore P. vielfach aus wörtlichen oder zusammengefassten Zitatpassagen aus den Akten des Jerusalemer Prozesses handelt, wechselt der Text zu Beginn des Hauptteiles durch den Einschub des ersten Aktenauszuges nochmals die Erzählerrolle: „Ich, P. Berthold B. OFM,...“(8).
Die Herausforderung an den Leser besteht darin, dass dieser sich auch im weiteren Textverlauf ständig in die unterschiedlichen Perspektiven hineinfinden muss: Dem Leser wird durch die wechselnden Ich-Perspektiven eine Vielzahl von Identifikationsmöglichkeiten angeboten. Der Leser gerät in die mehrschichtige Rolle von Betroffenem und Außenstehendem zugleich, vom Angeklagten und Richter, vom Verurteilten und von der Appellationsinstanz.[6] Es gibt keinen auktorialen Erzähler, der von außerhalb das gesamte Geschehen überblickt, der dem Leser eine geschlossene und umfassende Weltsicht vermittelt. Sogar das neutrale Erzählerverhalten des Ettore P. lässt sich am Ende nicht durchhalten. Dieser erlebt durch die Begegnung mit Pater B. „sein Damaskus“ (81), aus dem Beobachter und Berichterstatter wird der Beteiligte, aus der sachlichen Darstellung wird ein stark affektives Parteiergreifen.
Auch der Argumentationsgang ist von einem Facettenreichtum an unterschiedlichen Meinungen gekennzeichnet. Deutlich wird das am Zustandekommen des ersten Thesenkreises. So wird die psychologische These, Judas habe aus schnöder Gewinnsucht gehandelt, von österreichischen Moraltheologen, die politische These, die Judas als Zeloten verstanden wissen will, von Gutachtern aus Lateinamerika, die eschatologische These, Judas sei Anwalt des Messianismus, von ortsansässigen Theologen vertreten (24f). Durch die Erwähnung des soziokulturellen Kontextes der jeweiligen Vertreter wird dabei ein kausaler Zusammenhang zwischen diesem und dem jeweiligen Interpretationsergebnis angedeutet.
Das Anreißen der unterschiedlichen Perspektiven, der ständige Wechsel von These und Gegenthese, hat zum einen Auswirkungen auf eine mögliche inhaltliche Untersuchung des Textes. So wird eine Fülle „faszinierender Gedankenspiele“[7] freigesetzt, wie die Frage nach der Prädestination oder die Diskussion um christliche Gottesvorstellungen und Gottesbilder.[8] Dabei ist der Prozess so

[6]Vgl. Kuschel, Karl-Josef, Jesus in der deutschsprachigen Gegenwartsliteratur. Mit e. Vorw. v. Walter Jens, Zürich/Köln ^{2}1978, S.223.
[7]Lauffs, Manfred, Walter Jens, München 1980, S.130.
[8]Hier ist beispielsweise folgende Frage zu nennen: Verlangt Gottes Heilsplan es, dass ein Mensch „zum Stellvertreter des Teufels“ (S.14) gemacht wird?

geschickt fingiert und reichlich 'dokumentiert', dass dem Leser unter Umständen erst im letzten Rahmenbericht wieder aufgeht, dass es sich hier nicht um historische Fakten, sondern um literarische Funktion handelt.[9]
Wichtig ist jedoch darüber hinaus zu sehen, dass die Form und der Aufbau des Textes einem „Akt des Lautdenkens" gleichkommt, der den Leser zur kritischen Auseinandersetzung auffordert und „durch den brechtschen Gestus am Ende" [10]alle Fragen offen lässt. Durch die vielfach gebrochene Erzählstruktur werden sowohl Jesus als auch Judas nicht auf ein bestimmtes Bild fixiert. In seiner Interpretation betont K.J. Kuschel, dass durch die facettenreiche Erzählstruktur formal das geleistet wird, was inhaltlich zu Jesus und Judas zum Ausdruck kommen soll: „Beide Figuren bleiben un-begreiflich, entziehen sich einer endgültigen Ausdeutung."[11] In der Gesamtschau behält Judas seine '1000 Gesichter'. Er ist nur durch die jeweiligen Perspektiven wahrnehmbar.
Diese Beobachtungen sind nun hinsichtlich des zweiten entscheidenden Formmerkmals von Bedeutung: Der Text ist in der Form eines fiktiven Seligsprechungsprozesses, in dem sowohl die Position der Richters als auch die von Verteidiger und Anwalt zur Sprache kommen, verfasst. In der Schlussnote schreibt Jens, dass diese Form gewählt wurde, „um die Strittigkeit eines Falls zu demonstrieren, der, nach einem tausendfachen Schuldspruch, scheinbar längst erledigt ist" (95).
Durch den Text bekommt wieder ein offenes Ende, was längst abgeschlossen zu sein schien. Hier sieht Kuschel die „unverzichtbare Funktion"[12] von Literatur, die bei Jens programmatisch deutlich wird: Literatur kann unmittelbar zur Bewusstseinsveränderung beitragen, indem sie zur bestehenden Ordnung Gegenmodelle entwickelt, Verkrustungen aufbricht, und so die verordnete Wirklichkeit durch eine Vielfalt von Möglichkeiten durchkreuzt.
Durch den 'Fall Judas' wird in doppelter Hinsicht eine Verkrustung aufgebrochen. Zum einen geht es um die 'Wahrheit' der Judastradition, um die so scheinbar eindeutig gewesene Unterscheidung von gut und böse, von Heilsbringer und Verräter. Darüber hinaus wird 'der Fall Judas' zum exemplarischen Fall. Jens selbst formuliert es in einem frühen Text folgendermaßen: Der Prozess ist „die höchste Form des Spiels. (...) Der Prozeß zeigt das Spiel der Gesellschaft: über den Fall des Einzelnen hinaus (...) betrachtet der Richter (...) die Fundamente, auf denen das Recht steht. Da wird die kleine Welt zur großen Welt."[13]
Durch den exemplarischen 'Fall' wird das menschliche (Gerichts-)Urteil als solches in seiner Strittigkeit dargestellt. Es gibt trotz der ordungsgemäßen

---

[9]Vgl. Krieg, Matthias und Zangger-Derron, Gabrielle (Hrsg.), Judas. Ein literarisch-theologisches Lesebuch, Zürich 1996, S.335.
[10]Kuschel, Jesus in der deutschsprachigen Gegenwartsliteratur, S.222.
[11]Ebd., S.222.
[12]Ebd., S.226.
[13]Jens, Walter, Die Götter sind sterblich, Pfullingen 1971 [Opuscula, Bd. 41], S.141f.

Durchführung des Verfahrens „streng nach den Regeln des kanonischen Rechts“ (6) nicht ‘das’ eindeutige Urteil. Im ‘Fall Judas’ bedarf das Verfahren deshalb „der Revision durch eine neue Instanz“(95).
An dieser Stelle lässt sich eine Parallele zu der metaphorischen Rede vom Gericht Gottes ziehen. Wie oben ausgeführt wurde, zielt diese daraufhin, die scheinbare Eindeutigkeit des menschlichen Urteils über ‘gut’ und ‘böse’ aufzubrechen. Die Möglichkeit, die Gegensätze von ‘gut’ und ‘böse’ umfassen zu können, wird nicht den Menschen, sondern Gott anvertraut. Das menschliche Urteil über ‘das Böse’ bleibt strittig und von der jeweiligen Perspektive abhängig. Unter diesem Gesichtspunkt könnte auch ein Seligsprechungsprozess als vorgreifendes, nach menschlichen Vorstellungen und Maßstäben durchgeführtes Urteil aus der ‘endgültigen Perspektive Gottes’, kritisiert werden. So enttarnt Jens auf literarischer Ebene das göttliche Gericht als nicht in menschliche Maßstäbe zu übersetzende Metapher, indem er vorführt, dass ein solcher Übersetzungsversuch keine Eindeutigkeit erreichen kann und immer vorläufig bleibt. Damit ist eine weitere Bewusstseinshaltung gefordert. Es muss „die unchristliche Anmaßung aufhören, die Nächsten einteilen zu wollen in Böcke und Schafe, Bequeme und Unbequeme“[14]. ‘Der Fall Judas’ steht damit „für alle, die man verteufelte und zum Sündenbock machte“ (93). Keine menschliche Instanz ist in der Lage verbindlich festzulegen, wo der Heilswillen Gottes an seine Grenzen stößt, über wen das ‘Urteil der Verdammnis’ auszusprechen ist.[15] Die Akten müssen offen bleiben.

Die Untersuchung der literarischen Form und Textsruktur des ‘Fall Judas’ kann dazu beitragen, die Funktion der metaphorischen Rede vom ‘Gericht Gottes’ als ein das menschliche Urteilen begrenzendes und auf seine Vorläufigkeit hinweisendes Moment zu bestimmen.
Aber auch einzelne *inhaltliche* Aspekte der unterschiedlichen Begründungsstränge können für die Frage nach ‘dem Bösen’ als einer Kategorie moralischen Urteilens fruchtbar gemacht werden. Für diese Arbeit ist jedoch weniger der Versuch, die Figur des Judas auszudeuten und literarische Fiktion von historischen Fakten zu unterscheiden interessant, sondern eine Darstellung und Untersuchung des Begründungshintergrundes der unterschiedlichen Meinungen. Dabei wird die Vielfalt der Perspektiven auf die beiden Tendenzen, die sich durch den gesamten Text ziehen, gebündelt: Es geht um die Begründungsstrukturen für die Forderung nach ‘Freisprechung’ und ‘Verurteilung’ des Judas, um die Forderung, Judas als Märtyrer selig zu sprechen und um die Begründung der Forderung, ihn als ‘böse’ und ‘schuldig’ zu verurteilen. Es soll gefragt werden,

[14]Kuschel, Jesus in der deutschsprachigen Gegenwartsliteratur, S.226.
[15]Carl Daub schreibt in seinem Judaswerk: Judas ist „der einzige, über welchen das Urtheil der Verdammniß (...) ausgesprochen werden kann, und sogar muß“ (ders., Judas Ischariot, I S.20.).

welche Größen für den Rezipienten erkennbar sind, auf die in den jeweiligen Begründungen verwiesen wird.
Weiterhin wird der Blick darauf gerichtet, inwieweit die Bewertungen des Judas interessengeleitet bzw. wodurch sie motiviert sind. Um auf diese Fragen näher einzugehen, sollen im Folgenden die Argumente, Begründungen oder Meinungen der im „Fall Judas" Beteiligten genauer betrachtet werden. Das geschieht nicht aus einem 'heilsgeschichtlichen Interesse' an der Figur des Judas heraus. Auch wenn die Beurteilung des Judas durch heilsgeschichtliche Fragen bedingt ist, gibt die Darstellung gleichzeitig ein exemplarisches Beispiel für eine moralische Verurteilung aus theologischer Perspektive. Für den Antragsteller Pater B. und später auch Ettore P. hat die (nicht aufgehobene) 'Verurteilung' des Judas durch die Kirche spürbare moralische Konsequenzen. Da es in diesem Abschnitt um die Tauglichkeit 'des Bösen' als moralischer Kategorie geht, soll die Methode der Kriteriensuche für die Beurteilung des Judas in den Blick genommen werden.

2.1.3. Die Frage nach Begründungen moralischer Urteile

Es fällt zunächst auf, dass sowohl die 'Verteidiger' des Judas' - hier sind der Pater B., der durch die vom Patriarchen vorgelegte Erläuterung bekräftigt wird, sowie der sich später mit dem Fall identifizierende Ettore P. zu nennen - als auch der 'Ankläger', der Glaubensanwalt, sich bei ihrer Argumentation mehrerer Größen zur Bekräftigung ihrer Aussagen bedienen bzw. sich mit ihnen auseinandersetzen. Zu nennen sind als erstes die Evangelientexte, als zweites 'der Glaube' der Beteiligten und zum dritten der Verweis auf Autoritäten und Geschichte.
Pater B. argumentiert folgendermaßen mit den Evangeliumstexten: Er ist der Meinung, dass Judas freiwilliger „Vollstrecker des göttlichen Plans" (9) gewesen ist. In einem Akt der heroischen Selbstverleugnung zeigte Judas die Grenzen des Satans auf, zeugte für die Überwindbarkeit des Bösen. (14). Als 'Beweis' führt Pater B. zunächst Mt. 27, 3-5 an. Seiner Meinung nach wird hier nicht die Reue und Verzweiflungstat eines Verräters geschildert, sondern „die Wahrheit steht zwischen den Zeilen"(11): Judas demonstriert vor den Priestern, dass er (wie Sacharja) ein frommer Mann ist, der Gott gehorsam war.
Einen weiteren Beweis, dass Judas nicht aus Bosheit gehandelt habe, stellt für Pater B. die Szene im Garten Gethsemane dar: „Der Knecht küßt den Herrn, der Herr sagt zum Diener *Mein Freund:* Auch das ist ein Zeichen, daß Jesus und Judas, wie Brüder, zusammengehören."(13)
Der Glaubensanwalt wirft der Gegenseite „Willkür" und „Fahrlässigkeit" (66) vor, mit der diese die Heilige Schrift ausgelegt hätten, die 'Beweise' der Ver-

teidiger erkennt er nicht an: „Die Reue des Schlächters hat nichts mit der gerechten Empörung des guten Hirten zu tun: Judas ist nicht Sacharja. Der Kuß war kein Liebesbeweis, sondern die Geste eines Empörers: *Mit einem Kuß*, so steht es in der Schrift, *verrätst du den Menschensohn*?"(70) In Bezug auf das Judasbild im Johannesevangelium, welches das Gericht als Sittengemälde verworfen hat, betont er, dass die Texte für sich sprechen, als Werke des Heiligen Geistes. „Ihr Zeugnis ist glaubwürdiger als die Spekulation der Exegeten." (70) Das Zeugnis des Johannes hat aus seinem Verständnis „in Wirklichkeit den Charakter einer theologischen Fallstudie"(70) und bezeugt so eindeutig Judas' Schuld.
Es wird anhand dieser Gegenüberstellung das Problem deutlich, dass die Evangelientexte keine eindeutige Grundlage für eine Beurteilung des Handeln Judas' bieten. Die grundsätzliche Voreinstellung beider Seiten prägt auch die Argumentation mit den biblischen Texten. Streitpunkt ist dabei die Methode der Textauslegung bzw. der Exegese. Dieses macht besonders der Hinweis deutlich, dass im biblischen Text die Wahrheit „zwischen den Zeilen" zu lesen sei. Das kommt einem Eingeständnis gleich, dass bei der Interpretation biblischer Texte der hermeneutiche Zirkel greift. Die Vorstellung der Gegenseite, dass es 'den Text an sich' mit einer eindeutigen Aussage gibt, wird an anderer Stelle gerade daduch widerlegt, dass der Glaubensanwalt selbst über den Hintergrund des Freitodes des Judas spekuliert (70), also mehr in den Text hineinliest, als dort zunächst zu finden ist.

Pater B. will seine Meinung nicht nur durch die Schrift, sondern auch mit seinem „Glauben und der Vorstellungskraft"(11), die Gott ihm geschenkt hat, beweisen. Das zeigt sich besonders in seiner Überlegung, dass Jesus - wäre Judas' Tat nicht freiwillig in den Heilsplan Gottes eingebunden - selbst zum Versucher geworden wäre, der „einen Unwissenden ins Messer laufen"(14) ließ. Diese Vorstellung kann Pater B. keinesfalls mit seinem Glauben vereinbaren: „Ich weigere mich, mir einen Gott vorzustellen, der, um der Erfüllung seines Plans willen, einen Menschen zur Sünde verurteilt" (15).
Dieser Gedanke wird in der Zurückweisung des zweiten theologischen Grundmodells - Judas als Jesu Opfer - durch das Gericht bestätigt: „Judas, die Beute eines überirdischen Monsieur le Vivisecteur, der zusieht, wie sein Opfer langsam verendet" (60) - diese Vorstellung ist der Meinung des Gerichtes nach absurd und endet weitergedacht in purer Blasphemie. Für Theologen ebenfalls als absurd muss das erste Grundmodell - Jesus als Judas' Opfer- bezeichnet werden. (58). Es ist nicht vorzustellen, dass Jesus sich irrte, betrogen wurde, seinen eigenen Verräter unwissend erwählte.
Der Glaubensanwalt kann dagegen die Vorstellung von der Prädestination, von einem Heilsplan Gottes, der erfüllt werden musste, und die Vorstellung, dass Judas schuldig geworden ist, vereinbaren. Auf der einen Seite ist Judas derjeni-

ge, der vom Satan gelenkt worden ist, während hinter dem Satan wiederum Gott zu denken ist. Auf der anderen Seite ist Judas freies Ebenbild Gottes: „Hier die Vorherbestimmung von Ewigkeit her und dort dennoch Freiheit und Schuld: Für uns mag das ein Widerspruch sein - nicht aber für Gott. Er hat Judas verworfen. Er hat Judas erwählt." (73) Das ist das Geheimnis, das wir annehmen müssen.
Beide Argumentationsstränge beruhen auf unterschiedlichen theologischen Interpretationsmodellen der Spannung zwischen Prädestination und Freiheit, mit denen 'der Glaube' bzw. die Überzeugung Pater B's. und des Glaubensanwaltes theoretisch untermauert ist. Ein Schuldspruch des Judas ist in diesem Fall von dem Glaubensgrundsatz des Glaubensanwaltes abhängig. Wird das 'Geheimnis Gottes' geglaubt, kann Judas schuldig sein, was auch seine moralische Verurteilung rechtfertigen würde.

Im Laufe des Prozesses lässt das Gericht eine Überprüfung der während des Verfahrens aufgestellten Thesen, Behauptungen und Spekulationen durch Fachgelehrte „höchsten Rangs" (52) durchführen. Diese stellten einige der gemachten Äußerungen als „dogmatisch höchst anfechtbar" (52) dar, bestätigten aber auch eine Fülle der Theorien, die dem Gericht zunächst zweifelhaft erschienen waren. „Es sei an der Zeit, erklärten Tübinger Dogmatiker (zwei Katholiken und ein Protestant: ein rabiater Barthianer, am Rande vermerkt)...das griechische Wort *paradonai* endlich mit *überliefern* und nicht mit *verraten* wiederzugeben."(52)
Dieser Ansicht der Theologen widerspricht der Glaubensanwalt. Nach Lukas wurde Jesus nicht 'nur' ausgeliefert, sondern Judas ist ein Verräter: „Diesem Satz hat unsere Kirche zweitausend Jahre lang vertraut, und sie wird es auch weiterhin tun."(69) Nicht nur in diesem Fall vertraut der Glaubensanwalt auf die kirchliche Lehre. Er betont, dass die Behauptung des Gerichts ketzerisch sei und gegen das Dogma der Kirche verstoße, das besagt, dass Gott keines seiner Geschöpfe zur Sünde bestimme. Die Gerichtsthese verleugnet nach Ansicht des Glaubensanwaltes die Dialektik von Verwerfung und freier Entscheidung. Das kirchliche Dogma ist ein wichtiger Begründungshintergrund, stellt die Autorität dar, auf die sich der Glaubensanwalt beruft. Im Schlussteil wird deutlich, dass der Fall Judas ein „Politikum" (82) darstellt, „hinter dem sich handfeste Machtinteressen verbergen".[16]
Des Weiteren stellt er heraus, dass die Verurteilung des Judas als Schuldigem nicht nur mit der kirchlichen Lehre, sondern auch mit „dem Richtspruch der Kunst, der Überlieferung im Volk und der Legenden" (77) identisch ist. Deren

[16]Lauffs, Walter Jens, S.132.

'Ausgestaltung' der Judasfigur[17] hält er nicht für Phantasien, sondern als Zeugnis „einer gesunden Zeit mit festem Wertesystem, in der der Teufel noch Teufel genannt werden durfte" (78). Der Glaubensanwalt ruft schließlich noch dazu auf, endlich wieder „das Böse als böse und den Feind - den Feind im Äußeren ohnehin und den Feind im Inneren erst recht - als Feind zu bezeichnen."(79)
Ettore P. weigert sich energisch, dem Dogma des Glaubensanwaltes zu folgen und Judas als gleichzeitig verworfen und schuldig zu denken (91). Des Weiteren begründet er die notwendige Seligsprechung des Judas vor allem durch die Wirkungsgeschichte des folgenreichen Satzes aus dem Johannesevangelium, der Judas als Dieb bezeichnet. Er will nicht vergessen, dass „die Antisemiten sich, zwei Jahrtausende lang, auf jene johanneische Juden-Deutung beriefen, die Progrom- und Lynchjustiz entschuldbar macht...eine Deutung, in deren Zentrum, als Beweis aus Fleisch und Blut, Judas Ischarioth steht"(89). Selbst wenn Judas nur eine Erfindung wäre, um einer Glaubensgemeinschaft einen Feind zur Wahrung innerer Geschlossenheit und damit dem Erhalt des einzigen Wahrheitsanspruches zur Verfügung zu stellen, gebe es keinen Grund, den Antrag zurückzuziehen: Dann nämlich stünde Judas - Judas, mein Bruder - für jene Millionen, die die Orthodoxie (welcher Art immer sie sei) um ihres Freimuts oder, oft genug, auch nur um ihrer Andersartigkeit willen verdammte."(93)
Um die 'Wahrheit' zu begründen, verweisen beide Seiten sowohl auf Autoritäten - Fachgelehrte auf der einen und das kirchliche Dogma auf der anderen Seite - als auch auf geschichtliche Erfahrungen. Durch den Verweis auf 'Gewährsleute' wird die Argumentation abgesichert.
Gleichzeitig wird durch den Verweis auf die Legendenbildung und Tradition einerseits und das Leiden von Menschen andererseits eine weitere Begründungsproblematik angeschnitten. Es wird die Frage in den Raum gestellt, ob Tradition 'wahr' sein kann, wenn sie derartige Konsequenzen nach sich zieht. Die Frage wird im Text nicht direkt beantwortet, sondern der Hinweis darauf gegeben, dass die Akten offen sind. Die Weigerung der Ritenkongretation, sich mit dem Prozess zur 'Freisprechung' des Judas auseinanderzusetzen, kommt aber durch das jahrelange Ignorieren der Eingaben seitens Pater B. und Ettore P. einer Schuldigsprechung des Judas gleich. Solange man das Urteil, das Kirche, Volkstum und Legendenbildung über Judas in jahrhundertelanger Tradition gefällt haben, nicht in Frage stellt, wird es als gültig toleriert. Judas bleibt für die Ritenkongretation und somit auch für einen Großteil der Kirche 'der Böse'.

„Der Fall Judas" macht in eindrücklicher Weise die Ambivalenz dieses Schuldspruches über Judas deutlich. Das menschliche, hier kirchliche Urteil bleibt äu-

[17] „Judas, immer wieder Judas. Im Massengrab. Auf dem Blutfeld. In der untersten Hölle: gepackt von den Zähnen des dreiköpfigen Teufels...Judas, die Spottgeburt: Kratzfüßig und gehörnt. Judas der Wucherer: Das geile Lächeln..."(78)

ßerst fraglich. Anhand der Argumentation des Glaubensanwaltes und seiner 'Begründungen' wird deutlich, dass es sich bei dem Verweis auf Evangelium, Glaube, Autoritäten und Geschichte keineswegs um Letztbegründungen handelt, die nicht mehr hinterfragt werden könnten. Die Begründungen funktionieren nur insofern, als dass bestimmte Maßstäbe im vorherein als gültig festgelegt werden: Nur wenn die Methode der biblischen Textauslegung und die Glaubensgrundsätze des Glaubensanwaltes sowie das Dogma der Kirche als 'wahr' und 'gültig' angesehen werden, ist auch die Argumentation des Anwaltes begründet und legitimiert die moralische Verurteilung des Judas und seiner Vertreter. Kritisch betrachtet wird der relative Charakter der 'Begründungen' deutlich. Somit ist der Hinweis auf die Notwendigkeit einer Skepsis gegenüber vermeintlich 'sicheren' Begründungen moralischer Urteile, auch aus kirchlich-theologischer Perspektive, ein wichtiger Hinweis, der für die Theologischen Überlegungen fruchtbar gemacht werden kann.
Auch wird aus dem Text das Phänomen der Reflexivität moralischen Beurteilens bzw. Verurteilens deutlich. Eine moralische Verurteilung, z.B. die des Judas seitens der Kirche, kann, wie der Text gezeigt hat, wiederum moralisch beurteilt werden. Dabei kommt die Frage auf, ob es überhaupt eine „Moral des moralischen Verurteilens“[18] geben kann, in welchem Fall ein solches Verurteilen angemessen erscheint. Auf diese Frage soll im folgenden Abschnitt näher eingegangen werden.

[18]Hügli, Anton, Gibt es eine Moral des moralischen Verurteilens? in: StPh 52(1993), 153-171.

2.1.4. Zur Frage nach der „Moral des moralischen Verurteilens“ und der Möglichkeit ethischer Reflexion über ‘das Böse’

In seinen Ausführungen zeigt Anton Hügli einige grundlegende Züge des moralischen Verurteilens auf.[19] Zunächst weist er darauf hin, dass die öffentliche Verurteilung einer Normverletzung ebenfalls eine Handlung darstellt, die schwerwiegende Folgen haben und somit selbst zum Gegenstand moralischen Beurteilens werden kann. Zieht man die Parallele zum eben entfalteten ‘Fall Judas’, bietet die Verurteilung des Judas durch den Glaubensanwalt als schuldig und ‘böse’ aufgrund ihrer Wirkungsgeschichte Anlass, diese Verurteilung selbst nach ihrer Moral zu befragen.
Ein weiterer Hinweis Hüglis bezieht sich auf die durch die Verurteilung bewirkte Legitimation und Mobilisation von reaktiven Gefühlen der anderen, wie Entrüstung, Abscheu und Verachtung, die dem Verurteilten entgegengebracht werden und in ihrer Konsequenz nach ‘Sühne’ oder Kompensation verlangen. Hinsichtlich des oben entfalteten Beispiels sind es Pater B. und Ettore P., die stellvertretend für Judas diese Verachtung entgegengebracht bekommen und anschließend zu Außenseitern und Geächteten werden. Hügli betont, dass mit dem Verlust der Achtung, die für ihn den zentralen Begriff in moralischen Kontexten ausmacht, auch der Verlust der Selbstachtung und im Extremfall auch der Verlust der gesellschaftlichen Existenzbedingungen verbunden sein kann.[20]
Im Verletzen der Selbstachtung werden Menschen nach Hügli an ihrem empfindlichsten Punkt getroffen. Die Selbstachtung ist immer abhängig von der Wertschätzung, die von anderen Personen, mit denen man verbunden ist, entgegengebracht wird. Die Achtung der anderen zu verlieren bedeutet dann, ihrer Wertschätzung unwürdig zu sein. Hier entsteht das Schamgefühl: „...das Gefühl, so erbärmlich zu sein, wie der andere uns sieht.“[21]
Aufgrund dieses ersten Überblicks kann mit Hügli zusammengefasst werden, dass moralisches Verurteilen nicht nur fragwürdig und paradox, sondern hinsichtlich des Achtungs-Missachtungszusammenhanges auch riskant sein kann. Desweiteren ist moralisches Verurteilen immer dem Vorwurf ausgesezt, nicht aus Interesse an dem Allgemeinwohl, sondern aus eigennützigen oder niederträchtigen Motiven zu entspringen. Auch können häufig Vorgänge der Projektion und Verdrängung vermutet werden.[22] Gerade was die Eigennützlichkeit der Motive betrifft, kann noch einmal auf den ‘Fall Judas’ zurückgeblickt werden. Die Weigerung, Judas als ‘nicht-schuldig’ freizusprechen, ihn von dem Ruch ‘des Bösen’ zu befreien, könnte durch die Angst der Ritenkongretation vor

---

[19]Vgl. ebd.,im folgenden Abschnitt bes. S.154.
[20]Vgl. ebd., S.154.
[21]Ebd., S.158.
[22]Ebd., S.160f.

Machtverlust motiviert sein. Auch hier zeigt sich die Fraglichkeit des moralischen Verurteilens.

Angesichts dieser Problematik fragt Hügli nun, ob es überhaupt eine Moral des moralischen Be- oder Verurteilens geben kann. Im Rückzug auf „das allergemeinste Prinzip von Moral" lautet Hüglis Antwort: „Was du auch immer über Alters moralisches Verhalten sagst, sage es so achtungsschonend wie möglich."[23] Hier knüpft Hügli an die sogenannte Methode der indirekten Mitteilung an, die Kierkegaards schrifstellerisches Werk, beispeilsweise in der indirekten Verurteilung der Doppelmoral einer korrupten Christenheit, kennzeichnet. Der Grundgedanke besteht darin, dass die Frage, inwieweit der Redende selbst bereit ist, sich unter moralische Ansprüche zu stellen, in jeder moralischen Mitteilung gegenwärtig sein muss. Es geht also nicht um objektiv übertragbare Inhalte, sondern um das persönliche Verhältnis des moralisch Urteilenden zu diesen Inhalten. Ein weiteres Kennzeichen indirekter Rede ist das 'Zurücknehmen' der Mitteilung. Dieses geschieht, indem die Mitteilung eine Art Zweifel offen lässt bzw. durch einen dialektischen Gegensatz gekennzeichnet ist, dass die Mitteilung z.B. „Scherz und Ernst so zusammensetzt, dass die Zusammensetzung ein dialektischer Knoten ist", den der Angesprochene „aus sich selbst" lösen muss.[24] So urteilt nicht der Mitteilende, sondern überlässt dem Beurteilten das Urteil. Dieser Prozess stellt, wie Hügli betont, eine achtungsschonende Möglichkeit der Mitteilung dar.[25]

Am diesem Punkt stellt sich jedoch die Frage, was geschieht, wenn die indirekte Mitteilung nicht verstanden wird und wenn es nicht nur um die Selbstachtung des moralisch Beurteilten, sondern um die Achtung oder Verletzung der von dessen Verhalten betroffenen Personen geht. Hügli macht deutlich, dass es in diesem Fall notwendig wird, von der indirekten in eine direkte Form der Mitteilung und Konfrontation zu wechseln.[26] Anderenfalls besteht die Gefahr, dass die indirekte Mitteilung „in gefährliche Nähe zu, moralisch gesehen, keineswegs nur erfreulichen Erscheinungen wie Indifferentismus, Gleichgültigkeit und Permissivität"[27] gerät.

---

[23]Ebd., S.165.

[24]Kierkegaard, Søren, Einübung im Christentum (1850), in: Ges.Werke, 26. Abt., übers. v. Emmanuel Hirsch, Düsseldorf (o.J.), S.127f.

[25]An dieser Stelle verweist Hügli auch auf psychologische Kommunikationstheorien, die über Formen des 'nicht-destruktiven- Feedbacks' nachdenken und so auch die Verwendung von Ich-Botschaften statt Du-Botschaften befürworten (vgl. Gordon, Thomas, Familienkonferenz, Hamburg 1972, S.114ff).

[26]Hügli weist wiederum auf eine Parallele in der Kommunikationspsychologie hin. Dort habe die Einsicht in die Notwendigkeit, Grenzen zu setzen und klare Positionen zu beziehen zu Korrekturen hinsichtlich der vornehmlichen Verwendung von Ich-Botschaften geführt. So werden direkte Du-Botschaften wieder von Bedeutung (vgl. Schulz von Thun, Friedemann, Miteinander Reden. Bd 2: Stile, Werte und Persönlichkeitsentwicklung, Reinbek 1998, S.130ff). Schulz v. Thun spricht auch von den offenen Appellen als tragenden Säulen einer klaren, ehrlichen und herrschaftsfreien Kommunikation und Beziehung (vgl. ders., Miteinander Reden. Bd. 1: Störungen und Klärungen, S.245ff).

[27]Hügli, Gibt es eine Moral des moralischen Verurteilens?, S.169.

Aber auch direkte Konfrontation kann das Prinzip der Solidarität berücksichtigen. Anhand Kierkegaards Schritt von der verdeckten zur späteren offenen Kirchenkritik sieht Hügli die Möglichkeit, dass der Urteilende sich in Solidarität mit dem Verurteilten seinem eigenen Urteil unterwirft und in dem „verurteilten Alter“ sein „Alter Ego“ sieht, und damit eingesteht, dass es um ihn selbst geht.[28]
Auch wenn die offene Konfrontation häufig notwendig werden mag, bezeichnet Hügli sie dennoch als Extrem. Die Hauptantwort auf die Frage nach der Moral des moralischen Beurteilens liegt in der Möglichkeit der indirekten Mitteilung.[29]

Die philosophischen Überlegungen Hüglis lassen sich durchaus fruchtbar machen, wenn es um die Möglichkeiten und Grenzen theologischer Rede ‘vom Bösen’ geht. Die öffentliche Bezeichnung eines anderen Menschen, im obigen Beispiel ist es Judas, als ‘böse’ entspricht einer moralischen Verurteilung, die jedoch nicht im Sinne Hüglis die Achtung des Verurteilten schont. Unter Punkt 1.3.2. wurde die Metapher vom ‘Gericht Gottes’ besonders hinsichtlich ihrer begrenzenden Wirkung betrachtet. Sie weist darauf hin, dass menschliches Urteilen immer vorläufig ist und in die Gefahr geraten kann, ‘Irrtümer’ zu begehen. Darüber hinaus macht nun die von Hügli aufgezeigte Problematik deutlich, dass die Verurteilung eines anderen Menschen auf moralischer Ebene selbst einen moralischen Akt darstellt, der wiederum beurteilt werden kann. Beurteilt man nun die im fiktiven ‘Fall Judas’ geschehene moralische Verurteilung des Judas und mit ihm die seiner Vertreter Pater B. und Ettore P., wird an den existenzverletzenden und entwürdigenden Auswirkungen die Fraglichkeit ‘des Bösen’ als Kategorie moralischer Verurteilung deutlich.
Aus theologischer Perspektive hängt der Gedanke der Würde des Menschen mit dem Glauben an die Geschöpflichkeit des Menschen zusammen. Zum ersten Artikel des Glaubensbekenntnisses schreibt Martin Luther: „Das meine und glaube ich, daß ich Gottes Geschöpf bin.“[30]. In dem Bekenntnis zu Gott als Schöpfer des Lebens korreliert die Erkenntnis, dass niemand sich selbst das Leben geben kann, sondern das Geschaffensein durch Gott zeigt, dass der Mensch das Leben empfangen muss und dass mit dem Empfang von Leben

---

[28]Ebd., S.170. In der Nähe dieser Form der Auseinandersetzung sieht Hügli Jaspers’ Begriff vom ‘liebenden Kampf’ angesiedelt. Dieser charakterisiert den liebenden Kampf folgendermaßen: „Während im Daseinskampf die Nutzung aller Waffen gilt, List und Trug unvermeidbar werden und ein Verhalten gegen den Anderen als Feind..., handelt es sich im Kampf um Existenz um ein davon unendlich Verschiedenes: um restlose Offenheit, um die Ausschaltung jeder Macht und Überlegenheit, um das Selbstsein des Anderen so gut wie um das eigene“ (Jaspers, Karl Philosophie II. Existenzerhellung, Berlin/ Heidelberg/ New York [4]1973, S.65).

[29]Vgl. Hügli, Gibt es eine Moral des moralischen Verurteilens?, S.171.

[30]Luther, Martin, Der Große Katechismus, in: Unser Glaube. Die Bekenntnisschriften der evangelisch-lutherischen Kirche. Ausgabe für die Gemeinde. Im Auftrag der Kirchenleitung der Vereinigten Evangelisch-Lutherischen Kirche Deutschlands (VELKD), hrsg. vom Lutherischen Kirchenamt, Bearbeitet von Horst Georg Pöhlmann, Gütersloh [3]1991, 726-770, S.729.

notwendigerweise die Annahme des Lebens verbunden ist. Mit der Bekenntnisaussage 'ich glaube' kommt dabei „eine Haltung des Vertrauens und des Angenommenseins zum Ausdruck“[31].
Aus dem Bekenntnis, dass der Mensch Geschöpf Gottes ist, erwächst die Vorstellung von der Bestimmung des Menschen zur Gemeinschaft mit Gott und den Mitmenschen. Pannenberg betont, dass diese Bestimmung das Leben jedes Menschen unantastbar macht und die Würde begründet, die jeder Person unverlierbar eigen ist.[32] Aber gerade die Würde und das Leben von Menschen sind Zielpunkte von Handlungen, die als 'böse' bezeichnet werden, in ihnen spiegelt sich die „Verweigerung der gegenseitigen Annahme“[33]. Sie kennzeichnen damit - wie im 'Fall Judas'- auf erschreckende Weise die Differenz zwischen der Realität unseres Daseins und der geschöpflichen Bestimmung.
Wird das Verletzen der Würde des Menschen als Kriterium für 'das Böse' genannt, muss an dieser Stelle festgestellt werden, dass eine Verurteilung eines Menschen als 'bösen' unter bestimmten Bedingungen, wenn damit die Würde des Verurteilten verletzt wird, ebenfalls in den Bereich 'des Bösen' fällt. Eine Verurteilung mit dem Kriterium 'böse' bewirkt dann genau das, was sie zu verurteilen meint.
Die Benennung von Handlungen oder Menschen als 'böse' ist demnach ein fragliches Unterfangen. Die Ambivalenz des moralischen Verurteilens macht deutlich, dass der Gebrauch der Bezeichnung 'böse' im moralischen Kontext äußerst problematisch werden kann. Durch die Verurteilung als 'böse' wird das 'Faktum' der Differenz zwischen 'Sein' und 'Sollen' des Menschen zum einzigen Bewertungshinweis herangezogen, wohingegen die eschatologische Hoffnung auf Gottes solidarisches und Neues erwirkendes Handeln aus dem Blick gerät.
Mit den bisherigen Ergebnissen ist darauf hinzuweisen, dass die Rede 'vom Bösen' aus theologischer Perspektive einen Aspekt enthält, der über die Beschreibungen Hüglis hinausgeht. 'Das Böse' richtet sich, wenn es die Würde eines anderen Menschen verletzt, gegen die geglaubte Bestimmung des Menschen und damit letztendlich gegen Gott. Bezeichnete man einen Menschen als 'böse', würde man ihm vorwerfen, gegen Gottes lebensfördernden Liebeswillen zu handeln, ein 'Sünder' zu sein. Der Mensch mit seinem Handeln wird durch die Bezeichnung 'Sünder' also in den Kontext des Heilshandelns Gottes gestellt und bestimmt. Es ist jedoch nach den Ausführungen zur Versöhnung deutlich geworden, dass ein Standpunktwechsel hin zu einem neuen Leben in Zustimmung und Wahrnehmung der Nähe Gottes allein durch freie Zustimmung des Menschen durch die Kraft des Heiligen Geistes geschehen kann: Der Sünder

---

[31]Rendtorff, Trutz, Ethik. Grundelemente, Methodologie und Konkretionen einer ethischen Theologie, Bd. I, Stuttgart/Berlin/Köln ^{2}1980 [ThW; Bd. 13], S.69.
[32]Vgl. STh 2, S.204, ausführlicher dazu s.o. in Teil 2: Kapitel 1.
[33]Rendtorff, Ethik, S.81.

erkennt sich rückblickend selbst (Ps 51). Durch die Botschaft der Versöhnung sieht er sich nicht nur in der Differenz zwischen 'Sein' und 'Sollen', sondern auch in der eschatologischen Differenz zwischen altem und neuem Sein. In diesem Bekennen hofft und vertraut er darauf, dass seine Zukunft von Gottes Zukunft umschlossen ist. Ein moralischer Druck, beispielsweise durch die Stigmatisierung 'böse' oder 'Sünder' wird dieses Bekennen dagegen nicht herbeiführen.[34] Es besteht in diesem Fall eher die Gefahr, dass 'Sündenpredigten' Schuldgefühle erzeugen und nicht zu einer Befreiung des Menschen führen.[35] Auch die Vorstellung von der Allgemeinheit der Sünde besitzt eine antimoralische Funktion. Sie fordert dazu auf, auch hinsichtlich derjenigen, die zerstörerisch wirken, Solidarität zu wahren. Die Vorstellung von der Allgemeinheit der Sünde entlarvt ein Aufkündigen jeglicher menschlicher Solidarität als Heuchelei.[36]

Hügli hat auf die Möglichkeit der achtungsschonenden Mitteilung aufmerksam gemacht. Wenn sich im moralischen Kontext jedoch die Rede 'vom Bösen' nicht anbietet, stellt sich die Frage, welcher Maßstab für moralisch achtungsschonende Beurteilungen aus theologischer Perspektive zur Verfügung stehen. Es ist zu prüfen, welche Möglichkeit es darüber hinaus gibt, sich aus theologischer Perspektive an der allgemeinen ethischen Diskussion zu beteiligen, um die vielfältigen 'Erfahrungen des Bösen' nicht durch eine Haltung der Passivität als Notwendigkeit zu billigen und die Hoffnung auf ihr Ende nicht aufzugeben.
Aufgrund der Schwierigkeiten, die sich mit 'dem Bösen' als moralischer Kategorie ergeben, scheint es fraglich, ob auf der Ebene der ethischen Reflexion mit 'dem Bösen' umgegangen werden kann. Es ist umstritten, ob der Begriff 'des Bösen' grundsätzlich in dem Bereich der Ethik thematisiert werden kann. So betont Honecker, dass 'das Böse' nicht Ziel des Handelns ist und daher kein eigenständiges ethisches Thema darstellt. Ethik befasst sich gerade mit 'dem Guten', insofern es getan werden soll.[37] Dagegen ist es nach Einschätzung Rendtorffs wichtig, der Frage nach 'dem Bösen' innerhalb der Ethik Raum zu geben. Er bezeichnet dementsprechend 'das Böse' als Verweigerung der gegenseitigen Annahme. Das Verständnis 'des Bösen' als Bedingung menschlicher Handlungswirklichkeit muss nach Meinung Rendtorffs in seiner ethischen Dimension erkannt werden. Bedingung dafür ist allerdings ein Wissen um das 'gute Leben'.[38]

---

[34]Vgl. Dalferth, Der auferweckte Gekreuzigte, S.302ff.
[35]Vgl. Gestrich, Die Wiederkehr des Glanzes, S.56ff. Zum Problem des 'schlechten Gewissens' vgl. 1.2.2.
[36]Vgl. STh 2, S.273.
[37] Vgl. Honecker, Einführung in die theologische Ethik, S.373.
[38]Vgl. Rendtorff, Ethik, Bd. I, S.81.

Es lässt sich zumindest feststellen, dass die Rede von 'dem Bösen' Erfahrungen markiert, die in der ethischen Reflexion danach befragt werden können, ob ihre Handlungsstrukturen der Argumentation bzw. den Begründungen für ein 'gutes Leben' standhalten können. An Erfahrungen 'des Bösen' kann sich die Frage nach 'dem Guten' entzünden. An dieser Stelle wäre die Problematik weiterzudenken, wie Anhaltspunkte für ein 'gutes Leben' aus theologischer Perspektive zu beschreiben und zu begründen sind. Den Hintergrund für diese Überlegungen bildet der Gedanke von der Bestimmung des Menschen zur Gemeinschaft mit Gott und den Mitmenschen, der die eben angesprochene Vorstellung von der gegenseitigen Annahme impliziert. Für eine sprachliche Konkretisierung dieses Gedankens könnte die Vorstellung von der Achtung der Menschenwürde in den Blick genommen werden, die auch im säkularen Raum, so zum Beispiel als Rechtsgrundsatz moderner Demokratie, eine besondere Bedeutung zugemessen wird. Diese Problematik kann im Rahmen dieser Arbeit nicht mehr gründlich aufgearbeitet werden. Sie kann als Impuls verstanden werden, die bisherigen Ergebnisse der Arbeit als vorläufig zu begreifen, welche weitergedacht werden und als Anknüpfungspunkte für fortführende Überlegungen dienen können.

2.2. Zusammenfassung

'Der Fall Judas' zielt durch seine Form der vielfach gebrochenen Erzählstruktur darauf ab, die 'endgültige Wahrheit' über die Judasfigur aufzubrechen und in Frage zu stellen und damit das Urteil -'Heilsbringer' oder 'Verräter', 'gut' oder 'böse' - als strittig offen zu halten. Dabei macht der Text deutlich, dass die metaphorische Rede vom 'Gericht Gottes' nicht in menschliche Maßstäbe übersetzbar ist. Menschliches (Ver-)Urteilen bleibt vorläufig und von der jeweiligen Perspektive abhängig, die sich eben nicht 'jenseits von Gut und Böse' befindet.
Die Ambivalenz moralischer Urteile wird auch durch die Analyse der Begründungsstrukturen deutlich. Diese weist auf die Problematik hin, dass auch theologische Begründungen eines moralischen Urteils, die auf Schrift, Glaube und Dogma verweisen, aus der Außenperspektive als relative Begründungen gelten und damit nicht als absolut verstanden werden können. Besonders die moralischen Konsequenzen eines derartig begründeten Urteils lassen die moralische Verurteilung eines Menschen als 'böse' äußerst zweifelhaft, sowie aufgrund ihrer Missachtung der Würde des verurteilten Menschen selbst als 'böse' erscheinen. Die Frage nach der Moral solcher moralischen Verurteilungen muss somit auch dahingehend beantwortet werden, dass es keine Moral der moralischen Verurteilung, wohl aber die der moralischen Mitteilung geben kann. Da-

bei unterstellt der moralisch Mitteilende sich selbst unter die moralischen Ansprüche, die er vertritt und kündigt dem Empfänger nicht seine Achtung.
Während eine moralische Verurteilung auf die Differenzen zwischen Sein und Sollen hinweist und darauf verharrt, rechnet theologisches Reden 'vom Bösen' auch mit der eschatologischen Differenz zwischen altem und neuem Sein. Dabei hat theologisches Reden von 'dem Bösen' als Kennzeichen eschatologischer Differenz nicht die Funktion, zu verurteilen, sondern die Hoffnung auf Veränderung, auf Gottes schöpferisches, versöhnendes und erlösendes Handeln auszusprechen und den Handelnden in diese Hoffnung mit hineinzunehmen.
Angesichts der Erfahrungen 'des Bösen', unter denen Menschen konkret leiden, stellt sich jedoch die Frage, ob der Verzicht auf 'das Böse' als Kategorie moralischer Verurteilung den theologisch argumentierenden Menschen in eine Haltung der Passivität und des Erduldens drängt. Es ist daher zu fragen, ob der Verzicht auf 'das Böse' als moralischer Kategorie die einzige Konsequenz aus der Charakterisierung 'des Bösen' als Differenzbezeichnung darstellt. Um seiner Hoffnung, dass 'das Böse' nicht das Letztgültige sein soll, Ausdruck zu verleihen und gemäß dieser Hoffnung zu leben, haben Christen die Möglichkeit auf den Ziel- und Angriffspunkt 'des Bösen', die Personalität und sich daraus begründende Würde jedes Menschen aufmerksam zu machen.

Schluss

1. Zusammenfassung und Ergebnisse der Arbeit

Zu Beginn der Arbeit (EINLEITUNG) stand die Beobachtung, dass 'das Böse' kein eindeutiger Begriff ist, sondern er eine äquivoke Semantik besitzt. Gleichzeitig erhärtete sich die Vermutung, dass es ein spezifisch theologisches Reden 'vom Bösen' gibt, welches Momente enthält, die alltägliches Reden 'vom Bösen' aufgreifen und übersteigen. Um der Frage nach der Spezifik theologischen Redens 'vom Bösen' nachzugehen fand zunächst eine Betrachtung der Verwendung 'des Bösen' in den Sozial- und Humanwissenschaften statt (TEIL I, 1.2). Durch diese Auseinandersetzung mit der Integration 'des Bösen' in den Sozial- und Humanwissenschaften, besonders durch die Gegenüberstellung mit dem Begriff der Aggression, ist deutlich geworden, dass letzterer nicht als 'Übersetzung' des Bösen in die Sprache der Soziologie oder Psychologie dienen kann. Zum einen wird man dem Begriff der Aggression nicht gerecht, zum anderen kann eine solche Gleichsetzung (z.B. in Blick auf den Ansatz von Konrad Lorenz) als Möglichkeit zur Rationalisierung des Abschiebens von Verantwortungen missbraucht werden. Weiter wurde deutlich, dass eine Lokalisierung und Bestimmung 'des Bösen' ethisch fragliche Konsequenzen nach sich ziehen kann. Werden die Ausführungen Fromms zum bösartig-aggressiven Charakter, der als krankhaft einzuordnen ist, weitergedacht, ist der Schritt zu einer Forderung nach 'Aussonderung der 'Bösen' und damit eine Ideologisierung der Begrifflichkeit nicht weit. Bei allen Überlegungen blieb die Frage nach Kriterien offen, die ein aggressives Verhalten als 'böse' charakterisieren soll. Es wurde herausgestellt, dass die Bestimmung von Phänomenen als 'das Böse' kontextabhängig ist, d.h. dass sie sich nach bestimmten Wertvorstellungen und Kriterien richtet.

Weiterhin ging es in dem ersten Teil der Arbeit um die (wissenschaftstheoretische) Frage, wie eine theologische Arbeit mit der Wahrnehmung der vielfältigen Diskussions- und Interpretationslage (z.B. der von Safranski breit aufgezeigten philosophischen Tradition (TEIL I, 1.3.) umgehen kann. Es wurde eine mögliche Perspektive herausgearbeitet, von der aus die theologische Interpretation der Wirklichkeit stattfinden kann (TEIL I, 2.). Dabei geht es nicht darum, dass die Theologie versucht, alle genannten wissenschaftlichen Richtungen zu vereinigen, den „Verwirrungen des Bösen" ein Ende zu setzen. Die Aufgabe theologischen Redens über 'das Böse' wurde nicht verstanden als Einreihung zwischen empirische natur- oder humanwissenschaflichen Entwürfe, sondern es wurde herausgestellt, dass sie ihr Selbstverständnis darin findet, die Wirklichkeit 'des Bösen' angesichts der Gegenwart Gottes zu deuten. Diese Tendenz lässt sich auch in biblischen Texten aufzeigen (TEIL I, 2.2.1.).

Mit Blick auf die angedeuteten 'Gefahren' oder 'Probleme', die das Reden über 'das Böse' nach sich ziehen kann und vor dem Hintergrund der Vielfalt der Interpretationsansätze schälte sich die leitende Fragestellung für die weitere Arbeit heraus: Welche Bedeutung, Möglichkeiten und Funktionen hat theologisches Reden 'über das Böse' und wo stößt es an seine Grenzen? (TEIL I, 3.).

Um dieser Frage nachzugehen, wurden im zweiten Teil der Arbeit Aspekte der anthropologischen, hamartiologischen sowie soteriologischen und eschatologischen Ausführungen Wolfhart Pannenbergs in ihrer Bedeutung für die Rede 'vom Bösen' und der 'Überwindung des Bösen' befragt. Eine Beschreibung 'des Bösen' erfolgte in Gegenüberstellung zur geschöpflichen Bestimmung 'des Menschen' (TEIL II, 1). Aus theologischer Perspektive wird 'der Mensch' angesichts des Glaubensbekenntnisses als Geschöpf Gottes bestimmt und damit seine Personalität und auch seine geschöpfliche Bestimmung zur Gemeinschaft mit Gott und den Mitmenschen begründet. In der Kraft des Heiligen Geistes können Menschen an der Gemeinschaft mit Gott antizipierend teilhaben. Das moralische Leben des Glaubenden ist dabei Ausdruck der Hoffnung auf die eschatologische Vollendung durch den dreieinigen Gott. Genau dieser Hoffnung stellen sich Erfahrungen 'des Bösen' entgegen. Somit schälte sich an dieser Stelle noch keine Definition 'des Bösen', aber die Richtung 'des Bösen' als Angriff auf das geschöpfliche und zur Gemeinschaft bestimmte Leben heraus. Damit deutet sich bereits an, dass aus theologischer Perspektive die Zielrichtung 'des Bösen' als Angriff auf das Leben so bestimmt wird, dass eine Übereinstimmung zu philosophischen oder humanwissenschaftlichen Entwürfen erreicht werden könnte. Die Begründung für die theologische Bestimmung des Bösen liegt jedoch darin, dass 'das Böse' als das von Gott Trennende, als Sünde gedacht wird.
Bereits durch den biblischen Befund (TEIL I, 2.2.1.) wurde deutlich, dass eine theologische Rede über 'das Böse' eng verknüpft ist mit der Vorstellung von der 'Sünde' der Geschöpfe . Anhand der Ausführungen Pannenbergs wurde aufgezeigt, dass das Böse als Konsequenz des Zustandes der Selbstverfehlung gedacht werden kann (TEIL II, 2.2.). Die Vorstellung von der Allgemeinheit der 'Sünde', bzw. die Vorstellung von der Verwurzelung der Sünde in den Naturbedingungen menschlichen Daseins hat dabei den Vorzug, dass aus theologischer Perspektive die Möglichkeit 'des Bösen' in jedem Menschen verwurzelt gedacht wird. Ein vorschnelles Abschieben von Verantwortung für 'das Böse' auf die 'anderen' wird durch diese Sichtweise nicht unterstützt. In Gegenüberstellung mit einigen Impulsen aus der feministischen Theologie (TEIL II, 2.2.5.) zeigte sich jedoch, dass das anthropologische 'Ausweisen' der Allgemeinheit der Sünde, gerade wenn diese hauptsächlich durch das augustinische *superbia* bestimmt wird, problematisch ist, da besondere menschliche Erfahrungen, wie die der Gottesferne im Zustand der Selbstverleugnung, nicht berücksichtigt

werden. Die Konsequenz dieses Einwands stellt ein Verzicht auf eine 'Letztbestimmung' der Sünde bzw. die Einschränkung des Sündenbegriffes auf eingeschränkte menschliche Verhaltensweisen dar. Die theologische Rede über die Sünde geschieht immer aus einer bestimmten, menschlichen Perspektive heraus, nicht aus 'neutraler' Beobachterperspektive. Aus diesem Grund bietet es sich an, 'Sünde' als einen Relationsbegriff zu verstehen (TEIL II, 2.5.), der die menschliche Wirklichkeit in ihrem Verhältnis zu Gott thematisieren und beurteilen will. 'Sünde' ist somit kein empirischer Begriff, sondern er trägt lokalisierenden Charakter, indem er als Signalwort die Perspektive des Glaubens markiert, aus der heraus Wirklichkeit als nicht der geschöpflichen Bestimmung gemäß gekennzeichnet wird. Das trifft auch auf die Erfahrungen 'des Bösen' zu. Werden mit 'dem Bösen' lebensbedrohende und zerstörende Handlungen benannt, ist das noch keine speziell theologische Rede 'vom Bösen'. Auch philosophische Entwürfe können dieser Charakteristik 'des Bösen' zustimmen. Fragt man jedoch nach der Begründung dafür, warum aus theologischer Perspektive eine Handlung als 'böse' eingestuft wird, kommt der Glauben an den dreieinigen Schöpfergott ins Spiel: Die Wirklichkeit 'des Bösen' kann - deutlicher als es bei Pannenberg der Fall ist - als *nicht schöpfungsgemäß* und damit als Form der Sünde interpretiert werden. In diesem Zusammenhang wurde in der Argumentation herausgearbeitet, dass die Vorstellung von der Sünde die Rede von 'dem Bösen' jedoch nicht aufheben sollte. Die Rede von 'dem Böse' ist zwar - ebenso wie die Rede von der Sünde - als Interpretation von Phänomenen aus der Perspektive des Glaubens zu verstehen, da diese Bezeichnung der Wirklichkeit eines menschlichen Verhaltens, z.B. einer aggressiven, zerstörerischen Handlung, mehr zuspricht, als zunächst aus ihr ersichtlich wird (nämlich dass aus der Perspektive des Glaubens diese Handlung als Angriff auf das geschöpfliche Dasein und damit als Verfehlung der menschlichen Bestimmung beurteilt wird). Dennoch bringt sie - beispielsweise neben dem verzweifelten Nicht-man-Selbst-sein-Wollen - damit 'nur' ein Moment der Sünde als Trennung des Menschen von Gott zum Ausdruck. Hinsichtlich besonders erschreckender menschlicher Erfahrungen dient die theologische Rede 'vom Bösen' als Hinweis auf die Erfahrung der Differenz zwischen der Welt in ihrem faktischen Sein und ihrer Bestimmung als Gottes Schöpfung. Wird 'das Böse' als Relationsbegriff verstanden, verzichtet theologisches Reden 'vom Bösen' darauf, anders als andere humanwissenschaftliche Entwürfe, einen Kausalzusammenhang zwischen der Sünde (die Abwendung des Menschen von Gott) als *Ursache* und 'dem Bösen' als *Auswirkung* der Sünde herzustellen. Sondern das als 'das Böse' bezeichnete wird als eine Ausdrucksform der Sünde, des gestörten Verhältnisses zwischen Gott und seinen Geschöpfen begriffen, wobei nicht nur in der Rede von der Sünde, sondern in der theologischen Rede 'vom Bösen' bereits selbst die Wirklichkeit im Licht der Beziehung von Gott und Mensch gedeutet wird.

Im Anschluss an diese Überlegungen wurde ein weiteres Moment theologischen Redens 'vom Bösen' deutlich. Theologisches, bildhaftes Reden von der 'Macht des Bösen' bringt das Phänomen zum Ausdruck, dass Menschen in 'das Böse' einwilligen, sich von ihm faszinieren lassen und verstricken lassen können und dass 'das Böse' scheinbar losgelöst vom individuellen Menschen seine eigene Dynamik entwickeln kann. Diese Aspekte werden in Pannenbergs Rede von der 'Macht der Sünde' vernachlässigt und wurden seinem Konzept ergänzend hinzugefügt. Zwar kommt auch bei Pannenberg zum Ausdruck, dass Menschen ihre Freiheit als gebundene Freiheit sehen und sich der Sünde gegenüber als ohnmächtig und erlösungsbedürftig erfahren. Aber diese Erlösungsbedürftigkeit bezieht sich ausschließlich auf die Verwurzelung der Sünde in den Naturbedingungen des menschlichen Daseins und nicht auf die strukturelle, gesellschaftliche Dimension der Sünde und 'des Bösen'.
Durch die Gegenüberstellung der Ausführungen Pannenbergs zur Verwurzelung der 'Sünde' in den allgemeinen Ausgangsbedingungen menschlicher 'Natur' (TEIL II, 3.1.) mit den Impulsen aus der Theologie der Befreiung (TEIL II, 3.2.) ist weiterhin deutlich geworden, dass die Erfahrung der Erlösungsbedürftigkeit, ebenso wie die Rede von der 'Sünde', kontextabhängig ist, d. h. aus konkreten Erfahrungsräumen und Perspektiven heraus formuliert und im Gebet vor Gott gebracht wird. Im Gebet um die Erlösung 'vom Bösen' wird deutlich, dass 'das Böse' auch ein Kennzeichen für die Differenz zwischen unerlöstem und erlöstem, zwischen altem und neuem Sein darstellt.
An die Frage nach der Erlösungsbedürftigkeit schloss sich die Frage nach der 'Überwindung des Bösen' an. Dabei wurde innerhalb der theologischen Ausführungen Pannenbergs besonders die Botschaft von der Versöhnung als wichtiges Moment hinsichtlich der Hoffnung auf 'Überwindung' des Bösen dargestellt (TEIL II, 4.2.). Durch das Wirken des dreieinigen Gottes in der Beziehung zu den Menschen findet immer wieder neu 'Überwindung des Bösen' statt. Durch die Kraft des Geistes sehen sich Christen im Zustand der Rechtfertigung und als Gottes geliebte Geschöpfe, was im Angesicht 'des Bösen' ein Leben im Gottvertrauen ermöglicht. Dennoch ist durch die Versöhnung 'das Böse' nicht in seiner Präsenz aufgehoben. Christen erfahren sich weiterhin als Sünder und sind in Todesangst oder Strukturen 'des Bösen' verstrickt. Mit der Erkenntnis, dass das Versöhnungsgeschehen nur als (begründete) Antizipation der 'Überwindung des Bösen' verstanden werden kann, stellte sich die Frage nach der eschatologischen Vollendung, die eine 'Überwindung allen Bösen' mit einschließt, um so dringlicher.
Durch die Betonung der eschatologischen Aspekte der 'Überwindung des Bösen' konnten die Vorzüge der Theologie Pannenbergs herausgestellt werden (TEIL II, 4.3.). Seine universaltheologische Rede vom Ende der Zeit und Ende der Geschichte macht die eschatologische Vollendung denkbar und begrenzt hinsichtlich der 'Überwindung des Bösen' utopisches Streben nach einer rein

menschlichen 'Lösung'. Pannenberg liefert eine realistische Vorstellung von den begrenzten Möglichkeiten der Menschen und ihren Schwächen.
In Pannenbergs eschatologischen Ausführungen konnten aber auch Ansatzpunkte für eine Kritik gefunden werden. So wird seine Darstellung immer wieder von der starken Betonung der Versöhnung als einem 'geschichtlichen' und 'tatsächlichen' Ereignisses durchzogen, die eschatologische Frage nach der 'Überwindung des Bösen' wird in den 'göttlichen Geschichtsplan' eingeordnet. Damit begibt sich Pannenberg in Gefahr, aus einer (scheinbaren) Außenperspektive universaltheologische Aussagen über das 'Ende des Bösen' treffen zu wollen und dabei die Differenz zwischen der gedeuteten Wirklichkeit und der Wahrheit Gottes nicht mehr deutlich offen zu halten. Das gerade hierin eine wichtige Aufgabe von Theologie besteht, zeigte die Auseinandersetzung mit der Theodizeefrage und der Allmacht Gottes (TEIL II, 4.4.). Zusammenfassend wurde daher der doxologische und nicht der beschreibende Charakter theologischer Rede von der 'Überwindung des Bösen' betont.

Im dritten Teil der Arbeit wurden die herausgearbeiteten Aspekte theologischen Redens 'vom Bösen' zusammengefasst und hinsichtlich ihrer moralischen und ethischen Relevanz konkretisiert. Folgende *Ergebnisse der Arbeit* lassen sich benennen: Unter der Fragestellung, was denn nun die Spezifik und Funktion theologischer Rede 'vom Bösen' gegenüber Entwürfen aus dem ersten Teil der Arbeit ausmacht, wurde hier die theologische Rede 'vom Bösen' als Markierung der eschatologischen Differenz charakterisiert. Aus den Ausführungen des zweiten Teils hat sich herausgeschält, dass es sich aus theologischer Perspektive anbietet, die Benennung 'des Bösen' auf die Relation des handelnden Menschen zu seiner geschöpflichen Bestimmung zu beziehen. 'Das Böse' wird so zum Kennzeichen der Nichtidentität, Ort der Wahrnehmung und Reflexion dieser Nichtidentität ist das Gewissen (Teil III, 1.2.).[1] In eschatologischer Perspektive wird 'das Böse' deshalb auch zum Kennzeichen der Differenz zwischen gegenwärtigem Zustand der Schöpfung und gottgewollter Vollendung. Theologisches Reden 'vom Bösen' hat die Aufgabe, geschlossenen Wirklichkeitsdeutungen, die 'das Böse' bereits als 'das Normale' und nicht mehr zu Verändernde integriert haben, aufzubrechen und auf die Differenz zwischen gegenwärtigem und gottgewollten vollendeten Zustand der Schöpfung hinzuweisen und so der Hoffnung auf eine Ende 'des Bösen' durch das Wirken des dreieinigen Gottes Raum zu geben. Ohne sich in eine Haltung der Passivität zu flüchten besteht die Aufgabe theologischen Redens 'vom Bösen' darin, die ge-

[1] Dabei ist jedoch zu berücksichtigen, dass der Mensch aus theologischer Perspektive im Widerspruch zwischen Wollen und Handeln (Röm 7,12ff.) gesehen wird. Diese Einsicht, aber auch die Tatsache, dass nicht immer klar zu bestimmen ist, was 'böse' und was 'gut' ist, erschweren eine Reflexion über 'das Böse' im eigenen Handeln. Diese Erfahrung können Christen in Klage und in Vertrauen vor Gott im Gebet zur Sprache bringen.

nannten Differenz offen zu halten und somit menschlichen Urteilen aus einer vermeintlichen Perspektive 'jenseits von Gut und Böse', welche 'das Böse' in bestimmten Personen oder Gruppierungen verortet sehen, entgegenzutreten (Teil III, 1.3.).
Auch die Grenze theologischen Redens 'vom Bösen' wurde aufgezeigt. Mit dem 'Fall Judas' wurde die Ambivalenz moralischer Verurteilungen seitens Theologie und Kirche verdeutlicht (TEIL III, 2.1.). Aufgrund der Missachtung der Würde der verurteilten Menschen wird sie selbst zum 'Bösen'. Eine 'nur' moralische Verwendung 'des Bösen' rechnet nicht mehr mit der eschatologischen Differenz und gibt die Hoffnung auf Gottes schöpferisches, versöhnendes und erlösendes Handeln auf. Aus diesem Grund wurde als Konsequenz der Verzicht auf 'das Böse' als moralische Kategorie ausgesprochen.

2. Ausblick

Innerhalb dieser Arbeit finden sich Anknüpfungspunkte und aufgeworfene Fragen für eine mögliche Weiterarbeit. In Teil II, 4.2. ist deutlich geworden, dass eine christliche Versöhnungslehre hinsichtlich der Erfahrungen 'des Bösen' und der Frage nach ihrer Überwindung an ihre Grenzen stößt. Erlösung vom 'Bösen' ist weniger durch eine Betonung der Christologie zur Sprache zu bringen, sondern trinitätstheologisch zu entfalten und pneumatologisch zu akzentuieren. Eine solche Ausführung konnte innerhalb dieser Arbeit bisher nur angedeutet und müsste fortgeführt werden. Eine Konzentration dagegen auf das 'Christusgeschehen' und dessen Interpretation als stellvertretende Erlösung von den Sünden führt an den massiven Erfahrungen des Bösen, an Zuständen der Unterdrückung und der Verflechtungen in Hass, Gewalt und Zerstörung, die für viele Menschen mit den schlimmsten Leiderfahrungen verbunden sind, oftmals vorbei.
Es wären daher kritische Anfragen an theologische Entwürfe zu richten, welche die Sündenvergebung als das Zentrum der christlichen Botschaft benennen oder Gefahr laufen, die Leidthematik durch universal-eschatologische Ausführungen zu verharmlosen. Statt geschichtstheologische Hypothesen über die Historizität des Kreuzes und das Ende der Geschichte zu entfalten, läge es näher, trinitätstheologisch von Gottes ständigem Versöhnungswirken in seiner begleitenden Gegenwart, die Möglichkeit seiner tröstenden Nähe im Leid und schöpferischen Kraft für die Entwicklung neuer Wirklichkeitsperspektiven zu sprechen. Unter dieser Perspektive könnte auch der Gewissensprozess trinitätstheologisch, bereits selbst als Wirklichkeit des Geistes Gottes, interpretiert werden.
Theologische Rede von der 'Überwindung des Bösen' hat in doxologischen, sich der Verheißung vergewissernden und um sie ringenden Zusammenhängen

ihren Raum. Gemeint ist neben anderen liturgischen Formen das Gebet, besonders auch die Klage über die Erfahrung der Abwesenheit der versöhnenden und tröstenden Wirklichkeit Gottes. Die ekklesiologische Dimension der Versöhnung müsste daher stärker in den Blick genommen werden.
Interessant wäre hier auch eine Weiterarbeit im theologisch-praktischen Bereich. Welches Gottesbild wird durch liturgische Elemente, beispielsweise Liedtexte, bezüglich des Umgangs mit dem Leid vermittelt? Und müsste nicht auch das Abendmahl weniger als Feier der Sündenvergebung betont, sondern mehr als Trost inmitten einer Welt 'des Bösen' und Kraftquelle, diesem entgegenzutreten, gefeiert werden?
Wenn nicht wahrgenommen wird, dass Menschen nicht nur als 'aktive Sünder', sondern auch als Opfer in 'das Böse' verstrickt sind, kommt es zu den besonders in der Geschichte des Christentums stattgefundenen problematischen Moralisierungen. Theologisches Reden über 'das Böse' hält deshalb die Frage nach der Ursache für 'das Böse' offen. Mit Bildern wie der 'Macht des Bösen' wird darüber hinaus die Vorstellung des 'Ineinander von Freiheit und Ohnmacht' (unfreier Wille) zum Ausdruck gebracht. Es müsste allerdings die Frage verfolgt werden, wie einerseits diese Bildsprache bewahrt und als solche wahrgenommen sowie 'eingeübt' werden kann, wie andererseits dabei die Frage nach der geschöpflichen Verantwortung der Menschen für ihr eigenes Handeln nicht aus dem Blick gerät. Der sprachliche Umgang mit Metaphern stellt ein Feld dar, das im theologisch-praktischen Bereich oftmals vernachlässigt wird. Es geht um eine Auseinandersetzung mit der Problematik, dass Metaphern und Symbole wörtlich übersetzt oder als etwas Nicht-Wirkliches, eben als 'nur' bildhaft missverstanden werden. Dass diese Sprachformen jedoch 'Wirklichkeit' repräsentieren, die gar nicht anders als mit Bildern zur Sprache gebracht werden kann, muss als Einsicht neu entdeckt werden.[2]
Die in der Arbeit aufgezeigte Spannung von der Notwendigkeit, über 'das Böse' zu reflektieren, und der Einsicht, dass theologisches Urteilen darüber, ob etwas 'böse' ist, vorläufig und aus einer besonderen Perspektive heraus geschieht, ist also auch für religionspädagogische Lernprozesse wichtig. Dabei ist wahrzunehmen, dass theologisch sinnvolles Reden über 'das Böse' auf Letztgültigkeit und Allgemeingültigkeit verzichtet, und stattdessen die Differenz seiner Deutung von Wirklichkeit zu der Wahrheit Gottes, dem 'Gericht' Gottes, offen hält. Es ist (auch aus theologischer Perspektive) längst nicht in jeder Situation klar, was als 'das Böse' bezeichnet werden kann. Dieses 'letzte' Urteil über 'gut' und 'böse' wird dem Menschen aus biblisch-theologischer Perspektive nicht abverlangt. Es ist daher ebenso wichtig, für Lehrende und Lernende die Möglichkeiten offen zu halten, nach Begründungen für eine Beurteilung zu

---

[2]Vgl. Biehl, Peter, Festsymbole. Zum Beispiel: Ostern. Kreative Wahrnehmung als Ort der Symboldidaktik, Neukirchen-Vluyn 1999, S.193.

fragen, zwischen relativen und absoluten Werturteilen unterscheiden zu lernen[3], bzw. vorschnelle Verurteilungen kritisch in Augenschein zu nehmen. Im Blick auf geschichtliche Erfahrungen gehört in diesen Zusammenhang auch die Beobachtung, dass die Berechtigung eines Werturteils nicht davon abhängig sein muss, dass die Mehrheit einer Gemeinschaft dieser Aussage Berechtigung zuspricht.[4] Zu fragen ist daher nicht, wie ein Sinn von 'gut' und 'böse' *allgemeingültig* begründet werden kann, sondern wie *plausibel* gemacht werden kann[5], dass die Vorstellung von der gegenseitigen Achtung der Menschen als Geschöpfe Gottes (als Gegenpol zu Erfahrungen 'des Bösen') sich bewährt hat, aber in jeder Situation neu zu konkretisieren ist.
Anhand der eben entfalteten Aspekte wird deutlich, dass etliche Ergebnisse der Arbeit für eine Weiterarbeit von Bedeutung werden können. Der offene Ausblick am Ende der Arbeit steht dabei exemplarisch für das grundsätzliche Selbstverständnis dieses Beitrages. Er soll zu neuen Fragestellungen herausfordern, um Erfahrungen mit 'dem Bösen' als ein für den christlichen Glauben schwieriges aber immer wieder wichtiges Moment ernstzunehmen und nicht als 'längst geklärt' beiseite zu schieben.

---

[3]Vgl. Wittgenstein, Ludwig, Vortrag über Ethik, in: ders., Vortrag über Ethik und andere kleine Schriften. Herausgegeben von Joachim Schulte, Frankfurt/M. ^{2}1991, 9-19. Am Beispiel des Ausdruckes 'gut' macht Wittgenstein deutlich, dass dieser entweder im relativen oder im absoluten Sinn gebraucht wird. Im relativen Sinn ist das Gerechtwerden eines vorher festgelegten Maßstabes gemeint. Als problematisch erweisen sich jedoch absolute Werturteile. Das Paradoxe an ihnen ist, „daß ein Erlebnis - ein Faktum - übernatürlichen Wert zu haben scheint" (S.17). Absolute Werturteile werden dazu verwendet, „über die Welt - und das heißt: über die sinnvolle Sprache - *hinauszugelangen*"(S.18).
[4]Vgl. Putnam, Hilary, Realismus mit menschlichem Antlitz, in: *ders.*, Von einem realistischen Standpunkt. Schriften zu Sprache und Wirklichkeit, Hamburg 1993, 221-252, S.241f.
[5]Vgl. Tugendhat, Ernst, Vorlesungen über Ethik, Frankfurt/M ^{4}1997 [stw 1100], S.80.

Literaturverzeichnis

Achilles, E./ Heiligenthal, R., Art. gut/böse, Kap. *'kakos'*, in: TBLNT, Bd. 1(1997), 856-859.

Dies., Art. gut/böse, Kap. *'poneros'*, in: TBLNT, Bd. 1(1997), 862-863.

Adam,Gottfried/ Frey Christofer, Verwirrende Vielfalt des Bösen, in: GlLern 12(1997), 5-9.

Adorno, Theodor W., Fernsehen als Ideologie, in: *ders*. Gesammelte Schriften, Bd. 10.2: Kulturkritik und Gesellschaft II, hg. v. Rolf Tiedemann, Frankfurt/M. 1977, 518-532.

Ders., Prolog zum Fernsehen, in: *ders.*, Gesammelte Schriften Bd. 10.2, 1977, 507-517.

Althaus, Paul, Die letzten Dinge. Lehrbuch der Eschatologie, Gütersloh [5]1949.

Ders., Die christliche Wahrheit, Gütersloh [6]1962.

Arendt, Hannah, Eichmann in Jerusalem. Ein Bericht über die Banalität des Bösen („Eichmann in Jerusalem. A report on the banality of evil" 1963), dt. München [6]1987 [SP; 308].

Dies., Macht und Gewalt („On Violence" 1970), dt. München 91994 [SP; 1].

Asanger, Roland/ Wenninger, Gerd (Hgg.), Handwörterbuch der Psychologie, Weinheim [5]1994.

Augustinus, De ordine (386), (zugänglich in: CCL 29); dt. C.-J. Perl, A. Augustinus, die Ordnung, Paderborn 1952.

Ders., De libero arbitrio (388-395), (zugänglich in: CCL 29); dt. C.-J. Perl, Der freie Wille, Paderborn [4]1972.

Ders., Confessiones (397-401), (zugänglich in: CSEL 33); lat.-dt. Augustinus. Bekenntnisse, eingel., übers. u. erl. v. Joseph Bernhart, Frankfurt/M. 1987 [it 1002].

Ders., De civitate Dei (413-426/7), (zugänglich in: CCL 47.48); dt. Augustinus, Vom Gottesstaat, eingel. und übertr. v. Wilhelm Thimme, Zürich 1955.

Barth, Karl, Die Kirchliche Dogmatik, Bd. III/3: Die Lehre von der Schöpfung, Zollikon-Zürich ^{2}1961.

Ders., Die Kirchliche Dogmatik, Bd. III/4: Die Lehre von der Schöpfung, Zollikon-Zürich ^{2}1957.

Ders., Die Kirchliche Dogmatik, Bd IV/1: Die Lehre von der Versöhnung, Zoollikon-Zürich ^{2}1960.

Bauke-Ruegg, Jan, Die Allmacht Gottes, Systematisch-theologische Erwägungen zwischen Metaphysik, Postmoderne und Poesie Berlin/ New York 1998 [TBT; Bd. 96], zugl.: Zürich, Univ., Diss., 1996.

Ders., Was heißt: „Ich glaube an den allmächtigen Gott"?, in: ZThK 97(2000), 46-79.

Baum, Gregory, Keine Gesellschaft ohne Gewalt?, in: Conc(D) 34(1998), 14-20.

Bayer, Oswald, Bleibt das Böse?, in: *ders.*, Freiheit als Antwort. Zur theologischen Ethik, Tübingen 1995, 297-302.

Berger, Klaus, Wozu ist der Teufel da? Stuttgart 1998.

Bernet, Walter, Gebet, Stuttgart 1970.

Berten, Ignace, Geschichte, Offenbarung, Glaube. Eine Einführung in die Theologie Wolfhart Pannenbergs („Histoire, Révélation et Foi. Dialogue avec Wolfhart Pannenberg"), dt. München 1970.

Biehl, Peter, Festsymbole. Zum Beispiel: Ostern. Kreative Wahrnehmung als Ort der Symboldidaktik, Neukirchen-Vluyn 1999.

Bloch, Ernst, Aufklärung und Teufelsglaube, in: Schatz, Oskar, Hat die Religion Zukunft? Graz u.a. 1971, 120-134.

Blühdorn, Jürgen-Gerhard, Art. Gewissen I, in: TRE Bd. 13(1984), 192-213.

Blumenberg, Hans, Der Prozeß der theoretischen Neugierde, Frankfurt/M. 1973.

Boff, Clodovis, Wissenschaftstheorie und Methode der Theologie der Befreiung, in: Ellacuria, Ignacio/ Sobrino, Jon (Hgg.), Mysterium Liberationis. Grundbegriffe der Theologie der Befreiung („Mysterium Liberationis. Conceptos fundamentales de la teologia de la liberación" 1990), Bd. 1, dt. Luzern 1995, 63-98.

Bönsch, Michael, Søren Kierkegaard: Schicksal - Angst - Freiheit, Paderborn 1994 [APPSR; Bd.47], zugl.: Paderborn, Univ., Diss., 1993.

Brandenburger, Egon, Das Böse. Eine biblisch-theologische Studie, Zürich 1986.

Brändle, Werner, Gott und das Leiden. Überlegungen zur Theodizeethematik, in: GlLern 12(1997), 42-56.

Brandt, Sigrid, Sünde. Ein Definitionsversuch, in: *dies.*/ Suchocki, Marjorie H./ Welker, Michael (Hgg.), Sünde. Ein unverständlich gewordenes Thema. Mit Beiträgen von Klaus Berger u.a., Neukirchen-Vluyn 1997.

Brockhaus, Die Enzyklopädie in vierundzwanzig Bänden, Bd. 10, Leipzig/Mannheim [20]1997.

Brunner, Emil, Der Mensch im Widerspruch. Die christliche Lehre vom wahren und vom wirklichen Menschen (1937), Zürich [4]1965.

Buber, Martin, Bilder von Gut und Böse, Heidelberg 1964.

Chopp, Rebecca S., Lateinamerikanische Befreiungstheologie, in: Ford, David (Hg.), Theologen der Gegenwart. Eine Einführung in die christliche Theologie des zwanzigsten Jahrhunderts, Paderborn 1993, 291-308.

Claret, Bernd J., Geheimnis des Bösen. Zur Diskussion um den Teufel, Innsbruck, Wien 1997 [IThS, Bd. 49], zugl: Freiburg i. Br., Univ., Diss., 1994/95.

Ders., Systematisch-theologische Klärungen in der Frage nach dem Ursprung des Bösen, in: Schlagheck, Michael (Hg.), Theologie und Psychologie im Dialog über das Böse, Paderborn 1998, 15-61.

Colpe, Carsten/ Schmidt-Biggemann, Wilhelm (Hgg.), Das Böse. Eine historische Phänomenologie des Unerklärlichen, Frankfurt/M. 1993 [stw; 1078].

Daecke, Sigurd Martin/ Janowski, Hans Norbert/ Pannenberg, Wolfhart/ Sauter, Gerhard, Theologie als Wissenschaft. Ein Gespräch, in: Pannenberg, Wolfhart/ Sauter, Gerhard/ Daecke, Sigurd Martin/ Janowski, Hans Norbert, Grundlagen der Theologie - ein Diskurs, Stuttgart 1974 [UBT; 603], 58-120.

Dahlferth, Ingolf U., Glaube und Lebenserfahrung (teilw. 1990), in: Gedeutete Gegenwart, Tübingen 1997, 86-98.

Ders., Zeit der Zeichen (1992), in: *ders.*, Gedeutete Gegenwart, Tübingen 1997, 209-231.

Ders., Das Wort vom Kreuz in der offenen Gesellschaft (1993), in: *ders.*, Gedeutete Gegenwart. Zur Wahrnehmung Gottes in den Erfahrungen der Zeit, Tübingen 1997, 57-85.

Ders., Der auferweckte Gekreuzigte. Zur Grammatik der Christologie, Tübingen 1994.

Ders., Der Eine und das Viele. Theologie und die Wissenschaften (1995), in: *ders.*, Gedeutete Gegenwart, Tübingen 1997, S.193-208.

Ders., Theologie und Gottes Gegenwart (1996), in: *ders.*, Gedeutete Gegenwart, Tübingen 1997, 268-285.

Ders., „Was Gott ist, bestimme ich!“. Theologie im Zeitalter der „Cafeteria-Religion“ (1996), in: *ders.*, Gedeutete Gegenwart, Tübingen 1997, 10-35.

Ders., Weder Seinsgrund noch Armutszeugnis. Gott und „die philosophische Erregung dieses Jahrhunderts“(1996), in: *ders.*, Gedeutete Gegenwart, Tübingen 1997, 160-192.

Ders., In Bildern denken. Die Sprache der Glaubenserfahrung, in: EK 3(1997), 165-167

Ders., Theologie und Philosophie. Fruchtbarer Dialog oder unlöslicher Konflikt? in: *ders.*, Gedeutete Gegenwart, Tübingen 1997, 133-159.

Das Böse. Jenseits von Absichten und Tätern oder: Ist der Teufel ins System ausgewandert?, hg. v. der Kunst- und Ausstellungshalle der Bundesrepublik Deutschland GmbH, Red. Florian Rötzer, Göttingen 1995 [Schriftenreihe forum; Bd. 3].

Daub, Carl, Judas Ischariot oder das Böse im Verhältnis zum Guten, Bd. I, Heidelberg 1816-1818.

Die Bekenntnisschriften der evangelisch-lutherischen Kirche. Herausgegeben im Gedenkjahr der Augsburger Konfession 1930, Göttingen ^{8}1979.

Diekmann, Elisabeth, Personalität Gottes - Personalität des Menschen. Ihre Deutung im theologischen Denken Wolfhart Pannenbergs, Altenberge 1995 [MThA; Bd. 40].

Dietz, Walter, Søren Kierkegaard, Existenz und Freiheit, Frankfurt/M. 1993 [AM.Ph; Bd. 267], zugl.: München, Univ., Diss., 1990.

Dollard, John, Frustration und Aggression („Frustration and Aggression" 1939), dt. Weinheim ^{5}1994.

Dostojewski, Fjodor M., Die Brüder Karamasow (1880), übertr. von E.K. Rashin. Mit e. Nachw. von I. Rakusa, München ^{24} 1990 [SP; 402].

Dressler, Bernhard, Naturwissenschaft und Glaube - Immer noch ein feindlicher Gegensatz? - Zum Verhältnis zwischen religiöser und naturwissenschaftlicher Bildung in der Schule, in: Loccumer Pelikan, H.1(1999), 3-12.

Drewermann, Eugen, Strukturen des Bösen. Die jahwistische Urgeschichte in exegetischer, psychoanalytischer und philosophischer Sicht, Paderborn 1977ff.

Ders./ Funke, Günter, Was ist es, das den Menschen böse macht? (Dialoggespräch), in: Das Böse. Tabu oder Herausforderung? Salzburg/Wien 1999, [Veröffentlichung der Salzburger Internationalen Pädagogischen Werktagung; Bd. 53], 95-108.

Drosdowski, Günther (Hg.), Duden. Das große Wörterbuch der deutschen Sprache in acht Bänden, Mannheim ^{3}1993.

Dunfee, Susan Nelson, The sin of Hiding: A feminist Critique of Reinhold Niebuhr's Account of the sin of Pride, Soundings 65(1982), 316-327.

Duquoc, Christian, Satan - Symbol oder Person („Symbole ou réalité?" 1966), in: ThG 9(1966), 187-192.

Ebeling, Gerhard, Das Verständnis von Heil in säkularisierter Zeit, in: ders., Wort und Glaube, Bd. III: Beiträge zur Fundamentaltheologie, Tübingen 1975, 349-361.

Ders., Reden zu Gott, in: Dogmatik des christlichen Glaubens, Bd.I: Prolegomena - Erster Teil: Der Glaube an Gott, den Schöpfer der Welt, Tübingen 1979.

Ders., Luther. Einführung in sein Denken, Tübingen [4]1981.

Ehrhardt, Ute, Gute Mädchen kommen in den Himmel, böse überall hin. Warum Bravsein uns nicht weiterbringt, Frankfurt/M. 1998.

Eibl-Eibesfeldt, Irenäus, Konrad Lorenz. „Das sogenannte Böse", in: Die Psychologie des 20.Jh., Bd. VI: Lorenz und die Folgen, Zürich 1978, 77-80.

Elliger, Katharina, Besessenheit, in: Haag, Herbert, Teufelsglaube. Mit Beiträgen von Katharina Elliger, Bernhard Lang und Meinrad Limbeck, Tübingen [2]1980, 391-439.

Dies., Die Hexen, in: Haag, Herbert, Teufelsglaube. Mit Beiträgen von Katharina Elliger, Bernhard Lang und Meinrad Limbeck, Tübingen [2]1980, 440-476.

Dies., Satanismus, in: Haag, Herbert, Teufelsglaube. Mit Beiträgen von Katharina Elliger, Bernhard Lang und Meinrad Limbeck, Tübingen [2]1980, 490-502.

Engels, Friedrich, Die Lage der arbeitenden Klasse in England. Nach eigener Anschauung und authentischen Quellen (1845), in: MEW Bd.2, Berlin 1972, 225-506.

Faus, José Ignacio Gonzáles, Sünde, in: Ellacuria, Ignacio/ Sobrino, Jon (Hgg.), Mysterium Liberationis. Grundbegriffe der Theologie der Befreiung („Mysterium Liberationis. Conceptos fundamentales de la teologia de la liberación" 1990), Bd. 1, Luzern 1995, S.725-740.

Fest, Joachim, Das Böse als reale Macht. Hitlers noch immer verleugnetes Vermächtnis, in: DER SPIEGEL 43(1999)182-197.

Fiedler, P., Art. 'hamartia', in: EWNT[2], Bd. I (1992), 157-165.

Fischer, Johannes, Gefühl der Liebe und Geist der Liebe, in: ZThK 97(2000), 88-109.

Flasch, Kurt, Augustin. Einführung in sein Denken, Stuttgart ²1994 [UB; 8342].

Franzoni, Giovanni, Der Teufel - mein Bruder. Der Abschied von der ewigen Verdammnis („Il diavolo, mio fratello" 1986), dt. München 1990.

Freud, Sigmund, Das Unbehagen in der Kultur (1930), in: Studienausgabe Bd. 9, Frankfurt/M. ⁷1974.

Fromm, Erich, Anatomie der menschlichen Destruktivität, Reinbek bei Hamburg 1977.

Fuchs-Heinritz, Werner u.a. (Hg.), Lexikon zur Soziologie, Opladen ³1995.

Funke, Dieter, Der Platz des Bösen in Gott? Psychoanalytische und theologische Erwägungen zum halbierten Bild vom „guten Gott", in: Schlagheck, Michael (Hg.), Theologie und Psychologie im Dialog über das Böse, Paderborn 1998, 93-144.

Gebara, Ivone, Die dunkle Seite Gottes, Wie Frauen das Böse erfahren („Le mal au féminin. Réflexions théologiques à partir du féminisme" 1999), dt. Freiburg/Br. 2000 [TDW; Bd. 27].

Gehlen, Arnold, Über die Geburt der Freiheit aus der Entfremdung, in: *ders.*, Studien zur Anthropologie und Soziologie, Neuwied 1963, S.232-246.

Gestrich, Christof, Art. Glaube und Denken, in: TRE, Bd. 13(1984), 365-384.

Ders., Die Wiederkehr des Glanzes in der Welt. Die christliche Lehre von der Sünde und ihrer Vergebung in gegenwärtiger Verantwortung, Tübingen 1989.

Geyer, Carl-Friedrich, Die Theodizee. Diskurs, Dokumentation, Transformation, Stuttgart 1992.

Goldschmidt, Hermann Levin, Das Judasbild im Neuen Teatament aus jüdischer Sicht, in: *ders.*/ Limbeck, Meinrad, Heilvoller Verrat? Judas im Neuen Testament, Stuttgart 1976, 9-36.

Goldschmidt, Hermann Levin, Das Judasbild im Neuen Teatament aus jüdischer Sicht, in: *ders.*/ Limbeck, Meinrad, Heilvoller Verrat? Judas im Neuen Testament, Stuttgart 1976, 9-36.

Goldstein, Valerie Saiving, Die menschliche Situation. Ein weiblicher Standpunkt, in: Moltmann-Wendel, Elisabeth (Hg.), Frauenbefreiung. Biblische und theologische Argumente, München ^{4}1986.

Göppel, Rolf, „Horror-Videos" - Die schlechte Art, das Fürchten zu lernen, in: Stock, Walter (Hg.), Faszination des Grauens, Frankfurt/M. ^{2}1990, 119-138.

Gordon, Thomas, Familienkonferenz, Hamburg 1972.

Grawe, Ch., Art. Mensch I, in: HWP Bd. 5(1980), 1059-1061.

Groß, Walter u. Kuschel, Karl-Joseph, „Ich schaffe Finsternis und Unheil!" Ist Gott verantwortlich für das Übel?, Mainz 1992.

Gutiérrez, Gustavo, Theologie der Befreiung („Theologia de la liberación" 1972), dt. Mit einem Vorw. v. Johann Baptist Metz, München ^{6}1982.

Haag, Ernst, Art. Böse II, in: LThK, Bd.2(1994), 606-607.

Haag, Herbert, Abschied vom Teufel. Vom christlichen Umgang mit dem Bösen, Zürich 1969.

Ders., Vor dem Bösen ratlos? In Zusammenarbeit mit Katharina und Winfried Elliger, München 1978.

Ders., Teufelsglaube. Mit Beiträgen von Katharina Elliger, Bernhard Lang und Meinrad Limbeck, Tübingen ^{2}1980.

Halkes, Catharina J.M./ Meyer-Wilmes, Hedwig, Art. Feministische Theologie/ Feminismus/ Frauenbewegung I, in: Wörterbuch der Feministischen Theologie, hg. v. Elisabeth Gössmann u.a. Gütersloh 1991, 102-105.

Häring, Hermann, Die Macht des Bösen. Das Erbe Augustins, Zürich 1979 [ÖTh; Bd. 3].

Ders., Das Problem des Bösen in der Theologie, Darmstadt 1985 [Grundzüge; Bd. 62].

Ders., Zwischen Theorie, Praxis und Imagination, in: Conc(D) 34(1998), 21-37.

Ders., Das Böse in der Welt. Gottes Macht oder Ohnmacht?, Darmstadt 1999.

Ders./ Tracy, David, Faszination des Bösen, in: Conc(D) 34(1998), 1-7.

Härle, Wilfried, Dogmatik, Berlin 1995.

Hartlieb, Elisabeth, Die feministische Rede von der Sünde, in: Brandt, Sigrid/ Suchocki, Marjorie H./ Welker, Michael (Hgg.), Sünde. Ein unverständlich gewordenes Thema. Mit Beiträgen von Klaus Berger u.a., Neukirchen-Vluyn 1997, 155-174.

Hegel, Georg Wilhelm Friedrich, Die „Rechtsphilosophie" (1820), in: Vorlesungen über Rechtsphilosophie, Ed. u. Komm. in 6 Bden. v. Karl-Heinz Ilting, Bd. 2, Stuttgart-Bad Cannstatt 1974.

Ders., Vorlesungen über die Philosophie der Weltgeschichte (1822ff), Bd. I: Die Vernunft der Geschichte, hg. v. Johannes Hoffmeister, Hamburg 1994 [PhB, Bd. 171a].

Heidegger, Martin, Sein und Zeit, in: Ges. Werke, Bd.2, Frankfurt am Main 1977.

Herder, Johann Gottfried, Ideen zur Philosophie der Geschichte der Menschheit (1784-91), in: *ders.*, Werke in 10 Bänden, hg. v. Martin Bollacher, Bd. 6, Frankfurt/M. 1989.

Hermanni, Friedrich/ Koslowski, Peter (Hgg.), Die Wirklichkeit des Bösen, München 1998.

Hick, John, Death and Eternal life, London 1976.

Hobbes, Thomas, Leviathan (1651), Frankfurt/M. 1966.

Holzhey, Helmut, Das Böse. Vom ethischen zum metaphysischen Diskurs, in: Die Philosophie und das Böse (La philosophie et la mal), Red. Helmut Holzhey et Jean-Pierre Leyvraz, Bern/ Stuttgart/ Wien 1993 [StPh; Vol. 52], 7-28.

Honecker, Martin, Einführung in die Theologische Ethik, Berlin/ New York 1990.

Honneth, Axel, Pathologie des Sozialen. Tradition und Aktualität der Sozialphilosophie, in: *ders.* (Hg.), Pathologien des Sozialen. Die Aufgaben der Sozialphilosophie, Frankfurt am Main 1994, 9-69.

Huber, Georges, Weiche Satan! Der Teufel heute, Stein am Rhein 1997.

Hübsch, Stefan, Philosophie und Gewissen. Beiträge zur Rehabilitierung des philosophischen Gewissensbegriffs, Göttingen 1995 [Neue Studien zur Philosophie, Bd. 10], zugl.: Heidelberg, Univ., Diss., (o.J.).

Hügli, Anton, Art. Malum VI, in: HWP Bd. 5(1980), 681-706.

Ders., Gibt es eine Moral des moralischen Verurteilens?, in: StPh 52(1993), 153-171.

Ders./ Kiefhaber, M., Art. Mensch II, in: HWP Bd. 5 (1980), 1062-1071.

Jaspers, Karl, Philosophie II. Existenzerhellung, Berlin/ Heidelberg/ New York ^{4}1973.

Jens, Walter, Der Fall Judas, Stuttgart 1975.

Ders., Die Götter sind sterblich, Pfullingen 1971 [Opuscula; Bd. 41].

Joest, Wilfried, Dogmatik, Bd.1: Die Wirklichkeit Gottes, Göttingen ^{3}1989 [UTB; 1336].

Jonas, Hans, Der Gottesbegriff nach Auschwitz. Eine jüdische Stimme, Frankfurt/M. 1987 [st; 1516].

Jüngel Eberhard, Metaphorische Wahrheit. Erwägungen zur theologischen Relevanz der Metapher als Beitrag zur Hermeneutik einer narrativen Theologie, in: Ricoeur, Paul und Jüngel, Eberhard, Metapher. Zur Hermeneutik religiöser Sprache, München 1974 [EvTh Sonderheft] , 71-122.

Ders., „Meine Theologie“ - kurz gefasst (1985), in: *ders.*, Wertlose Wahrheit. Zur Identität und Relevanz des christlichen Glaubens. Theologische Erörterungen III, München 1990 [BEvTh 107], 1-15.

Ders., Gottes ursprüngliches Anfangen als schöpferische Selbstbegrenzung. Ein Beitrag zum Gespräch mit Hans Jonas über den 'Gottesbegriff nach Auschwitz' (1986), in: *ders.*, Wertlose Wahrheit (1990), 151-162.

Ders., Nihil divinitatis, ubi non fides. Ist christliche Dogmatik in rein theoretischer Perspektive möglich? Bemerkungen zu einem theologischen Entwurf von Rang, in: ZThK 86(1989), 204-235.

Kähler, Martin, Zur Lehre von der Versöhnung (1889), Gütersloh ²1937.

Kaiser, Otto, Der Gott des Alten Testaments. Theologie des AT 1: Grundlegung, Göttingen 1993 [UTB 1747].

Kamper, Dietmar u.a., Das Böse, in: Das Böse. Jenseits von Absichten und Tätern oder: Ist der Teufel ins System ausgewandert?, hg. v. Kunst- und Ausstellungshalle der Bundesrepublik Deutschland GmbH, Red. Florian Rötzer, Göttingen 1995 [Schriftenreihe forum 3], 13-14.

Kant, Immanuel, Kritik der praktischen Vernunft (1788), in: Kants Werke (AA), Bd.V, Berlin 1968, 2-163.

Ders., Über das Mißlingen aller philosophischen Versuche in der Theodicee (1791), in: Kants Werke (AA), Bd. VIII, Berlin 1968, 253-271.

Ders., Die Religion innerhalb der Grenzen der bloßen Vernunft (1793), in: Kants Werke (AA), Bd. VI, Berlin 1968, 1-202.

Ders., Das Ende aller Dinge (1794), in: Kants Werke (AA), Bd. VIII, Berlin 1968, 325-340.

Ders., Zum ewigen Frieden. Ein philosophischer Entwurf (1795), in: Kants Werke (AA), Bd. VIII, Berlin 1968, 341-386.

Ders., Anthropologie in pragmatischer Hinsicht (1798), in: Kants Werke (AA), Bd. VII, Berlin 1968, 117-334.

Kapferer, Norbert, Die Pathologisierung des Bösen. Über die problematische Umsetzung eines moralisch-theologischen Begriffs in den Sozialwissenschaften, in: Schuller, Alexander/ Rahden, Wolfert von, Die andere Kraft. Zur Renaissance des Bösen, Berlin 1993, 95-115.

Ders., Das „Böse" in der (post)modernen Kultur. Zur Phänomenologie wissenschaftlicher, politischer, ethischer und ästhetischer Einlassungen, in: Hermanni, Friedrich/ Koslowski, Peter (Hgg.), Die Wirklichkeit des Bösen, München 1998, 185-204.

Kasper, Walter, Das Böse als theologisches Problem, in: Oeing-Hanhoff, Ludger/ Kasper, Walter, Negativität und Böses. Christlicher Glaube in moderner Gesellschaft, Textband 9, Freiburg u.a. 1981, 176-180.

Ders., Die Theologie der Befreiung aus europäischer Perspektive, in: Metz, Johann Baptist (Hg.), Die Theologie der Befreiung: Hoffnung oder Gefahr für die Kirche? Mit Beiträgen von Kardinal Paulo Evaristo Arns u.a., Düsselorf 1986, 77-98.

Kaufmann, Rolf, Das Gute am Teufel. Eigenen Schattenseiten und Abgründen begegnen, Zürich 1998.

Kaulbach, Friedrich, Philosophie des Perspektivismus. 1. Teil: Wahrheit und Perspektive bei Kant, Hegel und Nietzsche, Tübingen 1990.

Keller, Carl-A., Art. Das Böse I , in: RGG^4 (1998), 1703f.

Kierkegaard, Søren, Der Begriff Angst (1844), in: Ges. Werke 11. u.12. Abteilung, übers. v. Emanuel Hirsch, Düsseldorf 1958.

Ders., Reflexionen über Christentum und Naturwissenschaft (1846). Anhang zu: Eine literarische Anzeige, in: Ges. Werke 17. Abt., übers. v. Emanuel Hirsch, Düsseldorf 1954.

Ders. , Die Krankheit zum Tode (1849), in: Ges. Werke 24. u. 25. Abt., übers. v. Emmanuel Hirsch, Düsseldorf 1957.

Ders., Einübung im Christentum (1850), in: Ges. Werke 26. Abt, übers. v. Emmanuel Hirsch, Düsseldorf o.J.

Klauck, Hans-Josef, Art. Gleichnis, Gleichnisforschung, in: NBL, Bd.1(1991), 851-856.

Klein, Hans, Bewährung im Glauben. Studien zum Sondergut des Evangelisten Matthäus, Neukirchen-Vluyn 1996 [BThSt, Bd. 26].

Knierim, Rolf P., Zur Gestalt alttestamentlicher Harmatiologie, in: Brandt, Sigrid,/ Suchocki, Majorie H./ Welker, Michael (Hgg.), Sünde. Ein unverständlich gewordenes Thema. Mit Beiträgen von Klaus Berger u.a., Neukirchen-Vluyn 1997, 71-114.

Koch, Robert, Die Sünde im Alten Testament, Frankfurt/M. 1992.

Koch, Traugott, Das Böse als theologisches Problem, in: KuD 24(1978), 285-320.

Körtner, Ulrich H.J., Wie lange noch, wie lange? Über das Böse, Leid und Tod, Neukirchen-Vluyn 1998.

Ders., Die Entdeckung der Endlichkeit. Zur theologischen Herausforderung apokalyptischen Denkens an der Jahrtausendwende, in: GlLern, 14(1999), 35-46.

Kreiner, Armin, Gott im Leid. Zur Stichhaltigkeit der Theodizee-Argumente, Freiburg i.Br. 1997 [QD, Bd. 168].

Ders., Warum der gute Gott den Sündenfall nicht verhinderte?, in: Kleer, Martin/ Söling, Caspar (Hgg.), Wie böse ist der Mensch?, Paderborn 1999 [Theologie und Biologie im Dialog], 61-72.

Kretzer, A., Art. ‘poneros’, in: EWNT^2, Bd. 2(1992), 321-324.

Krieg, Matthias und Zangger-Derron, Gabriele (Hgg.), Judas. Ein literarisch-theologisches Lesebuch, Zürich 1996.

Küng, Hans, Gott und das Leid, , Einsiedeln u.a. ^{7}1980 [ThMed; Bd. 18].

Küpper, Heinz, Pons-Wörterbuch der deutschen Umgangssprache, Stuttgart 1997.

Kuschel, Karl-Josef, Jesus in der deutschsprachigen Gegenwartsliteratur. Mit e. Vorw. v. Walter Jens, Zürich/ Köln ^{2}1978.

Lang, Bernhard, Der Teufel und die Juden, in: Haag, Herbert, Teufelsglaube. Mit Beiträgen von Katharina Elliger, Bernhard Lang und Meinrad Limbeck, Tübingen ^{2}1980, 477-489.

Lattke, M., Art. *'kakos'*, in: EWNT^2, Bd. 2(1992), 587-589.

Lauffs, Manfred, Walter Jens, München 1980.

Laurentin, René, Der Teufel. Mythos oder Realität? Die Lehre und die Erfahrung Christi und der Kirche, Hauteville 1996.

Leggewie, Claus, „Das Böse hat sich radikaler erwiesen als vorgesehen" - und was Sozialwissenschaftler damit anfangen, in: Das Böse. Jenseits von Absichten und Tätern oder: Ist der Teufel ins System ausgewandert?, hg. v. Kunst- und Ausstellungshalle der Bundesrepublik Deutschland GmbH, Red. Florian Rötzer, Göttingen 1995 [Schriftenreihe forum 3], 116-131.

Leibniz Gottfried Wilhelm, Die Theodizee („Essais de Théodicée sur la Bonté de Dieu, la liberté de Homme et l'Origine du Mal" 1710), übers. v. Artur Buchenau, Hamburg ^{2}1968 [PhB, Bd. 71].

Lindström, F., Art. Böse I, in: NBL, Bd. 1(1991), 314f.

Link, Luther, Der Teufel. Eine Maske ohne Gesicht, München 1997.

Lohse, Bernhard, Luthers Theologie in ihrer historischen Entwicklung und ihrem systematischen Zusammenhang, Göttingen 1995.

Lorenz, Konrad, Über tierisches und menschliches Verhalten, Stuttgart 1965

Ders., Das sogenannte Böse. Zur Naturgeschichte der Aggression (1963), München ^{20}1995.

Ders., Das wirklich Böse. Involutionstendenzen in der modernen Kultur, in: Schatz, Oskar (Hg.), Was wird aus dem Menschen? Analysen und Warnungen bedeutender Denker, Graz/Wien/Köln 1974, 287-305.

Lorenz, Kuno, Art. Sprechakt, in: EPhW, Bd. 4(1996), 68-71.

Luhmann, Niklas, Soziale Systeme, Frankfurt/M. 1984.

Luther, Martin, Von der Freiheit eines Christenmenschen (1520), in: *ders.*, D. Martin Luthers Werke (WA), Bd. 7 (1966), 12-38.

Ders., De servo arbitrio (1525), in: WA, Bd. 18 (1964), 600-787.

Ders., Vorlesung zum Römerbrief (1515/16), in: WA, Bd. 56 (1970), 3-528.

Ders., , Der Große Katechismus, in: Unser Glaube. Die Bekenntnisschriften der evangelisch-lutherischen Kirche. Ausgabe für die Gemeinde. Im Auftrag der Kirchenleitung der Vereinigten Evangelisch-Lutherischen Kirche Deutschlands (VELKD), hg. v. Lutherischen Kirchenamt, bearb. v. Horst Georg Pöhlmann, Gütersloh [3]1991, 726-770.

Lyotard, Jean-François, Das postmoderne Wissen. Ein Bericht („La condition postmoderne" 1979), dt. Graz u.a. 1986.

Marquard, Odo , Art. Malum I, in: HWP, Bd. 5(1980), Sp.652-656.

Ders., Entlastungen, in: Apologie des Zufälligen, Stuttgart 1986 [UB; 8351], 11-32.

Martens, Ekkehard, Ist Abtreibung erlaubt?, in: *ders.*, Zwischen Gut und Böse. Elementare Fragen angewandter Philosophie, Stuttgart 1997 [UB; 9731], 117-132.

Martinek, Manuela, Wie die Schlange zum Teufel wurde. Die Symbolik in der Paradiesgeschichte von der hebräischen Bibel bis zum Koran, Wiesbaden 1996.

Marx, Karl, Ökonomisch-philosophische Manuskripte (1844), in: MEW, Ergänzungsband 1.Teil, Berlin 1973, 465-588.

Ders./ Engels, Friedrich, Manifest der Kommunistischen Partei (1848), in: MEW, Bd. 4, Berlin 1972, 459-493.

Merklein, Helmut, Paulus und die Sünde, in: Frankemölle, Hubert, Sünde und Erlösung im Neuen Testament, Freiburg i. Br. 1996 [QD; Bd. 161], 123-163.

Metz, Johann Baptist, Glaube in Geschichte und Gesellschaft. Studien zu einer praktischen Fundamentaltheologie, Mainz 1977.

Ders., Vorwort zur deutschen Ausgabe, in: Guitérrez, Gustavo, Theologie der Befreiung, München [6]1982, S.XI.

Milgram, Stanley, Das Milgram-Experiment. Zur Gehorsambereitschaft gegenüber Autorität, Reinbeck bei Hamburg 1974.

Miller, Patrik D., Art. Das Böse II, in: RGG[4], Bd. 1(1998), 1704f.

Moltmann, Jürgen, Theologie der Hoffnung. Untersuchung zur Begründung und zu den Konsequenzen einer christlichen Eschatologie (1964), Gütersloh, [13]1997 [KT; Bd.155].

Ders., Der gekreuzigte Gott. Das Kreuz Christi als Grund und Kritik christlicher Theologie, München 1972 [KT; Bd. 16].

Ders., Der Weg Jesu Christi. Christologie in messianischen Dimensionen, München 1989.

Ders., Zwölf Bemerkungen zur Symbolik des Bösen, in: EvTh 52(1992), 2-6.

Ders., Wer ist Jesus Christus für uns heute?, Gütersloh 1994 [KT; Bd. 129].

Ders., Das Kommen Gottes. Christliche Eschatologie, Gütersloh 1995.

Mommsen, Hans, Hannah Arendt und der Prozeß gegen Adolf Eichmann, in: Arendt, Hannah, Eichmann in Jerusalem. Ein Bericht über die Banalität des Bösen, München [6]1987, I-XXXVII.

Müller, Wolfgang (Hg.), Duden. Die sinn- und sachverwandten Wörter. Synonymwörterbuch der deutschen Sprache (Duden Bd. 8), Mannheim 1987.

Nietzsche, Friedrich, Jenseits von Gut und Böse (1886), in: Sämtliche Werke (KSA), Bd V, München 1980.

Ders., Zur Genealogie der Moral (1887), in: Sämtliche Werke (KSA), Bd V, Müchen 1980.

Ders., Antichrist. Fluch auf das Christentum (1888), in: Sämtliche Werke (KSA), Bd. 6, München/ Berlin/ New York 1988.

Nolte, Hans-Peter, Lernfall Aggression. Wie sie entsteht - Wie sie zu verhindern ist, Reinbek [2]1987.

Oeing-Hanhoff, Ludger, Negativität und Böses in philosophischer Sicht, in: Oeing-Hanhoff, Ludger und Kasper, Walter, Negativität und Böses, Freiburg u.a. 1981, 150-175.

Oelmüller, Willi (Hg.), Theodizee - Gott vor Gericht? Mit Beiträgen von Carl-Friedrich Geyer u.a., München 1990.

Ders., Worüber man schweigen kann. Neue Diskussion zur Theodizee-Frage, München 1992.

Orth, Stefan, Mythos, Symbol oder Person? Der Teufel und die Macht des Bösen im Spiegel neuerer Literatur, in: HerKorr 53(1999), 192-197.

Pagels, Elaine, Satans Ursprung, Berlin 1996.

Pannenberg, Wolfhart[6], Art. Das Böse, in: EKL[2] , Bd. 1 (1961), 559-561.
Ders., Art. Person, in: RGG[3] , Bd. 5 (1961), 230-235.

Ders., Die Krise des Schriftprinzips (1962), in: *ders.*, Grundfragen Systematischer Theologie. Gesammelte Aufsätze, Bd. 1, Göttingen 1971, 11-21.

Ders., Was ist der Mensch? Die Anthropologie der Gegenwart im Lichte der Theologie (1962), Göttingen [7]1985 (zit. WM).

Ders., Grundzüge der Christologie (1964), Gütersloh [4]1972.

Ders., Über historische und theologische Hermeneutik, in: Grundfragen systematischer Theologie, Bd. 1(1967), Göttingen [2]1971, 123-158.

Ders., Thesen zur Theologie der Kirche (1970), München [2]1974 [Claudius Thesen, H. 1].

Ders., Aggression und die theologische Lehre von der Sünde, in: ZEE 21(1971), 161-173.

Ders., Gottesgedanke und menschliche Freiheit, Göttingen 1972.

Ders., Wissenschaftstheorie und Theologie, Frankfurt/M. 1973.

[6]Aufgeführt werden nur die in dieser Arbeit verwendeten Titel. Eine vollständige Bibliographie der Veröffentlichungen Pannenbergs von 1953-1987 ist zusammengestellt von Bernd Burkhard in: Vernunft des Glaubens. Wissenschaftliche Theologie und kirchliche Lehre. Festschrift zum 60. Geburtstag von Wolfhart Pannenberg, Göttingen 1988, S. 689-718. Ein Quellenverzeichnis der neueren Veröffentlichungen findet sich bei Nnamdi, Reginald, Offenbarung und Geschichte. Zur hermeneutischen Bestimmung der Theologie Wolfhart Pannenbergs [WSFTh; Bd. 13], S.447-463.

Ders., Tod und Auferstehung in der Sicht christlicher Dogmatik (1974), in: *ders.*, Grundfragen Systematischer Theologie. Gesammelte Aufsätze Bd. 2, Göttingen 1980, 146-159.

Ders., Gottebenbildlichkeit als Bestimmung des Menschen in der neueren Theologiegeschichte, Sitzungsberichte der Bayrischen Akademie der Wissenschaften, H.8 (1979), München 1979.

Ders., Anthropologie in theologischer Perspektive, Göttingen 1983 (zit. **A**).

Ders., Systematische Theologie, Bd 1, Göttingen 1988 (zit. **STh 1**).

Ders., Sünde, Freiheit, Identität. Eine Antwort an Thomas Pröpper, in: ThQ 170(1990), 289-298.

Ders., Systematische Theologie, Bd.2, Göttingen 1991 (zit. **STh 2**).

Ders., Systematische Theologie, Bd.3, Göttingen 1993 (zit. **STh 3**).

Ders., Die Auferstehung Jesu - Historie und Theologie, in: ZThK 94(1994), 318-328.

Ders., Die Aufgabe christlicher Eschatologie, in: ZThK 92(1995), 71-82.

Ders., Theologie und Philosophie. Ihr Verhältnis im Lichte ihrer gemeinsamen Geschichte, Göttingen 1996 [UTB; 1925].

Ders. (Rez.), Anbrechende Zukunft. Jürgen Moltmanns Eschatologie, EK H.2(1996), S.76-78.

Paul, Hermann, Deutsches Wörterbuch, Tübingen ^{9}1992.

Peck, M.Scott, Die Lügner. Eine Psychologie des Bösen - und die Hoffnung auf Heilung, München 1990.

Pesch, Otto Hermann, Frei sein aus Gnade. Theologische Anthropologie, Freiburg/Br. 1983.

Ders., Die Theologie der Rechtfertigung bei Martin Luther und Thomas von Aquin. Versuch eines systematisch-theologischen Dialogs (1967), Mainz 1985.

Plack, Arno, Die Gesellschaft und das Böse. Eine Kritik der herrschenden Moral (1967), München [9]1970.

Pröpper Thomas, Das Faktum der Sünde und die Konstitution menschlicher Identität. Ein Beitrag zur kritischen Aneignung der Anthropologie Wolfhart Pannenbergs, in: ThQ 170(1990), 267-289.

Putnam, Hilary, Realismus mit menschlichem Antlitz, in: *ders.*, Von einem realistischen Standpunkt. Schriften zu Sprache und Wirklichkeit, Hamburg 1993, 221-252.

Rahden, Wolfert von, Orte des Bösen. Aufstieg und Fall des dämonologischen Dispositivs, in: Schuller, Alexander/ Rahden, Wolfert von, Die andere Kraft. Zur Renaissance des Bösen, Berlin 1993, 26-54.

Rahner, Karl, Schriften zur Theologie, Bd.IV(1960), Einsiedeln u.a.[5]1967.

Ratzinger Joseph, Eschatologie - Tod und ewiges Leben, Regensburg [6]1990 [KKD; Bd. 9].

Reck, Norbert (Rez.), Über das Böse, in: Conc(D) 34(1998), 107f.

Reinhold, Gerd (Hg.), Soziologie-Lexikon, München [2]1992.

Rendtorff, Rolf, Studien zur Geschichte des Opfers im Alten Israel, Neukirchen-Vluyn 1967 [WMANT; Bd. 24].

Rendtorff, Trutz, Ethik. Grundelemente, Methodologie und Konkretionen einer ethischen Theologie, Bd. I, Stuttgart/Berlin/ Köln [2]1980 [ThW; Bd. 13].

Rentsch, Thomas, Art. Mensch, in: Enzyklopädie Philosophie, Bd. 1(1999), 814-818.

Reß, Elmar, Die Faszination Jugendlicher am Grauen. Dargestellt am Beispiel von Horror-Videos, Würzburg 1990.

Ricoeur, Paul, Die Fehlbarkeit des Menschen. Phänomenologie der Schuld Bd. I (1960), Freiburg [2]1989.

Ders., Symbolik des Bösen. Phänomenologi der Schuld Bd. II (1960), Freiburg [2]1989.

Riepe, Manfred, Das Gespenst der Gewalt. Was sie schon immer über Gewaltdarstellung wissen wollten, sich aber bislang nicht zusammenzureimen trauten, in: Das Böse. Jenseits von Absichten und Tätern oder: Ist der Teufel ins System ausgewandert?, hg. v. Kunst- und Ausstellungshalle der Bundesrepublik Deutschland GmbH, Red. Florian Rötzer, Göttingen 1995 [Schriftenreihe forum 3], 290-327.

Riesenhuber, K., Art. Malum V, in: HWP, Bd. 5 (1980), 674-681.

Ringeling, Hermann, Art. Liebe VIII, in: TRE, Bd. 21(1991), 170-177.

Ritschl, Albrecht., Die christliche Lehre von der Rechtfertigung und Versöhnung, Bd. III, Bonn [3]1888.

Rorty, Richard, Kontingenz, Ironie und Solidarität, Frankfurt/M. [4]1997 [stw; 981].

Rötzer, Florian, Reflexionsschleifen über Zumutungen, oder: Was heißt es, sich in komplexen Systemen zu orientieren?, in: Das Böse. Jenseits von Absichten und Tätern oder: Ist der Teufel ins System ausgewandert?, hg. v. Kunst- und Ausstellungshalle der Bundesrepublik Deutschland GmbH, Red. Florian Rötzer, Göttingen 1995. (Schriftenreihe forum 3), 15-32.

Rousseau, Jean-Jaques, Der Gesellschaftsvertrag („Du contrat social ou principes du droit politique“ 1762), Frankfurt/M. 1978.

Russel, Jeffrey Burton, Biographie des Teufels. Das radikal Böse und die Macht des Guten in der Welt („The prince of Darkness. Radikal Evil and the Power of Good in History“ 1988), dt. Wien/Köln/Weimar 2000.

Sade, Donatien Alphonse Francois Marquise de, Justin und Juliette (1797), hg. u. übers. v. Stefan Zweifel, München 1990.

Safranski, Rüdiger, Das Böse oder Das Drama der Freiheit, München/ Wien 1997.

Sandkühler, H. J., Art. Anthropodizee, in: HWP, Bd. 1(1971), 360-362.

Sauter, Gerhard, Einführung in die Eschatologie, Darmstadt 1995.

Ders., Zugänge zur Dogmatik, Göttingen 1998 [UTB; 2064].

Scannone, Juan Carlos, Das Theorie-Praxis-Verhältnis in der Theologie der Befreiung, in: Rahner, Karl u.a. (Hgg.), Befreiende Theologie, Stuttgart u.a. 1977, 77-96.

Schelling, Friedrich Wilhelm, Über das Wesen der menschlichen Freiheit (1809), in: Sämtliche Werke, Bd. VII, hg. v. K.F.A. Schelling, Stuttgart/Augsburg 1860, 331-416.
Schenker, A., Art. Sünde I, in: NBL, Bd. 3(2000), 728 -734.

Scherzberg, Lucia, Sünde und Gnade in der Feministischen Theologie, in: Baldermann, Ingo u.a. (Hg.), JBTh Bd. 9(1994): Sünde und Gericht, Neukirchen-Vluyn 1994.

Schiller, Friedrich von, Etwas über die erste Menschengesellschaft nach dem Leitfaden der mosaischen Urkunde, in: Schillers Werke (Nationalausgabe), Bd. 17: Historische Schriften, hg. v. Karl-Heinz Hahn, Weimar 1970, 398-413.

Schiwy, Günther, Abschied vom allmächtigen Gott, München 1995.

Schlagheck, Michael (Hg.), Theologie und Psychologie im Dialog über das Böse, Paderborn 1998.

Schlegel, F., Art. Sprachspiel II, in: HWP, Bd. 6(1995), 1535-1536.

Schleiermacher, Friedrich Daniel Ernst, Der christliche Glaube. Nach den Grundsätzen der evangelischen Kirche im Zusammenhang dargestellt (1821/22), in: Kritische Gesamtausgabe I,7,1, hg. v. Hans-Joachim Birkner u.a., Berlin, New York 1980.

Schneider-Flume, Gunda, Systematisch-theologische Bemerkungen zur Feministischen Theologie, in: Moltmann-Wendel, Elisabeth/ Kegel, Günther (Hgg.), Feministische Theologie im Kreuzfeuer. Der Streit um das „Tübinger Gutachten". Dokumente - Analysen - Kritiken, Gütersloh 1992, 50-57.

Schnocks, Dieter, Der Schatten unserer Seele. Zum Verständnis des Dunklen in der Analytischen Psychologie C. G. Jungs, in: Schlagheck, Michael (Hg.), Theologie und Psychologie im Dialog über das Böse, Paderborn 1998, 63-92.

Schoonenberg, Piet, Theologie der Sünde. Ein theologischer Versuch, Einsiedeln u.a. 1966.

Schopenhauer, Artur, Die Welt als Wille und Vorstellung (1819), in: *ders.*, Sämtliche Werke, Bd. I u. II, bearb. u. hg. v. Wolfgang Frhr. von Löhneysen, Frankfurt/M. ^{6}1998 u. ^{5}1998 [stw 661/ 662].

Schottroff, Luise, Die verführbare Eva und der sündige Adam. Sozialgeschichtlich-feministische Überlegungen zum paulinischen Verständnis von Sünde und Befreiung, in: Moltmann-Wendel, Elisabeth (Hg.), Weiblichkeit in der Theologie. Verdrängung und Wiederkehr. Mit Beiträgen von Elisabeth Goessmann u.a., Gütersloh 1988 [GTBS; 494], 56-67.

Dies., Frauensünde, in: Schaumberger, Christine und Schottroff, Luise, Schuld und Macht. Studien zu einer feministischen Befreiungstheologie, München 1988, 56-87.

Dies., Kreuz, in: Wörterbuch der feministischen Theologie, hg. v. Elisabeth Goessmann u.a., Gütersloh 1991, 226-231.

Schuller, Alexander/ von Rahden, Wolfgang (Hgg.), Die andere Kraft. Zur Renaissance des Bösen, Berlin 1993.

Schulte, Christoph, Böses und Psyche. Immoralität in psychologischen Diskursen, in: Colpe, Carsten/ Schmidt-Biggemann, Wilhelm, Das Böse. Eine historische Phänomenologie des Unerklärlichen, Frankfurt/M. 1993 [stw; 1078], 300-322.

Ders., Radikal böse. Die Karriere des Bösen von Kant bis Nietzsche, München ^{2}1991, zugl.: Berlin, Freie Univ., Diss., 1987.

Schulte, Joachim, Wittgenstein. Eine Einführung, Stuttgart 1989.

Schulz von Thun, Friedemann, Miteinander Reden, Bd. 1 u. Bd. 2: Stile, Werte und Persönlichkeitsentwicklung, Reinbek 1998.

Schulz, Frieder, Art. Gebet VIII, in: TRE, Bd. 12(1984), 84-94.

Schulz, Siegfried, Neutestamentliche Ethik, Zürich 1987.

Schwarz, Hans, Im Fangnetz des Bösen. Sünde - Übel - Schuld, Göttingen 1993.

Schwemmer, Oswald, Art. Anthropologie, in: EPhW, Bd. 1 (1980), 126-129.

Schweppenhäuser, Gerhard, Nietzsches Überwindung der Moral. Zur Dialektik der Moralkritik in *Jenseits von Gut und Böse* und in der *Genealogie der Moral*, Würzburg 1988 [Nietzsche in der Diskussion].

Schwöbel, Christoph, Wolfhart Pannenberg, in: Ford, David (Hg.), Theologen der Gegenwart. Eine Einführung in die christliche Theologie des zwanzigsten Jahrhunderts („The modern Theologians. An Introduction to Christian theology in the Twentieth Century" 1989), dt. Ausg. ed . u. übers. v. Christoph Schwöbel, Paderborn u.a. 1993, 240-271.

Sievernich, Michael, Schuld und Sünde in der Theologie der Gegenwart, Frankfurt/M. ^{2}1983 [FTS; Bd.29].

Söding, Thomas, Erlösung vom Bösen. Jesu Umgang mit Schuld und Leid, in: Kleer, Martin/ Söling, Caspar (Hgg.), Wie böse ist der Mensch?, Paderborn 1999 [Theologie und Biologie im Dialog], 73-104.

Söling, Caspar, Wie böse ist der Mensch? Erfahrungen und Entlarvungen zwischen Biologie und biblischer Theologie, in: Kleer, Martin/ Söling, Caspar (Hgg.), Wie böse ist der Mensch?, Paderborn 1999 [Theologie und Biologie im Dialog], 9-21.

Sölle, Dorothee, Gott Denken. Eine Einführung in die Theologie, Stuttgart 1990.

Dies., Leiden (1973), Freiburg i.Br. 1993.

Sparn, Walter, Leiden - Erfahrung und Denken. Materialien zum Theodizeeproblem, München 1980 [Theologische Bücherei; Bd. 67].

Theunissen, Michael, Der Begriff Verzweiflung. Korrekturen an Kierkegaard, Frankfurt/M. 1993 [stw; 1062].

Tillich, Paul, Systematische Theologie, Bd. II, Stuttgart ^{4}1973.

Tracy, David, „...und bewahre uns vor dem Bösen": Die Erlösung und das Böse in heutiger Zeit, in: Conc(D) 34(1998), 96-106.

Trilhaas, Wolfgang, Dogmatik, Berlin ^{3}1972.

Tugendhat, Ernst, Vorlesungen über Ethik, Frankfurt /M. ^{4}1997 [stw 1100].

Ulrich-Eschemann, Biblische Geschichten und ethisches Lernen. Analysen - Beispiele - Perspektiven, Frankfurt/M. 1996 [Beiträge zur theologischen Urteilsbildung Bd. 2], zugl.: Hildesheim, Univ. Diss., 1995.

Viertel, Matthias (Hg.), Gott und das Böse, Hofgeismar 1996 [Hofgeismarer Protokolle 313].

Wagner, Harald (Hg.), Mit Gott streiten. Neue Zugänge zum Theodizee-Problem, Freiburg/Br. 1998 [QD; Bd. 169].

Ders., Art. Satisfaktionstheorien, in: EKL^3, Bd. 9 (2000), 82-83.

Wahrig, Gerhard u.a. (Hg.), Der große Brockhaus in zwölf Bänden. Brockhaus Wahrig Deutsches Wörterbuch, Stuttgart 1980.

Watson, John B., Behavior, an introdution to comparative psychology, New York 1914.

Weder, Hans, Wirksame Wahrheit. Zur metaphorischen Qualität der Gleichnisrede Jesu, in: *ders.,* (Hg.), Die Sprache der Bilder. Gleichnis und Metapher in Literatur und Theologie, mit Beitr. v. François Bovon u.a., Gütersloh 1989 [ZZ; Bd. 4], 110-127.

*ders.,*Neutestamentliche Hermeneutik, Zürich ^{2}1989.

ders., Der Mensch im Widerspruch. Eine Paraphrase zu Röm 7,7-25, in: GlLern 4(1989), 130-142.

ders., Die Arbeit an der Utopie, in: Einblicke ins Evangelium. Exegetische Beiträge zur neutestamentlichen Hermeneutik, Göttingen 1992, 239-246.

ders., Die Abwesenheit der Tugend. Neutestamentliche Überlegungen zum Problem des Tugendhaften, in: Einblicke ins Evangelium, 1992, 287-296.

ders., Sprache und Wirklichkeit, in: Einblicke ins Evangelium, 1992, 167-181.

Wehr, L., Art. Sünde II, in: NBL, Bd. 3(2000), 734 -741.

Wenz, Gunther, Geschichte der Versöhnungslehre in der evangelischen Theologie der Neuzeit, Bd. 1, München 1984 [MMHST], Bd. 1 teilw. zugl.: München, Univ., Habil-Schr., 1980.

Wilkens, Ulrich, Der Brief an die Römer (Röm 6-11), Zürich/Neukirchen-Vluyn ²1987 [EKK VI/2].

Wintermantel, Margret, Das Böse als soziale Konstruktion. Sozialpsychologische Überlegungen zum Bösen, in: Viertel, Matthias, Gott und das Böse, Hofgeismarer Protokolle 313, Hofgeismar 1996, 33-44.

Wittgenstein, Ludwig, Philosophische Untersuchungen (1945-1949), Frankfurt /M. 1967.

Wittgenstein, Ludwig, Vortrag über Ethik, in: ders., Vortrag über Ethik und andere kleine Schriften, hrsg. v. Joachim Schulte, Frankfurt/M. ²1991, 9-19.

Wolff, Hans Walter, Anthropologie des Alten Testaments, Gütersloh ⁶1994.

Wolter, Michael, „Der altböse Feind". Der Umgang mit dem Bösen im Neuen Testament, in: GlLern, 12(1997), 22-30.

Wright, Robert, Diesseits von Gut und Böse. Die biologischen Grundlagen unserer Ethik („The moral animal" 1994), dt. München 1996.

Wulf, Christoph, Das Böse im Denken Nietzsches, in: Entdecken und Verraten. Zu Leben und Werk Friedrich Nietzsches, hg. im Auftr. der Stiftung Weimarer Klassik v. Rüdiger Schmidt und Andreas Schirmer, Weimar 1999, 353-360.

Wuketis, Franz M., Warum uns das Böse fasziniert. Die Natur des Bösen und die Illusionen der Moral, Stuttgart/Leipzig 1999.

Wyss, Dieter, Kain. Eine Phänomenologie und Psychopathologie des Bösen, Würzburg 1997.

Zahrnt, Heinz, Wie kann Gott das zulassen? Hiob - Der Mensch im Leid, München ⁵1991 [SP; 453].

Ders., Leben als ob es Gott gibt. Statt eines Katechismus, München ⁵ 1994 [SP; 1947].

Ziolkowski, Theodore, Theologie und Literatur: Eine polemische Stellungnahme zu literaturwissenschaftlichen Problemen, in: Theologie und Literatur. Zum Stand des Dialogs. Mit Beiträgen v. Wilfried Barner u.a., hg. v. Jens, Walter/ Küng, Hans/ Kuschel, Karl-Josef, München 1986, 113-128.

Kirchentheorie
Bd. 15, 1998, 352 S., 35,90 €, gb., ISBN 3-8258-3738-6

Armin Münch
Dimensionen der Leere
Gott als Nichts und Nichts als Gott im christlich-buddhistischen Dialog
Bd. 16, 1998, 352 S., 25,90 €, br., ISBN 3-8258-3749-1

Peter Schwanz
Der neue Mensch
Eine Neuinterpretation der Rechtfertigungslehre
Von der vor allem lutherischen Vorstellung *permanenten* nur Für-gerecht-*Geltens* vor Gott wird zurückgekehrt zur paulinischen Annahme stets bloß *sporadischen* Gerecht-*Seins* des Christen. Diese dennoch rigorose und deshalb in der Regel als unzumutbar abgelehnte Sicht wird "rein denkerisch" nähergebracht durch die Konzeption eines neuen Personbegriffs. In dialektischer Fassung wird der umfassenden Person-Struktur eine einzig punktuell zu fassende Person-Mitte als alles steuerndes Selbst gegenübergestellt, das jedoch "Sein allein vom Haben her" gewinnt. Diese *relative* Andersartigkeit des Selbst macht es kompatibel mit dem *radikalen* Anderssein Christi. Indem dieser so als "innerer Mensch" an die Stelle des Selbst treten *kann*, fließt aus *dieser* Mitte, vorübergehend, wie selbstverständlich ein neues Ethos des darin "neuen Menschen".
Bd. 17, 1998, 440 S., 40,90 €, gb., ISBN 3-8258-3794-7

Eleonore Pieh
"Fight like David – Run like Lincoln"
Die politischen Einwirkungen des protestantischen Fundamentalismus in den USA. Mit einem Geleitwort von Klaus von Beyme
Die historisch erste fundamentalistische Bewegung der Neuzeit war der protestantische Fundamentalismus in Nordamerika. Er verdient diesen Namen, weil er sich selbst so nennt und nicht – wie im Falle aller anderen politischen und religiösen Fundamentalismen der Gegenwart – weil andere ihn so bezeichnen. Aus politikwissenschaftlicher und theologischer Perspektive zugleich betrachtet, entpuppt sich der protestantische Fundamentalismus als eine hochpolitische Bewegung, die ihre religiöse Botschaft selbstbewußt in der postmodernen Gesellschaft plaziert. Er entzieht sich damit zugleich den ihm anhaftenden Klischees des Konservatismus und der dogmatischen Fixierung. Auch die alten Vorwürfe der theologischen Verhärtung und des Traditionalismus sind angesichts des gesellschaftlichen Engagements, das von außenpolitischen Fragen bis zur Diskussion um die Aufgaben der Verfassungsgerichtsbarkeit reicht, überholt. Der Versuch des protestantischen Fundamentalismus, das Verhältnis von Kirche und Staat neu zu definieren, fordert eine neue politologische und theologische Bewertung der Bewegung.
Bd. 18, 1999, 248 S., 30,90 €, gb., ISBN 3-8258-4242-8

Kerstin Jage-Bowler
Fragen des Lebensendes
Spuren und Wurzeln jüdisch-medizinischer Ethik
Das jüdische Gesetz ist keine feststehende und sich nicht ändernde "dogmatische" Sammlung von Gesetzen. Vielmehr ist eine stetige und ausgesprochene Dynamik innerhalb des jüdischen Gesetzes zu beobachten. In verschiedenen Kontexten (z. B. der Theologie) wird dies mehr und mehr zur Kenntnis genommen. In der deutschsprachigen medizin-ethischen Diskussion aber z. B. ist es eine noch recht fremde Idee, die jüdisch-ethische Tradition selbstverständlich zu hören und sie auf mögliche Anregungen für heutige Entscheidungen zu befragen.
Dieses Buch versucht anhand alter jüdischer Texte zu zeigen, welche Wurzeln jüdisch-medizinische Ethik eigentlich hat. Es möchte einen Beitrag dazu leisten, den Reichtum und die Kreativität des jüdischen Gesetzes auch auf diesem Gebiet wahrzunehmen und dazu ermuntern, mit der jüdischen Tradition in der medizin-ethischen Diskussion in einen Austausch zu treten.
Bd. 19, 1999, 288 S., 25,90 €, br., ISBN 3-8258-4212-6

Stefan Dückers
Pathos der Distanz
Zur theologischen Physiognomie und geistesgeschichtlichen Stellung Erik Petersons
Erik Peterson (1890 – 1960) ist ein leidenschaftlicher Kämpfer für die Ehre Gottes, ein pathetischer Streiter für die *eine*, in Gott gründende Wahrheit. In oftmals polemischer Weise wacht er darüber, daß die Kluft zwischen Gott und dem Menschen von diesem nicht übersprungen wird und der eschatologische Abstand gewahrt bleibt: Erik Peterson erfüllt als Theologe ein Pathos der Distanz. Dieses Pathos stellt der Autor anhand des Mystik- und Zeugenbegriffs Petersons als Hauptmerkmal seiner theologischen Physiognomie heraus. Gleichzeitig leistet er mit seiner Beschreibung der geistesgeschichtlichen Stellung Petersons einen Beitrag zur Erhellung der ersten Jahrzehnte dieses Jahrhunderts, die geprägt waren von einem als "Zeitenwende" empfundenen Umbruch.
Bd. 20, 1999, 304 S., 25,90 €, br., ISBN 3-8258-4382-3

Ernst Feil (Hrsg.)
Streitfall "Religion"
Diskussionen zur Bestimmung und Abgrenzung des Religionsbegriffs
Mit Beiträgen von Carsten Colpe, Helmut Fritzsche, Friedrich Fürstenberg, Hans-Jürgen Greschat.

LIT Verlag Münster – Hamburg – Berlin – London
Grevener Str. 179 48159 Münster
Tel.: 0251 – 23 50 91 – Fax: 0251 – 23 19 72
e-Mail: vertrieb@lit-verlag.de – http://www.lit-verlag.de
Preise: unv. PE

Karl und Renate Homann, Joachim Matthes, Norbert Mette, Hubertus Mynarek, Friedo Ricken, Heinrich Rombach, Hermann Schrödter und Iris Gniosdorsch, Fritz Stolz, Falk Wagner, Michael Weinrich und Kurt Wuchterl.
Heftig umstritten ist gegenwärtig die These vom Ende oder der Wiederkehr der Religion. Hinter dieser Diskussion liegt die grundlegendere Frage, was überhaupt unter Religion zu verstehen ist. Ihre Definition ist inzwischen so fraglich, daß namhafte Autoren – etwa Franz Tenbruck oder Wilfred Cantwell Smith – vorschlagen, auf diesen Terminus ganz zu verzichten.
In diese Diskussion mischt sich der Band „Streitfall ‚Religion'" ein. Er enthält die durchgesehene Fassung einer Diskussionseinheit aus der Zeitschrift Ethik und Sozialwissenschaften, nämlich einen Hauptartikel, dann kritische Stellungnahmen aus verschiedenen Disziplinen, in diesem Fall 24, und die abschließende Replik.
Die Diskussion geht um die These des Herausgebers, daß der heute umstrittene Begriff „Religion" nicht mehr die bes. seit Cicero über Thomas von Aquin bis hin zu Christian Wolff vertretene Untertugend der Gerechtigkeit bezeichnet, sorgfältig auf die Gott gebührende Verehrung zu achten; vielmehr meint er vor allem ein in die Innerlichkeit verlegtes „Gefühl" für das Unendliche – so bei Schleiermacher oder Goethe –, das bis in unser Jahrhundert empfunden wurde – so von Ernst Troeltsch bis hin zu Max Planck, von Romain Rolland bis hin zu Albert Einstein –, daß ein solches religiöses „Gefühl" aber inzwischen zu Ende gegangen ist. Damit ist freilich der christliche Glaube nicht zu Ende, im Gegenteil, der Glaube, dieses nicht eurozentrische Urwort des Christentums, kann grundlegend für das Gespräch mit der modernen Welt wie mit den sogenannten „Weltreligionen" sein.
Bd. 21, 2000, 200 S., 17,90 €, br., ISBN 3-8258-4525-7

Daniel Mourkojannis
Ethik der Lebenskunst
Zur Nietzsche-Rezeption in der evangelischen Theologie
Die vorliegende Studie fragt nach den Nietzschebezügen in den Entwürfen evangelisch theologischer Ethik von der Jahrhundertwende an bis in die Gegenwart. Es zeigt sich, dass die Auseinandersetzung mit Nietzsche in der Theologie ebenso stattgefunden hat wie in den anderen Kulturbereichen und geisteswissenschaftlichen Fächern auch. Die Bewertung von Nietzsches Ethik der Lebenskunst ist dabei konstitutiv für die Modernität und schließlich Postmodernität der hier in ihrem ideengeschichtlichen Kontext präsentierten Autoren.
Bd. 23, 2000, 240 S., 25,90 €, br., ISBN 3-8258-4674-1

Josef Außermair (Hrsg.)
Hans Asmussen im Kontext heutiger ökumenischer Theologie
Mit Geleitworten von Bischof Hans Christian Knuth, Kardinal Friedrich Wetter und Bischof Paul-Werner Scheele und Beiträgen von Josef Außermair, Gerhard Besier, Enno Konukiewitz, Juha Pihkala, Georg Zenk u. a.
Hans Asmussen gehört zu jenen markanten protestantischen Theologen, die dem Gesicht der Evangelischen Kirche Deutschland in diesem Jahrhundert ein bestimmendes Profil gaben.
Er spielte nicht nur neben Karl Barth und Martin Niemöller eine führende Rolle im deutschen Kirchenkampf, sondern von ihm gingen auch entscheidende Impulse für die Entwicklung des ökumenischen Gespräches aus. Als Präsident der Kirchenkanzlei der EKD (1945–1948) geriet Asmussen zwar aufgrund kirchenpolitischer Kontroversen in eine gewisse Isolierung. Dies sollte aber seine theologisch fundierte lebenslange Bemühung um kirchliche Gestalt und Erneuerung und um die sich ihm mehr und mehr verdeutlichende Verpflichtung zur Nähe von reformatorischen Kirchen und katholischer Kirche – ohne Identitätsverlust, aber in Überwindung verengter Identitäten – nicht vergessen lassen. Seine theologischen Ansätze bleiben ekklesiologisch bedeutsam und aktuell.
In diesem Band geht es nicht nur um die zeitgeschichtliche, sondern vor allem um die ökumenisch-ekklesiologische Bedeutsamkeit Asmussens, die freilich von der evangelischen Verantwortbarkeit dieser Position abhängt. Die Aufgabe dieser Beiträge liegt in dieser doppelten Hinsicht.
Bd. 24, 2001, 168 S., 20,90 €, gb., ISBN 3-8258-4852-3

Helmut Hoping (Hrsg.) unter Mitarbeit von Jan-Heiner Tück
Konfessionelle Identität und Kirchengemeinschaft
Mit einem bibliographischen Anhang zu "Dominus Iesus"
Lässt sich die konfessionelle Identität allein auf Kosten der Kirchengemeinschaft betonen, oder können konfessionelle Unterschiede als legitime Ausgestaltungen des einen Evangeliums bzw. der Kirche Jesu Christi verstanden werden? Wie weit kann die Differenz gehen, ohne die Einheit zu gefährden, und welche Schritte müssen getan werden, um die an gewisse Kriterien gebundene Einheit der Kirchen voranzutreiben? Der vorliegende Band dokumentiert hierzu Antwortversuche aus katholischer, evangelisch-reformierter und altkatholischer Perspektive. Der Band umfasst die Beiträge der ersten wissenschaftlichen Tagung des 1998 gegründeten Ökumenischen Instituts

Luzern zum Thema "Konfessionelle Identität und Kirchengemeinschaft", ergänzt um zwei weitere Beiträge sowie einen ersten bibliographischen Überblick der Stellungnahmen zur jüngsten vatikanischen Erklärung *Dominus Iesus.*

Bd. 25, 2001, 152 S., 15,90 €, br., ISBN 3-8258-4866-3

Birgitta Kleinschwärzer-Meister

Gnade im Zeichen

Katholische Perspektiven zur allgemeinen Sakramentenlehre in ökumenischer Verständigung auf der Grundlage der Theologie Karl Rahners

Die "Sakramente im allgemeinen" haben im bisherigen ökumenischen Dialog zwischen evangelischer und katholischer Theologie eher ein "Stiefkind"-Dasein geführt. Gerade die Begriffe "Sakrament" bzw. "Sakramentalität" und deren Bedeutungen bergen jedoch enorme Brisanz in sich; nicht zuletzt stellt sich in diesem Zusammenhang die Frage, wie die Gnade Gottes unter den Bedingungen von Welt und Geschichte auf den Menschen zukommt. So möchte diese Arbeit einen Beitrag leisten zur Klärung der Bedeutung von "Sakrament" und "Sakramentalität" aus katholischer Sicht und diese in den evangelisch-katholischen Dialog um die Lehre von den "Sakramenten im allgemeinen" einbringen. Als Grundlage einer katholischen Konzeption von "Sakrament" und "Sakramentalität" dient der theologische Entwurf Karl Rahners. Die aus diesem Entwurf gewonnenen Perspektiven werden schließlich mit den klassischen konfessionellen Differenzen und Lehrverurteilungen in der allgemeinen Sakramentenlehre konfrontiert und auf ökumenisches Verständigungspotential hin untersucht.

Bd. 26, 2001, 752 S., 61,90 €, br., ISBN 3-8258-5037-4

Karin Ulrich-Eschemann

Vom Geborenwerden des Menschen

Theologische und philosophische Erkundungen

Bd. 27, 2. Aufl. Frühjahr 2002, 264 S., 20,90 €, br., ISBN 3-8258-5098-6

Hubert Filser

Dogma, Dogmen, Dogmatik

Eine Untersuchung zur Begründung und zur Entstehungsgeschichte einer theologischen Disziplin von der Reformation bis zur Spätaufklärung

Der Begriff "Dogma" hat im Laufe der Philosophie- und Theologiegeschichte einen erheblichen Bedeutungswandel erfahren. In der Theologie der Neuzeit wurden die Semantik, die Vorstellungen und die Inhalte von Dogma entscheidend geprägt oder haben sich verfestigt. Eine eigene theologische Disziplin, die als "dogmatisch" bezeichnet wurde, entstand. In diesem Buch werden der Wandel in der Begriffs- und Bedeutungsgeschichte von "Dogma" und die zusammenhängende theologische Begründung und Entstehungsgeschichte einer eigenen theologischen Disziplin Dogmatik von der Reformationszeit bis zur Spätaufklärung untersucht. Die Studie, die damit zur Grundlagenforschung in der Dogmatik beitragen will, zeigt die geschichtlichen Entwicklungs- und Gestaltungsprozesse im Dogmen- und Dogmatikverständnis, die zentralen Konzeptionen, aber auch konfessionelle Engführungen und Einseitigkeiten in ihrer historischen Gewordenheit auf und entwirft auf dieser Grundlage für den ökumenischen Dialog der Gegenwart ein modernes Verständnis von Dogma und von der Dogmatik als "Wissenschaft vom Dogma".

Bd. 28, 2002, 848 S., 61,90 €, gb., ISBN 3-8258-5221-0

József Fuisz

Konsens, Kompromiss, Konvergenz in der ökumenischen Diskussion

Eine strukturanalytische Untersuchung der Logik ökumenischer Entscheidungsfindungsprozesse

Was geschieht theologisch, wenn zwei differierende Traditionen mit unterschiedlichen Konzepten theologischer Logik in bilateralen Dialogen aufeinanderstossen? Und wie verhält sich die Suche nach einem möglichen Konsens dort zu theologischer Übereinstimmung oder Annäherung in multilateralen Dialogen? Ökumenische Texte operieren offensichtlich mit unterschiedlichen und zum Teil miteinander in Spannung stehenden Konsens-, Konvergenz-, bzw. Kompromiss-Konzepten.

Konsens, Konvergenz, Kompromiss sind nicht einfach Termini, die mit simpler logischer Prüfung zur Klärung geführt oder denen bestimmte ökumenische Dialogtexte einlinig zugeordnet werden könnten. Vielmehr zeigen sie komplexe theologische Strukturen und Strukturdifferenzen an, denen nachzugehen sich als ungemein fruchtbar erweist – wie das vorliegende Buch herausstellt.

Bd. 29, 2001, 296 S., 25,90 €, br., ISBN 3-8258-5331-4

Jochen Kunath

"Sein beim Anderen": Der Begriff der Perspektive in der Theologie Wolfhart Pannenbergs

Bd. 30, Frühjahr 2002, ca. 264 S., ca. 25,90 €, br., ISBN 3-8258-5868-5